Helga Glaesener

Wer Asche hütet

Helga Glaesener

Wer Asche hütet

Roman

List

2. Auflage 2002

Der List Verlag ist ein Unternehmen der
Econ Ullstein List Verlag GmbH & Co. KG

ISBN 3-471-79421-2

© 2002 Econ Ullstein List Verlag
GmbH & Co. KG, München
Alle Rechte vorbehalten. Printed in Germany.
Gesetzt aus der Sabon bei
Franzis print & media GmbH, München
Druck und Bindung: GGP Media, Pößneck

Fortes fortuna adiuvat

Für Matthias, mit Liebe

Man fällt eine Zeder, wählt eine Eiche.
Den einen Teil des Holzes wirft man ins Feuer
und röstet Fleisch in der Glut
und sättigt sich an dem Braten.
Aus dem Rest des Holzes aber
macht man sich einen Gott,
ein Götterbild, vor dem man niederkniet,
zu dem man betet und sagt:
Rette mich, du bist doch mein Gott.
Wer Asche hütet,
den hat sein Herz verführt und betrogen.

(Jesaja 44)

PROLOG

Rom im Dezember 1558

Ich habe ein krankes Töchterchen, würde er sagen. Evaristo Campello hatte sich das genau überlegt. Sein säumiger Kunde war kein Lämmlein, das wusste ganz Rom. Aber ein krankes Töchterchen … Er grübelte über einen Namen, den er dem Mädchen geben könnte, während er in dem prunkvollen Zimmer wartete, dessen weinrote, mit Goldfäden durchzogene Ledertapeten ihn einschüchterten und auf dessen weißem Marmorboden seine Füße froren.

Maria. Das klang fromm und einfach. Ein einfaches, frommes Mädchen mit einem einfachen, frommen Vater, der Medizin bezahlen musste. Ein Blutleiden, Monsignore, würde er sagte, wenn der hohe Herr nachfragte. Eine Prüfung des Herrn. Er würde seinen Blick verschämt zu Boden senken …

»Monsignore Carafa ist beschäftigt«, erklärte eine heisere Stimme in seinem Rücken.

Evaristo fuhr herum, als hätte man ihn bei etwas ertappt. Er schluckte, wütend und hilflos. In seinem Haus in der Via Trinitatis wartete Pietro, der Hai, dem er seine Eichhörnchenpelze verpfändet hatte. Zahle heute, hatte Pietro gesagt, oder zahle nie. Für die Pelze bekomme ich, was du mir schuldest. Er würde mehr bekommen. Er würde ein Vermögen gewinnen.

»Der Maestro di Camera ist erkrankt ... Der Sekretär ist verreist ...« Evaristo bemühte sich, seiner Stimme einen eisigen Tonfall zu verleihen. »Der Mantel wurde Monsignore vor nun acht Monaten geliefert. Er hat ihn getragen, oh doch, ich weiß das, denn ich habe ihn damit vor der Bank von Gottardo und Ceuli gesehen. Er hat ihm also gefallen ... und ist es da ... nach acht Monaten ... nach *acht* Monaten, in denen ich immer wieder vertröstet wurde ...«

»Der Monsignore ist beschäftigt. Ihr müsst gehen.« Der Diener war krank und hatte keine Lust zu streiten. Und vor allem wollte er keinen Ärger mit seinem Herrn.

Evaristo sank das Herz. Signor Trotti, ein Sänger der Sixtinischen Kapelle, hatte eine Cappa aus Eichhörnchenpelz bestellt. Er war kein so nobler Kunde wie der Kardinal, aber er würde zahlen, und damit wären Evaristos schlimmste Sorgen bereinigt. Nur – um die Cappa zu liefern, musste er die Eichhörnchenfelle haben. Und die würde Pietro, der Gauner, natürlich nicht herausrücken, weil er seine schlimme Lage genau kannte.

»Ich werde bleiben«, sagte Evaristo fest. »Ich werde mit Monsignore Carafa sprechen. Und wenn man mir das verweigert, dann werde ich ... vor dem Gericht des Senatore klagen«, behauptete er kühn.

Der Diener war ein Mann mit üblen Augen. Evaristo schwor darauf, dass das Wesen eines Menschen in seinen Augen sichtbar wurde. Dieser Lakai, dem die Nase triefte und das Sprechen Schmerzen bereitete, hatte die leicht vorgewölbten, stechenden Augen einer Wespe. Er schielte damit, als dürfe das eine Auge nicht wissen, was das andere sah. Ein Lump. Der willfährige Sklave seines Herrn.

»Wartet«, sagte der Mann.

Erleichtert atmete Evaristo auf. Der Kardinal hatte einen schlechten Ruf. Man munkelte von Kutschen, die nachts vor seinem Palazzo hielten und denen in Seide gekleidete Damen mit geschminkten Gesichtern entstiegen. Evaristo hatte dafür Verständnis. Ein Mann ist ein Mann. Es hieß auch, dass der Kardinal zur Gewalttätigkeit neigte. Aber immerhin trug er den Mantel der Heiligen Kirche. Ein Mädchen mit einer Blutkrankheit, das ohne Medizin sterben würde, musste doch eine milde Saite in ihm zum Klingen bringen. Und wenn er kein Mitleid hatte, würde er dennoch zahlen, um ihn loszuwerden. Er war so reich, dass er die zweihundert Scudi kaum merken würde.

Aus einem Zimmer, das auf der anderen Seite des mit einem Heckenlabyrinth bepflanzten Innenhofes lag, drang plötzlich eine Stimme. Sie sagte etwas, nur zwei, drei Worte, die sich vor Zorn aber fast überschlugen. Evaristo jagte ein Schauer über den Rücken. Zweifellos die Stimme des Hausherrn, denn wer sonst würde sich erdreisten, so herumzuschreien? Er war an einem schlechten Tag gekommen, das wurde ihm plötzlich klar. Sehnsüchtig lugte er zur Tür. Wenn der Diener wiederkam, um ihm mitzuteilen, dass Monsignore Carafa unabkömmlich sei, würde er gehen. Mit dem Hinweis, dass er innerhalb der nächsten Woche …

Der Allmächtige hat mich für so etwas nicht geschaffen, dachte er.

Seine Augen wanderten verschreckt durch das Zimmer und blieben auf einer matt glänzenden Elfenbeinschatulle haften, die auf einem Tischchen an der Wand lag. Zögernd näherte er sich dem Kleinod. Er verharrte davor und wartete, dass der Diener zurückkehrte, um ihn hinauszuwerfen. Warum ließ der Mann sich so viel Zeit? Eine Frauenstimme gab in einem der hinteren Räume einen scharfen Befehl. Danach war wieder alles still.

Vorsichtig hob Evaristo den Deckel an.

Eine Waffe. Ein Messer mit einer dreikantigen Klinge und gefährlich aussehendem Widerhaken. Er kannte sich damit nicht aus, aber er sah, dass der Stein im Griff ein leuchtender Smaragd von ungewöhnlicher Klarheit war, der mindestens den Wert des Mantels besaß.

Noch immer kein Geräusch aus den Nebenzimmern.

Evaristo nahm das Messer in die Hand. Ihm war, als blinzele ihm aus dem grünen Stein der Leibhaftige selbst entgegen. Nimm, sagte der Böse. Es steht dir zu.

Matteo Alberini, dem die Hutreinigung gegenüber gehörte, war im Schuldgefängnis gestorben, obwohl seine Tante ihm täglich feinstes, weißes Brot gebracht hatte. Die Strolche, die Wächter, mussten es gestohlen haben, sagte sie, denn der Leichnam hatte nur noch aus Haut und Knochen bestanden. Das Auge des Leibhaftigen glitzerte höhnisch.

Entschlossen legte Evaristo das Messer auf das Samtbett zurück. Sein Herz klopfte, als wolle es die Brust durchschlagen. Er musste noch einige Minuten warten, ehe sich die Schritte näherten, die er fürchtete und zugleich ersehnte, weil sie der Folter des Wartens ein Ende bereiteten.

Die Tür flog auf – aber es war nicht der Diener, der in der Öffnung erschien.

Evaristo verneigte sich. Nein, er fiel auf die Knie und warf sich zu Boden. Er war viel zu aufgeregt, um zu verstehen, was der Mann mit dem schwarzen Backenbart in dem purpurnen Gewand der Kardinäle zu ihm sagte.

»Die Rechnung, Monsignore«, stotterte er. »Der Mantel ...« Vor allem ruhig Blut bewahren. Ruhig Blut.

Als er den Kopf hob, um von – wie hatte er sein Mädchen noch genannt? – zu erzählen, traf ihn ein Fußtritt ins Auge. Er geriet ins Wanken und riss entsetzt den Mund auf. Noch ein Tritt, der ihn auf den Rücken warf. Und weitere Tritte.

Sein Gesicht wurde warm von Blut.

I

Der Allmächtige hatte beschlossen, die heilige Stadt vom Blut zu reinigen. So kam es Tommaso Benzoni jedenfalls vor. Er stand zu Füßen der Stadtmauer, als der gewaltige Wolkenbruch niederging. Das Wasser fegte über den aufgeweichten Boden, es riss die Erde mit sich und schoss in Sturzbächen zur Straße hinab, wo es sich in einem Netz von Pfützen sammelte, die gierig nach weiteren Wegen suchten. Der Tiber – ein schäumendes, graues Band im Tal – leckte an den Pferdeweiden des Testaccio, und die Häuser in der Innenstadt duckten sich, als spürten sie die Peitsche des Allerhöchsten über ihren Dächern. Gott zürnte, weil er den Anblick des Bluts nicht mehr ertrug.

Rom, dachte Tommaso voller Groll. Die heilige Stadt war nie ein friedlicher Ort gewesen, aber die letzten vier Monate ... Die Kardinäle hatten von August, als Paul IV. starb, bis zum Weihnachtsfest gebraucht, um sich auf einen neuen Papst zu einigen. In dieser herrenlosen Zeit hatten die Leute gewütet, als hätten sie nie von Gesetzen gehört. Der Fischhändler oben in der Via Anicia hatte den Laden seines Konkurrenten angezündet und dessen Enkeltochter gebraten, Pompeo Colonna hatte seine Schwiegermutter erwürgt, der mantuanische Gesandte die schimpfende Tante der schönen Ortensia Griffo niedergestochen, die Brüder Foriano hatten ihre Schwester erdrosselt, drei Tage vor der Hochzeit, der

Himmel mochte wissen, warum. Wer sich scheute, die eigenen Hände zu beschmutzen, hatte sich an die Sicarii gewandt, die bezahlten Mörder, die in den Schenken an der Piazza Borghese ihre Aufträge so unbekümmert entgegennahmen, als wären sie einfache Kaufleute. Die Römer wussten, dass der neue Pontifex ihnen Absolution für die Untaten während der Sedisvakanz gewähren würde, und entsprechend hatten sie gehandelt.

Nein, dachte Tommaso, während das Wasser sein Kraushaar ins Gesicht spülte, die Himmel weinen nicht, sie senden die zweite Sintflut und verfluchen ihr Versprechen des Regenbogens.

Er schob die Hände in die aufgeweichten Ärmel seines Talars und hob fröstelnd die Schultern, wobei sein Blick über die Stadtmauer schweifte, bis er an dem Turm hängen blieb, den seine Leute gerade durchsuchten. Die sittenlose Zeit war vorbei. Die römischen Gerichte hatten die Zügel wieder in der Hand, und selbst eine vergleichsweise geringe Untat wie der Diebstahl eines Vortragskreuzes wurde unnachgiebig verfolgt. Gut so.

Nur, dachte er verdrossen, warum müssen sie gerade das Ripatribunal damit behelligen? Dem kleinen römischen Hafengericht unterstanden zwölf Sbirri, das reichte mit Müh, um die beiden Stadthäfen zu überwachen.

»Willst du nicht ... Tommaso! Komm rüber. Es stinkt wie in der Kloake, aber hier ist es wenigstens trocken.« Ugo, der Notaio des Gerichts, winkte aus der Turmtür, doch Tommaso tat, als hätte er nicht gehört. Er sah, wie Ugo sein Barett über die Ohren zog und losrannte, wobei ihm der nasse Mantel gegen die Beine klatschte. Prustend blieb der kleine Mann vor ihm stehen.

»Es ist, als würdest du einen Floh in einem Haufen Mist suchen. Weißt du, wie viele Türme das sind bis zu San Pancrazio? Dreißig? Nein, mehr ...« Zitternd versuchte er zu schätzen. »Und dazu die verdammten Wehrgänge! Und die Arkaden und der ganze Dreck davor und dahinter ... Was bitte hat die Mauer mit dem Hafen zu tun? Drei, Tommaso, *drei* Türme stehen an der Ripa. Der Rest gehört zu Trastevere, und das ist Gebiet des Governatoregerichts. Weshalb ist von denen keiner hier? Die haben achtzig Sbirri, die sie über die lausigen Treppen jagen könnten. Die wären in einem Tag fertig. Wir brauchen...« Entmutigt warf er die Arme in die Luft.

Sie musterten die Mauer mit ihren doppelstöckigen Arkadenbögen, hinter denen sich Stiegen und Nischen verbargen – unzählige Versteckmöglichkeiten. Akkurat alle hundert Fuß wurde die Mauer von einem quadratischen, mehrstöckigen Turm unterbrochen. Türme und Mauer waren über tausend Jahre alt, und an den Wänden wuchs Moos, und in den Gängen und Räumen und im Deckengebälk hausten Ratten und Mäuse. Man verlangte von ihnen, einen Augiasstall auszumisten. Und der Sinn der ganzen Aktion ist möglicherweise, dass Strata sich einen Misserfolg *erhofft*, dachte Tommaso, von seinem eigenen Gedanken überrascht.

Andrea Strata, der Römische Ankläger, war am vergangenen Vormittag in sein Ufficio im Hafentribunal gekommen und hatte ihm mitgeteilt, dass zwei Rosenkranzschnitzer aus der Kirche San Pietro in Montorio ein Vortragskreuz und Altargerät gestohlen hatten. Der Sakristan, der gerade den Abfall in den Klostergarten brachte, hatte die beiden Strolche davonrennen sehen. Man konnte sie fassen, aber es war ihnen zuvor gelungen, ihre Beute zu verstecken. Vermutlich in einem der Stadttürme, hatte Strata gesagt. Und daher hatte er verlangt... Nein, *gebeten*, er war höflich gewesen. Er hatte *gebeten*, bei der Suche zu helfen, aber durchblicken lassen, dass sein Freund, der Governatore, äußerst ungehalten wäre, wenn die Männer vom Ripatribunal diese Gefälligkeit abschlügen.

»Und wenn es gerade das ist, was er will – dass wir erfolglos bleiben?«, wiederholte Tommaso seinen Verdacht laut.

Ugo, der mit beiden Händen das Barrett hielt, starrte ihn entgeistert an.

»Andrea Strata. Wir suchen, aber wir finden nichts. Er

geht zum Heiligen Vater und berichtet von unserer Unfähigkeit oder dem mangelnden Eifer oder weiß der Himmel und schlägt vor, das unnütze Ripatribunal mit dem des Governatore zu vereinigen. Er hat das schon mal versucht. Zweimal, unter Papst Paul.«

Ugo stöhnte und spuckte trübe in das aufgeschwemmte Gras zu seinen Füßen. Er war fast fünfzig – kein gutes Alter, um die Arbeit zu verlieren.

»Muss ja nicht sein«, schwächte Tommaso ab. Eine Zeit lang schwiegen sie, während das Regenwasser durch die Nähte ihrer Stiefel sickerte und ihre Füße in Eisklumpen verwandelte. Sie sahen das Licht der Fackeln hinter den Fensterchen, und gelegentlich trat einer der Sbirri halbherzig in einen Arkadengang, zog sich aber schleunigst wieder zurück, wenn ihm der Regen ins Gesicht peitschte.

»Warum ausgerechnet hier?«, grübelte Tommaso.

»Was? Keine Ahnung. Warum nicht?« Ugo verstummte.

Lorenzo, der Bargello des Ripagerichts, der die Suche leitete, war auf der Plattform des Turms erschienen. Seine lange, fadendünne Gestalt in den goldgelben Kleidern leuchtete vor dem schwarzen Himmel. Er hob die Arme zum Zeichen, dass die Männer bisher nichts entdeckt hatten.

Tommaso winkte zurück und fuhr lebhafter fort: »Strata hat betont, dass wir bei den Hafentürmen mit der Suche anfangen sollen. Aber warum? Die Diebe sind von der Kirche losgelaufen. Also sollte man doch annehmen …«

»Vielleicht haben die Mönche die Kerle bis zur Ripa verfolgt und gesehen, dass sie das Zeug dort noch bei sich hatten.«

»Dann hätte Strata uns kaum gebeten, *sämtliche* Türme zu durchforsten. Er hätte gesagt: Von hier bis … Er hätte die Suche eingeschränkt.«

»Wenn er nicht so ein Dreckskerl wäre.«

»Wenn er nicht …« Tommaso musste plötzlich lachen. Er klopfte seinem frierenden Notaio auf die Schulter. »Ein Dreckskerl würde uns *hier* mit der Suche anfangen lassen, auch und gerade wenn feststünde, dass die Diebe bereits hinter den ersten drei Türmen gefasst wurden. Richtig, Mann.«

Er reckte das Gesicht gegen den Himmel und genoss mit einem Mal die prickelnden Stiche auf der Haut. Strata versuchte, ihnen eins auszuwischen. Und er selbst war ein Idiot, dass ihm das erst jetzt klar wurde. Die Sedisvakanz, dieser massenhafte Ausbruch von Gewalt, gegen die kein Einschreiten mehr möglich gewesen war, hatte sein Gehirn aufgeweicht. Er grübelte zu viel, war zu weich. Das war sein Fehler.

»Komm!« Ohne abzuwarten, ob sein Notaio ihm folgte, tastete er sich seitwärts den glitschigen Hang hinab. Ugo rief etwas zum Turm hinauf und beeilte sich, ihm zu folgen. Er keuchte, und Tommaso ging langsamer. Eine ganze Weile liefen sie schweigend nebeneinanderher, immer bemüht, sich mit den Armen vor den schlimmsten Böen zu schützen. Die Straße wurde steiler. Weingärten tauchten auf, die sich bis zur Mauer hinaufzogen. Schwarze Flächen, die mit ihren kahlen Stöcken wie Friedhöfe aussahen.

»Was genau wurde gestohlen?«, rekapitulierte Tommaso. »Ein Kreuz und Altargerät, ja. Aber was für Gerät? Wie viel und wie schwer war das alles? Hatten die Diebe einen Sack dabei? War der Diebstahl geplant und gab es Komplizen, denen sie die Sachen zuwerfen konnten? Das würde erklären, warum die Mönche nichts gefunden haben. Falls Strata sie überhaupt hat suchen lassen. Ich könnte mir vorstellen, dass er sie in ihre Zellen zurückscheuchte und alles zu einer Angelegenheit des Fiscus erklärte.«

»Verfluchtes …! Ich meine das Wetter. Bitte, red nicht mehr von Strata, Tommaso. Tu mir den Gefallen.« Ugo glitt im Matsch aus, hielt sich an seinem Vorgesetzten fest, und einen Moment standen sie still und rangen um ihr Gleichgewicht.

»Hast du eigentlich schon mal darüber nachgedacht aufzuhören?« Der Notaio klapperte mit den Zähnen. »Du hast einen guten Namen in Rom. Warum nicht eine Kanzlei aufmachen? Erinnerst du dich an die Sache mit della Cornea?

17

Der seinen Halunken losgeschickt hat, um diese Hure zusammenzuschlagen, diese Griechin? Es hat den Leuten gefallen, wie du seinem Rüpel die Strafe auf den Rücken diktiert hast. Endlich mal die Peitsche von einer *blinden* Justitia geschwungen – so sehen sie das. Und dass Cornea, dies Schwein, dich nicht umgebracht hat … Geh langsam, ich bin kein Windhund. Sie denken, dass du mächtige Verbindungen haben musst. Wenn du eine Kanzlei aufmachtest, würden sie dir die Tür …«

»Er hat mich in Ruhe gelassen, weil ihm der Governatore wegen einer anderen Sache auf den Fersen war.«

»Na und? Wichtig ist, was die Leute *glauben*. Geht's hier rauf? Ich versteh nicht, warum die Fratres keinen anständigen Weg anlegen. Die kriegen doch alles mit dem Karren geliefert. So ein Dreck.«

Tommaso blieb plötzlich stehen. »Siehst du? Da hinten, den Klostergarten? Stell dir vor, du wärst der Dieb. Du trägst einen Sack – wir nehmen einen Sack an – und dein Kumpan das Kreuz. Die Sachen sind schwer, aber ihr wollt euch nicht davon trennen. Der Sakristan im Garten hat euch gesehen. Ihr hört, wie er die Mönche zusammentrommelt. Vielleicht tauchen die ersten Verfolger schon auf. Wohin also? Rauf zur Mauer? Oder in eine andere Richtung?«

Ugo wiegte den Kopf. »Keine weiteren Komplizen?«

»Nur die beiden«, bestimmte Tommaso.

»Wenn sie sich in einem der Türme versteckten, säßen sie in der Falle. Sie könnten natürlich versuchen, über die Arkaden zu entkommen, aber … nein, zu gut einsehbar. Ich denke … ich denke gar nichts. Wer weiß, was im Kopf eines Lumpen vor sich geht, der den Allmächtigen bestiehlt.«

»Also doch über die Weingärten? Aber … so ist es nicht gewesen.«

Ugo wischte mit dem Ärmel die Haare aus dem Gesicht und sah ihn fragend an.

»Die Flechtzäune. Sie hätten sie niedergerissen, wenn sie versucht hätten, über die Gärten zu entkommen. Aber die Zäune sind heil. Oder doch nicht?« Tommaso kletterte in seinen triefenden Kleidern auf einen vom Blitz gefällten Baum. Nein, die Zäune, die von der Stadtmauer bis zur Straße hinabreichten, waren alle intakt. »Sie sind also doch zu den Türmen. Welchen würdest du wählen, Ugo?«

Missmutig wies der Notaio auf den nächsten, der sich von den anderen nur dadurch unterschied, dass seine Eingangstür mit einer Berberitze zugewachsen war. »Ist es deine Frau?«

»Was?« Tommaso hob den Talar an und kletterte über totes Geäst. »Deine Frau. Denkst du, sie hätte etwas dagegen, wenn du als Anwalt arbeitest?« Ugo beeilte sich, zu ihm aufzuschließen. »Ihr Onkel war vor dir Giudice della Ripa. Und *davor* ihr Vater. Könnte ja sein, dass ihr das was bedeutet. Der Titel. Nicht so großartig wie Senatore oder Governatore, aber doch … respektabel. Durch Papstbreve ernannt, *Continuo commensale* und so, 'ne Menge Geld und was da alles dranhängt. Ich meine, es wär ja verständlich, wenn sie andere Vorstellungen …« Er brach ab, plötzlich verlegen.

Sie hatten den Turm erreicht, und Tommaso legte den Kopf in den Nacken, um zum Dach hinaufzusehen.

»Geht mich nichts an. Entschuldige. Außerdem versteht sowieso keiner, was im Kopf einer Frau vor sich geht. Faustina und ich sind seit zwanzig Jahren miteinander verheiratet, und noch heute weiß ich … Du willst da rein? Na schön. Ist mir alles recht.«

»Ich hab keine Ahnung, was Vittoria denkt. Sie war die letzten Monate verreist, und ich habe noch keine zehn Worte mit ihr gesprochen.«

»Sicher, ich meinte ja auch …«

»Ich weiß nicht, was sie denkt. Sie ist mir so fremd wie die Königin von Saba. Klar?« Tommaso riss sich bei dem Versuch, durch die Berberitze zu dringen, einen Dorn in die Haut. Er fluchte leise. Seine gute Laune war verschwunden. Der Mief feuchter, verschimmelter Erde schlug ihm entgegen, als er das Gemäuer betrat. Er ging ein paar Schritte und begann mit der Durchsuchung. Die Beute war kümmerlich. Ein Mäusenest unter dem Treppenaufgang, vergammelte Herbstblätter und überall Staub und Spinnweben, die sich wie Leimfäden in seinen Talar hängten.

Gereizt erklomm er die Steintreppe.

»Du denkst, die sind da raufgegangen? Wenn du nichts dagegen hast – ich bleibe lieber unten. Ich kann Treppen ohne Geländer nicht ausstehen.«

Tommaso hatte das Zwischengeschoss erreicht. Viel sehen konnte er nicht, denn der Raum bekam nur wenig Licht durch die Schießscharten und drei winzige Fenster an der stadteinwärts gewandten Mauer. Er versuchte, die Augen an die Dunkelheit zu gewöhnen, aber er musste Schritt für Schritt den Raum abtasten, um herauszufinden, dass es auch hier nichts gab. Als er durch eines der Fenster lugte, sah er Lorenzo in seinen leuchtenden Kleidern – der Himmel mochte wissen, warum er sich immer wie ein Blattgoldengel ausstaffierte – mit seinen Sbirri den Berg erklimmen.

Strata macht einen Affen aus mir, dachte er. Ich hätte ihn davonjagen sollen und zum Teufel mit dem Governatore. Lustlos erklomm er das oberste Geschoss. Hier war es heller, da Licht durch eine Dachöffnung fiel. Unschlüssig blieb er stehen.

»Lorenzo ist da. Er will wissen, ob er raufkommen soll«, tönte Ugos Stimme dumpf aus dem Erdgeschoss.

Ohne viel Hoffnung bückte Tommaso sich unter der Treppe hinweg, die aufs Dach führte, und durchsuchte die Ecken des Raums – die einzigen Orte, die als hastig gewähltes Versteck in Frage kamen. Nichts, wie er befürchtet hatte.

Lorenzo stieg die Treppe hinauf. Klack-trapp, klacktrapp, präzis wie die Trommeln der Galeeren an der Ripa Grande. Der Bargello war ein guter Mann. Zuverlässig. Das vor allem. Es hieß, dass er sich bei den Auspeitschungen, die er zu überwachen hatte, nie um einen Schlag verzählte. Weder im Guten noch im Schlechten. Gewissenhaft, jawohl.

Unbestechlich. Penetrant wie ein Glockenspiel. Engstirnig, umständlich, stur … Nein, das war ungerecht.

Verdrossen sah Tommaso das magere Gesicht mit dem akkurat gestutzten Lippen- und Kinnbärtchen im Treppenschacht auftauchen und schüttelte den Kopf. »Nichts.«

»Nur sehr viel Schmutz hier, Giudice.« Lorenzo erklomm die letzten Stufen und versuchte, Haltung anzunehmen und Tommaso gleichzeitig den Weg ins Untergeschoss freizugeben. Für dieses Kunststück musste er seine Bohnengestalt verrenken. Er stutzte – und begann zu hüsteln. »Ein Sack, Giudice.«

»Was?«

»Verzeihung, aber wenn man den Kopf schräg hält, kann man von hier aus zwischen der Treppenstütze und der Decke den Zipfel von etwas Hellem …« Sie rempelten aneinander, als Tommaso ihn zur Seite drängte. »Dort, wo der Balken in die Wand hinein …«

Tommaso sah es schon. Ein weißer Sack, so groß wie ein Kalb. Er hing an einem zerfransten Seil, das mehrfach um einen gebogenen, rostigen Nagel in der Decke geschlungen war. Ohne auf Lorenzos respektvollen Protest zu achten, erklomm Tommaso die bröckligen Stufen und ließ sich auf die Knie nieder, um den Sack zu erreichen. Aber das verflixte Ding hing zu dicht an der Wand. Sein Talar bekam über den Knien schmierige Schmutzspuren, das war alles, was er erreichte. Er kletterte auf den Boden zurück und beäugte das Fundstück von unten.

»Es kann auf keinen Fall die Beute aus dem Kirchenraub sein. Von der Größe her nicht, und … Spinnweben und Staubflusen. Das hängt dort seit Ewigkeiten.«

Lorenzo grunzte zustimmend, ohne sich die Enttäuschung anmerken zu lassen.

»Hol's trotzdem runter.«

Der Bargello rief nach seinen Sbirri und befahl einem von ihnen – Ernesto, einäugig, nach Knoblauch stinkend, dem zuverlässigsten seiner Leute –, einen langen Ast oder Stock zu besorgen.

Auch Ugo wagte sich endlich die Treppen hinauf. Neugierig sahen sie zu, wie Ernesto wenig später auf der Treppe kniete und nach der Schlinge angelte. Die Feuchtigkeit oder Mäuse mussten ihr zugesetzt haben, denn als ein Seitentrieb des Astes den Sack anstupste, stürzte er mit einem dumpfen Plopp zu Boden.

Lorenzo musterte die Beute so misstrauisch, als könne sie lebendig werden und ihn anspringen. Er knurrte Ernesto an, und der Sbirro zog sein Messer, um das Tuch aufzuschneiden. Er stellte sich dabei breitbeinig über den Fund, so dass Tommaso im ersten Moment nicht erkennen konnte, was da auf dem Boden lag, als der Stoff auseinander fiel. Aber er sah, wie Lorenzo sich bekreuzigte. Die beiden traten zur Seite, um ihm den Blick freizugeben.

Ein Kind mit vertrockneter Haut und spröden, tausendfach geringelten Locken von lehmgelber Farbe. Tommaso fuhr mit der Zunge über die Lippen. Die Haut sah aus, als käme sie aus der Gerberei und hatte sich straff über die Gesichtsmuskeln nach hinten gezogen. Die Augenhöhlen waren leer, und eine Ohrmuschel und die Nasenspitze fehlten. Die Lippen waren über die Zähne zurückgezogen, so dass es aussah, als grinse die kleine Leiche ihnen entgegen. Aus den Falten des breiten weißen Seidenschals, der das Kind wie eine Tunika einhüllte, rollten Käferlarvenhülsen.

»So ein Dreck. Und da denkt man, man hat alles gesehen!« Ugo ging zu einem der Fensterchen und schaute betont gleichgültig hinaus. »Der Turm liegt nicht beim Hafen, Tommaso. Die Leiche gehört dem Governatore. Das geht uns nichts an.«

Ein totes Kind. Tommaso atmete tief, um seine gereizten Magennerven zu beruhigen. Rom war eine verdorbene Stadt. Er hatte so viele tote Kinder gesehen, dass er sie nicht mehr zählte – nackte und ordentlich bekleidete, die meisten in Lumpen. Aber nie hatte er ein Kind in einem Seidenschal gesehen. »Wie lange mag es tot sein?«

»Vertrocknet wie 'n Haufen Mist in der Sonne. Da kann

man nur raten«, murmelte einer der Sbirri, ein Neuer, vorwitzig. Unter Lorenzos Blick zog er den Kopf ein, aber seine Augen hingen lüstern an der Leiche.

»Ist nicht unsere Sache. Wir sind hier, um ein Kreuz zu suchen«, sagte Ugo, und einen Moment lang herrschte angespanntes Schweigen.

»Ich weiß nich …« Der Sbirro konnte den Mund nicht halten. »Ich glaub … keine Ahnung, aber ich glaub, ich kenn das Kind.« Zweifelnd kratzte er mit dem Fingernagel den Dreck hinter seinem Ohr zusammen. »Nämlich die Rose, die's im Haar hat … die Seidenrose. Ich glaub …« Tommaso hob die Hand, um Lorenzo daran zu hindern, den Mann zu unterbrechen. »Ja, ich *weiß* es. Seltsam, was man so im Kopf hat. Der hat sich auf dem Campo de' Fiori rumgetrieben. Oder doch nich? Nee, ich glaub, der Bengel war größer.«

»Der Leichnam ist vertrocknet, vielleicht ist er dabei eingeschrumpft. Äpfel schrumpfen auch«, brummelte Ugo. Der Sbirro, sichtlich geschmeichelt ob der Aufmerksamkeit, die ihm zuteil wurde, nickte eifrig.

»Die Leiche ist in Seide gehüllt. War der Junge reich? Kannst du dich daran erinnern?«, fragte Tommaso.

»Weiß ich nich, aber … was andres weiß ich. Dass er nämlich Putto hieß.« Der Sbirro begann zu grinsen. »Weil er 'n kleines Ferkel war. Verzeihung, Herr. Aber ich hab's wieder. Er war eins von den gottlosen Bälgern, die am Campo de' Fiori für 'ne Hand voll Münzen ihren Hintern an die reichen Signori verkaufen. *Putto.* Ihr begreift, Herr? Den Witz?« Er nahm Tommasos scharfen Blick nicht wahr. »Glaubt mir, Herr, es is 'n Segen«, schwatzte er weiter, »dass einer den Jungen weggemacht hat, bevor er zu 'nem ausgewachsenen Strolch wurde, was ganz sicher passiert wär. Der war nämlich 'n richtiges Luder. Is hinter jedem her, auch hinter anständigen Bürgern, und hatte dabei 'n Mundwerk …«

»Sei still, der Giudice denkt nach!«, fauchte Lorenzo ihn an.

Das stimmte aber nicht. Der Giudice hatte genau zugehört. Und nun lauschte er auf das Prasseln des Regens, der
auf die Holzluke im Dach trommelte wie die Schlegel eines
himmlischen Tambours und an den göttlichen Zorn ge-
mahnte.

»Wahrscheinlich hat einer der Freier den Jungen umgebracht. Das würde erklären, warum er in diesem Zeug
steckt.« Ugo bequemte sich von seinem Fleck am Fenster fort
und stellte sich vor die schrumplige Gestalt. Angeekelt
blickte er darauf nieder. Er hatte sein Barett wieder aufgesetzt, und aus der Krempe rann in einem dünnen Rinnsal
Wasser zu Boden. »Er geht uns nichts an.«

Lorenzo räusperte sich. »Soll ich den Jungen fortschaffen
lassen, Giudice?«

Wenn der Tote wirklich ein Strichjunge war, gehörte er auf
den Schindanger vor der Porta San Paolo zwischen die Hingerichteten und die Verblendeten, die sich mutwillig in den
Tod gestürzt hatten.

»Giudice?«, wiederholte Lorenzo mit Grabesstimme.

Auf jeden Toten kam eine Schicht ungelöschten Kalks,
und wenn das Loch voll war, wurde es geschlossen. Das
richtige Ende für jemanden, die seinen Körper an reiche
Gönner vermietete. Die Namen dieser Gönner waren dabei
keineswegs unbekannt. Antonio Del Buffalo, Ascanio Caf-
farelli, Giovanni und Battista Capogalli ... Adlige, reiche
Kleriker, fast ausschließlich Leute aus gutem Haus. Sie
machten keinen Hehl aus ihrer Neigung. Die Vorliebe für
hübsche Jungen war eine letzte pikante Steigerung in diesem Rom, das sich an der Wiedererstehung der Antike be-
rauschte. Für die Bücherschränke die Philosophen, für die
Gärten die nackten Göttinnen – und die Putti ins private
Gemach.

»Giudice ...«

»Bring ihn zum Barbier«, befahl Tommaso.

»Bitte?«, entfuhr es Ugo.

»Zum Barbier oder zu einem Arzt. Man soll eine Toten-
schau vornehmen. Was ist? Wir haben einen Leichnam ge-

funden. Wir wissen nicht, woran er gestorben ist, also wird er nach dem Bando von fünfundvierzig ärztlich untersucht. Gibt's was auszusetzen?«

»Einen Strich…?« Der Notaio verstummte. Mit verkniffenen Lippen trat er zurück und sah zu, wie das tote Kind erneut in sein Leichentuch eingeschlagen und von den Sbirri die Treppe hinuntergeschafft wurde.

Tommaso kramte den Schlüssel aus der Tasche seines Talars und schloss die Haustür auf. Er hätte sich nicht selbst mühen müssen. Er hätte mit dem eisernen Türring, der ordinärerweise die Form eines nackten Busens aufwies, gegen das Holz klopfen können, und auf das Pochen wäre Castro gekommen, sein Maestro di Casa, und hätte ihm die nassen Sachen abgenommen, trockene Kleider gebracht, nach Essen geklingelt.

Tommaso wollte nichts davon. Er öffnete sein eigenes Haus verstohlen wie ein Dieb, und als er die große Halle betrat – einen Saal, der die Hälfte des Erdgeschosses einnahm und seinem früheren Besitzer einmal als Kontor gedient hatte –, schlich er auf leisen Sohlen weiter. Der umsichtige Castro hatte eine brennende Öllampe auf dem Tischchen neben der Treppe abgestellt. Das reichte, um die Stufen der Marmortreppe zu unterscheiden, die hinauf in das Wohngeschoss führte.

Tommaso griff sich die Lampe, aber mitten auf der Treppe blieb er stehen und hob das Licht über das Geländer. Das milchige Oval des Lichts erhellte die Malereien auf den Wänden. Sein Haus war vom Vorbesitzer in Nachahmung der antiken Paläste errichtet worden, so, wie es in Rom gerade Mode war. Undeutlich konnte man auf den Fresken Bacchus und Ariadne mit flammenden Kronen erkennen. Den Gott Jupiter auf seinem Thron. Darüber etwas Symbolisches, das Tommaso für das Rad des Schicksals hielt. Auf der gegenüberliegenden Seite ruhte Venus in Begleitung verschiedener nackter Jünglinge, deren Identität Tommaso nicht kannte und die auf ihn allesamt wie eine

Bande Lüstlinge wirkten. Die ganze Halle war ein einziges Gemälde, gemalt von einem Künstler, der weder ein Meister der Proportionen noch der Perspektive war und versucht hatte, diesen Mangel durch besonders grelle Farben wettzumachen.

Tommaso hatte das göttliche Spektakel nie etwas ausgemacht – bis zum Abend seiner Hochzeit, als Vittoria Gaddi zum ersten Mal den Fuß über die Schwelle seines Hauses setzte. Die Statuen zwischen den hohen Fenstern, plumplaszive Göttinnen, hatte er glücklicherweise bereits beim Einzug entfernen lassen. Und der Fußboden mit seinem schlichten schwarzweißen Mosaik war ohne Tadel. Aber die Fresken ...

Er hatte seine ihm frisch vermählte Frau beobachtet und war beruhigt gewesen, sie lächeln zu sehen. Nicht nur beruhigt, das Herz hatte ihm vor Erleichterung bis zum Hals geschlagen, obwohl ein Lächeln auf dem Gesicht einer Braut, die von Dutzenden von Gästen umgeben ist, kaum Aussagekraft haben konnte. Vittoria hatte sich zu ihm umgedreht und – immer noch lächelnd – gefragt, wie der Weg zum Speisesaal sei, und nichts hatte die Katastrophe des Abends angekündigt.

Tommaso wusste, dass er sich mit der Einrichtung seines Hauses keine Mühe gegeben hatte. Der Mann, dem es ursprünglich gehörte, ein Bankier aus Siena, hatte bei seinem Umzug die meisten Möbel mitgenommen. Also hatte Tommaso Tisch und Stühle für den großen Saal gekauft und eine Kredenz, die weder zu dem einen noch zu dem anderen passte, und außerdem ein Bett und ein paar Truhen. Sonst nichts. Möbel langweilten ihn.

Als Ottavio Gaddi, sein Vorgesetzter und Freund, zu ihm gekommen war, um ihm mitzuteilen, dass er bald sterben werde und ihn zuvor mit seiner Nichte Vittoria zu verheiraten wünsche, hatte er sich notgedrungen nach weiterem Mobiliar umgeschaut. Zumindest nach dem einen, unverzichtbaren. Er hatte sein schmales Nussholzbett in das Studiolo verfrachtet und ein mit gedrechselten Säulen, Himmel

und Brokatvorhängen versehenes Ehebett gekauft. Da er
Vittoria niemals gesehen hatte, kannte er ihren Geschmack
nicht. Als das Bett in dem Schlafzimmer mit den roten Sei-
dentapeten zusammengebaut wurde, hatte er das Gefühl, es
wäre allzu verschwenderisch mit fliegenden Schnitzgestal-
ten und Blattgold versehen. Außerdem biss sich die Tape-
tenfarbe mit der der Vorhänge. Aber die Zeit drängte, denn
Ottavio Gaddi ging es schlecht, und er wollte die Hochzeit
unbedingt noch miterleben. Tommaso hatte sich also mit
dem Gedanken getröstet, dass die Frau, die er heiratete, ihr
Heim vermutlich ohnehin selbst einrichten wollte, und der
Mangel an Mobiliar ihr womöglich als Präsent erscheinen
würde.

Doch Vittoria hatte nichts eingerichtet.

Sie hatte ihm auch ihre Meinung zu den Schnitzengelchen
nicht mitgeteilt. Als die Gäste gegangen waren, hatte sie ein
paar Worte an die Dienerschaft gerichtet, danach hatte sie
sich in das Schlafzimmer zurückgezogen, mit ihrer Kammerfrau geplaudert und eine Tasse Schokolade getrunken. Sie
hatte ihm ein Glas Wein in den Salon gebracht und ihm einen
Kuss auf das Haar gehaucht. Aber als er wenig später mit
klopfendem Herzen – denn Vittoria Gaddi war wunderschön – an ihre Tür pochte, musste er feststellen, dass sie sich
eingeschlossen hatte.

Zwei Wochen später hatte sie ihn verlassen. Warum? Er
hatte keine Ahnung. Es war der Tag nach Gaddis Begräbnis
gewesen, der Tag, an dem der Fischladen gebrannt hatte.
Tommaso war völlig erschöpft nach Hause gekommen, und
Castro hatte ihm die Nachricht mit einer Schüssel Aalauflauf
serviert. Er war sich keiner Schuld bewusst. Er hatte sie nicht
bedrängt, ihr keine Vorwürfe gemacht und sie – der Himmel
bewahre – schon gar nicht geschlagen. Er hatte ihr Zeit geben wollen und den ganzen Tag in der Kanzlei verbracht.
Und dennoch war sie gegangen.

Irgendwo im Garten schrie eine Katze. Es klang wie das
Weinen eines kleinen Kindes, und Tommaso merkte plötzlich
wieder, wie kalt ihm war. Er gab das Grübeln auf und er-

klomm die restlichen Stufen. Sein Bett, sein eigenes, stand mit warmem Federzeug und Kissen im Studiolo und wartete auf ihn.

Als er das oberste Geschoss erreichte, sah er, dass die Tür zum Schlafzimmer einen Spaltbreit offen stand, und augenblicklich begann sein Herz zu rasen. Castro hielt auf Ordnung. In diesem Haus waren sämtliche Türen geschlossen. Vielleicht hatte das Hausmädchen geschludert. Aber wenn nicht...

Sein Herz sprengte ihm fast die Brust. Dass Vittoria möglicherweise nur wenige Schritte von ihm entfernt atmete und unter den Decken lag, ließ seine Gedanken wirbeln. Er kannte die Gründe nicht, die sie fortgetrieben hatten, vielleicht galten sie nicht mehr, und sie war zu ihm zurückgekehrt. Vielleicht... Beschämt über seine eigene Sehnsucht, zauderte er.

Und ging dann doch nicht in das Zimmer. Sein Stolz und ein Rest Verstand verboten es ihm.

Das Mädchen hatte sein Bett im Studiolo aufgeschlagen, hatte frisches Wasser in die Messingschüssel gegossen und reine Tücher bereitgelegt. Hastig zog er sich die nassen Sachen vom Leib und blies das Ölflämmchen aus. Die Läden der Balkontür waren zurückgeschlagen, und das Mondlicht fiel durch die eisengerahmten Glaskarrees der Tür. Es zeigte ihm den Schatten seiner nackten Gestalt im Spiegel. Er betrachtete seinen krausen Haarschopf, einen voluminösen schwarzen Pelz, den kein Kamm zähmen konnte, seine scharfe, bucklige Nase, die Silhouette seines Körpers, die einen leichten Bauchansatz zeigte...

Wenn er wollte, konnte er über die Galerie gehen, die das Studiolo mit dem Schlafzimmer verband, und sich kraft seines Rechts als Ehemann überzeugen, ob Vittoria in ihrem gemeinsamen Bett lag. Und wenn sie da war... Er konnte Krach schlagen. Er konnte die Tür eintreten und sich nehmen, was ihm gehörte, und sein Dienstpersonal würde wahrscheinlich Beifall klatschen und er selbst aufhören, sich wie ein gedemütigter Esel zu fühlen.

28

Er tat nichts davon. Stattdessen kroch er ins Bett, zog die Federdecke bis zum Hals und verschränkte die Arme unter dem Kopf.

Sie ist zu schön, dachte er, während die Wärme allmählich seine Zehen auftaute und er durch die Glasscheiben den Mond betrachtete. Ich verfluche ihre Schönheit.

II

Tonio hockte in seinem Versteck hinter der Mauerbrüstung des verrotteten Ponte Santa Maria und kaute angespannt die rohen Ziegenhoden, wobei er immer wieder über die Mauerbrocken lugte. Er musste sich vor Lelio in Acht nehmen. Lelio tat samtweich, aber wenn er zuschlug – am liebsten in den Magen –, hatte man hinterher tagelang Bauchweh.

Im Moment drohte allerdings keine Gefahr. Lelio saß einen Steinwurf entfernt auf der Treppe, die zum Tiber hinabführte, und war mit einem einarmigen Mann beschäftigt, der ihn so stark interessierte, dass er kein Auge für die Umgebung hatte. Fürs Erste war Tonio sicher.

Er ermahnte sich, langsam zu kauen, obwohl die Angst vor Lelio ihn drängte zu schlingen. Aber die Hoden wirkten nur, wenn man sie vor dem Schlucken gründlich zu einem Brei zermalmte. So hatte Putto das erklärt, und Putto hatte sich ausgekannt. Also schob Tonio die Masse geduldig zwischen den Zähnen hin und her.

Der Einarmige schien Lelio aufzuregen, denn der Junge sah, wie sein Beschützer aufsprang und mit den Armen fuchtelte und sich nur widerwillig auf die Stufe zurückzerren ließ. Der Krüppel war kein Kunde, dafür hatte Tonio einen Blick. Die Diener der reichen Signori waren gut gekleidet, aber der Einarmige hatte Lagen von bunten Fetzen übereinander gezogen, um sich einigermaßen warm zu halten, und sein Haar klebte vor Dreck an der speckigen Mütze. Er musste einer der Zuträger sein, die Lelio mit den neuesten Gerüchten versorgten.

Tonio fühlte mit der Zunge. Er fand kaum noch ein hartes Stückchen in der zähen Masse und schluckte erleichtert. Die kostbare Speise, die er so oft es ging vom Verkaufsbrett der Fleischer stahl, würde ihn von seinem Kummer befreien – das hatte Putto geschworen. Und wenn ihm erst Barthaare sprossen, wenn seine Haut hart und picklig wurde, war er für die Signori nicht mehr interessant. Er würde in die Riege der Taschendiebe aufrücken, und das Misslichste, was ihm dann noch passieren konnte, war, dass man ihm die Ohren abschnitt – was entsetzlich wäre, aber kaum so schlimm wie die Procedura in den parfümierten Betten der Signori, vor der ihm so entsetzlich graute.

Lelio würde natürlich wütend sein, wenn er einen Bart bekam. Nach Puttos Tod waren ihm nur noch neun Jungen geblieben, die alle irgendwie nach Gosse aussahen. Bis auf Tonio. Nicht dass er sich mit Putto hätte messen wollen. Putto hatte rein und zutraulich wie ein kleiner Engel gewirkt, alle hatten sich um ihn gerissen, und manche Herren hatten lieber tagelang gewartet, als sich mit der zweiten Wahl zufrieden zu geben. Außerdem hatte er mächtig was im Kopf gehabt. Er schwatzte den Signori das Geld aus der Tasche und konnte das sogar besser als Lelio. Einmal – so hatte er Tonio anvertraut – würde er Lelio zum Teufel jagen und selbst etwas ganz Großes aufziehen. Und dann würde er dafür sorgen, dass die Jungen jeden Tag zu essen bekamen. Vielleicht sogar drei- oder viermal. Tonio hatte ihn deswegen nicht ausgelacht. Er hatte ihm das zugetraut. Putto war anders als die anderen Jungen. Stolz. Einmal hatte er sogar einen Kunden davongeschickt, wofür Lelio ihn dann ziemlich verdroschen hatte, aber trotzdem. Er war …

Nein, kein Held. Putto war tot. So maustot, wie man nur sein konnte. Und wenn das ihm, dem Gewitzten, geschehen war – wie konnten dann die anderen noch sicher sein? Duckmäuser wie Tonio?

Dem Jungen rieselte bei der Erinnerung an Puttos elendes Sterben das Wasser zwischen die Beine. Er krümmte sich vor Scham zusammen und rieb verstohlen die Schenkel trocken.

Der Einarmige schien seine Neuigkeiten losgeworden zu sein. Er lachte über etwas, was Lelio ihm voller Wut ins Gesicht zischte, ließ sich von ihm eine Münze in die Hand zahlen und machte sich in Richtung griechische Schule davon. Die anderen Jungen waren zwischen den Häusern oben am Ufer verschwunden, als sie Lelios schlechte Laune bemerkt hatten. Tonio hatte diesen Moment verpasst, und nun rächte sich das. Lelio brüllte nach ihm.

Er schleuderte den Jungen, kaum, dass er ihn gegriffen hatte, auf die Treppenstufen, und sein spitzes Gesicht nahm jenen sonderbar hungrigen Ausdruck an, den Tonio zu fürchten gelernt hatte.

»So ein verdammtes ... verdammtes ...!« Mit Wucht trat Lelio ihn in die Seite. Aber Tonio begriff, dass die Wut seines Beschützers in Wirklichkeit jemand ganz anderem galt. Lelio blickte fluchend über ihn hinweg in Richtung Ripa und rieb die Finger gegeneinander, als müsse er sie wärmen, um einem Feind damit an die Gurgel zu gehen. Schwer atmend stellte er den Fuß auf eine höhere Stufe und stützte den Arm auf den Oberschenkel. Er wollte überlegen aussehen, aber seine Hände zitterten.

»Das hat gar nichts zu bedeuten. Es ... kann sein, dass sie ihn aufschneiden, weil sie seinen Bauch ausräumen wollen. Die Dottori. Die wühlen in den Toten wie Schweine. Vielleicht wollen sie ihn von innen sehen, oder sie machen seine Leber zu Pulver. Das bringt Geld. Sie können alles Mögliche mit dem Stinker vorhaben.« Lelio sah Tonios verständnislose Miene. Er erklärte nicht gern. Alles, was er geben sollte – und wenn es nur Informationen waren, die womöglich jemandem weiterhalfen –, tat ihm von Herzen Leid. Diesmal aber ließ er sich hinreißen. »Putto. Klar? Der Dreckskerl ist wirklich tot. Sie haben ihn vertrocknet wie 'n Stück Dörrfleisch in 'nem Turm gefunden.«

Tonio wurde schlecht. Der Ziegenhodenbrei kroch in seinen Hals, und er hatte Mühe, ihn nicht herauszuwürgen. So war Putto. Noch als Toter überall dazwischen. Eben in seinen Gedanken und jetzt in der Wirklichkeit. Einer wie Putto ließ nicht zu, dass man ihn vergaß. Der Junge merkte, dass Lelio ihn misstrauisch beobachtete.

»Du warst mit ihm zusammen, in der Nacht.«

Da gab es nichts zu leugnen.

»Der Pisser von der Ripa, dieser neue Giudice, hat ihn zu einem Arzt gekarrt. Er schnüffelt rum. Lässt ihn untersuchen, als wär Putto 'n toter Signore und nich 'n Stück Dreck wie in Wahrheit. Da ist doch was faul.«

Tonio schwieg, und Lelio, den das wütend machte, trat ihn ein weiteres Mal. »Also los! War da was mit Putto? Was Besonderes? Denk nach. Man is doch nich mit jemand zusammen und merkt gar nichts.«

»Er wollte noch zum Corso und was Privates machen und hat mich weggeschickt. Und danach hab ich ihn nich mehr gesehen«, wiederholte Tonio seine Lüge, die ihm in der ersten Not herausgerutscht war. Vielleicht, dachte er, während der widerliche Geschmack der Ziegenhoden sich in seinen Mundtaschen festsetzte, wäre es besser, die Wahrheit zu sagen. Vielleicht wüsste Lelio ja einen Ausweg.

»Die werden hier auftauchen. Ganz sicher. Wenn die ihn schon untersuchen lassen, kommen die auch hierher.« In Lelios Gesicht war wieder dieser wütende, hungrige Ausdruck, und Tonio wusste auf einmal, woran er ihn erinnerte – an die dreieckigen Gesichter der Katzen, die von den Abfallhaufen am Fischmarkt weggetreten wurden.

»Wir müssen weg. Für 'ne Weile verschwinden. Untertauchen. Bis der Kerl von der Ripa Ruhe gibt.« Die Katze setzte zur Flucht an, und Tonio sah seinen Beschützer in seiner ganzen Erbärmlichkeit. Nein, sich Lelio anzuvertrauen würde alles nur noch schlimmer machen. Schweigen war das Beste.

III

Nichts«, sagte Tommaso. Er lehnte sich auf seinem Stuhl hinter dem wuchtigen Eichentisch zurück und reckte die verspannten Schultern. Die Tür zur Kanzlei, in der Ugo die Anzeigen aufnahm und seine Protokolle fertigte, stand offen, so dass sie sehen konnten, wenn jemand hereinkam. Es war Nachmittag. Die Sonne schien kalt, aber hell durch das Fenster, das zum Hafen ging, und warf ein Rechteck aus Licht in den Raum.

Tommaso mochte sein Büro. Ottavio Gaddi hatte es eingerichtet. Ein Tisch, ein bequemer Stuhl für den Giudice, ein zweiter nicht ganz so bequemer für Delinquenten und mögliche Besucher, an der Wand ein Schrank für die Gesetzestexte, Bullen und Akten, ein Haken für einen Mantel, den man im sonnigen Rom selten brauchte – nichts Überflüssiges, das von der Arbeit ablenkte. Die Wände waren weiß verputzt, Fenster und Türrahmen mit malachitgrüner Farbe umrandet, was dem Raum eine gewisse Heiterkeit verlieh. Aber am meisten liebte Tommaso den Tisch. Kraftvolles, schimmerndes Holz von gleichmäßiger Maserung, schwarz und so massiv, dass ein Mann allein das Möbel nicht von der Stelle bewegen konnte.

»Nichts Besonderes«, wiederholte er und gähnte. »Eine Schlägerei wegen einer Henne, die von einer Kutsche totgefahren wurde, Zechprellerei im L'Orso ...« An der Ripetta, dem kleinen Stadthafen im Norden, für den das Ripatribunal ebenfalls zuständig war, passierte selten etwas, was die Erwähnung lohnte. Tommaso ging alle zwei Tage hinüber, ließ sich vom Notaio vorlegen, was zur Anzeige gekommen war, urteilte und verhängte Strafen. Das erforderte keinen Aufwand. Aber Ugo, der an der Tür lehnte, die Arme über der Brust verschränkt und den Kopf gegen den grünen Rahmen gelehnt, sah bereits am frühen Nachmittag erschöpft aus.

»Wie war's bei dir?«

»Hier sammeln sich die Idioten der Stadt. Das glaubst du nicht.« Er rieb sich die Augen, wurde dadurch aber auch nicht wacher. »Da kommt Lorenzo mit dem Mönch, diesem pockennarbigen, der vor San Francesco seine grässlichen Lieder singt. Erinnerst du dich? Er hat's wieder getan.«

»Wo diesmal?« Tommaso konnte sich ein Grinsen nicht verkneifen.

»Der Altar der heiligen Anna. Erst die große Kerze, die mit den Bildern, und dann die beiden kleinen, die an der Seite stehen. Warum gibst du ihm nicht einfach einen Tritt in den Hintern?, sag ich zu Lorenzo. Der Kerl hat ein Gehirn wie ein Kiebitz. Er ist verrückt. Es überkommt ihn, und er geht hin und schubst Kerzen um, das hat er immer getan. Was ist?, sag ich zu Lorenzo. Willst du ihn deshalb zur Heiligen Inquisition schleppen? Willst du einen armen Idioten wegen ein paar Kerzen auf dem Campo de' Fiori brennen sehen? Der Mann hat gegen die Ordnung verstoßen, sagt Lorenzo. Er betet das runter, als wär's das Vaterunser. Die Ordnung ... die Ordnung ... Mir dreht sich der Magen um, wenn ich es nur höre. Ich hab nichts gegen Lorenzo, er ist ein guter Mann, aber dieses ewige Herumreiten ...« Ugo redete sich in Fahrt. »Und während ich das noch verdaue, kommt eine Frau rein, ein Hintern wie ein Tanzbär, von einem dieser dreckigen, kleinen Schiffe – Wein aus Terracina – und kotzt mir direkt vor die Füße. Ich brüll sie an, und sie sagt, sie hat ihr Kind ersäuft.«

»Ersäuft.«

»'ne nette Frau. Als sie wieder einigermaßen beisammen war, konnte man ganz vernünftig mit ihr reden. Hat schon fünf Bälger, für das sechste reichte das Essen nicht, weiß der Teufel. Da hat sie's unten bei der Treppe ertränkt. Willst du sie sehen?«

Tommaso schüttelte den Kopf. Mordfälle, alle Verbrechen, für die die Todesstrafe vorgesehen war, gingen entweder ans Governatoregericht oder zum Gericht des Senatore auf dem Kapitol, je nach Stand der Beteiligten. Allerdings kannte sich kaum ein Römer in dem Kompetenzgewirr aus, und deshalb landeten Anzeigen meist in der nächstgelegenen Kanzlei. »Warum hast du sie hier behalten?«

Ugo zog den Delinquentenstuhl heran und ließ sich darauf niederfallen. »Ich sag doch – sie war nett. Sauber, gemütlich, vernünftig. Eine, von denen du meinst, die Heilige Jungfrau tät ihr das Jesuskind anvertrauen. Ich krieg das nicht in den Kopf. Was hat sie gewonnen, wenn sie ihr Kind ertränkt? Sie hätte es im Ospedale Santo Spirito ins Drehfenster legen können und wäre es auch losgewesen und ohne den Hals zu riskieren. Selbst wenn sie es auf der Straße ...«

»Der Governatore ist empfindlich, wenn wir in seinem Revier wildern.«

»Weiß ich doch.« Ugo hob die Schultern und seufzte. »Faustina bringt sich halb um, weil sie keine Kinder kriegt. Liegt den halben Tag vor der Madonna del Parto auf den Knien und heult sich die Augen aus. Und dieses Geschöpf ... Was ist? Wohin willst du?«

Tommaso war abrupt aufgestanden. »Komm bitte mit, ich erklär es dir später.«

»Ach«, machte Ugo beleidigt. Er war neugierig, aber als Tommaso sich nicht weiter äußerte, ärgerte er sich und holte seinen Mantel.

Gerade als sie das Haus verließen, kam Lorenzo die Hafentreppe herauf. Sein Wams war diesmal farblich geteilt. Golden wie die Sonne auf der linken Seite, braunrot gestreift rechts. Das Haupt mit dem kargen Bärtchen zierte ein steifer, tomatenroter Hut. Tommaso winkte ihn heran und gab ihm den Auftrag, den Mann der Kindsmörderin auszufragen. Auch wenn die Sache nicht in seine Kompetenz fiel – es konnte nicht schaden, sich ein wenig umzuhorchen, bevor die Frau an den Governatore überstellt wurde. Dort nahm man sich wenig Zeit für geständige Mörderinnen. Zu weich, dachte er, als er weiterging. Das war seine und Ugos Achillesferse. Deshalb kamen sie auch nicht voran.

Sie gingen die Tiberstraße entlang und wichen einem Wasserträger aus, der zu viel geladen hatte und mit jedem Schritt einen Schwall Wasser auf den gepflasterten Platz vor der Brücke ausgoss.

»Wohin wollen wir eigentlich?«

»Zum Ospedale della …«

»Verflucht, bist du allein auf der Straße?« Ein Bleicher mit einem Korb schmutziger Wäsche vor dem Bauch hatte Ugo gestreift. Der Mann wollte zu einer gepfefferten Antwort ansetzen, verstummte aber angesichts ihrer Talare und warf ihnen stattdessen einen wütenden Blick zu.

»Zum Ospedale della Consolazione.«

»Warum?«

»Um mit einem Arzt, einem Dottore …« Tommaso musste einen Moment überlegen, bis ihm der Name einfiel. »Jacob Sutor zu sprechen. Er hat sein Geschäft in der Straße hinter dem Ospedale.«

»Oh, der Bengel aus dem Turm. Ah ja.« Ugo schwieg verstimmt und sprach nicht mehr, bis sie ein schmales Haus mit gusseisernen Balkonen erreichten, das sich schüchtern zwischen die Nachbarhäuser quetschte.

Die Tür stand offen, und bei dem Dottore schien es sich um einen Wundarzt zu handeln, denn auf den Stühlen und Betten in dem schmalen, langen Raum warteten unverhältnismäßig viele Leute mit blutigen Notverbänden. Eine junge Frau schien etwas an den Zähnen zu haben, ihre Wange war auf Zitronengröße angeschwollen. Einem todbleichen Mann lief Blut aus dem Hosenbein und tropfte von dort in eine rote Pfütze unter seinem Stuhl. Dass der Arzt ebenfalls im Raum war, merkten sie erst, als sich ein Wimmern in einem durch Vorhänge abgetrennten Winkel plötzlich zu einem gellenden Geheul steigerte. Ugo, der in der Tür stehen geblieben war, wandte sich zur frischen Luft und verschränkte die Arme über der Brust.

Es dauerte, bis die Prozedur hinter den Vorhängen ein Ende nahm, und noch einmal, bis der Dottore den bleichen Mann, der bei seinem Erscheinen aufsprang und sofort zu Boden sackte, notdürftig verbunden hatte.

»Giudice Benzoni? Wenn Ihr mich begleiten wollt. Ihr kommt in einem ungünstigen Moment«, erklärte er atemlos, nachdem der Bleiche seinen Platz auf einem der Betten gefunden hatte.

»Wie fast immer«, bemerkte Tommaso mit einem verbindlichen Lächeln.

Sie folgten dem flinken, kleinen Mann eine Treppe hinauf in einen Raum, der wohl den Toten vorbehalten war, denn es gab kaum Licht und statt eines Betts nur einen niedrigen Holztisch, der vom vielen Scheuern hell geworden war. Darauf lag, von dem weißen Seidentuch bedeckt, der tote Putto, wobei seine Knie über die Kante lugten, da er seine Hockstellung beibehalten hatte. Dass der Dottore das Seidentuch nicht an sich genommen hatte, war ein ungewöhnliches Zeichen von Ehrlichkeit, denn gewaschen war es sicher ein paar Giuli wert.

»Er ist tot. Und das schon eine ganze Weile. Was sind Eure Fragen, Giudice?« Sutor zog das Tuch beiseite und gab ihnen den Blick auf den kleinen Leichnam frei.

»Habt Ihr entdeckt, wie er zu Tode gekommen ist?«

»Gewiss. Und Ihr hättet es auch, wenn Ihr Euch die Mühe gemacht hättet, den Jungen nackt zu betrachten. Seht ...« Mit dem Eifer eines Fachmanns wendete der Dottore den Toten und drückte seinen Arm beiseite, so dass sie einen klaffenden Spalt in der Lederhaut erkennen konnten.

»Ein Messer?«

»Ja.«

»Oder ein Degen oder ein Sauspieß oder sonst was, womit man zustechen kann«, knurrte Ugo. »Schön. Er ist erstochen worden. *Mala fide et diabolico spiritu ductus.* Wir wissen's jetzt.« Und was nutzt uns das? Er verkniff sich die Frage, aber das war es, was er meinte. Der Junge war tot, sein Mörder würde unbekannt bleiben. Und niemand würde darüber eine Träne vergießen.

»Kein Degen. Nein, meine Herren, es war ein Messer.« Tommaso, der sich bereits zum Gehen gewandt hatte, drehte sich wieder um. Der Dottore lächelte fein und ein wenig hochmütig. »Genauer gesagt, eine Ochsenzunge, dreikantige Klinge mit zwei Widerhaken, rechtwinklig angesetzter Griff mit Goldziselierung, auf dem Kopf ein großer Smaragd.«

»Die Augen eines Arztes sind von wunderbarem Scharfblick.«

Sutor lachte. Er ging zu einer Truhe, die in der Ecke des Raums stand, öffnete das Schloss – ein Schmetterlingsschloss, wie Tommaso überflüssigerweise feststellte – und zog etwas hervor. Der Gegenstand war in ein Tuch eingeschlagen. Wider Willen interessiert, drängte Ugo sich neben seinen Vorgesetzten.

Die Ochsenzunge war von erlesener Schönheit. Die Klinge aus schimmerndem Stahl, der vergoldete Bronzegriff mit einem Blättermuster verziert, in dessen Zentrum ein daumengroßer Hirsch zum Sprung ansetzte. Die Widerhaken, deren böse Wirkung Tommaso oft genug in den Akten geschildert wurde, schmälerten sein Entzücken über die kunstvolle Arbeit. Aber am Ende zog ein reiner, kreisrund geschliffener Edelstein von meergrüner Farbe seine Aufmerksamkeit auf sich. Den Wert allein des Steins schätzte er auf mehrere hundert Scudi.

»Ihr seid ein sonderbarer Mann, Jacob Sutor.« Er hob die Augen von der Waffe und schaute den kleinen Arzt nachdenklich an. »Allein der Smaragd hätte Euch ein halbes Jahr ernährt. Warum?«

»Warum was? Ich ihn nicht unterschlagen habe? Vielleicht, weil ich fand, dass er zur Aufklärung des Verbrechens nötig sei. Ist er das nicht?«

»Es beunruhigt Euer braves Herz, wenn der Tod eines Strolchs ungesühnt bleibt?«

»Bin ich der Einzige, den das wurmt? Die Leiche liegt auf meinem Tisch.« Wieder das feine Lächeln. »Der Herr liebte die Kinder und die Sünder vor allen anderen, und der hier war beides. Außerdem ... wie soll ich wissen, ob der Dolch wirklich unbemerkt in der Leiche stecken blieb? Er war kaum zu übersehen. Man möchte manchmal weinen über die Arglist der Welt.«

»In die Klinge ist ein Signum eingeätzt. Sieh dir das an, Tommaso.« Ugo hatte die Waffe aufgenommen und hielt sie gegen das Fenster, durch das dämmriges Licht hereinfiel. »Ein doppeltes C. Ziemlich verschnörkelt, aber ... doch, CC.«

Tommaso nahm ihm die Waffe ab. »Wem auch immer das Messer gehörte – er muss steinreich sein. Das begreife ich nicht. Warum machte er sich nicht die winzige Mühe, das Messer wieder an sich zu nehmen? Er hatte Zeit genug, die Leiche zu verstecken. Warum nicht dafür?«

»Vielleicht war er wütend. Ein jähzorniger, reicher Mann, barmherziger Sampson. Ich glaube, ich hätte gut daran getan, die Waffe zu übersehen.« Sutor trat mit einem zweifelnden Grinsen zur Wand. »Seid so freundlich, Giudice, und behaltet für Euch, wer Euch auf die Waffe aufmerksam gemacht hat. Ich bekomme einen halben Giulio für die Untersuchung und wäre ansonsten dankbar, wenn Ihr den Jungen abholen lasst oder mir die Bestattungskosten sendet. Neugierde ist ein Fluch.«

Als sie das Totenzimmer verließen, wäre Tommaso fast auf eine Frau geprallt, die an der Tür vorbeieilte. Sie trug einen Krug Wasser die steile Treppe hinauf und hinterließ eine Spur von Tropfen.

»Beehrt mich wieder, aber nicht zu bald, denn in unserer gesegneten Stadt sitzen die Messer locker, und meist machen sie nur halbe Arbeit, so dass ich kaum Luft holen kann«, verabschiedete der Wundarzt sie, während er mit seiner Aufmerksamkeit schon wieder bei den Kranken in der Behandlungsstube war.

»CC«, sann Ugo, als sie auf dem Rückweg waren. »Colonna, Caetani, Cardelli, Cenci, Cervini … Wir haben zu viele mächtige Cs in der Stadt. Camillo Colonna – das käme … nein. Nein, er ist nicht der Mann, der sich kleine Jungen in sein Bett holt.«

»Cesare Caetani.«

»Ist ein Mistkerl, aber – genau wie Colonna – er interessiert sich nur für Frauen. Hast du von dem Gelage gehört? Caetani hat die Papstwahl in seinem Palazzo gefeiert. Sämtliche Kurtisanen von Rang waren dabei, um seinen Gästen den Abend zu versüßen. Als alle besoffen waren, sind sie mit ihren Kutschen Rennen auf der Piazza Navona gefahren. Eins der Mädchen hat sich dabei die Hüfte gebrochen, und angeblich hat sie deswegen ein Verfahren am Governatoregericht angestrengt.«

»Über Caetani liegt sowieso schon was beim Governatore vor. Er hält zwei Sicarii aus Pisa in seinen Diensten, solche von der Sorte, die mit Bleikugeln auf ihre Opfer losgehen. Ja, Caetani wäre ein Mann, der mit einer Ochsenzunge im Gürtel glänzen würde. CC – Cesare Caetani.«

»Tommaso! Der Mann ist reich wie die Sünde und unter den Freunden, mit denen er feierte, waren mindestens zwei Kardinäle. Außerdem, ich sag doch, er macht sich nichts aus Jungen. Vergiss das Signum. Was willst du mit dem Messer machen?«

»Wenn es Caetani gehörte …«

»Cesarini, Carafa, Chigi, Conti … Hör auf mit Caetani. Wenn du nachdenkst, fallen dir ein Dutzend Namen ein. Außerdem kann das Messer auch von außerhalb stammen.«

Unzufrieden nickte Tommaso.

»Der Junge war ein Dorn im Fleische unsrer gesegneten Stadt, und auch wenn er es nicht gewesen wäre, Tommaso, du könntest ihn nicht wieder zum Leben erwecken.«

»Ja.« Genau so war es.

Tommaso zeichnete auf dem schwarzen Tisch im Ripagebäude im bleichen Licht einer Kerze die Berichte ab, die Ugo ihm vor Ende seines Dienstes hingelegt hatte. Entgegen der üblichen Praxis verfasste Ugo seine Protokolle auf Italienisch – in der Sprache also, die auch seine aufgeregte Klientel benutzte, und er hatte sich angewöhnt, Kläger, Zeugen und Angeklagte wörtlich zu zitieren, mit sämtlichen Flüchen und Zwischenbemerkungen. Seine Akten zu studieren war fast so gut, wie bei den Verhören anwesend gewesen zu sein. Ein winziger Lichtblick im täglichen Ärger.

Tommaso gähnte, während er über eine Schlägerei las, die auf einem Schiff mit dem klangvollen Namen Giulia del Sole ausgebrochen war. Ugo hatte die Waffe, durch die mehrere der Seeleute im Ospedale gelandet waren – das Ende eines Ruders –, penibel skizziert und vermerkt, dass er sie als Beweismittel im Keller unter den beiden Gefängniszellen abgelegt hatte. Er hatte die Wunden aufgelistet und beschrieben. Die beiden Hauptschläger waren inhaftiert worden.

Außerdem: faules Fleisch, mit dem ein Schiffer aus Nettuno die Händler am Marcellustheater betrogen hatte. Der Mann war bekannt für solche Schweinereien, und im Grunde musste man die Händler gleich mit prügeln, die ihm immer noch Ware abnahmen.

Die Frau, die ihr Kind ertränkt hatte.

Tja, und Putto. Der Kopf des Protokolls – der einzige Teil, den Ugo in seinem korrekten, etwas umständlichen Latein schrieb – enthielt diesmal nur dürftige Angaben. Den Fundort der Leiche. Die Zeugen. Das fette V am Rand der Akte, mit dem er bestätigte, dass er das Opfer persönlich besichtigt hatte, war dahingeschmiert und stach wie ein Vorwurf aus dem akkuraten Schriftbild. Als Grund des Verbrechens hatte er *Odio* eingetragen, aus Hass. Die übliche Floskel, wenn dem Gericht nichts Besseres einfiel. Diesmal fand Tommaso sie passend. Der Mörder hatte seine Waffe – ein kleines Vermögen – in Puttos Leib stecken lassen. Musste es da nicht um Leidenschaften gegangen sein?

Visitavi ego notarius infrascriptus de mandato Domini cadaver ... Seine Augen glitten über die Buchstaben, ohne sie wirklich zu lesen. Warum hatte man den Jungen versteckt? Warum hatte man ihn nicht einfach auf die Straße ge-

worfen wie unzählige andere Leichen? Warum … warum …
warum …

Verärgert setzte Tommaso seinen Namen unter den Bericht.

Als er gerade gehen wollte, kam Lorenzo ins Ufficio. Hochzufrieden berichtete er, dass die Frau mit dem Säugling bereits vor zwei Jahren in der Kanzlei des Senatoregerichts einen Kindermord gebeichtet hatte. Und davor war sie aus demselben Grund beim Borgogericht vorstellig geworden und davor bei den Gerichten mehrerer anderer Städte. Bei den Ermittlungen hatte sich jedes Mal herausgestellt, dass sie überhaupt keine Kinder besaß, und ihrem Mann reichte es jetzt. Er hatte gerade ablegen und sich davonmachen wollen, als Lorenzo kam. Der Bargello hatte ihm die Weiterfahrt verboten, aber der Schiffer war keinesfalls bereit, die Irre, wie er seine Frau nannte, noch einmal auf die Planken seines Schiffs zu lassen. »Ich dachte, Ihr würdet das wissen wollen, Giudice.«

Tommaso legte die Hände vors Gesicht und drückte die Fingerspitzen gegen die Augen. »Also gut«, sagte er. »Lass sie heute Nacht in der Zelle. Morgen bringst du sie zu den barmherzigen Schwestern von Santa Marta, falls der Ehemann es sich nicht doch noch anders überlegt.«

»Hat sich mit dem Jungen etwas ergeben?«, fragte Lorenzo. Die Freude, den Notaio bei den Ermittlungen ausgestochen zu haben, stand in seinem hageren Gesicht.

Odio – aus Hass. Wer hatte den Jungen versteckt? Warum war er versteckt worden? Niemand bis auf einen Giudice, der jedermann damit auf die Nerven fiel, interessierte sich für den Toten. Und Sutor. Dieser eifrige, kleine Arzt. »Warst du dabei, als der Tote gestern bei dem Dottore abgeliefert wurde?«

»Sicher, Giudice.«

»Kam der Mann dir sonderbar vor?«

»Der Dottore?« Lorenzo legte sein Gesicht in Falten, um seinen Eifer anzudeuten, ein korrektes Urteil zu fällen. »Nein, Giudice.«

»Er sah nicht verblüfft aus oder verärgert oder schockiert – irgendetwas, was darauf hingedeutet hätte, dass er den Jungen kannte?«

»Er sah aus ... Er hatte keine Lust, die Leiche anzunehmen. Und als wir sie in dem Zimmerchen oben ablegten – es gibt da einen kleinen Raum ...«

»Ich weiß.«

»Er hat die Seide beiseite gezogen. Ja, doch, er hat sich gewundert. Dass der Junge so eingetrocknet war. Er hat gesagt, dass er schon eine ganze Weile tot sein muss und dass solche Vertrocknungen normalerweise nur in der Wüste in den heidnischen Ländern vorkommen. Dafür hat er sich interessiert. Aber nur kurz. Dann hat er die Achseln gezuckt und gesagt: Der Kerl ist tot. Und das war es. Gekannt hat er ihn sicher nicht. Ich habe ihn noch ermahnt, nicht die Seide zu stehlen. Ist etwas mit ihm?«

Tommaso schüttelte den Kopf. Es war Zeit, nach Hause zu gehen. Zeit, sich die Decke über den Kopf zu ziehen und die verdorrte Monstrosität zu vergessen.

Er betrat sein Haus in der Annahme, dass jedermann zu Bett lag, denn es war schon nach Mitternacht. Stattdessen empfing ihn verschwenderischer Lichterglanz. Über dem Kandelaber mit den goldenen Honigwachskerzen grinste ihm der vor Lebenskraft strotzende Jupiter entgegen.

Castro kam aus dem Küchentrakt. »Die Signora wartet. Im großen Saal, Giudice«, erklärte er mit schwer durchschaubarer Miene.

Die Signora wartet. Sie wartete also. Sie war heimgekehrt, nachdem sie ihn – mit Ausnahme eines kurzen, nichts sagenden Billetts, das sie über ihre Tante sandte – vier Monate ohne Nachricht und Erklärung gelassen hatte, und nun wartete sie.

Tommaso ließ sich den Mantel abnehmen. Der Tag hatte ihn angestrengt. Er war nicht vorbereitet. Wie betäubt stieg er die Marmortreppe hinauf. Er war froh, dass er seinen Amtstalar trug und nicht eines dieser ausgestopften Wämser, die den Bauch wie eine fette Wurst umhüllten und die Beine durch enge Strumpfhosen zur Schau stellten.

Sie wartete im großen Saal. Und es war völlig egal, was sie von ihm dachte, denn sie hatte ihn verlassen, und sie würde ihm dafür eine Erklärung liefern müssen. Und vielleicht, dachte er mit wachsender Wut, war auch eine Erklärung fällig, warum er selbst sie sich nicht einfach zurückgeholt hatte. Nur dass ihm keine einfallen würde.

Vittoria stand vor den hohen Fenstern, die die Wand zum Garten durchbrachen, und kehrte ihm den Rücken zu. Ihre Schönheit war ihm als Faktum, nein, als Wunde, im Gedächtnis geblieben. Und dennoch fühlte er sich davon überwältigt – genau wie damals, als er sie in Gaddis Wohnung das erste Mal gesehen hatte. Sie trug ein weinrotes Samtkleid mit geschlitzten Ärmeln, aus denen gelbe Seide floss. Ihr dunkelbraunes, aufgestecktes Haar war mit Perlen durchflochten, und Perlen lagen auch auf der weißen Haut ihres Nackens. Tränen im Schnee. Eine Locke hatte sich aus der Frisur gelöst und kringelte sich zwischen den Perlen. Er starrte darauf, bis ihm bewusst wurde, dass er kaum noch atmete. Er holte Luft, und dieses geringe Geräusch machte sie auf ihn aufmerksam.

»Tommaso Benzoni, oh!« Die Locke verrutschte auf der Haut, als sie sich umdrehte. Rasch schob sie sie in eine ihrer Flechten zurück und kam auf ihn zu. »Ihr seid heimgekehrt, Signore. Seid Ihr hungrig? Gewiss! Ich habe gehört, dass Ihr ohne den kleinsten Bissen aus dem Haus gegangen seid. Ihr solltet das nicht tun. Regelmäßiges Essen beruhigt die Magensäfte.«

Wenn sie mich berührt, dachte er, dann schlag ich sie.

Aber sie hatte nicht vor, ihn ehefrauengemäß zu umarmen. Stattdessen eilte sie an ihm vorbei zu dem Tisch, an dem – durch viele Ellen weißen Tischtuchs voneinander getrennt – zwei Stühle standen.

»Ich konnte nicht herausbekommen, wie Ihr es haltet. Lasst Ihr Euch Essen aus einer Osteria schicken, wenn Ihr tagsüber hungrig seid? Oder gibt es an der Ripa einen Koch?

Oder wollt Ihr, dass ich Euch etwas sende? Ihr müsst mir Eure Wünsche mitteilen.«

Sie setzte sich, läutete mit einer kleinen silbernen Glocke, die sie vor ihrem Teller wieder abstellte, und blickte ihn an, bis er ebenfalls Platz nahm. Blau glasierte Teller und grüne Weinpokale. Die Decke war aus Damast und dezent mit Silberfäden bestickt. Silberne Leuchter, eine silberne Kanne. Kein einziges Teil auf seiner Tafel kam ihm bekannt vor. Doch, die Obstschale in der Mitte des Tischs, ein Fabelwesen, halb Mensch, halb Schwan. Sie musste ihm gehören, sie war von überwältigender Hässlichkeit.

»Es könnte sein, mein Lieber, dass ich Euren Koch vergrämt habe.« Vittoria läutete erneut. Als sie zur Tür schaute, vergaß sie einen Moment lang, sich zu konzentrieren. Ihr Lächeln verblasste, ihre Lippen spannten sich. Sie ist nervös, stellte Tommaso fest. Im Ufficio hätte er das in einer Notiz festgehalten: Die Angeklagte ist nervös, sie verschränkt die Finger ineinander. Es kostet sie Überwindung, ihren Ehemann anzusehen.

»Ich glaube, es missfiel ihm, dass ich persönlich einkaufen wollte. Aber Forelle ist eine heikle Sache. Wirklich frische Forellen – man sieht das an den Augen – gibt es nicht am Fischmarkt, sondern nur bei einer kleinen Mühle vor der Porta del Populo. Der Weg ist allerdings umständlich ...« Sie brachte es fertig, sich gleichzeitig auf die Lippe zu beißen und ihm einen strahlenden Blick zuzuwerfen. »... aber er lohnt. Nur hatte sich der nette, kleine Mann, der die Forellen aus dem Fluss angelt, eine Hand in einer Reuse verklemmt. Er hält nämlich auch Aale. Und als er sich befreien wollte ...«

Sie ist *erheblich* nervös, dachte Tommaso.

»... war das Unglück noch schlimmer, weil sich beim Ziehen der Draht verbogen hat, und die Reuse wollte nicht aus dem Wasser und die Hand nicht aus der Reuse. Als wir gingen, stand er immer noch bei seinen Aalen, und wir mussten froh sein, die letzten Forellen im Portico di Ottavia zu ergattern. Ihr sagt gar nichts, Signore.«

Er blickte sie stumm an.

»Ich … verstehe. Ihr seid zornig.«

Die Tür sprang auf. Der Koch erschien, von Castro misstrauisch überwacht, und brachte auf einer Silberplatte einen mit frischen Kräutern und Gemüse umkränzten Fisch, der ihnen aus kalten Augen entgegenglotzte. Unsicher verharrte er und stellte dann die Platte vor der neuen Hausfrau ab. Vittoria nickte. Sie wartete, bis beide wieder verschwunden und die Tür geschlossen war.

»Ich habe es versäumt, Euch vor meiner Abreise von den dringlichen Angelegenheiten, die mich fortführten, zu unterrichten. Richtig? Ich bin mir nicht ganz sicher. Das ist … das Schlimme an mir. Wenn ich aufgeregt bin, neige ich dazu, wichtige Dinge zu vergessen.« Wieder ihr Lächeln, diesmal allerdings mit einem Anflug von Gereiztheit. »Es war wegen Elena, Ihr versteht?«

»Nein.«

»Meine Cousine. Elena. Die bei unserer Hochzeit dieses hübsche Lied von der Amsel vorgetragen hat. Sie wurde plötzlich von einer schrecklichen Melancholie überfallen. Sie ist oder vielmehr sie war damals guter Hoffnung, und in diesem Zustand neigen Frauen zu heftigen Gefühlen, wie Ihr vielleicht wisst. Obwohl Elena dem Temperament nach ein zarter und sehr lieber Mensch ist.«

Tommaso sah, dass sie ein Nicken, irgendein Zeichen der Zustimmung von ihm erwartete. Er rührte sich nicht.

»Die Arme hatte Sehnsucht nach ihrem Gatten. Das war der Grund. Sie liebt Niccolò sehr, aber er wurde in Civita Castellana aufgehalten, und da begann sie mit Melonen zu werfen.« Etwas wie Spöttelei trat in die hübschen Mundwinkel. »Wir hatten welche auf der Hochzeitstafel, besinnt Ihr Euch? Und schon damals waren sie überreif. Die Tapeten und Teppiche und jedermanns Nerven litten, und da dachte ich …«

»Und da dachtet Ihr? Was dachtet Ihr, Signora?«

Ihr weißer Busen hob und senkte sich. »Der Fisch wird kalt.« Sie nahm den Silberlöffel, den der Koch neben der Platte abgelegt hatte. »Jedenfalls schien es mir das Beste,

Elena nach Civita Castellana zu bringen. Niccolò konnte sie allerdings auch nicht beruhigen.«

»Und deshalb seid Ihr geblieben.«

»Ich hoffe, Ihr habt Verständnis dafür.« Vittoria nahm die Platte, trug sie um den Tisch und löffelte Fisch, Gemüse und Rosinen auf die Rosen in der Mitte seines blauen Tellers. Eine Komödie, dachte Tommaso. Und mir ist dabei die Rolle des Narren zugewiesen. Er verfolgte sie mit den Augen, als sie zu ihrem Stuhl zurückkehrte.

»Ihr habt *kein* Verständnis.« Ihre Augen, tiefblau wie das Wasser des Lago Albano, glänzten mit einem Mal feucht, und ihre Wangen überzogen sich mit einem zartrosa Schmelz.

Plötzlich nervös nahm er die Gabel zur Hand. »Ich habe keinen Grund, erzürnt zu sein. Ich habe Euch nicht gekauft.«

»Nein, das habt Ihr nicht.« Die rosa Wangen glühten auf und wurden dunkel. Sie nahm sich selbst von dem Fisch und lud den Kopf mit den scheußlichen Glotzaugen auf ihren Teller. Eine Weile starrte sie darauf, bis ihr bewusst wurde, was sie vor sich hatte. Angewidert schob sie das Essen beiseite. »Das Umherlaufen macht müde, Signore. Ich hoffe, es ist Euch recht, wenn ich mich zurückziehe.«

Er wartete, bis sie fast bei der Tür war. »Vittoria.«

Sie drehte sich um.

»Ist das wahr? Habt Ihr die letzten Monate tatsächlich in Civita Castellana verbracht, um Eurer Cousine beizustehen?«

»Selbstverständlich«, erwiderte sie kühl.

IV

Ich weiß nicht«, sagte der Mönch und fuhr mit Daumen und Zeigefinger über den Adamsapfel, als wolle er die Wirkung eines Stricks auf seine Atmung überprüfen. *Ich weiß nicht*, sagte er, seit er auf dem unbequemen Stuhl saß und man die erste Frage an ihn gerichtet hatte.

Tommaso seufzte. Er sah, wie Ugo die Feder seines Schreibgeräts glatt zog und die Augenbraue hob. Sein Notaio hatte Recht. Ihr Delinquent war irr, und es hatte keinen Sinn, nach Gründen zu bohren. Er starrte mit leeren Augen und wackelndem Kopf auf den Fußboden und gab nur ein Lebenszeichen von sich, wenn die Rede aufs Strafen kam.

»Pater Angelico hat dich erwischt. Er hat ein großes Herz und überlässt deine Bestrafung dem Ripatribunal«, sagte Tommaso. »Aber irgendwann wird seine Geduld sich erschöpfen, und er schickt nach Fra Michele.«

Fra Michele war ein Schreckenswort, das er nicht zu erklären brauchte. Es brachte die Kurtisanen zur Raison, die freizügigen Künstler, die aufsässigen Mönche in den Klöstern. Der Großinquisitor Roms war noch von seinem Freund Papst Paul eingesetzt worden, und wie dieser übte er sein Amt mit heiliger Inbrunst aus. In keinem Tribunal wurde eifriger gefoltert und härter gestraft. Nach dem Tod des Papstes hatte sich der Volkszorn entladen. Aufgebrachte Bürger hatten seinen Amtssitz an der Via Ripetta gestürmt und den Notaio der Inquisition so gründlich misshandelt, dass dieser sein Bett nicht mehr verlassen und sich angeblich des Nachttopfs nur noch mit Hilfe starker Schmerzmittel bedienen konnte. Den Inquisitor hatte das nicht angefochten. Er suchte weiter nach den verirrten Schafen der Heiligen Kirche, um ihnen mittels Streckbank und brennendem Pech ihre Irrtümer aufzudecken, und wurde weiter gehasst. Sein Name brachte auch in die leeren Augen des Mönchs das Leben zurück.

»Nie wieder«, beteuerte der Mann, aber Verzweiflung stand in seinem ausgemergelten Gesicht. Er würde aufhören Kerzen umzustoßen, wenn man sie in die Altäre einmauerte.

»*Nie wieder* habe ich bereits am Tag nach Jubilate, in der Woche nach Allerseelen und dreimal hintereinander zwischen Mariä Himmelfahrt und Mariä Geburt in der Akte notiert«, bemerkte Ugo. Er sah unzufrieden aus und trommelte mit den Fingerkuppen auf das Holzbrett, auf das er sein Papier gespannt hatte. Der Mönch war wieder in sich zusammengesunken und hatte sich ins Paradies seiner Verblödung zurückgezogen. Wenn es denn ein Paradies war.

»Du wirst zu einer Geldstrafe von zwei Scudi verurteilt, die du an die Brüder von San Francesco zu zahlen hast«, entschied Tommaso und wies Ugo an, das Urteil aufzuzeichnen. Der Bettelmönch würde das Geld nicht zahlen können, und Pater Angelico würde es nicht einfordern, und so kam der Mann de facto unbestraft davon. Daran war nichts zu ändern. Tommaso wollte den Verrückten aus seiner Amtsstube haben.

»Was sollte das mit Jubilate und Himmelfahrt?«, fragte er, als die Tür hinter Lorenzo und dem verwirrten Mann zugeschlagen war. »Ich dachte, du hättest ihn am liebsten laufen lassen.«

»Ich hätte es gern gesehen, wenn *Lorenzo* ihn hätte laufen lassen. Aber sobald ein Mensch im Turm sitzt, steht er in den Investigazioni, und dann muss verhandelt werden, und wenn verhandelt wird, muss ein korrektes Urteil her.«

»Und mein Urteil gefällt dir nicht.«

»Ich …«

»Was ist, bitte, daran auszusetzen?«

Ugo holte vorsichtig Luft und sah an ihm vorbei. »Du bist der Giudice.«

»Aber?«

Der dicke, kleine Mann knetete die Finger. »Aber … Fra Michele hat diesen Maler aus Montecitorio foltern lassen, weil ihm das Kruzifix in seinem Gemälde nicht gefiel, und der Papst hat seinen Eifer gelobt und ihn uns als leuchtendes Beispiel vorgesetzt. Paul ist tot, vom neuen Heiligen Vater wissen wir noch nichts.« Störrisch spitzte er die Lippen.

Es war ein schlechter Tag.

Der Nachmittag wurde auch nicht besser. Kurz vor Sonnenuntergang rumpelte Andrea Stratas Kutsche auf den Vorplatz des kleinen Gerichts. Tommaso, der sich gerade von Lorenzo die Tagesereignisse im Hafen berichten ließ, wurde vom Poltern der Räder aufgeschreckt und schaute am Bargello vorbei durchs Fenster. Die Abendsonne brannte auf die Mauern des Innenhofs und tauchte die Kutsche und die schwarzen Mäntel der Fiscusgarde in flammendes Rot. Schatten und Blut, dachte Tommaso und fragte sich mit einem Stein im Magen, was das unangemeldete Erscheinen des Römischen Anklägers bedeuten mochte.

Er sah, wie Strata sich unter dem Kutschenholm hindurchbückte und leichtfüßig – er war ein beweglicher, gut gebauter Mann – über das angebotene Treppchen sprang. Der Fiscus sagte etwas zum Capitano seiner Garde, und der lachte und schien ein Scherzwort zurückzugeben. Das schwarze, gewellte Haar des Anklägers wehte in den Windböen. Er war noch jung, kaum dreißig. Sicher zehn Jahre jünger als Tommaso, aber es wäre zu einfach gewesen, ihm zu unterstellen, er habe sein Amt nur durch Protektion bekommen. Strata war ehrgeizig und klug. Was er anpackte, führte zu Ende.

»Schon gut, Lorenzo. Wir machen morgen weiter.« Tommaso lehnte sich zurück. Er spürte ein Ziehen in seinem Nacken, als wäre er ein alter Mann, und wusste, dass seine Stimmung nicht tiefer sinken konnte.

»Giudice Benzoni – unablässig bei der Arbeit. Dem Unrecht auf der Spur wie der Hund dem Hasen. Wenn nur alle so wären, mein Lieber, wenn nur alle so wären.« Der Ankläger kam herein, die Hände zu einer Geste erhoben, die eine Umarmung andeuten sollte. Er lächelte herzlich und bewegte sich so unbeschwert, als wäre er bei Freunden zu Gast. Nur die scharfen, überaus klaren Habichtsaugen, die umherschweiften, als wollten sie sich jedes Detail einprägen, kratzten an dem Bild kollegialer Liebenswürdigkeit.

Tommaso deutete auf den Besucherstuhl. Er selbst blieb sitzen, was unhöflich war, und einen Moment lang schien ein kühler Luftzug durch den Raum zu wehen.

»Ich nehme an, Ihr wisst, warum ich hier bin, Giudice.«

»Nein.«

»Ah.« Strata wanderte zum Fenster. Er verschränkte die schönen, beringten Hände auf dem Rücken, schaute zum Hafen hinaus, und es dauerte eine ganze Weile, ehe er sich wieder vernehmen ließ. »Ihr habt ein hübsches Plätzchen zum Arbeiten gefunden, Benzoni. Der Tiber, das Türmchen, das so gemütlich aussieht, wenn man nicht weiß, dass es Gefängniszellen enthält. Ein geregelter Tag. Kaum Ärger bis auf ein paar Prügeleien, die mit einem Federstrich zu ahnden sind. Man könnte Euch beneiden.« Versonnen ließ er das Bild auf sich wirken, ehe er weitersprach. »Das ist es auch, was ich heute Morgen zum Governatore gesagt habe: Beneidenswert, der Giudice della Ripa. Keine Verschwörungen, keine dieser lästigen Mordkomplotte, keine Aufstände, nichts, was über Gebühr anstrengt. Welch ein Leben. Und doch tut er sein Teil, sagte der Governatore und zitierte als frommer Mann die Bibel. *Der Kopf soll zu den Händen nicht sagen, ich brauche euch nicht* ... Das war mehr als eine Floskel. Ihr wisst, Monsignore Ferratini ist nicht nur Richter, sondern auch für die öffentliche Ordnung Roms zuständig. Er freut sich, wenn in der Stadt Ruhe herrscht. Wie weit ist Giudice Benzoni mit diesem Diebstahl in San Pietro in Montorio gekommen, wollte er dann auch von mir wissen. Oh, Benzoni ist ein gewissenhafter Mann. Wenn in den Türmen

etwas gefunden werden kann, hat er es gefunden, sage ich.«
Er drehte sich um. Sein Lächeln wurde breiter.»Zu Recht.
Doch sicherlich zu Recht, Giudice?«

»Die beiden Leute, die ich entbehren kann, sind an der Arbeit. Sie werden etwa in zehn Tagen mit der Durchsuchung fertig sein.«

Tommaso sah, wie Stratas Finger sich strafften und wieder entspannten. Ruhig, ja, fast freundlich sagte der Ankläger:»Ihr begreift das nicht, Benzoni, stimmt's?« Er schüttelte den Kopf mit den samtenen Haaren.»Der Abt von San Pietro, einer der jüngeren Brüder der Familie Cenci, ist über seine Schwester mit Papst Pius verwandt. Er hat ihm bei seinem letzten Besuch von dem Diebstahl berichtet, und der Heilige Vater war entrüstet. Ein Kreuz wurde gestohlen. Diese Stadt ist so verkommen, dass sie nicht einmal mehr vor dem Eigentum des Allmächtigen Ehrfurcht zeigt! Da der Papst entrüstet ist, ist auch der Governatore entrüstet und mit ihm der Senatore und der Kardinalkämmerer und, selbstverständlich, auch der Fiscus. Was ich damit sagen will: Es gibt ein entrüstetes, äußerst hochrangiges Gremium, das Euren Beistand erbeten hat – und man wird dort keineswegs erfreut sein zu hören, dass Ihr zwei Eurer Idioten in den Türmen herumpfuschen lasst, anstatt Euch selbst zu bemühen.« Sein junges, noch durch keinerlei Widrigkeiten gezeichnetes Gesicht trug die Geduld wie ein Signum seines Amtes.

Tommaso stand auf. Er ging um seinen Tisch herum und lehnte sich gegen die Tischkante.»Ich soll mich entrüsten?«

»Ich würde das als Zeichen eines gesunden Verstandes nehmen.« Strata lächelte.

Du würdest es als Zeichen nehmen – und mich vielleicht sogar an dein schmieriges Herz drücken, dachte Tommaso. *Si vis amari, ama.* Die Wut, die ihn plötzlich überkam, überraschte ihn selbst.

»Ich … *bin* entrüstet. Ich bin zutiefst entrüstet. Gewissenhaft, wie Ihr vermutet, war ich vergangene Woche in den Türmen und habe den Dreck von unten nach oben gekehrt, genau wie meine beiden Idioten. Und da habe ich eine Kinderleiche gefunden.«

»Oh.« Strata lächelte immer noch, allerdings etwas vorsichtiger.

»Die Leiche eines Strichjungen, wie sich herausgestellt hat.«

»Tatsächlich.«

»Im Körper der Leiche wurde ein Messer gefunden. Eine Ochsenzunge. Überaus kostbar. Ein kleines Juwel. Sie muss einem sehr reichen Mann gehört haben.«

»Wem?« Strata war nicht ablehnend.

»Wenn Ihr es wüsstet, würdet Ihr ihn dann für den Mord hängen lassen?«

»Der Fiscus klagt an – das Urteil spricht der Governatore.«

»Würdet Ihr?«

Strata lachte. »Wem gehört das Messer?«

»Wie schon gesagt. Ich bin entrüstet. Ein Mord an einem Jungen. Keinem guten Jungen, aber einem – reichlich wehrlosen – Bürger Roms.«

»Wem gehörte dieses Messer?«

Wut, ja. Tommaso tat, als würde er überlegen, aber der Zorn ließ jeden seiner Gedanken in Rauch aufgehen. »Richtet dem Governatore aus, dass er Nachricht bekommt, sobald das Kreuz gefunden ist. Oder meine Leute mit der Mauer fertig sind. Das wird, wie gesagt, zehn Tage in Anspruch nehmen wird.«

»Das Messer ...«

»Mordsachen gehören ins Tribunale del Governatore. Ich habe es nicht vergessen, keinesfalls. Ich werde ihn über die Sache informieren.«

Lorenzo hatte die Garde des Anklägers im Auge behalten, als wäre es eine Bande Strolche. Tommaso hätte sich nicht gewundert, wenn er ihnen wie ein Hund nachgebellt hätte, als sie den Hof verließen.

»Giudice?«

54

»Schließ mir den Turm auf«, befahl er. Die beiden Zellen im Turm waren überbelegt, und wie immer empfingen ihn Flüche, als der Schlüssel knarrte und die Riegel durch die Eisen kratzten. Jemand erboste sich in gebrochenem Italienisch über das Essen, die Männer, die sich am Abend zuvor geprügelt hatten, verlangten Einsicht in das Aussageprotokoll, wobei fast sicher war, dass sie nicht lesen konnten. Tommaso überhörte sie. Die Kammer, in der Ugo die Beweismittel lagerte, befand sich unterhalb der Zellen und war nur über eine enge Wendeltreppe zu erreichen. Die Luft roch hier so stark nach Feuchtigkeit, dass er Tropfen einzuatmen meinte.

»Hier, Giudice.« Lorenzo kannte sich in der Kammer ebenso gut aus wie der Notaio. Er hob die in ein dickes Wolltuch eingeschlagene Ochsenzunge aus einem Regal. Tommaso trug keinen Gürtel, und so steckte er die Waffe mitsamt dem Tuch in die Tasche seines Mantels.

»Es ist kostbar.«

»Was?« Tommaso war schon wieder auf der Treppe.

»Das Messer. Um diese Zeit kriecht das Gesindel aus den Löchern. Wenn Ihr erlaubt, Giudice, würde ich Euch gern begleiten.«

»Nicht nötig. Gib mir die Lampe, ich sehe die Stufen nicht.«

»Ihr habt einen Mann auf die Galeere geschickt.«

»Dutzende, ja doch.« Tommaso hielt die Lampe so, dass Lorenzo abschließen konnte, und stieg dann vorsichtig die Bretterstufen hinauf.

»Ich denke jetzt an den Menschen, der vor Weihnachten … Wartet, Giudice, ich halte Euch die Tür auf. Das Sfregio. Erinnert Ihr Euch? Der Papiermacher, der seinem Mädchen das Gesicht zerschnitten hat, weil es nichts mehr von ihm wissen wollte. Ihr wart der Meinung, der Bruder des Kerls wäre der Komplize gewesen, der das Mädchen festgehalten hatte.«

»Das denke ich immer noch.«

»Ihr konntet es ihm nicht nachweisen und musstet ihn laufen lassen. Und jetzt stößt er Drohungen gegen Euch aus.«

»Sie drohen alle.«

»Ich weiß, Giudice.«

Es war inzwischen dunkel geworden. Über der Mauer hing der Mond. Flüchtige Wolken zogen ihre Schleier über sein Gesicht. Es würde stürmisch werden.

»Bitte, Giudice – darf ich Euch begleiten?« Der Bargello stand stocksteif. Seine Stimme war heiser vor Verlegenheit. »Ihr seid ... ein Mann des Kopfes. Aber, Verzeihung, Ihr seid es nicht gewohnt, Euch zu verteidigen.«

Im Gegensatz zu Andrea Strata. Tommaso war sich seiner eigenen Bequemlichkeit, die ihn hinderte, in einer Fechtschule oder einer Ring- und Faustkampfschule Unterricht zu nehmen, schmerzhaft bewusst. Es kränkte ihn, wie offensichtlich diese Schwäche zutage lag. »Ich komme zurecht«, sagte er kurz und machte sich auf den Weg.

Als er vor dem breiten, zinnengekrönten, mit Fackeln erleuchteten Tor des Palazzo stand, in dem das Tribunale del Governatore untergebracht war, wurde ihm bewusst, wie überstürzt er gehandelt hatte. Es war kaum anzunehmen, dass noch einer der höheren Beamten um diese Zeit arbeitete. Aus der Kanzlei, deren Tür Tag und Nacht offen stand, um Anzeigewillige zu dem zu ermuntern, was eigentlich als unfein galt – nämlich Verbrechen zu melden –, drangen Licht und lachende Männerstimmen. Aber in den Fenstern der oberen Stockwerke brannten keine Lampen mehr.

Achille Gaddi. Der Bruder Ottavios war einer der Kriminalrichter des Governatore. Tommaso verknüpfte mit dem Namen nur nebelhaft eine behäbige, kugelförmige Gestalt, deren Glatze bis zum Hinterkopf reichte, und die eine Atmosphäre gelassener Heiterkeit um sich verbreitete. Er war mit Gaddi nicht befreundet. Er hatte ihn nur wenige Male gesehen, zuletzt bei der Hochzeit, wo Vittoria ihn in die Arme nahm. Gaddi hatte sie auf die Stirn geküsst und ihr etwas in einer Schatulle geschenkt, das sie mit einem glücklich-vorwurfsvollen *Wie konntet Ihr nur* quittierte, sie schien mit ihm also ähnlich vertraut zu sein wie mit ihrem Onkel Ottavio. Aber nicht deshalb wollte er ihn sprechen. Ottavio Gaddi war ein guter Richter gewesen, und Tommaso hoffte, in seinem Bruder eine ähnliche Seele zu finden.

Er wollte ihm das Messer vorlegen und Anzeige erstatten. Achille war nicht erste Garde, aber doch ein einflussreicher Mann. Ihm den Mord melden, ihm seine Aufklärung ans Herz legen, vielleicht an sein Gefühl für Gerechtigkeit appellieren – das war nicht viel und würde wahrscheinlich nichts nutzen, aber eine bessere Möglichkeit gab es nicht. Man darf sich nicht verrennen, dachte Tommaso.

Die Männer in der Kanzlei spielten Würfel und waren wenig begeistert über die Störung, standen allerdings eilig auf, als sie seinen Talar bemerkten. Tommaso fragte nach Gaddi. Signor Gaddi hatte das Gericht gerade verlassen … nein, er hatte es nicht verlassen, er war gar nicht da gewesen … er war da gewesen, aber sofort wieder gegangen, weil ihn die Stirnhöhlen schmerzten … nein, das mit der Stirn war Signor Melzi gewesen, der Zivilrichter, und es war auch nicht die Stirn, sondern …

Ein Mann, der gerade eine korrigierte Version der Gebührenordnung an der Wand befestigte, erbot sich, Tommaso hinaufzuführen und mit ihm gemeinsam nachzuschauen. Über mehrere Treppen und Flure gelangten sie vor eine Tür mit einer vergoldeten Klinke. Der Mann klopfte, und – welch ein Glück –, eine leise, etwas erkältete Stimme rief sie herein.

Gaddi, der hinter einem zierlichen Schreibtisch mit gegossenen Bronzefüßen saß, stemmte sich hoch. »Tommaso Benzoni, so eine Überraschung!« Schwerfällig bewegte er sich um den Tisch herum und küsste seinen Besucher auf die Wangen. »Setzt Euch, mein Lieber, bitte, nehmt doch Platz! Welch eine Erleichterung. Ich war gerade dabei, über den Processi und Testimoni einzuschlafen. Warum gehen die Leute nicht friedlich miteinander um?« Er deutete auf einen Sessel mit roten Lederpolstern und – irritierenderweise – Krokodilfüßen, der auf der Besucherseite seines Schreibtischs stand. Gaddi musste ein belesener Mann sein, denn an der Wand stand ein Schrank, dessen obere Türen geöffnet waren, und Tommaso konnte einige Reihen Bücher erkennen.

»Ich dachte schon, das junge Glück wäre sich selbst so vollständig genug, dass es für immer aus meinem Leben entschwunden ist. Setzt Euch, Tommaso – ich darf Euch doch so nennen? Wie geht es Vittoria? Sie ist ein Schatz, die Süße, ich weiß das wohl, und ich bin offen gestanden froh, sie glücklich unter der Haube zu sehen. Ottavio hat zu lange gezögert. Er hing an unserem Nichtchen, und nichts war ihm gut genug für die Kleine. Ich glaube sogar, es war ihm gar nicht unlieb, dass sie sich in ihrer Witwenschaft so wohl fühlte. Alte Männer lieben sonderbar. Wollt Ihr etwas trinken?«

Er schnaufte ein wenig, als er zu dem Schrank schlurfte und ihm eine Kristallkaraffe und zwei geschliffene Gläser entnahm.

»Ihr interessiert Euch für Bücher?« Er deutete mit der Karaffe auf ein illuminiertes, zweifellos kostbares Exemplar, das auf einem Leseständer auf dem Schreibtisch lag. »Cicero. Nicht eigentlich mein Fall, aber ich liebe seine Einschübe über die Lehren Epikurs. Glückseligkeit. Ihr versteht?« Er schenkte die Gläser voll und sprach dabei weiter. »Epikur meint, das höchste Ziel menschlichen Strebens sei das Erlangen der Glückseligkeit. Ich finde es offen gesagt unmöglich, von diesem Gedanken nicht bezaubert zu sein. Glückseligkeit, indem der Mensch erkennt, was Lust und was Schmerz verursacht und indem er folgerichtig sein Handeln darauf ausrichtet, das eine zu erlangen und das andere zu vermeiden. Trinkt, mein Junge, der Likör kommt aus San Cosimato.«

»Und was verursacht Lust?«

»Das sollte ich Euch nicht erklären müssen.« Gaddi zwinkerte ihm fröhlich zu, nahm einen Schluck aus dem Glas, den er sichtlich genoss, und stellte es auf den Tisch zurück. »Ihr habt Sorgen? Nein, mein Junge, versucht nicht zu leugnen. Wie habt Ihr es nur mit diesem offenen Gesicht zum Richter gebracht? Oh, ich weiß schon. Ottavio liebte es, das Loblied auf den klugen Kopf seines Luogotenente zu singen. Aber nun habt Ihr Sorgen, und sie quälen Euch so heftig, dass nicht einmal die Liköre der guten Mönche sie lindern können. Also heraus damit – was ist los? Sagt bitte nicht: Vittoria.«

»Ich … nein.« Tommaso griff nach seinem Glas, stellte es aber gleich wieder zurück. Er stand auf und holte das verschnürte Messer aus der Tasche seines Mantels, den er über einer Stuhllehne abgelegt hatte. »Ich habe keine Sorgen, ich ärgere mich.«

Gaddi machte keine Anstalten, das Päckchen zu öffnen, er blickte ihn nur fragend an.

»Ich habe eine Kinderleiche gefunden. In einem der Stadttürme.« Die Geschichte war schnell erzählt, der Teil, der den Fiscus betraf, gestaltete sich etwas schwieriger.

»Ah, Strata. Ihr löckt also wider den Stachel. Wie mutig von Euch. Oder – wie unvorsichtig. Aber nein, ich erteile Euch keine Ratschläge. Strata würde also gern …«

»… die Waffe für sich haben, um zu sehen, ob er sie in einem Prozess oder privat für sich selbst benutzen kann.«

Gaddi überlegte. Auf seinem fleischigen Gesicht stand Unbehagen. »Ihr habt also die Leiche eines Strichjungen gefunden, der ermordet wurde. Vielleicht werde ich alt, aber ich habe es immer noch nicht begriffen – was hat es mit diesem Jungen auf sich, dass Ihr seinetwegen einen Sturm entfacht?«

»Nichts.«

»Und für ein … Nichts legt Ihr Euch mit dem Fiscus an?«

Tommaso schwieg. Er wickelte die Ochsenzunge aus den Tüchern.

»Putto. Ein Straßenjunge …« Gaddi wog das Messer in der Hand. Er war nicht so gelassen, wie er tat. Sein Adamsapfel rollte. Vielleicht machte er sich Sorgen, dass die Familie mit Vittorias Ehemann doch eine schlechte Wahl getroffen haben könnte. Aber als er das Signum auf der Klinge erblickte, wandelten sich die feisten Züge. »Unglaublich!«

»Was bitte?«

»Es ist …« Vittorias Onkel legte das Messer vorsichtig auf die Tücher zurück. »… unglaublich. Habt Ihr Strata den Dolch gezeigt?«

»Nein.« Tommaso wartete, während Gaddi die Ochsenzunge erneut hochnahm, um mit der Fingerspitze über die Ätzung zu fahren.

»Und Ihr habt es bei der Leiche gefunden?«

»Im Körper der Leiche.«

»Ich weiß nicht, warum ich mich wundere. Diese Stadt ist verkommener als Sodom. Aber ich glaube ...« Er schüttelte den Kopf. »Es war ein Glück, mein Junge, dass Ihr die Waffe nicht herumgezeigt habt. Und ein zweites Glück, dass Ihr damit zu mir gekommen seid. Ihr erlaubt, dass ich Euch – von Onkel zu Neffe – einen Rat erteile?«

Tommaso zog die Augenbrauen hoch.

»Dieses hübsche, kleine Ding gehört einem Mann, der so mächtig ist, dass Ihr erschrecken werdet. Ich werde Euch seinen Namen nennen, aber nur, damit Ihr ihn unverzüglich wieder vergesst. Seht Ihr den springenden Hirsch auf dem Griff? Kennt Ihr das Weingut von Kardinal Carlo Carafa in Trastevere? Schaut Euch den Sims über den Eingangssäulen an. Da findet Ihr das Double. Den Hirsch im Sprung. Das genaue Abbild. Carafa hat dieses Messer ... geliebt.« Gaddi schwieg überwältigt.

»Ihr kennt es? Ihr habt es bei ihm gesehen?«

»Oh, Tommaso. Carafa war Condottiere, bevor er dem geistlichen Stand beitrat. Er weiß, was eine Waffe ist. Mit dieser hier hat er geprahlt. Vielleicht versteht Ihr nicht so viel davon, aber ...«

»*Wann* habt Ihr es bei ihm gesehen?«

»Wartet, ich versuche, mich zu besinnen. Es muss im Herbst letzten Jahres gewesen sein, nach seiner Rückkehr nach Rom, denn ich erinnere mich, dass er es Scotti zeigte, diesem bigotten Theatinermönch, der über sein Entzücken pikiert war. Rom ertrinkt in Blut, und der Herr Kardinal ergötzt sich an blankem Stahl, na ja. Dieses Messer gehört Carafa, aber ...« Gaddi griff nach seinem Glas, merkte, dass es leer war, und erhob sich mühevoll, um aus der Karaffe nachzuschenken. »Mein Junge. Ich rede zu viel. Epikur lehrt, dass es heilsam für den Menschen ist, Belastungen und Unbequemlichkeiten aus dem Weg zu gehen. Lust – um auf Eure Frage zurückzukommen – ist die Abwesenheit von Schmerz. Ihr erinnert Euch sicher an Carafas Sturz. Er hat den Papst schlimmer begaunert als die Kurtisanen ihre Kunden, und als Paul ihm auf die Schliche kam …« Gaddi lächelte schief. »Keiner von uns hat geglaubt, ihn jemals wiederzusehen. Aber kaum einen Monat nach Pauls Tod war der Mann zurück, und die Kardinäle haben ihn mit offenen Armen empfangen. Es gibt Menschen, die sind wie Kakerlaken, merkt Euch das, Tommaso. Ihr könnt sie vergiften, verbrennen, in Seifenlauge ertränken – sie kehren zurück, sobald das Licht erlischt. Macht Euch Carlo Carafa nicht zum Feind. Nicht wegen eines … Putto.«

Müde und doch wachsam lehnte Gaddi sich in seinem Stuhl zurück. Er sah zu, wie Tommaso das Messer wieder einwickelte. »Werft es fort. Sagt Strata, es wurde gestohlen … nein, sagt ihm, Ihr hättet es in der Kanzlei abgegeben. In diesem Gericht kommt fortwährend etwas abhanden. Sagt ihm, die Sache ist erledigt. Das ist das Beste.«

V

Der Garten in Tante Olimpias Innenhof glich der Welt, in die Eva nach ihrer Verbannung aus dem Paradies gestoßen worden war – Dornen und Disteln, wohin man schaute. Vittoria, die in der Tür zum Hof stand, starrte auf den Wildwuchs und merkte, wie ihr die Tränen in die Augen stiegen. Der schwarze Senf erstickte den Steinweg. Das Glaskraut bohrte sich in die Ritzen des Brunnens an der Mauer. Die Stechwinde belagerte das runde Gartenhäuschen mit den schmiedeeisernen Stäben. Natürlich gab es auch Heilpflanzen, die die Verwahrlosung überlebt hatten. Aber selbst die gütigsten und hilfreichsten unter ihnen hatten die Sitten der üblen Nachbarschaft übernommen und wucherten ohne Rücksichtnahme.

Der Garten stirbt, dachte Vittoria, und ihre Tränen flossen heftiger. Sie weinte. Gerechter Himmel, dachte sie, ich weine wegen eines verlotterten Gartens. Ich bin eine Gans. Ich habe den Verstand verloren.

Sie wischte ihre Tränen nicht ab, sondern verfolgte das Kitzeln auf ihren Wangen wie ein bizarres Phänomen. Sie wusste, dass Menschen wegen der nichtigsten Dinge in Tränen ausbrachen. Elena. Leute mit Sentimentalitäten. Aber nicht sie selbst. Vittoria Gaddi war ein Fels in der Brandung, der Leim, der in ihrer unmöglichen Familie alles zusammenhielt. *Kürbisse? Frag Vittoria, ob es schon Kürbisse gibt. Mit dem Mann von der Zählung hat Vittoria gesprochen. Vittoria weiß über das Konfekt Bescheid. Vittoria, Vittoria ...* Und jetzt brachte ein wenig Unkraut in einem Garten, der niemanden auch nur einen Quattrino interessierte, den Fels zu Fall.

Sie hörte undeutlich, wie jemand aus dem Obergeschoss des Hauses ihren Namen rief. Eine klagende Stimme, die etwas von einem maulenden Kätzchen an sich hatte und ihr ein nervöses Kribbeln über die Haut jagte. Verstohlen trat sie einen Schritt vor und zog die Tür mit einem leisen Ruck ins Schloss. Einen Moment lang stand sie schlechten Gewissens auf dem Weg. Da sie nicht gern Zeit verschwendete, krempelte sie die Ärmel ihres Hauskleides hoch und begann, den Senf aus den Steinfugen zu rupfen.

Blödsinn.

Sie rupfte und bekam schmierige Finger.

Blödsinn. Was tue ich hier?

Sie ließ das Kraut fallen, und wieder stiegen diese unerklärlichen Tränen auf. Wahrscheinlich rief Elena nach ihr. Und wahrscheinlich war Gianni, der kleine Sonnenschein, der Anlass für den Hilferuf. Vittoria liebte beide über jedes Maß, warum also tat sie, was sie tat? Sie wusste es nicht, nur dass der Gedanke, in die dunklen Zimmer und Flure zurückzukehren, die sommers wie winters nach muffigen Decken rochen, ihr Schweißströme über den Rücken jagte.

»Vittoria!« Nein, nicht Elena, sondern deren Mutter hatte nach ihr gesucht. Olimpia riss die Tür auf, sah ihre Nichte und trat mit einem winzigen Schritt, um sich die Seidenschuhe nicht an vermoderten Pflanzenresten zu beschmutzen, ins Freie. »Was, um Himmels willen, machst du da?«

Vittoria starrte auf ihre schmutzigen, brennenden Hände und wusste keine Antwort.

»Draußen ist ein Seifenverkäufer. Paulina, dieses unnütze Geschöpf, ist aus dem Haus, und der Mann fragt ... Was er alles fragt! Woher soll ich wissen, ob noch Seife im Vorrat ist? Muss ich mich denn um *alles* selbst kümmern?« Tante Olimpias dürre, kleine Gestalt – sie reichte Vittoria kaum bis zur Brust – ließ sie wie ein trotziges Kind aussehen. Fast erwartete man, dass sie mit dem Fuß aufstampfte.

Es ging also um Seife.

Vittoria versuchte, sich an den Korb mit den Seifenklumpen zu erinnern. Sie hatte den Keller das letzte Mal im Sommer betreten und konnte sich nicht besinnen, wie viele Stücke es noch gab. Geistesabwesend vermerkte sie, dass die Tante den Morgen genutzt hatte, um ihre Haut zu bleichen. Der Ausschlag, den sie vom Bleiweiß immer bekam, machte sich in winzigen Pusteln bemerkbar. Ein Mensch mit Charakter würde ihr das sagen. Und auch, wie papieren und silbrig ihre Haut am weit ausgeschnittenen Dekolleté, diesem Feld der Peinlichkeit, aussah.

»Ich kann natürlich selbst mit dem Mann reden«, erklärte die Tante beleidigt.

»Sind die Seifen des Händlers aus Savona? Lasst nur Tante, ich laufe schon.«

Der Mann an der Tür war ein römischer Straßenhändler, und seine Ware erwies sich als billiger Sud aus Tierfett, Holzasche und Soda, der stank und den Vittoria nicht einmal für die Wäsche benutzt hätte. Sie schickte ihn fort und nahm sich vor, den Seifenkorb zu kontrollieren und in der Stadt für guten, parfümierten Nachschub zu sorgen. Allerdings erst später. Zunächst einmal würde sie sich die Hände waschen und dann nach dem kleinen Gianni sehen, der sich in Elenas Zimmer die Seele aus dem Leib brüllte.

»Oh, da *bist* du ja!« Ihre Cousine begrüßte sie mit einem zutiefst erleichterten Lächeln. Sie saß in dem geblümten Lehnstuhl vor dem Kamin, der wegen der Fröstelei der Tante zu jeder Jahreszeit brannte, und presste die Hände auf die Ohren. Im nächsten Moment brach sie in Tränen aus. »Nimm ihn und mach, dass er aufhört zu weinen. Warum ist er so wild? Man kann ihn wickeln, wie man will – er strampelt sich aus den Tüchern. Ich bin keine gute Mutter. Ich bin eine … eine Rabenmutter, der Herr mög's mir verzeihen, aber ich weiß wirklich nicht, was ihn beruhigt. Und die Amme …« Sie schniefte, schaute nach der Tür, durch die die Amme verschwunden war, und blickte dann hoffnungsvoll zu ihrer Cousine auf.

Vittoria kniete vor Giannis Wiege nieder. Die Windeln und Tücher hingen in einem Wust um die Hüften des kleinen Kerls. Seine fetten Beinchen waren stark genug, die Flaumfederkissen und Seidendecken beiseite zu schieben, der Wiegenkasten schaukelte. Er war ein kräftiger Bursche. Sie nahm ihn auf, schwenkte ihn herum, gab ihm einen Kuss und wusste nicht, ob sie sich freuen oder für Elena traurig sein sollte, als er in fröhliches Quieken ausbrach. »Er liebt dich. Schau, Vittoria, wie er lacht, er hat überhaupt keine Angst.« Nein, Elenas großes Herz war nicht dazu geschaffen, übel zu nehmen. Ihre Verzweiflung war verschwunden wie ein Eiszapfen unter dem Kuss der Sonne. Entzückt sprang sie auf und hielt ihrem Söhnchen ein Messingpferd hin, das ihn allerdings nicht interessierte. »Sieht er nicht aus wie Niccolò? Wenn er lacht, dann meine ich, seinen Papà vor mir zu sehen. Ach, weißt du, dass er mir zwei silberne Salzfässchen gesandt hat? Niccolò. Zwei Schwäne, aus deren Schnäbelchen das Salz rinnt. Ist das nicht eine entzückende Idee? Wo sind sie nur hin? Ihre Flügel sind mit Smaragdsplittern besetzt.«

»Zwei Salzfässchen«, sagte Olimpia. Die Tante musste schon eine ganze Weile in der Tür gestanden und sie beobachtet haben. Ihre Stirn war gerunzelt, und jetzt glich sie nicht mehr einem trotzigen Kind, sondern einem Gnom mit Magenbeschwerden. Die Schwäne stammten aus einem Trödelladen vor San Pietro, und Elena hatte sie sich vor einem halben Jahr gegen den Willen ihrer Mutter von einem schwarz gelockten Seidenzünglein aufschwatzen lassen, und zwei Tage lang hatte deswegen der Haussegen schief gehangen.

Na und?, dachte Vittoria trotzig. Macht es Elena nicht glücklich zu glauben, sie wären ein Geschenk ihres Gatten? Und war das nicht alles, was zählte? »Niccolò hat Elena im letzten Brief ein gepresstes Veilchen beigelegt. Ich finde das reizend von ihm.«

»Davon bin ich überzeugt«, erklärte die Tante höhnisch.

Gianni lachte und krähte, aber seine Großmutter hatte nur einen ungeduldigen Blick für ihn. Widernatürlich, dachte

Vittoria. Und schämte sich gleich für den Gedanken. Olimpia hatte den Sacco di Roma überlebt, jenes entsetzliche Massaker, das der deutsche Kaiser unter den Römern angerichtet hatte. Man hatte ihr Schreckliches angetan, und deshalb war nichts, was sie tat, widernatürlich, sondern nur eine bedauerliche Folge jener Ereignisse. Das hatte Onkel Ottavio ihr in aller Ruhe auseinander gesetzt.

Elena drehte sich mit dem Messingpferdchen im Zimmer. Das Kleid mit den rosa Blüten schwang um ihren anmutigen Körper. Plötzlich blieb sie stehen. »Mama, aber ... was ist mit Eurer Haut? Ihr habt ja lauter Pusteln. Da. Und da und da und ... Soll ich ...? Ich habe eine neue Salbe erstanden, bei der französischen Signora unten am Markt. Die werde ich Euch einmassieren. Keine Widerrede. Ihr müsst doch schön sein.« Unempfindlich für das Widerstreben ihrer Mutter zog Elena sie hinter sich her, hinauf zu den Schlafkammern.

»Widernatürlich, trotzdem«, brummte Vittoria, während sie Giannis Händchen von ihrer Halskette löste, sich mit ihm ins Fenster setzte und in den verlotterten Innenhof hinabschaute. Sie grub ihre Nase in Giannis Halsfältchen, brachte ihn damit zum Lachen und merkte, wie ihr Herz schmolz. »Ich hab dich lieb, mein Schätzchen, mehr als alles, das weißt du, ja? Nur ... sollte ich in meinem eigenen Haus sein. In *seinem* Haus. Ich sollte mich um sein Essen kümmern und darum, dass die Betten entfloht werden. Ich sollte seine Schränke von all den Scheußlichkeiten entrümpeln und hübsches Geschirr bestellen und für die Kasserolle sorgen, um die der Koch gebeten hat. Stattdessen ...«

Stattdessen schaute sie in den Garten, atmete sehnsüchtig den Duft der Kinderhaut ein und hoffte, dass irgendwie gut werden würde, was nicht gut werden konnte. Niccolò, verdammt, verdammt, dachte sie und barg ihr Gesicht in den weichen schwarzen Locken, die Gianni von seinem schönen Vater geerbt hatte.

Es war ein Fehler gewesen, diesen Giudice Benzoni zu heiraten, das wusste sie jetzt. Sie hätte dem Drängen des Onkels nicht nachgeben dürfen. Ordentlich, dachte Vittoria und lächelte trübe.

Onkel Ottavio hatte sie in ihrer Jugend mit Bernadino Botta, einem Banchiere, verheiratet. Das war ein lieber, alter Mann ohne Ansprüche gewesen, und die Zeit mit ihm nicht schlecht. Nach zwei Ehejahren hatte er sie als Witwe zurückgelassen. Dass sie nicht wieder heiraten wollte, hatte der Onkel hingenommen. Bis zum letzten Jahr, als er fühlte, dass er sterben würde. Vielleicht hatte Olimpia ihm ihr Gift in die Ohren gespritzt. Hast du gesehen, wie *aufopferungsvoll* Vittoria sich um Niccolò kümmert? Er ist von ihr so angetan, und natürlich sieht er selbst auch gut aus. Ach, die arme Vittoria ist einfach noch zu *jung*, um ohne Männer leben zu können.

So oder ähnlich musste es gewesen sein. Und da kam der Onkel auf die Idee mit seinem Luogotenente. Ein ordentlicher und verlässlicher Mann, hatte er zu Vittoria gesagt. *Ordentlich und verlässlich* hatte sie an Bernardino Botta erinnert, und plötzlich war ihr das Herz warm geworden. Er wird nicht zudringlich sein, hatte der Onkel gesagt. Also ein ordentlicher, verlässlicher, *schüchterner* Mann. Ein Mann, der keine Forderungen stellte, der ihr ein eigenes Heim bot, der ihr Ruhe verschaffte. Alles war so schwierig, und dieser Giudice Benzoni war ihr plötzlich wie der Ast im reißenden Strudel vorgekommen.

Und wie verheißungsvoll war auch tatsächlich die erste Begegnung mit diesem Menschen verlaufen, der die Zähne nicht auseinander bekam. Während der Trauung hatte er steif neben ihr gestanden, und als er ihr den Zwillingsring mit den beiden Saphiren überstreifte, kaum ihre Hand berührt. Sie hatte ihn erleichtert als Gatten angenommen. Und dann bekam Elena in dem kleinen Kämmerchen hinter der Kapelle ihren Erstickungsanfall, und danach hatte sie den Giudice über all den Schwierigkeiten vergessen.

Bis vor ein paar Tagen. Als dem Schafspelz plötzlich ein Wolf entstiegen war. Der schüchterne Giudice hatte Zähne gezeigt. Er machte sich Gedanken, war misstrauisch geworden und begann Fragen zu stellen. Und das war der Punkt, an dem sie sich selbst Vorwürfe machen musste. Natürlich hatte ihr pflichtbewusster Onkel keinen Einfaltspinsel zu seinem Luogotenente ernannt ...

Olimpia begann in ihrem Zimmer zu kreischen. Wahrscheinlich brannte die Salbe in ihren Pusteln. Oder sie ertrug es nicht länger, ihre Tochter anzusehen. Elena wäre ein hübsches Mädchen gewesen, wenn nicht ein klaffender Spalt ihre Oberlippe zerteilt hätte. Olimpia hasste ihren Anblick, und sie hasste es noch mehr, von ihr berührt zu werden; es war ein Wunder, dass Elena nichts davon zu merken schien.

Niedergeschlagen starrte Vittoria in den verwahrlosten Garten. »Dieser Giudice ist klug, Gianni. Das ist die eine Sache, die das Onkelchen verschwiegen hat, und vielleicht mit Absicht.«

Gianni patschte fröhlich nach ihr.

»Du solltest sehen, wie perfide er einen beobachtet, wie er jeden Satz auf Lügen seziert und auf der Suche nach einem falschen Ton die Ohren spitzt. Wir müssen uns vorsehen, mein Schätzchen. Wir müssen jetzt genau überlegen, was wir tun.« Sie blickte wieder auf das Senfkraut hinab. Die Tante verstummte. Eine Tür schlug zu.

Und plötzlich kam Vittoria die Idee.

Gianni unterbrach sein Plappern, weil er merkte, wie sie steif wurde. Aufmerksam schaute er sie an.

»Das ... ja!« Sie war überwältigt von ihrem Einfall. Blitzschnell überdachte sie die Möglichkeiten, die Schwierigkeiten, die Konsequenzen ...

»Vittoria?« Elena kam zur Tür herein. Ihre Mundwinkel hingen herab, was die Scharte besonders hässlich aussehen ließ. »Ich hab ihr wehgetan. Ich bin so ... so verflucht ungeschickt. Entschuldige, ich weiß, dass ich keine hässlichen Wörter gebrauchen sollte, aber es ist zum Heulen mit mir. Alles, was ich anfasse ...«

Vittoria nahm sie am Arm und zog sie zum Fenster. »Schau raus. Was siehst du?«

»Den Garten?«, fragte Elena verständnislos.

»Nein, es ist gar nichts bis jetzt. Unkraut. Eine Wiese. Aber könntest du dir vorstellen, wie schön es wäre, wenn wir alles umgraben lassen und neu bepflanzen und dort hinten in der Ecke ... zum Beispiel eine Grotte bauen?«

Grotten waren die große römische Mode. Jede Villa hatte ihre Grotte mit Statuen und Wasserspielen. Wasserspiele brauchten sie nicht. Sie brauchten einen in Stein gefassten Blumentrog, den man mit Büschen und Bäumchen bepflanzen konnte.

Elena zeigte wenig Begeisterung. »Mutter würde sich über die Geldausgabe ärgern. Sie ist so geiz... so sparsam. Und du weißt, dass ich selbst nicht mehr lang genug hier wohnen bleibe, um es zu genießen. Niccolò ist schon ungeduldig. Er ist traurig, weil wir so lange getrennt sind. Und du selbst ...«

»Aber du wirst doch oft mit Niccolò hierher kommen. Und ganz sicher würde er es bezaubernd finden, mit dir unten in der Grotte zu sitzen. Die Abendluft. Und dazu der Rosenduft ...«

»Er mag das Haus nicht«, stimmte Elena nachdenklich zu. »Es ist ihm zu eng, hat er gesagt. Vielleicht würde es ihm wirklich gefallen, in einem Garten zu sitzen, wenn man ihn hübsch herrichtet.«

Jetzt nichts sagen. Nur nicht drängen, dachte Vittoria. Sie merkte, dass sie wieder zu zittern begann, dieses dreimal verfluchte Zittern, das den ganzen Oberkörper schüttelte.

»Ja, doch«, meinte Elena versonnen. »Ich glaube, eine Grotte könnte Niccolò gefallen.«

VI

Ugo verabscheute es, unpünktlich zu sein. Nicht weil er Ärger befürchtete. Tommaso würde den Vormittag in der Ripettakanzlei verbringen und erst gegen Mittag oder noch später an der Ripa Grande erscheinen. Außerdem war er kein Rosinenzähler. Solange man anständig arbeitete, ließ er einen tun. Dennoch verdarb Ugo die Gewissheit, erst nach dem Glockenklang von San Francesco die Kanzlei zu betreten, die Laune. Der Governatore wollte das Ripatribunal fressen, daran zweifelte nicht einmal Tommaso. Wahrscheinlich ließ Baldo Ferratini sie mit Argusaugen beobachten und wenn nicht er, dann sein Busenfreund Strata. Sie würden suchen, bis sie einen Vorwand fanden. Die Unpünktlichkeit des Notaio würde sicher nicht reichen, aber es wäre ein weiterer Klecks auf dem Bild. Man lebt wie unter einer Gewitterwolke, wie auf einem angesägten Stamm, dachte Ugo.

Nur – hätte er Faustina mit ihrem Kummer einfach stehen lassen sollen? Manche würden sagen, dass eine Frau sich nach zwanzig unfruchtbaren Jahren mit ihrer Kinderlosigkeit abgefunden haben sollte. Aber Faustina war trotz ihrer Körperfülle und ihrer gelegentlichen Flüche ein empfindliches Seelchen. Einmal im Monat, pünktlich zu ihren beschwerlichen Tagen, brach die Enttäuschung über sie herein, als hätte der Ewige ihr die Schwangerschaft in die Hand versprochen.

Ugo merkte, dass er langsamer ging. Sein Herz stach, wie so oft in letzter Zeit. Aber wen schert das Herz, wenn ein Leben in der Gosse droht? Er überlegte, wie lange er von seinem Ersparten würde leben können. Der Neffe von Faustina, der sich als Schreiber durchschlug, bekam drei Scudi Monatslohn. So viel bezahlte er selbst allein für die Miete. Wenn er acht Scudi rechnete … das wären dann … vierundneunzig … nein, sechsundneunzig …

Schluss, befahl er sich selbst. Das Ripatribunal leistet gute Arbeit. So schnell geht das nicht. Und am Ende bestimmt der Heilige Vater über unser Schicksal.

Wieder irrten seine Gedanken zu Faustina, die jetzt vermutlich auf dem Bett lag und weinte. Er hatte sie nicht trösten können, im Gegenteil, seine Worte hatten alles noch schlimmer gemacht. Sie hatte ihm mangelnde Anstrengung vorgeworfen – als würde er auf ihrem wackligen Pinienbett nicht rackern wie ein Jüngling – und sich selbst zu schwere Arbeit und zu wenig inbrünstige Gebete. Na, wahrscheinlich taten ihr die bösen Worte inzwischen Leid und sie würde ihn am Abend mit sauer eingelegten Neunaugen überraschen. So war sie nämlich. Und damit hatte er es besser als die meisten anderen Ehemänner, die er kannte.

Und jedenfalls besser als der Giudice, dachte er verdrossen, als er die Kanzlei betrat. Er hatte nur das unterkühlte *Ach ja?* aus der Kehle seines Vorgesetzten gehört, da wusste er schon, dass dicke Luft herrschte. Und das lag an der Frau, dieser Vittoria, davon war er überzeugt. Sie war zu hübsch und vornehm. Die roten Äpfel trugen bekanntlich die meisten Maden. Und Tommaso hatte es ja auch schon angedeutet: Madonna war ständig verreist. Hatte also keine Lust, sich um den schuftenden Gatten zu kümmern. War sich zu fein dazu. Bitter so was.

Aber das erklärte nicht, warum Tommaso sich hier im Ufficio aufhielt statt in dem hässlichen Kasten an der Ripetta. Er hatte Lorenzo zu sich zitiert und – wie Ugo nach einem flüchtigen Blick durch die offene Tür bemerkte – außerdem den neuen Sbirro.

»Lelio«, sagte er gerade leise und akzentuiert. »Jeder zweite Römer heißt Lelio. Es muss doch noch anderes … Wo isst er? Wo schläft er? Familie? Freunde?«

Ugo schnitt eine gequälte Grimasse und betrat das Büro, wo der Sbirro unbehaglich von einem Fuß auf den anderen trat. Ein unangenehmer Kerl mit einem Grinsen in der Visage, das nicht einmal unter des Giudices schlechter Laune weichen wollte – dreist und verlogen.

»Du bist spät.«

»Das weiß ich.« Natürlich war er spät. Es gab auch noch andere Leute, die Sorgen hatten.

»Dieser Lelio …« Tommaso hob den Blick von dem Papier, auf dem er sich Notizen gemacht hatte. »Das ist der Mann, der Putto verkauft hat. Lelio. Er soll sich lange Zeit auf dem Campo de’ Fiori aufgehalten haben. Aber in den letzten Wochen hat er sich beim Ponte Santa Maria rumgetrieben. Kannst du dich erinnern, dort einen Kerl mit ein paar Jungen gesehen zu haben?«

»Beim Ponte Maria gibt’s nur Ratten, Mist und Dreck. Und Leute wie dieser Lelio sind dem Dreck so ähnlich, dass man drauftreten könnte, ohne sie zu bemerken.«

Die buschigen schwarzen Augenbrauen des Giudice wuchsen aufeinander zu.

»Ich meine«, schwächte Ugo ab, »was bringt es uns, mit einem Kerl wie diesem …«

»Lelio könnte wissen, wo Putto seinen letzten Abend verbracht hat.«

»Was wir ja auch unbedingt wissen …« Ugo sah das Gesicht seines Vorgesetzten und verschluckte den Rest des Satzes. Er setzte sich auf den freien Stuhl und starrte aus dem Fenster. Sollte man das Gericht doch schließen. Ärgern konnte man sich auch zu Hause. Und dieser Neue – ein Tritt in den Hintern für das dämliche Gesicht.

»Ich weiß, wem das Messer gehörte, mit dem der Junge umgebracht wurde«, sagte Tommaso. »Aber das allein bringt den Mann nicht an den Galgen. Sein Anwalt würde behaupten, er habe es verloren oder verschenkt. Der Prozess wäre zu Ende, bevor er begonnen hat. Und deshalb will ich Lelio vor den Tisch.«

»Damit er dir die Hucke voll lügen …« Über der Oberlippe des Giudice bildete sich ein zarter weißer Strich, und Ugo riss sich zusammen. »In Ordnung«, beeilte er sich zu sagen. »Es ist schließlich keine Sache, sich mal umzuhorchen. Ich mach's, geh hin und frag ihn aus.«

»Du sollst ihn zu mir bringen. Und auf die Jungen achten, die bei ihm sind. Mehr nicht.«

Ugo zuckte mit den Schultern. Sein Herz pochte wie wild, und er war froh, sich verziehen zu können. Wenn er Pech hatte, würde Faustina ihre Mutter holen, und die beiden würden ihn heute Abend mit Blicken traktieren, bis er sich wie ein Verbrecher vorkam. Als könnte er etwas dafür …

Es war ein Hundeleben.

Er ging nicht am Tiber entlang, sondern nahm den Umweg über die hübsche, neue, gelb getünchte Kirche, die von den Wurst- und Nudelhändlern gestiftet worden war. Sein Herz brauchte Zeit, sich zu beruhigen. Als er an dem Oratorium, das der Kirche angegliedert war, vorbeischritt, wurde er plötzlich unruhig. Es war, als würde seine Haut zu jucken beginnen. Er hatte … nun ja, er hatte das Gefühl, dass etwas nicht stimmte. Unauffällig schob er die Hand in den Talar und massierte seine Brust. Der verdammte Schmerz.

Er trat zur Straßenmitte und tat, als würde er die lateinische Inschrift lesen, die in einem steinernen Band über dem Portal der Kirche entlanglief. Was hatte ihn aufgeschreckt? Eine Gestalt, die sich verstohlen in eine Ecke drückte, als er sich zufällig umdrehte? Jemand, der ziellos an den Häusern vorbeischlenderte, um im nächsten Moment den Schritt zu beschleunigen und dann wieder zu bummeln? Er hatte keine Ahnung. Sein Herz raste, Faustina geriet in Vergessenheit. Er hatte gelernt, auf verdächtige Gestalten zu achten. Es lernen müssen. Er fällte keine Urteile und nahm auch keine Leute fest, und so stand er nicht im Zentrum der Aufmerksamkeit, wie der Giudice oder die Sbirri. Aber er war bei den Prozessen anwesend, und wenn jemand seine

Wut austoben wollte, kam ihm auch ein schlecht bezahlter Notaio recht.

Müßig wich Ugo einem Mann mit einem Karren voller Bauschutt aus. Er blickte sich um und gähnte – und fast wäre ihm das Gähnen im Halse stecken geblieben. Der Sbirro. Dieser widerliche Grinser aus der Kanzlei. Der Mann bückte sich vor einem Brotladen und kehrte ihm den Rücken zu, wohl in der Hoffnung, sich dadurch unsichtbar zu machen. Aha, dachte Ugo, erwischt! Als wäre damit alles klar. Aber in Wahrheit war ihm gar nichts klar. Er schlenderte absichtlich langsam weiter, und der Sbirro folgte ihm.

Hatte Lorenzo den Mann geschickt? Nein. Tommaso? Schon gar nicht. Der Governatore – das war die Möglichkeit, die sich aufdrängte. Er hatte einen Spitzel eingeschleust, der melden sollte, was an der Ripa vor sich ging.

Ugo begann zu pfeifen. Sein Herz hatte sich ohne besonderen Grund wieder beruhigt. Einmal, kurz vor dem Ponte Fabricio, schaute er über die Schulter und stellte fest, dass der Kerl immer noch an seinen Fersen hing. Nein, nicht der Governatore – Strata hatte ihnen diese Laus in den Pelz gesetzt. Das war die Art, wie dieser Ehrgeizling agierte.

Schön. Er würde Tommaso von dem Spitzel berichten, und vielleicht würde der Giudice endlich begreifen, wie wichtig es war, korrekt zu arbeiten und beispielsweise die Durchsuchung der Mauer voranzutreiben, statt Zeit mit einem toten Strichjungen zu vergeuden.

Der Ponte Santa Maria, der den Tiberfluten zum Opfer gefallen war und noch immer seiner Restaurierung durch den starrköpfigen Michelangelo harrte, konnte nur vom Ostufer betreten werden, und so musste Ugo über die Tiberinsel die Uferseite wechseln. Der Spaziergang tat ihm gut. Die Sonne zeigte nach dem Sturm der letzten Nacht wieder ein freundliches Gesicht, und die zwitschernden Grasmücken brachten eine Verheißung des Frühlings.

Auf dem Brückenteil, der den Fluten widerstanden hatte, lungerten ein paar Jungen, die sich bereitwillig um den Notaio scharten, als sie die Kupfermünzen in seiner Hand sahen. Lelio? Klar kannten sie Lelio.

»Er hat mal einen umgebracht«, erklärte ein kleinwüchsiger Bursche, dem ein Auge fehlte. In der leeren Augenhöhle klebte eine Dreckkruste, in der sich etwas regte. Angeekelt wandte Ugo sich den anderen Jungen zu, alles Kinder, kaum älter als acht oder zehn Jahre. Und da quälte Faustina sich mit ihrem unfruchtbaren Leib, während andere Frauen wie die Karnickel warfen, nur um ihre Brut dann mit einem Tritt in die Gosse zu befördern.

»Ich will nicht wissen, was Lelio getan hat. Ich will ihn nur sprechen. Und damit das geschehen kann, muss ich wissen, wo er steckt.«

Einer der Jungen, der bisher stumm die Falte in seinem Hintern gekratzt hatte, sagte: »Sonst war er immer hier.«

»Das weiß ich. Und dann ist er ... wohin ... gegangen?«

Die kleinen Tölpel starrten begehrlich auf die Münzen.

»Er is erst vor ein paar Tagen weg.«

»Und dann ... wohin ... gegangen?«

»Weil er Angst hatte. Das hat Mariano gesagt. Weil er dachte, man sucht ihn.«

»Und Mariano ...«

»Der is tot. An der Franzosenkrankheit.«

Ugo seufzte. »Aber ihr könntet möglicherweise herausfinden, wo Lelio sich aufhält.«

»Wo er is.«

»Wo er is, genau. Und wer ihn für mich findet ...« Der Notaio ließ die Münzen klappern. »Ihr kennt das Ripatribunal?«

Die Jungen, einige, nickten.

Er hatte getan, was er konnte. Die schmutzigen, kleinen Streuner würden sich umhorchen und ihm zutragen, was sie herausbekamen. Mehr war nicht zu machen, das musste auch Tommaso einsehen.

Auf dem Rückweg sah er den Sbirro hinter einem Eierstand stehen.

75

VII

Sie saß an einem zierlichen Schreibschrank, den sie neu ge-kauft hatte, und schrieb auf der heruntergeklappten Platte. Die Falten ihres Kleides ergossen sich über den Stuhl. Purpurn die Farbe des Stoffs, malvenfarben das Stuhlpolster, der Schrank aus rötlich gebeiztem Holz. Ein Farbenrausch in Rot, zu dem die Tapete mit dem goldgelben Blumenmuster den perfekten Hintergrund abgab. Wählte Vittoria ihre Klei-der passend zu den Möbeln und Tapeten aus? Oder war sie wie die Rehe, die Fische, die sich gleichsam von selbst in ihre Umgebung einfügten?

Die Feder ratschte. Vittoria räusperte sich, kaute kurz am Nagel ihres Daumens und schrieb weiter. Es wunderte Tommaso nicht, dass sie Geld für einen Schreibschrank ausgegeben hatte. Hinter ihrer weißen Stirn standen zwei-fellos kluge Gedanken, und ohne je ihre Schlafkammer be-treten zu haben, war er überzeugt davon, dass dort etwas von Ariost oder die Gedichte von Vittoria Colonna herum-lagen.

Es war früh am Morgen. Er hatte sich zur Arbeit bereit-gemacht und nicht erwartet, sie wach zu sehen. Aber über-rascht war er auch nicht. Vittoria bewegte sich völlig regel-los durch sein Leben. Wenn er mit klopfendem Herzen heimkam – sie gleichzeitig verfluchend und sehnsüchtig be-gehrend –, erledigte sie Besuche oder schlief oder flatterte durch die Zimmer mit irgendeiner Beschäftigung, deren

Sinn er nicht begriff, die ihn aber ausschloss. Und wenn er sich mit ihrer Abwesenheit abgefunden hatte, wartete sie mit einem aufwändigen Mahl auf ihn oder mit einem Samtbarett, das sie ihn statt seines alten zu tragen bat. Einmal gab sie ihm eine Rechnung über ein neues Kleid, das ihre Kammerfrau, eine ältliche, langweilige Person, als Zusatz zum Lohn bekommen hatte. Sie sprachen miteinander, aber nur über das Essen, das auf dem Tisch stand, oder über die Befindlichkeiten der Dienerschaft. Näher kamen sie einander dadurch nicht.

»Gütiger Himmel! Ihr erschreckt mich. Ihr solltet nicht stumm in meinem Rücken stehen.« Vittoria erhob sich, kam zögernd auf ihn zu und zupfte die Kante seines Untergewands zurecht, die sich im Kragen des Talars verfangen hatte. Sie roch nach Limonen und auf schwer zu beschreibende Art wie eine Frau. Ihre feinen dunklen Haare, die sie frühmorgens noch nicht hoch gebunden hatte, flossen auf ihre Schultern wie ein Wasserfall.

Wusste sie, wie verführerisch sie war? Konnte sie den Schlag seines stotternden Herzens hören? War ihr klar – er errötete –, welch peinlichen Tumult sie in jenen Regionen seines Körpers in Gang setzte, deren Existenz sie so beharrlich negierte? Sie erforschte sein Gesicht, und es war, als senke sich ein Vorhang über ihre klaren blauen Augen.

»Möchtet Ihr etwas essen, Signore Benzoni? In der Küche ist kaltes Huhn und Brot …«

»Nein.«

»Nein – was? Kein Huhn oder überhaupt kein Essen?«

»Seid Ihr glücklich, Vittoria?«

Er hatte sie überrascht. Ihre Augenlider flatterten. Aber sofort hatte sie sich wieder gefangen. Sie war vollkommen glücklich, doch, besten Dank der Nachfrage. Nur musste sie jetzt zur Messe. Sie hatte sich mit Elena verabredet. So etwas Beruhigendes, diese Gesänge. Und damit war sie auch schon fort.

Tommaso sah nach dem Blatt Papier, das verwaist auf der

Platte des Schränkchens liegen geblieben war. Das dort hätte liegen sollen. Vittoria hatte es irgendwie fertig gebracht, das Papier verschwinden zu lassen. Sie musste Finger wie die Diebe von der Piazza del Pozzo bianco haben und eine Begabung, ihn abzulenken. Nein, dachte Tommaso verdrossen, ich brauche kein Huhn.

Ugo saß hinter seinem Tisch und knurrte ihn statt einer Begrüßung an:»Nein, es ist nichts vorgefallen.« Vor ihm häufte sich ein Berg Akten, von denen noch keine einzige aufgeschlagen war. Federn, die er beim Schärfen zerbrochen hatte, lagen verstreut auf der Tischplatte. Das Federmesser stak wie ein Dolch in der blanken, liebevoll geölten Platte.

»Was ist los?« Tommaso blieb stehen.

»Was soll los sein? Nichts!« Er knallte beide Fäuste gleichzeitig auf den Tisch.»Nur dass Strata hier war. Hat sich unsere Akten ausgebeten. Investigazioni, Processi, Testimoni, Costituti ... alles aus den letzten Monaten. Er will etwas unternehmen gegen ... geheim, höchst geheim ... ein Sumpf muss trocken gelegt werden ... aber nein, mehr kann man nicht sagen ... sämtliche Akten!«

»Dann soll er sie haben und viel Vergnügen damit.«

»Tja!« Ugo warf die Arme hoch.

»Sonst noch was?«

»Oh, bitte! Wen kümmert es schon, ob der Römische Ankläger seine Nase in unsere Sachen steckt und rumschnüffelt, ob wir irgendwo gegen den Strich gefurzt haben. Bei dieser tadellosen Amtsführung ...«

»Und sonst noch was?«

Ugo riss eine Akte vom Stapel und knallte sie zwischen die Federn. Tommaso ging zur Tür – kehrte dann aber doch wieder um.

»Wir können nicht verhindern, dass Strata die Unterlagen der Kanzlei benutzt. Er hat ein Recht dazu. Bis auf das Senatore- und das Steuergericht darf er sämtliche Gerichte kontrollieren. Wenn er wollte, könnte er persönlich bei jedem Prozess, den ich führe, dabeisitzen. Er könnte nicht richten, aber er könnte darauf bestehen, hinzugezogen zu werden.«

»Und weil du das weißt und vor seiner Macht zitterst, hast du ihn letzte Woche aus deinem Büro geworfen.«

»Hab ich das?«

»Die Wände sind dünn. Was willst du?«

»Ich habe ihn … *gebeten*, mich meine Arbeit tun zu lassen.«

»Und als Antwort hat er uns einen Schnüffler geschickt. Ah! Darüber weißt du nichts. Natürlich, denn es gibt keinen Augenblick, in dem ich in Ruhe mit dir reden könnte. Du verbeißt dich in diesen Putto, während Strata in aller Ruhe die Lunte legt, mit der er uns in die Luft jagen will.«

Tommaso seufzte. Er zog sich einen Stuhl heran, bis er seinem Notaio gegenübersaß, und faltete die Hände auf dem Tisch. »Also?«

»Erinnerst du dich an den Neuen, den Scipione rekrutiert hat? Ich habe ihn erwischt, als ich zum Ponte Maria bin, um diesen Lelio zu suchen. Er ist hinter mir hergeschlichen, taps, taps, den Ärmel vorm Gesicht, man hätte sich totlachen können. Kein Irrtum möglich. Er ist mir bis zur Brücke gefolgt und war mir auf dem Rückweg immer noch auf den Fersen.«

Kurzatmig hielt er inne, als hätte sich all seine Kraft in dem Ausbruch erschöpft. Er rieb mit der Hand sein Herz. »Ja, Tommaso, du hast Recht, dich zu ärgern. Also: Werde wütend, schrei ein bisschen herum. Und dann vergiss den Brutus. Wirf ihn bei der nächsten Gelegenheit raus. Was ist? Was geht dir durch den Kopf?«

»Es ist der Dolch. Ich nehme an, dass Strata sich bei Gaddi nach dem Dolch erkundigt hat. Er will ihn um jeden Preis in die Hand bekommen.«

»Soll er doch. Wen kümmert's? Gib ihm das verdammte Ding und fertig.«

Mich kümmert's. Weil er ihn für seine privaten Schweinereien benutzen würde. Carafa erpressen, oder es verschwinden lassen – was ihm gerade in den Kram passt, dachte Tommaso. Und das eine ist so widerlich wie das andere. In unserer verfluchten Stadt gibt es ein Gesetz, von dem in jedem Tribunal mehrere hübsch in Leder gebundene Exemplare stehen. Nach diesem Gesetz sollen alle Römer gleich sein. Was ist daran so sonderbar ...

»Ist es sonderbar von mir, wenn ich denke, dass der Mord an einem römischen Jungen vor einem römischen Gericht behandelt werden sollte? Ist das eigenartig von mir?«

»Ja«, sagte Ugo.

»Schön.« Er stand auf. »Sorg dafür, dass dieser Schnüffler vor meinem Tisch erscheint.«

»Zu Luogotenente Gaddi«, wiederholte der Sbirro. Er hieß Manfredi. Es machte ihn stolz, dass der Giudice sich nach seinem Namen erkundigte.

»Richtig. In den Governatorepalast zu Achille Gaddi. Hieß sie Diamante?«, rief Tommaso wie ein Straßenkomödiant durch die offene Tür. »Ugo! Die Freundin von diesem Lelio. Es ist wichtig.«

»Diamante, ja. Und Gaddi wird ganz schön überrascht sein, was die Kleine zu sagen hat.« Zwei Straßenkomödianten. Der Sbirro war ihrem Talent nicht gewachsen. Er vermerkte mit staunenden Augen, dass er etwas Wichtiges aufgeschnappt hatte, und man sah die Gedanken hinter seiner Stirn herumstolpern.

»Geh sofort und auf kürzestem Weg, es eilt.«

Manfredi nickte eifrig und nahm den Brief.

Es lohnte nicht, ihn zu verfolgen. Wenn er tat, was er sollte, würde Tommaso ihn in Gaddis Zimmer antreffen. Wenn er der Spion war, für den Ugo ihn hielt, würde er gar nicht oder nur mit großer Verspätung kommen.

Draußen blies ein steifer, mit feinem Regen durchmischter Wind, der Frühling hatte sich wieder zurückgezogen. Als Tommaso in den Hof trat, war Manfredi bereits außer Sicht. Er zog den Kopf ein, steckte die Arme in die Mantelärmel und beeilte sich ebenfalls.

In der Kanzlei des Governatore herrschte die übliche Stimmung eines gedrängten Arbeitstages. An mehreren Pulten gleichzeitig wurden Anzeigen aufgenommen. Eine Frau auf einer Bank, die eigentlich in die Hände eines Arztes gehört hätte, bestand kreischend darauf, dass der Schreiber die Länge der Wunde maß, die auf ihrem behaarten Oberschenkel klaffte. Der Schreiber war ein sittsamer Mann, der unter dem Anblick des Fleisches sichtbar litt, und seine Kollegen feixten hinter ihren Kladden.

Tommaso wandte sich an einen älteren Schreiber mit stark geröteten Augen, der geduldig versuchte, die Aussage eines weinenden Mädchens aufzunehmen, und fragte nach dem Boten, den er gesandt hatte.

»Für Luogotenente Gaddi? Niemand nach meinem Wissen. Aber hier ist heute die Hölle… Sicher Kind. Er hat das Haus in den frühen Morgenstunden verlassen. Ich habe das verstanden und in der Akte vermerkt. Verzeihung, Signore. Der Luogotenente ist noch vor der Frühmesse gekommen. Er ist sicher in seinem Zimmer. Wenn Ihr vielleicht einfach hinaufgehen wollt?« Das Mädchen, das vorübergehend sein Weinen unterbrochen hatte, erhob erneut die Stimme.

Die Flure waren überlaufen von Boten, Schreibern und schwarz gewandeten Juristen. Tommaso war froh, als er das stille Zimmer am Ende des Gangs erreichte. Achille Gaddi begrüßte ihn überschwänglich.

»Einer Eurer Männer? Mein lieber Tommaso, ich würde mich ganz gewiss erinnern, denn je höher man in dieser gesegneten Institution aufsteigt, umso einsamer wird man. Ich schlage mich seit dem frühen Morgen mit einem Bittgesuch herum, das ich ablehnen muss, und ich finde die Worte nicht. Was nutzt das tiefe Gefühl einer zugegebenermaßen ehrwürdigen alten Dame, dass ihr Schwiegersohn ein Dieb ist, wenn sie es nicht beweisen kann? In ihrem Brief steht nichts, was mein exzellenter Notaio mir nicht bereits vorgelegt hätte. Und selbst bei gründlichster Prüfung… Ihr seid wegen Strata hier?«

Tommaso folgte dem Finger des seufzenden Mannes und setzte sich auf einen der Sessel mit den Krokodilfüßen.
»Wegen Strata, ja, gewissermaßen.«
»Ihr wisst, dass er mich gestern Abend ... warum muss es eigentlich immer abends sein? Es scheint, als stecke in den meisten Menschen eine Eule. Er hat mich also aufgesucht. Ihr wusstet es nicht?«

Tommaso schüttelte den Kopf und berichtete knapp über seinen Spion, denn dass er einer war, stand inzwischen wohl außer Frage.

Gaddi lehnte sich zurück. Er verzog das Gesicht, presste die Fingerspitzen gegen die Schläfe und massierte einen Punkt, der ihn schmerzte. »Das sieht Strata ähnlich. Dieser Ehrgeiz. Diese verdammte Ruhelosigkeit. Ich sage Euch, sie wird den Mann zerrüttet haben, bevor er vierzig ist. Er ist zu mir gekommen, weil ... nun, Euer Spion ist offenbar noch fleißiger, als Ihr gedacht habt.«

»Bitte?«

Gaddi tauchte ein Leinentuch in eine wassergefüllte, nach Orangen duftende Schale, wrang es aus und drückte es auf die Stirn. »Ihr habt Carafas Dolch also nicht weggeworfen. Ich mache Euch keinen Vorwurf. Jugend und Stolz sind ein verliebtes Paar. Aber Euer Spion – wie hübsch sich jetzt eins zum andern fügt – hat es offenbar geschafft, Zutritt zu Eurer Asservatenkammer zu bekommen. Jedenfalls hat er den Dolch gesehen und ihn hübsch detailliert nachgezeichnet. Den Hirsch, das doppelte C ... Strata hat mir das Papierchen auf den Tisch gelegt. Er war ordentlich stolz auf sich, und wenn ich es mir überlege – vielleicht kam er zu mir, um Euch über mich eine Warnung zukommen zu lassen? Er weiß, dass wir verwandt sind.«

»Er hat das Messer erkannt?«

Gaddi wischte einen Tropfen vom Handgelenk, der aus dem Tuch troff. »Mein Junge, besinnt Ihr Euch, wie der Mann in sein Amt gekommen ist? Es war Carafa, der Strata auf den Stuhl gehoben hat. Bevor er beim Heiligen Vater in Ungnade fiel. Zwei Fliegen mit einer Klappe. Für den armen

Alessandro Pallantieri, mit dem Carafa sich nie vertragen
konnte, kam der Kerker der Engelsburg und für Strata die
Macht. Ja, schon gut, Ihr wisst das alles. Ich erzähle es nur,
um Euch zu erinnern, wie Carafas Feinde zu enden pflegen.
Himmel, mein Kopf platzt.« Gequält rieb sich der alte Mann
die Schläfe.
»Strata kennt also den Besitzer der Ochsenzunge.«
»Ich glaube, das sagte ich.«
»Aber er wird nichts gegen Carafa unternehmen.«
»Jetzt habt Ihr es begriffen.«
»Und Ihr selbst …«
»Und ich selbst finde, dass Ihr seinem Beispiel folgen solltet. Papst Pius hat Kardinal Carafa vorgestern an seine per-
sönliche Tafel geladen. Er kann ihn nicht ausstehen, aber er
weiß, dass er ihm seine Wahl verdankt. Seid nicht stolzer als
der Heilige Vater. Wenn der Fuchs im Sattel sitzt, muss sich
der Jäger in die Büsche schlagen.«
»Ich verstehe.« Tommaso stand auf. Die Krokodilfüße
kratzen über den Boden.
Gaddi schien erleichtert, dass sein Gast sich zum Gehen
wandte. Er winkte schlaff mit der Hand. Und rief ihn dann
doch noch einmal an. »Tommaso? Was steht in dem Brief,
den Euer Spion mir bringen sollte?«
»*Quis custodit custodes.*«
»Wer bewacht die Wächter. Wer bewacht …« Gaddi legte
das Tuch beiseite und stützte das Kinn schwer in die Hand.
»Mein lieber Junge. Sendet Strata den Dolch, schickt ihm ein
Kistchen Rosenölkonfekt und hofft, dass er die Sache vergisst. Leute wie Strata hassen nicht persönlich. Er will an die
Spitze, und selbst seine Gefühle dienen seinem Ehrgeiz und
sind so wandelbar wie seine Ziele. Gebt nach. Lasst ihn wissen, dass er klüger war. Das wird ihm schmeicheln, und alles
ist vorbei.«
»Nicht alles.« Tommaso bemühte sich zu lächeln. Er deutete auf das besonders schöne, mit einem Golddeckel verse-
hene Gesetzesexemplar, das Gaddi in einer rot ausgeschlage-
nen Wandnische zwischen zwei Leuchtern liegen hatte. Die

Geste misslang wie das Lächeln. Ihm war übel vor Wut. Er kam sich vor wie eine der Katzen, die sie beim Maifest in Padua an einen Baum nagelten, um darauf herumzuprügeln.

Gaddi sah es und nickte. Das Lächeln auf seinen Lippen wich einem mitleidvollen Schmerz.

VIII

Sicario wartete. Er starrte in die Dunkelheit und lauschte dem eigenen Atem, der so behutsam aus seinen Nasenlöchern strömte, dass er nicht einmal ein Herbstblatt bewegt hätte. Seine Muskeln waren völlig entspannt. Die Hände lagen wie Federn auf seinen Oberschenkeln, und sein Nacken hatte sich aufgelöst. Er schwebte. Nicht einmal die Katzen, die selbst wie Geister durch die Räume der verfallenen Kapelle strichen, nahmen ihn wahr. Gelegentlich hörte er Steinbröckchen, die sich unter ihren Samtpfoten bewegten, und der Triumph wärmte sein Herz.

Er war unsichtbar. Ein Geschöpf wie der Nebel auf dem Tiber. Er kam, er ging, ohne dass man ihn greifen konnte. Nicht einmal einen Namen hatten sie ihm geben können. Man rief ihn mit dem, was er für sie war. Sicario. Mörder.

Zeit verstrich.

Eine Pfote tappte auf seinen Schenkel. Sicario spürte, wie die Katze erbebte und die Ohren spitzte. Vielleicht nahm sie seinen Geruch wahr – scharf nach dem Unkraut, mit dem er sich eingerieben hatte. Sie suchte nach Anzeichen von Gefahr, aber sie konnte nichts Lebendiges an dem Ding ausmachen, auf das sie sich stützte. Weiches Fleisch, aber so entseelt wie Stein. Furchtsam zog sie den Kopf in den Nacken, und er spürte ihre Angst. Begierig versuchte er, über die Pfoten, die sich gegen seine Beine stemmten, etwas von dieser Empfindung in sich aufzunehmen. Doch da durchbrach ein Geräusch die Stille, und die Katze entfloh.

Der Mann war gekommen.

Er hatte die Kapelle noch nicht erreicht, aber er hatte den überwucherten Weg, der zu ihr führte, bereits verlassen. Zweige brachen. Die Tür quietschte. Dann ein Fehltritt, dem ein Fluch folgte. Seltsamerweise dämpfte der Mann beim Fluchen seine Stimme.

Die Katzen huschten in die Sakristei, wo sie ein Fensterchen zur Flucht ins Freie nutzten. Der Mann räusperte sich, und das Geräusch erschütterte die Luft wie ein Erdbeben.

Sicario wartete.

Es war, als schärfe die völlige Entspannung seiner Glieder seine Sinne. Er roch die säuerlichen Ausdünstungen des Mannes, die durch den Raum zogen. Er hörte seinen Atem und wie er mit den Füßen nach Hindernissen tastete. Auch der Mann hatte Angst. Als er auf einer zerbrochenen Fliese ausrutschte, erstarrte er, als hätte ihn ein Hauch aus dem Jenseits gestreift.

»Ist hier jemand? Wo seid Ihr? He! So sagt doch ...«

»Setzt Euch.«

Sie waren noch fünf Schritte voneinander entfernt. Der Mann hielt den Atem an und lachte dann, nur um gleich wieder zu verstummen. Ja, er fürchtete sich. Aber er mochte das Gefühl nicht. Er wünschte sich wahrscheinlich auf eine Piazza mit tausend Menschen mitten im Abitato.

»Wo seid Ihr?«

»Wo ich Euch sehen kann.«

Der Mann kam näher, erkannte endlich die Gestalt im Schneidersitz und ließ sich zögernd auf dem Boden nieder.

»Ich brauche Euch, Signore ...?«

»Sicario.«

»Sicario, ah. Wie einfallsreich. Ich brauche Euch, weil ...«

»Ich weiß.«

»Und Ihr seid der Mann für diese Dinge.« Das war keine
Frage, sondern pure Erleichterung. »Ich muss …«
»Wer und wann?«
Der Mann saß dicht bei einem der Fenster, so dass sein
Schemen sichtbar war. Als er sich umschaute – zwanghaft,
auch das ein Zeichen der Angst –, merkte er, welchen Nach-
teil ihm das brachte, und er rutschte hastig ins Dunkel. »Es
muss natürlich alles diskret …«
»Wer?«
»Unter keinen Umständen darf jemand erfah…«
»Wer?«, unterbrach Sicario ihn ruhig.
Der Mann schwieg. Dann sagte er es ihm.
»Wann?«
»So bald wie möglich.«
»Und wie?«
»Oh, kein Aufhebens. Es muss einfach … erledigt wer-
den.« Er leckte mit der Zunge über die Lippen, um sie zu be-
feuchten.
»Es wird teuer.«
»Wie viel?«
»Vierhundert Scudi.«
Der Mann versuchte nicht zu handeln, und zum ersten
Mal in dieser Nacht bekam Sicarios Gleichmut einen Riss. Er
hatte viel gefordert. Nach der Sedisvakanz waren die Preise
gefallen. Der Schnitt für einen Mord lag bei acht Scudi. Er
war der Beste im Gewerbe. Er verlangte fünfzig, manchmal
siebzig Scudi. Und in diesem Fall, in dem Enormes von ihm
gefordert wurde, waren ihm vierhundert Scudi richtig vorgekommen – als Basis für Verhandlungen. Aber sein Besucher
feilschte nicht, und es schien, als hätte er auch das Doppelte
gegeben.
»Den ersten Teil in die Hand. Den zweiten, wenn … es getan ist. Ich hörte, Ihr seid zuverlässig.«
Sicario schwieg. Er sah zu, wie der Mann aufstand, einen
Beutel fallen ließ und zur Tür tappte. Und mit einem Mal, als
hätte ihn der Odem des Allmächtigen berührt, durchströmte
ihn ein reines, tiefes Glück.

Er nahm den Beutel und stopfte ihn in seinen Gürtel, ohne zu zählen. Wen kümmerte das Geld. Wen kümmerte der Mann. Es war wieder so weit.

Jagdzeit.

IX

Nichts?«, fragte Tommaso.
Ugo zog die Schultern hoch. »*Noch* nichts. Die Bengel
haben Ohren wie Kutschenräder. Wenn dieser Lelio noch in
Rom ist, werden sie es aufschnappen.«

Ausnahmsweise stimmte Lorenzo dem Notaio zu. »Das
ganze Gelump ist wie eine Familie, Giudice. Da bleibt nichts
geheim, auf die Dauer.«

Tommaso betrachtete seine beiden Helfer. Den einen, der
sich auf dem Stuhl flegelte, die Beine übereinander geschlagen, die Hände hinterm Kopf gefaltet, den Kugelbauch vor-
gestreckt, den anderen, der zwar unverdrossen seine
stramme Haltung beibehielt, aber innerlich längst ins Heer
der Aufsässigen übergelaufen war.

»Wie wär's mit einer Belohnung?«

»Ich hab den Jungs schon Geld geboten«, knurrte Ugo.

»Das meine ich nicht. Wir könnten die Sbirri in die Schenken schicken. Sie wissen am besten, bei wem sie den Beutel
ziehen müssen.«

»Sicher. Und dann teilen sie mit dem Cousin ihres besten
Freundes und lassen uns in der Wüste nach Fischen suchen.«
Auf die barschen Worte trat eine unbehagliche Pause ein,
und Ugo starrte zum Fenster.

»Wie ich schon sagte …«, murmelte Lorenzo. »Es tut mir
sehr Leid, dass Manfredi … Er war immer ein ordentlicher
und zuverlässiger Junge.«

»Ja doch.« Gereizt trommelte Tommaso mit den Fingerspitzen auf der Tischplatte. Er hatte nicht gewusst, dass Manfredi mit Lorenzo verwandt war. Der Sohn seiner Schwester oder Nichte. Es hätte nichts geändert, aber trotzdem ... peinlich.
»Manfredi hatte nie Geld in den Fingern. Als der Mann von Strata ... Das soll keine Entschuldigung sein. Er hätte sich bei der Ripa hocharbeiten können. Er hatte doch alle ... alle Möglichkeiten.« Das Gestammel hörte sich an wie die Wiederholung dessen, was in Lorenzos Familie vermutlich hitzig besprochen worden war.
»Wie viel hat Strata ihm gegeben?«
»Zwei Scudi.«
»Er ist ein Idiot«, sagte Ugo.
Darauf war es erst einmal still, bis Lorenzo sich erneut zu Wort meldete. »Was ich nicht verstehe, Giudice: Warum fordert der Governatore den Fall nicht einfach für sich. Das wäre doch sein Recht. Warum macht er sich die Mühe und besticht ...«
»Es geht nicht um ihn, sondern um Strata«, erklärte Tommaso geduldig. »Strata will den Dolch haben. Um den Besitzer zu erpressen, um sich lieb Kind zu machen – weiß der Himmel.«
»Das verstößt gegen das Gesetz«, erklärte Lorenzo.
Zum ersten Mal an diesem Morgen drängte sich ein Lächeln auf Tommaso Lippen.
»Und da wir gerade beim Gesetz sind ...« Ugo lächelte nicht. »Wenn du auf deinem Willen beharrst, Tommaso, und weiter nach diesem Lelio suchst ...«
»Dann? Ja?«
Ugo ließ sich durch den gereizten Tonfall nicht einschüchtern. »Strata ist wie ein eingeöltes Ferkel, nicht zu fassen bei seinen Schweinereien. Du siehst, er besticht deine Sbirri. Wer sagt, dass er nicht weiter geht? Wenn den Giudice della Ripa beispielsweise eine Kugel aus dem Hinterhalt träfe ... Ich sag's nur. Beweisen könnte man nie etwas.«
»Da hat er Recht. Verzeihung, aber er hat Recht, Giudi ...«

Tommaso schlug plötzlich mit der flachen Hand auf den Tisch, und der Bargello verstummte erschrocken. Tommaso stand auf und trat zum Fenster. Draußen bellte ein Hund. Von den Schiffen drangen gedämpfte Rufe herüber. In einem Gebüsch zwitscherte aufgeregt ein Vogelpärchen. Er stützte sich auf den Fenstersims. »Lorenzo, du lässt weiter zwei unserer Leute die Stadtmauer durchsuchen. Die anderen verteilen sich heute Abend auf die Stadtbezirke und sorgen dafür, dass jedermann erfährt, wie viel das Tibunale bereit ist, für eine Auskunft über Lelios Aufenthaltsort zu zahlen.«

Tommaso hätte den Römischen Ankläger fast verpasst. Er kam von der Tiberinsel, wo ein mit jungen Stieren beladener Kahn eine Flussmühle gerammt hatte. Sein Talar war bei der Besichtigung der Trümmer und Tierkadaver nass geworden, und eigentlich hatte er nach Hause gewollt, um sich umzuziehen. Der Teufel musste ihn geritten haben, sich diesem vernünftigen Wunsch zu verschließen.

Lorenzo fing ihn am Tor des Gerichts ab.

»Andrea Strata ist da – und außerdem die Inquisition.« Seine lange Nase zuckte. »Einer von Fra Micheles Männern. Ein alter Dominikaner. Sehr ärmlich gekleidet.« Er beugte sich vor und flüsterte: »Aber lasst Euch nicht täuschen, Giudice. Die in den lumpigsten Kutten sind die ärgsten.«

»Wir dienen alle dem Gesetz«, sagte Tommaso, aber sein Bargello begriff nicht, dass er scherzte, und schüttelte nur den Kopf.

Strata hatte das Ufficio erobert und Tommasos Stuhl in Beschlag genommen. »Benzoni, na endlich …« Er zwinkerte vergnügt, vielleicht weil es ihm gefiel, dass diesmal *er* sitzen bleiben konnte. »Da ist er, Frater, das ist der Giudice. Und Ihr, Benzoni, kennt Fra Felice … ah, doch nicht? Er arbeitet für das Heilige Offizium. Fra Micheles bester Mann, wie man sagt – winkt nicht ab, Frater.« Er lächelte dem Mönch schmeichelnd zu. »Wo habt Ihr Euch herumgetrieben, Giudice? Ihr seid ja nass wie eine Flunder.«

»Was, bitte, kann ich für Euch tun?«, erkundigte Tommaso sich spröde.

Der Mönch – sein Gesicht war ausgemergelt wie geschrumpftes Leder – erhob sich unter Ächzen vom Besucherstuhl. »Ich bin gekommen, um Euch zu danken, mein Sohn.« Er achtete sorgsam darauf, nicht mit dem Rücken an die Lehne zu kommen, vielleicht weil er frische Geißelwunden trug. »Der Dienst an der Gerechtigkeit ist schwer. Aber es ist Dienst am Herrn, und von dort wird Eure Belohnung kommen. Und ...«, fügte er hinzu, als wäre es eine Drohung, »... dies ist die einzige Belohnung von Wert.«

Mit zittriger Hand vollführte er eine Geste der Segnung, packte seinen Gehstock und umrundete Tommaso, wie ein schwerfälliges Schiff einen Fels umkreist. Strata sprang auf, um ihn zu stützen, aber der Dominikaner winkte ab, als hätte er ihm ein unanständiges Angebot gemacht. Sehr aufrecht und grau vor Schmerzen tappte er zur Tür.

»Fra Felice ist wegen des gestohlenen Vortragskreuzes gekommen«, erläuterte Strata leise. »Das Heilige Offizium ist bestürzt über den Frevel, den es keinesfalls als simplen Diebstahl ansehen mag. Der Böse ist einfallsreich. Aber ich habe ihm versichert, dass die Untersuchung in fähigen Händen liegt. Giudice Benzoni ...« Strata legte seinen Arm vertraulich um Tommasos Schulter. »... ist wie ein Bluthund, habe ich zu ihm gesagt. Einmal auf eine Spur gesetzt, nicht mehr zu halten.«

Ungeduldig machte Tommaso sich frei. »Und andere sind wie Ratten, die in fremdem Abfall wühlen.« Fra Felice, der während ihres Disputs die Tür erreicht hatte, winkte ihnen ungeduldig. »Was will er? Zur Mauer?«

»Jawohl. Und sprecht nicht von ihm, als wäre er taub. Das kann er nicht ausstehen. Ihr seid verärgert wegen des Scherzes mit dem Sbirro und dem Dolch?«

»Seid Ihr verärgert, wenn ich Euch sage, dass ich das Corpus controversiae weiter unter Verschluss halten werde?«

»Mein lieber Benzoni ...«

»Was ist? Wo suchen die Sbirri denn?«, röchelte der Mönch mit seiner brüchigen Stimme.

»An der Porta Portuensis.« Tommaso ließ den Ankläger stehen. Der Weg zum Tor war kurz, aber der alte Mann schleppte sich wie ein Sterbender dahin, und so liefen sie fast eine halbe Stunde, bis sie ihr Ziel erreichten. Als es in Sicht kam, blieb Fra Felice stehen. Er sackte noch ein weiteres Stück in sich zusammen, umklammerte mit beiden Händen den Stock und meinte atemlos zu Tommaso: »Ihr … habt einen Jungfrauenschänder auf die Galeeren geschickt, wie ich hörte.«

Strata stieß Tommaso an und rollte verstohlen die Augen. »Giona Spini. Wisst Ihr nicht mehr? Der grässliche Mensch, der – zusätzlich zu seiner schändlichen Tat, für die allein ihm das höllische Feuer gebührte – dem Mädchen auch noch das Gesicht zerschnitt. Eure Notizen zu dem Fall sind hochinteressant, und Eure Entscheidung gleicht dem Hammer Gott …«

»Der Sfregio wird dem Kind nicht schaden, denn wenn die Hässlichkeit der Fratze bloßgelegt ist, schwindet die Anfechtung«, unterbrach der Mönch den Ankläger grob. Er war immer noch außer Atem, aber die Pause schien schon länger gedauert zu haben, als er meinte, sich gönnen zu dürfen. Seine vertrocknete Hand mit den gelben Fingernägeln grub sich in Tommasos Ärmel. »Die Hure Rom muss gezüchtigt werden wie Sodom, und es ist gut, dass Ihr Euch der Peitsche nicht verwehrt. Man muss das Mitleid aus dem Herzen treiben, denn es verführt zur Schwäche, durch die der Sünder nur um so sicherer in die Hölle gelangt. Ist es hier? Sind die anderen Türme bereits durchsucht?« Die Zähne vor Schmerz fletschend, erklomm er den Hang, der zum Eingang des Turms führte.

»Warum …«, begann Tommaso.

»… ich Euch so warmherzig vor dem Mönchlein lobe?« Strata rieb die schönen Hände. »Aus Zuneigung? Warum nicht aus Zuneigung? Ihr seid ein unterhaltsamer Gegner, Benzoni. Aber kommt, folgen wir dem Streiter fürs unfehlbar Gute, bevor auch wir seinen Zorn auf uns lenken – was schnell geschieht und schlecht bekommt.«

Als sie den Turm betraten, hatte der Mönch das Untergeschoss bereits durchschritten und ließ sich von den beiden Sbirri den Treppenaufgang zu den Arkaden zeigen. »Das Kreuz *muss* in einem der Türme sein. Die Schänder des Heiligen gestehen und leugnen und gestehen, wie der Böse es ihnen eingibt. Aber ich sage: Es ist in den Türmen«, erklärte er grimmig. »Schmerz…« Ein Hustenanfall übermannte ihn. »Der heilige Schmerz der Barmherzigkeit… würde sie bald von ihrer Verstocktheit reinigen. Welch sinnlose Vergeudung von Zeit!«

»Er ärgert sich, dass der Governatore die Methoden des Heiligen Offiziums so wenig schätzt«, wisperte Strata vertraulich. »Aber die Helfer der guten Mönche sind so … überschwänglich. Und es wäre doch dumm, wenn die beiden Lumpen tot sind, bevor wir das Versteck kennen.«

Tommaso kehrte der Gesellschaft den Rücken und trat ins Freie. Er sehnte sich nach frischer Luft. Er sehnte sich fort von dem Turm. Eine Assel, dachte er. Wahrscheinlich wäre es passender, Strata mit einer Spinne zu vergleichen, denn er spann Netze, und es drang unaufhörlich Klebriges aus seinem Mund. Aber nein, ihm stand eine Assel vor Augen. Glänzend, flink, das Licht meidend und im Verborgenen wühlend. Was bezweckte Andrea Strata?

Gedämpft durch die Mauern hörte Tommaso ihn dem alten Mann schmeicheln, weil der sich auf die Knie niederließ, um den Raum unter der Treppe zu durchsuchen, den die Sbirri sicher längst kontrolliert hatten. Zutiefst erleichtert vernahm er des Fraters »Lasst uns gehen!«, als er nichts fand.

Den alten Mann in ihrer Mitte bewegten sie sich wie Schildkröten durch Trastevere. Fra Felice wollte zur Tiberinsel, aber nicht in einer Kutsche. »Schmerzen sind ein Geschenk des Höchsten, und ich klage nicht über die, mit denen er mich reich macht.« Sie kamen allerdings nur bis zur Seemannskirche San Giovanni. Dort verließen den Mönch die

94

Kräfte so gründlich, dass er Strata erlaubte, im Innenhof des angrenzenden Hospizes nach einer Sänfte zu fragen. Tommaso wollte die Gelegenheit nutzen und sich von den beiden trennen, aber der Dominikaner schüttelte den Kopf. »Nein, mein Sohn. Ihr sollt die Frucht Eures Bemühens sehen. Das habt Ihr Euch verdient.« Zusammengekrümmt ließ er sich von einem der beiden stämmigen Träger in die Sänfte hieven. »Ihr begleitet mich!«

Welches Bemühen?, wollte Tommaso fragen, aber der Alte japste so erbärmlich nach Luft, dass er stumm blieb.

»Ich sinne immer noch darüber nach, warum ich Euch so schätze«, plauderte Strata, während sie neben der Sänfte herschritten und auf den Tiber zuhielten. »Ich mag Männer mit einem starken Willen, vielleicht ist es das. Außerdem gehört Ihr zu den wenigen, die meine Scherze verstehen. Den letzten habt Ihr im Nu begriffen, und Eure Antwort hat mich zum Lachen gebracht. Leute wie wir … Ich glaube, hier müssen wir uns links halten, Träger, nach links! Madonna, ist er taub? Leute wie wir, Benzoni, sollten zusammenarbeiten. Wir würden Großartiges zustande bringen.«

»Der Scherz ist die Tür, durch die sich der Hochmut einschleicht«, sagte der Mönch, der zumindest einen Teil seiner Worte aufgeschnappt haben musste.

»Gewiss, aber er ist auch das Loch, durch das die bitteren Säfte des Zorns den Körper verlassen«, versetzte Strata geschmeidig. »Im Moment …«, fuhr er dann deutlich leiser gegen Tommasos Ohr fort, »… scherze ich allerdings nicht. Sich mit mir zusammenzutun ist ein Vorteil. Ich möchte, dass Ihr Euch das merkt.«

Sie überquerten die Tiberinsel und umrundeten das Judenviertel, das zu betreten der Mönch ablehnte, obwohl es ihren Weg um die Hälfte verkürzt hätte. Er hustete in ein Taschentuch voller roter und gelber Flecken und verbat sich jeden Protest.

Die Judenmauer machte einen Knick, und wenig später tat sich vor ihnen die Piazza Giudia auf. Noch ein paar Schritte, dann befahl der Mönch den Trägern zu halten. Tommaso, dem die Vorhänge der Sänfte mit ihren roten Troddeln den Blick versperrten, wusste nicht, was der Greis bezweckte, aber er sah das Lächeln auf Stratas Gesicht verblassen und merkte plötzlich, wie still es um sie war. Sie waren von hohen, schäbig wirkenden Mietshäusern umgeben. Vor den geöffneten Flügeln des Judentors hockte ein kleines Mädchen und lutschte hingebungsvoll am Daumen.

Normalerweise war die Piazza Giudia um diese Zeit ein Ort reger Geschäftigkeit. Verkaufslärm, Gespräche, Flüche … Hier war der größte Umschlagplatz für Hehlerware in Rom. Stände bevölkerten ihn, jüdische Trödler, Altkleider- und Alteisenhändler standen hinter ihren Karren, und die Sbirri des Senatore schlenderten herum, um nach Diebesgut zu suchen. Heute aber war es totenstill, und der Teil der Piazza, den er einsehen konnte, wie leer gefegt.

Als Tommaso vor die Sänfte trat, begriff er den Grund.

In der Mitte des Platzes, neben dem Brunnen, an dem die Frauen des Viertels gewöhnlich ihre Wäsche wuschen, stand ein Pfahl, an dem die kokelnden, schwärzlichen Überreste eines Menschen hingen. Das Fleisch an seinen Beinen hatte das Feuer weggefressen. Der Oberkörper war angesengt, zeigte aber noch Fetzen des Sünderhemds. Das Gesicht des Hingerichteten war nach vorn gesackt, so dass man nur die schwarze Schädeldecke sehen konnte. Rauchwölkchen stiegen aus dem schwelenden Feuer.

Tommaso merkte, wie sich sein Magen zusammenzog und saure Säfte ausstieß. Ihm wurde übel, und einen Moment lang fürchtete er, sich hier, vor Strata und allen Menschen, übergeben zu müssen. Der Ekel schüttelte ihn.

Er atmete mehrere Male tief ein, und als sich der Aufruhr in seinem Magen legte, zwang er sich, erneut zur Hinrichtungsstätte zu schauen. Um den Toten stand ein Kreis schweigender Menschen, der sich für die Sänfte Fra Felices geöffnet hatte. Man starrte zu ihnen hin und fragte sich offenbar, was ihre Ankunft bedeutete. Und genau das hätte Tommaso auch gern gewusst. Sie waren dort angekommen, wo der Mönch ihn hatte haben wollen. Aber wo war die Verbindung zwischen dem Toten und dem Giudice della Ripa?

Fra Felice ergriff Stratas Arm und wand sich wie ein Wurm aus der Sänfte. »Pflegt Euer feines Gespür, Giudice. Dieser Mann hat nicht nur die Entweihung der Kerzen von San Francesco gestanden ...« Ein neuerlicher Hustenanfall quälte den Greis. »... sondern auch, zu welch frevlerischen Zwecken sie geschah. Außerdem, dass er einem Gehängten die Hand abschnitt, um sich damit unsichtbar zu machen. Das und ...«

»... und noch etliche andere Untaten«, führte Strata den Satz zu Ende, der mangels Luft abbrach.

Der Mönch hustete sich aus, wobei die Sekrete sein Taschentuch aufweichten. Er steckte es ein und ging auf den Toten zu. Mit einem verfluchten Lächeln – jawohl, es ist verflucht, dieses verdammte, dieses glückselige, überhebliche Lächeln, dachte Tommaso – nahm er zur Kenntnis, wie die Leute zurückwichen und sich bekreuzigten. Mühevoll hob er einen eisernen Stab auf, der zur Entfachung der Glut gedient hatte, und stieß ihn dem rauchenden Leib in die Seite. Es stank. »Mehr abgelagertes Holz auf das Feuer«, befahl er dem Mann, der den Scheiterhaufen bewachte. »Nichts als Asche darf bleiben.«

Eine schwangere Frau, die mit ihren beiden Kindern in der ersten Reihe stand, nickte bekräftigend, aber viele Schaulustige drückten sich nach hinten, und einige machten sich davon.

»Wie ich bereits sagte ...« Strata stieß Tommaso mit dem Ellbogen an. »Es lohnt sich, mit mir zusammenzuarbeiten. Dank meiner Hilfe hat Fra Felice Euch in sein Herz geschlossen, und Ihr dürft in Zukunft auf die Hilfe des Heiligen Offiziums hoffen, was ein unschätzbarer Vorteil ist, denn Fra Michele hat seine Spitzel überall. Bei Eurem regen Geist habt Ihr allerdings sicher auch verstanden, wie ... empfindlich es Eure Arbeit stören würde, wenn Ihr Euch mir in den Weg stellt.« Jede Verbindlichkeit war plötzlich aus dem jungen Gesicht gewichen.»Die Akte dieser hirnlosen Kreatur trägt in Eurer Handschrift die Anweisung, ihn an die Inquisition zu überstellen und die Empfehlung, ihn hart zu strafen. Ich hoffe, Ihr findet das nicht ... possenhaft, aber ich wollte, dass Ihr begreift, was möglich ist.« Er streckte sich, zufrieden wie ein Kätzchen, das die Maus unter der Tatze hat, warf noch einen letzten Blick auf die Überreste des Mönchs und sagte:»Ihr wisst, wo ich wohne, Benzoni. Ich erwarte Euch und Euer kleines Präsent und ... lächelt. Es wird Euch gefallen. Der Mensch muss wissen, wo er seine Freunde hat.«

»Was ist das?«, fragte Vittoria.

Die Ochsenzunge, deretwegen der verrückte Mönch hatte sterben müssen, lag auf dem blauweiß gemusterten Tischteppich. Die Klinge glänzte im Licht mehrerer Kerzen, der grüne Stein loderte und spiegelte die Flammen wider.

»Ein *strumento di prova*. Und wenn alles nach dem Gesetz ginge, der Schlüssel zu einem Kerker oder die Leiter zu einem Galgen.«

»Ihr scheint darüber nicht froh zu sein.« Vittoria war erhitzt. Sie kam aus der Küche, und diesmal war sie wohl bis zu den Töpfen vorgedrungen, denn am Ellbogen ihres Kleides – zartgrün, sie sah aus wie eine Fee im Schmuck der Blätter und Halme ihres Reiches – klebte ein Soßenfleck.

»Das Messer macht mir eine Menge Ärger.«

»Soll ich es fortlegen?« Sie mochte den Dolch nicht. Sie wartete kaum auf sein Nicken, um ihn mit spitzen Fingern zur Kredenz zu tragen. Ihr Kleid mit den steifen Unterröcken raschelte. Er sah die Leinenspitze, die ihren schlanken Hals umschmeichelte. Er sah ihre schönen Hände, die geschäftig ein Deckchen glatt strichen und eine Spange in ihrem Haar feststeckten. Ihr Busen spannte die Seide ihres Kleides. Herr im Himmel, ich bin verheiratet! Tommaso schaute fort, ärgerte sich über den Sturm seiner Gefühle und fragte, nur damit keine Stille eintrat:»Kennt Ihr Carlo Carafa?«

»Den Kardinal?« Sie setzte sich ihm gegenüber – warum hatte er nur einen so elend langen Tisch gekauft – und klingelte nach dem Essen. »Wie jeder ihn kennt. Was man hie und da aufschnappt.«

»Was haltet Ihr von ihm?«

»Habt Ihr mit ihm zu tun? Nun …« Das Wort kam gedehnt, als suche sie nach Ausflüchten, und es dauerte einen Moment, ehe sie weitersprach. »Er ist ein mächtiger Mann. Sicher ist es nützlich, mit ihm bekannt zu sein. Iola – das ist das Mädchen, das mich auf meinen Gängen begleitet –, Iola sagt, das Wappen auf seiner Kutsche ist mit echten Diamanten geschmückt.«

»Und davon unabhängig: Was haltet Ihr von ihm?«

Castro stieß die Tür auf. Der Koch trug eine Terrine herein, der köstlichste Düfte nach Kochfleisch und Majoran entstiegen. Diesmal zögerte er nicht, sondern setzte sie gleich vor Vittoria ab. Sie musste einiges mit ihm besprochen haben, denn er wartete geduldig auf ihre Anweisungen. Als die Teller gefüllt und die Diener fort waren, wiederholte Tommaso seine Frage.

»Carlo Carafa …«

»Bitte ehrlich«, sagte er.

»Gut, also ehrlich … verabscheue ich ihn. Sie hacken alle auf seinem Bruder herum, aber Giovanni Carafa – und ihn kann ich ebenfalls nicht leiden, dass Ihr mich nicht missversteht – hat seine Ehefrau umgebracht, weil *Carlo* darauf bestand. Carlo hat ihn dazu getrieben.« Sie sah plötzlich wütend aus, ein Ausdruck, den er an ihr nicht kannte, aber der ihn erregte. »Jeder weiß, dass Giovanni an Violante d'Alise gegangen hat, und das ist mehr als ein Gerücht. Natürlich hatte er seine Kurtisanen, aber sein Herz gehörte Violante, und eigentlich war es eine glückliche Ehe.« Überrascht sah er, wie ihr Tränen in die Augen stiegen. »Er hatte Grund, sie zu lieben. Violante war schön und klug und sanftmütig und eine zärtliche Mutter. Ich habe sie gekannt. Nicht sehr gut, aber gut genug, um zu wissen, dass sie ihn niemals mit diesem … diesem Capece betrogen hätte. Und Giovanni hat ihren Tod nicht gewollt. Einer seiner Lakaien, der inzwischen bei einer Madonna am Campo Marzio dient, soll das beschworen haben. Es war Carlo, der Giovanni mit seinem widerlichen Gestichel von der Familienehre getrieben hat, bis er sie erwürgte.«

»Erwürgen ließ.«

»Von ihm kam der Befehl, und das ist dasselbe oder schlimmer. Er ist nicht so schuldig wie Carlo, aber er ist... ein Wicht!«

»Weil ihn die Eifersucht quälte?«

»Warum musste sie *seiner* Eifersucht wegen leiden?«

»Warum sind wir Menschen?«

Sie schnappte nach Luft. »*Wir* sind keine Menschen. Oh nein, Signore. Die Hälfte von uns. Von Geburt an nur die Hälfte!«

Er nickte langsam. »Violante ist tot, und Giovanni lässt sich auf die Schulter klopfen. Das meint Ihr.«

»Ich meine... nichts. Ich... Verzeiht, Signore.« Sie senkte den Kopf und knüllte die Serviette zusammen.

»Habt Ihr Angst vor mir?«

»Aber... nein.«

»Ihr stottert.«

»Ich stottere nicht.«

»Schön, Ihr stottert nicht, und Ihr habt keine Angst. Dann sagt mir, warum Ihr nachts Euer Zimmer vor mir verschließt.«

»Ich... ich bin...« Wieder traten Tränen in ihre Augen. Sie griff nach dem Besteck, legte es wieder beiseite und war sichtlich erleichtert, als die Tür aufsprang. Ohne auf den verdutzten Castro zu achten, stand sie auf und lief mit gerafften Röcken an ihm vorbei aus dem Raum.

Am selben Abend besuchte sie Achille Gaddi. Vittoria hörte seine Stimme und kam mit gepudertem Gesicht herunter, um ihren Oheim glücklich zu begrüßen. Gaddi hatte ihr eine Schachtel Rosinenkonfekt mitgebracht, die sie augenblicklich öffnete. Heißhungrig fiel sie darüber her. Man konnte trotz der Schminke sehen, dass sie geweint hatte.

»Ein braves Mädchen«, bemerkte Gaddi, als sie das Zimmer verließ, um Anweisungen wegen des kommenden Tages zu geben – was auch immer das bedeuten mochte. »Hat sie Euren Haushalt schon umgekrempelt? Sie ist tüchtig, das muss sogar Olimpia zugeben, und meine Schwester lässt an niemandem gern ein gutes Haar. Ich hoffe, ihr seid glücklich miteinander?«

Tommaso erhob sich von dem äußerst zerbrechlich wirkenden Stuhl mit dem Brokatpolster, von denen Vittoria sechs Stück aufgestellt hatte, und begann in der Kredenz – die Fächer waren seit neuestem mit Samt ausgelegt – nach Wein und Gläsern zu suchen. Er fand aber nur ein paar emaillierte Teller, einen Kranz aus weißen Porzellanblüten und mehrere Deckchen. Irritiert sah er sich nach einer Glocke um. Früher hätte er die Tür geöffnet und durchs Treppenhaus nach Castro gerufen. Aber das kam ihm plötzlich unpassend vor.

»Lasst nur, Junge. Ich habe schon einige Besuche hinter mir und mehr getrunken, als mir gut tut. Setzt Euch bitte, ich bin wegen Eurer Gesellschaft gekommen. Und wenn Ihr mir da gleich ein offenes Wort gestattet: Ihr seht bedrückt aus.«

Tommaso nahm wieder auf dem Stühlchen Platz. Sein Haushalt war zierlich und … kompliziert geworden. Er war froh, dass zwischen ihm und Gaddi ein niedriger Tisch stand, der dafür sorgte, dass sie einander nicht zu nahe kamen. »Ich bin tatsächlich bedrückt. Kennt Ihr die Gerüchte um den Tod von Carlo Carafas Schwägerin?«

Gaddi, der an diesem Abend ausnehmend bleich aussah und tiefe dunkle Ringe unter den Augen hatte, stöhnte leicht. »Es lässt Euch nicht los. Tommaso, ich begreife Euch nicht! Ihr besitzt eine hübsche kleine Villa am Tiber – etwas zugig, wenn Ihr die Bemerkung erlaubt, aber doch ein netter Besitz. Ihr seid mit einer Frau verheiratet, deren Schönheit mehr Männer um den Verstand gebracht hat, als ich Euch wissen lassen möchte. Zudem ist Eure Frau sparsam und mit einem guten Hausverstand gesegnet und so klug, dass man sich amüsant mit ihr unterhalten kann. Ihr habt eine gute Stellung und in eine Familie geheiratet, die sich nicht ziert, Euch zu protegieren, in welche Richtung auch immer Euer Ehrgeiz geht. Nun frage ich Euch: Ist ein Carlo Carafa es wert, das alles in Gefahr zu bringen?«

»Er ist unangreifbar.«

»Richtig. Er ist unangreifbar«, bestätigte Gaddi mit einem Lächeln, als hätte er gerade bei einem besonders stupiden Schüler einen Funken Verstand entdeckt.

»Wenn Carafa aber unangreifbar ist, warum gibt Strata sich dann solche Mühe, an den Dolch zu kommen?«

»Für nichts, mein Bester. Oder sagen wir: Für nicht mehr als die Möglichkeit, einmal unter vier Augen mit dem Ding zu wedeln und von Carafa ein *Gut gemacht* einheimsen zu können. Um diesen kleinen Spaß zu verhindern, sollte man sich nicht ins Unglück reißen lassen.«

Castro war unbemerkt ins Zimmer getreten. Er meldete, dass die Signora ihm aufgetragen habe, sauer eingelegte Zwiebelchen und pikante Küchlein zu servieren. Beides lag auf einem Silbertablett, das er mangels weiterer Anweisung auf dem Tischchen zwischen Gaddi und Tommaso abstellte.

»Habe ich Euch eigentlich schon von meinem Sommerhäuschen in Arricia erzählt?«, fragte Gaddi und nahm sich, getreu seinem Motto, dass das Leben dem Genuss diene, mit einem silbernen Spießchen eine Zwiebel. »Klein, aber ein Schatzkästlein, was kein Eigenlob ist, denn es wurde von einer Dame eingerichtet. Einer Frau, deren Geschmack erlesen genug ist, um die Villa Farnesina wie ein Hurenhaus erscheinen zu lassen, nach meiner bescheidenen Meinung. Leider hat der Tod dies wunderbare Geschöpf ... aber davon wollte ich nicht reden. Jemand aus dem Dorf versorgt das Haus. Wenn ich ihr Nachricht gäbe, könnte sie es in wenigen Stunden herrichten.« Schnuppernd roch er an den Küchlein. »Mit Nelken, wie originell. Ich sage ja, dass sie etwas vom Haushalt versteht.« Er zog die Brauen hoch. »Tommaso, ich verabscheue es, mich in das Leben anderer Menschen einzumischen, und ich täte es nicht, wenn Vittoria nicht so ein entzückendes Goldkind wäre. Erlaubt Ihr mir, etwas Intimes zu sagen?«

Er biss in das Küchlein und kaute langsam und mit Genuss und schien den Duft der Gewürze noch beim Kauen quasi von innen durch die Mundhöhle einzuatmen.

»Elena«, meinte er, nachdem er geschluckt hatte, »meine andere Nichte, die ich nicht weniger gern habe, ist mit einem Mann verheiratet worden, dessen Zartgefühl sich leider als flüchtig erwies. Niccolò …« Er seufzte bekümmert. »Niccolò ist von jener Sorte, die die Träume der Frauen bevölkern, wenn sie nachts in ihren Kissen schwitzen. Ein glänzender schwarzer Bart, Augen wie Feuer und Pech und … amüsant. Jeder Satz ein Scherz. Ein Hitzkopf und Schwerenöter. Er unterhält mich, das geb ich gern zu, aber leiden kann ich ihn trotzdem nicht. Ein Epikureer sieht die Gaben des Eros als eine Frucht unter vielen, die er gelassen genießt, um sich das Leben zu verschönern. Für Niccolò dagegen … Also, ich finde es abstoßend, wenn ein Mann wie eine läufige Hündin an jedem Hintern schnüffelt, Ihr versteht? Ich habe ihm gesagt, sein Lebenswandel ist mir egal, solange er Elena nicht ungebührlich belästigt. Das schien ihm aber ferner als alles zu liegen. Er treibt sich in der Welt herum und verprasst das Brautgeld und weiß wahrscheinlich gar nicht mehr, mit wem er verheiratet … Ach was, der Kerl lohnt die Aufregung nicht. Was ich vielmehr sagen wollte: Ein gutes Familienleben, Tommaso, gleicht einer kostbaren Perle, und eine zufriedene Frau ist eine Gabe des Himmels. Wenn Euch also der Sinn nach ein paar Tagen auf dem Lande steht – Arricia ist ein kleines Paradies.«

Tommaso hielt den Dolch in der Hand, fuhr mit dem Fingernagel die Umrisse des Hirsches nach und hörte auf das Rauschen des Regens. Gaddi hatte Epikur zitiert und den Orangenlikör ausgetrunken, den Castro auf Anweisung der Hausherrin brachte, und dann war er gegangen. Inzwischen war es weit nach Mitternacht und die Kerzen bis in die Metallkelche niedergebrannt.

Putto war beerdigt worden. Das hatte er von Ugo erfahren. Der Tod des verrückten Mönchs hatte den Notaio erschüttert. Putto war tot, aber der Mönch könnte noch leben, hatte er gesagt. Man hält einen Fluss nicht mit den Händen auf. Das ist Anmaßung.

Anmaßung ... Stolz ... Eigensinn ...

Aber hatte nicht auch ein Putto Rechte? In einem irrte Vittoria sich. Es war nicht die Hälfte, bei weitem nicht die Hälfte der Menschen, die sich auf den Schutz der Gerichte verlassen konnte. Sich dagegen zu wehren ... Anmaßung? Seine Gedanken drehten sich im Kreis, ohne dass er ihnen Einhalt gebieten konnte. Vielleicht war nicht der Wunsch nach Gerechtigkeit Anmaßung, aber welches Gespenst trieb ihn an, sie ohne Rücksicht auf den Preis durchsetzen zu wollen? Gab es ein Geschwür unter der rosigen Haut?

Tommaso fuhr zusammen, als das Rascheln von Seide die Stille störte.

»Hier seid Ihr also. Ich habe Euch gesucht, Tommaso.«

Seine Frau trug immer noch das grüne Kleid vom Tag. Sie kam herein, stellte ihre Lampe auf dem Kaminsims ab und ließ sich auf dem Sesselchen nieder, auf dem vorher ihr Onkel gesessen hatte. »Ich kann nicht schlafen, weil ich mir dumm vorkomme.«

»Das tut mir Leid.«

»Ich breche in Tränen aus, als wäre ich ... Es ist verachtenswert. Ich hasse Tränen und diese ... Aufregung. Bitte denkt nicht, es sei meine Gewohnheit, ständig zu weinen.« Sie fegte mit der Fingerspitze die Krümelchen zusammen, die Gaddi übrig gelassen hatte und sammelte sie in der Hand. »Ich bin eine vernünftige Frau.«

»Das sagen alle.« Wie immer in ihrer Gegenwart fühlte Tommaso sich unbeholfen. Da sie etwas von ihm zu erwarten schien, fuhr er fort: »Euer Onkel hat angeboten, uns für ein paar Tage sein Landhaus zu überlassen. Vielleicht würde Euch das helfen, Euer Gleichgewicht wiederzufinden.« Vielleicht würde uns das in Einigem helfen, ging es ihm durch den Kopf. Er sah ihre nackten Füße, sie hatte keine Pantoffeln angezogen, als sie heruntergekommen war. Ihr Haar hatte sie ebenfalls schon gelöst. Sie war seine Frau, in diesem

Moment schien das zum Greifen nah zu sein. »Wenn Ihr wollt, sage ich ihm Bescheid. Wir könnten noch diese Woche …«

»Nein!«, entfuhr es ihr. »Oder vielmehr: Es ist ein schöner Gedanke, nur habe ich Tante Olimpia fest versprochen, mich die nächsten Tage um den Garten zu kümmern. Hatte ich das nicht erzählt? Elena wünscht sich für ihren Garten eine Grotte. Sie ist ganz vernarrt in diese Idee, und morgen soll Signor Urbano kommen. Er wird in den nächsten Tagen den Garten ausmessen und Vorschläge machen. Elena könnte das niemals alleine bewältigen. Ich hoffe, Ihr versteht das?«

»Eine Grotte.«

»Ja«, sagte sie fest.

Eines Tages werde ich sie umbringen, dachte Tommaso. Sie oder mich.

X

Olimpia hatte sich die Augenbrauen und die Stirnhaare ausgezupft, und die entsprechende Partie ihres Gesichts war übersät mit roten Punkten. Unglücklicherweise hatte sie zusätzlich das Haar nach hinten gekämmt und mit einer spitzen Haube bedeckt, so dass sie aussah wie eine Erdbeere mit einem Tupfer aus Rahm.

Man müsste ihr das sagen, bevor sie sich ans Fenster setzt, dachte Vittoria und wusste, dass sie es nicht tun würde. Sie flüsterte Gianni, der Blähungen hatte und leise vor sich hin jammerte, beruhigende Koseworte zu und schickte sich an, mit ihm hinauszugehen, um Olimpias vormittäglichen Fensterschwatz nicht zu stören, als die Tante sie ansprach.

»Niccolò hat sich gemeldet.«

»Oh.«

Olimpia sortierte die mit Flaumfedern ausgestopften Seidenkissen auf der altmodischen Fensterbank, öffnete das Fenster und breitete, als sie sich niederließ, das dottergelbe Kleid aus, das ihren Kinderleib umwallte. Sie gehörte zu den erstaunlichen Menschen, die ihr Lächeln probten, ehe sie es der Allgemeinheit offenbarten. Als ihr die Mundpartie geschmeidig genug erschien, nahm sie ihre Handarbeit auf – ein Stück Leinen, auf das sie wahllos Kreuze stickte – und lächelte auf die Straße hinaus.

»Der Mistkerl will Geld«, presste sie heraus, ohne die Stellung ihrer Lippen zu ändern.

»Schon wieder.«

»Ein Raffzahn. Ein Blutegel ohne Manieren und Rücksicht. Ich hätte Elena die Heirat verbieten müssen. Schon die Mitgift, die er forderte! Muss, *muss* das Balg die ganze Zeit heulen? Zwanzig Scudi! Wer ...« Sie beugte sich aus dem Fenster. »Guten Morgen, Signora Andreazza. Bitte? Aber nein ... außer bei Soderini ... ja, sicher ...« Sie schwatzte eine Weile. »Sicher, meine Liebe.« Als die Dame weiterzog, sprach sie weiter, als hätte es nie eine Unterbrechung gegeben. »Wie soll ich zwanzig Scudi auftreiben?«

Indem du es von der Bank abholst, dachte Vittoria, denn ihre Tante war keineswegs arm, sondern nur erbarmungslos geizig – auch das etwas, was man ihr nicht zum Vorwurf machen durfte, da viele ihrer Freundinnen beim Sacco neben der Unschuld auch noch das Vermögen verloren hatten. Die trostlosen Lebensumstände der Damen mussten ihr natürlich eine ständige Warnung sein. Nur jetzt, wenn es um Niccolò ging ...

»Ich ignoriere ihn.«

»Eine gute Idee«, stimmte Vittoria zu, während sie mit ihren Fingern in Giannis Windeln zu kommen suchte, um seinen Bauch zu reiben, und gleichzeitig ihren Kopf zermarterte, wie der Geiz der Tante zu überlisten sei. Ihr eigenes Vermögen war bei der Heirat aus der Obhut der Onkel in die ihres Gatten übergegangen, und Tommaso war bis jetzt nicht auf den Gedanken gekommen, ihr ein Nadelgeld zur Verfügung zu stellen. Wenn das aus Geiz geschehen war ... Nein, geizig war er nicht. Oder doch? Wie sollte man das beurteilen? Aber wenn er geizig war, würde er wissen wollen, wofür sie das Geld benötigte. Er beglich schließlich ihre sämtlichen Rechnungen. Und wenn er erst einmal zu fragen begann ... wenn er dahinter kam, wie viel Geld sie schon nach Civita Castellana gesandt hatte ...

»Ich bin eine arme Witwe«, nörgelte Olimpia. »Die Mutter seiner Frau, richtig, aber macht mich das zu einer Melkkuh?«

»Keineswegs. Und außerdem ist er herzlos zu Elena. Ständig verspricht er, sie zu holen, und dann verschiebt er es doch wieder.«

Olimpia nickte und vergaß für einen Moment, dass sie an ihrem Fenster saß und zufrieden und majestätisch aussehen wollte. »Denkst du, dass er sie überhaupt einmal mit zu sich nach Hause nehmen wird?«

»Oh, davon bin ich überzeugt.« Vittoria musste die schmerzende Stelle im Darm erwischt haben, denn Gianni würde spürbar ruhiger und begann am Stoff ihres Kleides zu nuckeln. »Ich meine...« Sie überlegte. »Ich bin überzeugt, dass er es täte, wenn man ihm vielleicht in Aussicht stellen würde, den Stall mit seinen Jagdhunden aufzufüllen. An der Jagd hängt er.«

»So. Er hängt daran. Es ist ein Entgegenkommen von mir, Elena überhaupt hier zu behalten. Eine Frau gehört ins Haus ihres Mannes.«

»Gewiss.«

»Elena ist der Trost meiner Witwenzeit«, sagte Olimpia nach einer Pause, als hätte sie diese Tatsache verlegt und bräuchte einen Moment Zeit, um sie in ihrem Kopf wiederzufinden. »Aber es geht nicht an, dass er sich, ohne für sie zu sorgen, in der Welt herumtreibt. Eine meiner Freundinnen behauptet, ihr Mann habe ihn in Salerno gesehen. Von einem Hurenhaus ins nächste, nein, das hat nicht *sie* gesagt, dem Himmel sei Dank, sondern ich. Ich weiß nämlich, wie er ist. Er soll Elena eine Gesellschafterin besorgen, und dann kann er meinetwegen... Ich werde ihm das mit den Jagdhunden schreiben. Geld für ein Dutzend Jagdhunde und die zwanzig Scudi. Aber erst, *nachdem* er Elena geholt ab.« Sie stockte. »Das Mädchen weint sich die Augen aus dem Kopf. Das kann man doch nicht mit ansehen. Ich gebe das ganze Geld nur für ihr Glück aus.«

»Gewiss, Tante. Und vielleicht solltet Ihr dem Brief wenigstens *fünf* Scudi beilegen, damit er nicht womöglich aus Zorn...«

»Ophelia, Liebe!« Olimpia winkte mit dem Stickzeug aus dem Fenster, und ihre Züge klärten sich. »Was sagt Ihr?« Sie wackelte scherzend mit dem Kopf. »Gewiss, immer so gut, wie man sich bemüht … Ja, ich bin auch dort … wie angenehm …«

Gianni rülpste, und Vittoria setzte sich mit ihm auf eine der mit Samt bezogenen Bänke an der Wand, während die Tante weiter durchs Fenster mit der Freundin plauderte. Sie grübelte über das vermaledeite Geld und merkte, dass sie wieder das lästige Zittern überkam. Es zog vom Nacken über die Schultern, bis es den ganzen Oberkörper erfasste. Der Gedanke, in Onkel Achilles friedliches Sommerhaus zu fliehen – selbst mit einem Giudice an der Seite, den man nicht einschätzen konnte und der ihr Angst einjagte –, trieb ihr vor Verlangen die Tränen in die Augen.

»Vittoria?«

»Tante, ja?«

»Ich werde Niccolò die fünf Scudi senden. Setze einen Begleitbrief auf, der allerdings so streng sein muss, dass er ihn nicht missverstehen kann.«

Vittoria nickte.

»Und erwähnte ich schon, dass ich heute Abend bei Signora della Valle eingeladen bin? Elena auch, aber ich glaube nicht, dass sie Freude an dieser Art Geselligkeit hätte. Lauter langweilige Frauen, verstaubte Musik, ein Dichter, der doppelt, ach, was sag ich – dreimal so alt ist wie sie. Ich weiß gar nicht, warum ich selbst hingehe. Elena würde sicher keine Freude daran haben. Willst du ihr Gesellschaft leisten?«

»Gern, Tante.«

Sie starrten einander an.

»Ich hänge an dem Mädchen, wie eine Mutter nur an einem Kind hängen kann. Der Himmel ist mein Zeuge. Ich tue mehr für sie als mir selbst bekommt. Aber nun ist sie verheiratet.«

»Ich weiß«, sagte Vittoria verdrossen.

»Natürlich weißt du das. Du weißt das. Aber ich denke, du weißt auch …« Olimpia spitzte die verwelkten Lippen. »… dass *du* ihr ebenfalls etwas schuldest. Ich bin nicht dumm, Vittoria.«

Elena hatte es sich in ihrem Himmelbett zwischen rüschenbedeckten Kissen und Rollen bequem gemacht. Sie trug noch ihr Nachtgewand. Auf ihren Knien lag eine Tafel, auf der sie mit Kreide gezeichnet hatte.

»Gefällt es dir?«, fragte sie, als Vittoria eintrat.

Vittoria setzte Elenas Sohn ans Fußende des Bettes und nahm die Tafel in die Hand. Elena hatte Sinn für Proportionen und eine gute Vorstellungsgabe. Der Garten würde hübsch werden. »Doch, es ist wunderschön. Sind das hier Büsche? Es ist vollkommen, würde ich sagen.«

»Nimmst du das Kind weg? Ich muss mich legen. Das alles strengt mich sehr an.«

Gianni blickte seiner Mutter nach, aber Elena übersah es und verkroch sich unter die Decken. »Leg ihn auf das Kissen, leg ihn irgendwo hin.« Nervös kaute sie an der Lippe. »Ich weiß nicht, er weint so viel. Ich kann es kaum ertragen, diesen Lärm. Niccolò ist da anders. Er mag Kinder. Besinnst du dich? Wie er das immer gesagt hat? Ich wünschte, er wäre hier und würde mir ...«

»Elena«, unterbrach Vittoria sie hastig. »Gianni ist noch klein. In ein paar Monaten wird sich die Heulerei gegeben haben.«

»Ja, das glaube ich auch. Und wenn er ein braves Kind geworden ist, wird Niccolò ihn über alles lieben. Davon bin ich überzeugt.« Elena zog die Decke zum Kinn und schien das weiße, in Abscheu erstarrte Gesicht ihrer Cousine nicht zu bemerken. Sie starrte zum Betthimmel. »Vittoria? Ich überlege hin und her. Niccolò hat einen so ... schwierigen Geschmack. Bist du sicher, dass ihm eine Grotte gefallen würde?«

»Ob ihm die Grotte ...« Vittoria brach in ein Gelächter aus, das so schrill klang, dass es ihr selbst eine Gänsehaut verursachte. Sie konnte nicht einmal verstummen, als sie den erschrockenen Blick ihrer Cousine sah.

XI

La Luparella. So nennt sie sich jedenfalls, Giudice«, sagte Lorenzo.

»Und in Wirklichkeit weiß sie gar nichts, außer dass sie gern ein paar Münzen in den Händen hätte«, ärgerte sich Ugo. »Ich weiß nicht, was das soll. Der Junge ...« Er hob das Protokoll, das er von der Aussage der Luparella angefertigt hatte. »*Putto hieß nämlich in Wirklichkeit, gnädiger Herr, Prospero Jacovacci und seine Mutter, wo 'ne Hure is, von der schlimmsten Sorte nämlich, gnädiger Herr, hat ihn verkauft, seit er 'n Säugling war, und dafür soll se in der Hölle braten, nich wahr, gnädiger Herr? Aber er war auch nich besser, wie der Baum so die Frucht, und is aus 'm Heim der barmherzigen Schwester weg und zu Lelio, und da war er grad mal sechs oder sieben und is 'n verdammtes Männerluder geworden, gnädiger Herr, und ich sage: Es hat ihm gefallen. Hat sich Unanständigkeiten ausgedacht, das hat vorher noch keiner nich gemacht, und is ganz von allein drauf gekommen, gnädiger Herr. Was ich da erzählen könnt ...* – Willst du den Dreck hören?« Ugo schmetterte sein Notizenbrett angeekelt auf den Tisch.

»Hat sie gesagt, wo Lelio steckt?«

»Nein, hat sie nicht, und ich hab keine Ahnung, wofür ich das Papier verschwendet habe.«

»Sie weiß mehr, als sie sagte, Giudice.«

Ugo war dem Bargello einen giftigen Blick zu.

»Wie kommst du darauf?«

»Mein Gefühl, Giudice. Sie ist freiwillig hierher gekommen, weil sie dachte, sie hätte Anspruch auf die Belohnung. Und als man grob mit ihr umsprang, war sie gekränkt. Man glaubt das nicht, wenn man ihr Mundwerk hört, aber als ich sie rausbrachte ...«

»Ach, was hätte der Dame denn gefallen? Kniefall? Handkuss?«

»Bitte!«, unterbrach Tommaso den Notaio. »Was war, als du sie rausbrachtest?«

»Nun ja. Sie sagte, sie hätte noch viel mehr erzählen können. Nur nicht dem Notaio, von dem sie sehr unhöflich sprach, und auch nicht mir. Sie wollte mit Euch sprechen. Sie ist ein ungezogenes Weib.«

»Wo wohnt sie?«

»An der Piazza ...«

»Tommaso! Du willst ...? Das kann ich nicht glauben. Die Piazza del Pozzo Bianco ist das Hurenpflaster Roms. Wenn man einen Käfig drüber stülpte, hätte man nicht einen anständigen Menschen hinter Gittern. *Da* willst du hin?«

»Nicht ich. Du.«

Ugo starrte ihn entgeistert an. »Ich soll mein Leben riskieren für ...?«

»Du hattest sie vor deinem Tisch.«

»Das hatte ich. Besten Dank!«

»Lorenzo, sorg dafür, dass ihn ein paar Sbirri begleiten.« Tommaso knallte eine Akte auf den Tisch.

Der Notaio zog grollend wie ein Gewitter ab. Es dauerte kaum zwei Stunden bis zu seiner Rückkehr. Er knallte seine Kladde auf den Tisch, brüllte Ernesto an, der ihm unglücklicherweise über den Weg lief, und kam in Tommasos Zimmer. Er schnappte sich den Stuhl und stellte ihn so dicht an den Tisch, dass er dem Giudice fast Nase an Nase saß.

»Ich war da, und ich bin wieder hier.«

»Schön.«

»Wie gefällt es dem Giudice? Wort für Wort mit Spott und Häme oder hübsch als Sonett verpackt?«

Tommaso lehnte sich zurück und schlug die Arme übereinander.

»Die Hexe hat erwartet, dass du ihr 'ne Sänfte schickst, und als sie hörte, dass sie wieder mit mir vorlieb nehmen muss, hat sie mir fast die Augen ausgekratzt. Ja, sie hat geredet. Aber ob ihr Hinweis etwas taugt, werden wir erst wissen, wenn wir bei den Antoninischen Thermen die Steine von unten zuoberst gekehrt haben.«

»Lelio ist in den Antoninischen Thermen?«

»Sprich's mit Liebe aus, jedes der beiden Worte ist einen Scudo wert«, sagte Ugo ironisch.

Tommaso ließ, plötzlich ermüdet, die Arme sinken. »Und wenn ich es täte? Wenn ich nachgäbe und Strata den Dolch überließe?« Erst als er die Möglichkeit des Aufgebens zuließ, wurde ihm bewusst, wie groß seine eigenen Ängste waren. Aber die Vorstellung, alles auf sich beruhen zu lassen, brachte ihm keine Erleichterung. Er stand auf und ging die paar Schritte zum Fenster. »Ich muss morgen wieder hier sitzen, Ugo. Richten ist Überheblichkeit. Mir fällt das schwer. Wie soll ich richten, wenn ich Strata habe siegen lassen?«

Sein Notaio starrte ihn an. Er zog das Barett vom Kopf und kratzte müde das schüttere Haar. »Na ja, wenn du nachgibst, wirst du ihn wahrscheinlich für den Rest deines Lebens auf dem Hals haben. Einmal erpresst, immer erpresst.«

»Das meine ich nicht. Ich hätte ein Unrecht zugelassen.«

»Unrecht, ja. Unrecht ist überall. Auf der Piazza del Pozzo Bianco hat ein Kerl seine Hure verdroschen. Ich brüll ihn an, und er verschwindet um die Ecke und drischt weiter.«

»Dem Mönch wurde von einem Gericht Unrecht getan.«

»Und dafür ist Strata verantwortlich und möglicherweise dieser Frater. Wer weiß ...« Er seufzte. »Am Ende hatte es, aus himmlischer Sicht sozusagen, vielleicht auch seine Berechtigung. Wer kann einem Menschen schon ins Herz sehen? Kerzen umwerfen ist kein christliches Verhalten.

Vielleicht waren wir leichtfertig und der Frater hat mehr gesehen ...«

»Der Mönch lebt seit Jahren hier. Er war schwachsinnig. Wir wissen das.«

»Und jetzt ist er in einer besseren Welt. Amen.«

Tommaso lehnte sich gegen das Fenstersims. Die Antoninischen Thermen lagen südlich der Stadt im Disabitato. Sie zu durchsuchen bedeutete ein ordentliches Stück Arbeit. Der letzte Papst – oder war es der vorletzte? – hatte die Ruine ausgeplündert und die Marmorsäulen, Statuen und Bronzen und was ihm sonst gefiel zum Bau seines Palastes benutzt. Übrig geblieben war ein steinernes Gerippe, das mit seinem Labyrinth aus unterirdischen Räumen und Heizungstunneln hundertfache Versteck bot.

»Es hilft nichts. Du gehst morgen ...«

»... zu den Thermen. Ja, das tue ich«, meinte Ugo versöhnlich. »Ich nehme alle Sbirri mit, auch die beiden von der Mauer und die von der Ripetta, wenn's recht ist.«

»Wen du brauchst.«

Der dicke Mann erhob sich schwerfällig. »Ich weiß nicht, warum sie's nicht einfach abreißen. Den ganzen Mist da draußen, die Tempelruinen, die zusammengestürzten Villen ... Und legen Gärten und Äcker an. Es wäre schön, wenn überall ein bisschen Ordnung herrschte. Und jetzt geh ich nach Hause. Meine Schwiegermutter ist zu Besuch, und Faustina jammert, weil ich in den letzten zwei Wochen noch nicht *einmal* pünktlich zum Essen kam, und denkt, es ist ... Na ja, wahrscheinlich ist es auch deshalb. Schwierig, die Frauen zu verstehen.« Er nahm seine Kladde und wandte sich zur Tür.

»Ugo?«

»Was?«

Tommaso zog sich, plötzlich verlegen, wieder hinter den Schreibtisch zurück. Ohne aufzusehen fragte er: »Wie kann man erreichen, dass die Frau, mit der man verheiratet ist, sich wohl fühlt?«

»Du meine Güte.«

»Ich frage nur.«

»Ist sie ärgerlich?«

»Keine Ahnung.«

»Schreit sie? Oder ist sie im Gegenteil völlig still und sieht an dir vorbei? Das ist dasselbe, verstehst du. Schreien ... vorbeisehen. Nicht immer natürlich. Bring ihr etwas mit.«

»Was?«

»Einen Ring. Kandierte Früchte. Es kommt nicht darauf an.«

»Gut.«

»Nein. Gut ist es noch lange nicht. Du brauchst Feingefühl. Macht sie Andeutungen?«

Tommaso starrte ihn hilflos an.

»Du musst darauf achten. Sie grübeln Tage und Nächte, und irgendwann sagen sie ein Wort, und wenn du in dem Moment, wo sie's aussprechen, nicht aufpasst – vorbei. Dann hast du ihnen das Herz gebrochen.«

Tommaso nickte. »Ich glaube, irgendetwas ist mit ihr nicht in Ordnung.«

»Gut. Das ist gut. Ich meine, wenn du es merkst.«

»Aber sie kommt damit nicht raus. Ugo ...«

»Ja?«

»Ich habe mir was überlegt. Komm mich besuchen. Zusammen mit Faustina. Vielleicht hat sie zu ihr mehr Zutrauen und spricht sich aus.«

»Also ...«

»Was?«

»Tommaso, das ist klug ausgedacht und außerdem sehr freundlich von dir und – sicher, Frauen sind untereinander wie Wasserfälle, die sich in denselben See ergießen. Nur liegt zwischen einer Vittoria Gaddi und der Tochter eines Waschschüsselherstellers ... Deine Frau würde sich vielleicht ärgern, wenn man ihr zumutet, na, du weißt schon. Und Faustina, wenn man sie von oben herab behandelt ...«

»Das täte Vittoria nicht«, sagte Tommaso, und ihm wurde leichter ums Herz, als ihm aufging, dass er sich zumindest dieser Sache sicher war.

Der Tag ging zur Neige, und der Innenhof des Spitals von Santo Spirito lag bereits im Dunkeln. Tommaso ging unter den Arkaden, im Arm ein Päckchen mit in Honig gewälzten Nüssen, das er für Vittoria besorgt hatte, und wunderte sich wieder einmal über die Tatkraft, die das kleine Universum des Waisenhauses am Leben hielt.

Santo Spirito in Sassia beherbergte mehr Kinder als alle anderen römischen Waisenhäuser zusammen. Kein Wunder, dass sich auf den Wäscheleinen die Windeln und Hemdchen blähten, als würde eine Flotte den Hof durchsegeln. Geschirrklappern und der Geruch von Zwiebelsuppe verriet, dass die Kinderschar gefüttert wurde.

Tommaso suchte die Herrscherin über die Windeln und Töpfe und fand sie in ihrem muffigen Ufficio in einer Ecke des Kreuzgangs.

»Ah, Giudice Benzoni!« Die Badessa hob die Lampe und blinzelte ihn über die Augengläser, die sie auf dem Nasenrücken festgeklemmt hatte, kurzsichtig an. »Nehmt Platz. Bitte. Aber stehlt mir nicht die Zeit. Ich durchrechne die Ausgaben, die wir in den ersten beiden Wochen des Monats bereits hatten, und bin entsetzt. Seit Neujahr wurden uns fünfundsechzig Säuglinge ins Drehfenster gelegt. Bedenkt, wie viele Ammen wir zu bezahlen haben. Und erklärt mir, warum die Sedisvakanz zu einer Teuerung des Hafers führen musste.« Sie streckte ihren Rücken, der in einem hässlichen Buckel endete. »Und nun, was ist Euer Anliegen? Ich vergesse nicht, wer mir geholfen hat. Was ist eigentlich aus dem Kerl, diesem Chirico, geworden?«

»Fünf Jahre Galeere für das Mischen von Getreide mit verdorbenem Korn und zwanzig Peitschenhiebe, weil auf seinem Boot eine Arkebuse gefunden wurde, für deren Besitz er keine Erlaubnis hatte.«

»Mögen ihm die Arme beim Rudern verdorren. Ihr hättet die Würmer wimmern hören sollen, mit ihren schmerzenden Bäuchen. Nicht dass sie sonst besonders fröhlich wären.« Sie seufzte und nahm die Gläser ab. »Also, Giudice. Was führt Euch zu mir?«

»Ein Kind, das Eurer Pflege anvertraut war.«

Die Badessa lachte, aber ohne Heiterkeit. »Mein lieber Mann, habt Ihr keine Ohren? Das Gebrüll, das in diesen Wänden, die ein Ort der Hoffnung sein sollten, niemals aufhört, kommt aus über sechshundert Mündern. Man legt uns die Kleinen in die Lade, wir lassen sie taufen und beerdigen die Hälfte in der ersten Woche, nachdem wir die Jungen Giovanni und die Mädchen Maria nannten. Nach dieser Woche sterben weniger, aber wir haben trotzdem fast täglich den Leichenkutscher im Hof, und kaum jedes Zwanzigste erlebt den ersten Geburtstag. Ihr sucht nach *einem* Kind?«

»Der Junge, den ich meine, ist sechs Jahre alt geworden.«

»Dann war er bemerkenswert zäh.«

»Er ist offenbar erst spät hier eingeliefert worden, möglicherweise auf Anordnung der Behörden.«

»Ach.« Das Interesse der Badessa stieg.

»Prospero Jacovacci. Nachdem er das Ospedale verlassen hat, hat er sich Putto genannt. Das muss vor drei bis sechs Jahren gewesen sein. Seine Mutter …«

»… ist verbrannt worden. Ich erinnere mich. Auf der Piazza Navona. Vier Geschwister. Das Weib hat fleißig an ihnen verdient, hieß es, und da seht Ihr, wie die Kinder gedeihen, wenn ihr Nutzen nur groß genug ist. Und wie untilgbar sich ein böses Beispiel einprägt. Der Junge war eine Plage. Ich kann mich genau an ihn erinnern.«

»Putto …«

»Nennt ihn Prospero. Mir wird sonst schlecht.«

»Was gibt es über ihn zu wissen?«

Die Badessa erhob sich. Ihr schwarzes Gewand umhüllte sie wie das glänzende Gefieder einen Raben. Mit humpelnden Schritten durchquerte sie das Zimmer. »Was hat er angestellt?«

»Er hat sich umbringen lassen.«

»So.« Sie zuckte die runden Schultern. »Wisst Ihr eigentlich, Giudice Benzoni, warum ich hier an diesem unglückseligen Ort, an dem auf ein Körnchen erfüllter Hoffnung ein Sack vergeblicher Mühe kommt, aushalte?«

117

»Nein.«

»Jeden Morgen, nachdem die Kinder ihren Brei erhalten haben, gehe ich durch die Säle. Ich sehe zu, was sie treiben. Mildtätige Frauen – Ihr würdet Euch wundern, wie viel Barmherzigkeit es trotz allem gibt – haben Puppen und Bälle gebracht. Natürlich wird dieses Spielzeug von den älteren Kindern zusammengerafft. Aber gelegentlich, Giudice, geschieht ein Wunder. Manchmal gibt eins dieser Kinder, dieser armen Seelchen, die vom ersten Atemzug an gelernt haben, um jeden Brocken zu kämpfen, die Puppe oder das Holzschwert an einen Kleineren ab. Ist das ein Wunder, Giudice? Ist das nicht ein wenigstens so unbegreifliches Wunder wie die Vermehrung der Brote? Und versteht Ihr seine Bedeutung? Es heißt, dass die Menschen tatsächlich mit einer Seele geboren werden. Ein Funke des Göttlichen steckt in ihnen.« Die Badessa wischte sich über die Nase.

»Und Prospero ...«

»Hatte auch eine Seele.« Der Ausdruck der Rührung schwand. »Aber keine, für die an der Himmelspforte die Harfen spielen, auch wenn er wie ein Engel aussah. Wisst Ihr, warum er davongelaufen ist?«

Tommaso hob die Schultern.

»Er hat eine der Nonnen erpresst, die in der Küche beschäftigt war. Sechs Jahre – klingeln Euch die Ohren? Sie hat aus dem großen Topf Essen für die Kinder ihrer Schwester abgezweigt, was sicher nicht recht war, denn niemand hat weniger als meine Würmer hier. Der Spitzbube hat es gesehen und stellt Euch vor, die Kaltschnäuzigkeit: Woche für Woche erpresst er sie. Erst um ein Stück Brot durch die Küchentür, dann um Geld. Woher weiß so ein Bengel überhaupt, was Geld ist? Und was für ein Dämon muss ihn lenken, dass ein gestandenes Weib sich von ihm einschüchtern lässt? Das ist es, was mich erschreckt hat. Und warum ich ihn nicht vergessen kann.«

»Ich verstehe.«

Die Badessa warf ihm einen abschätzigen Blick zu, der besagen sollte, dass niemand verstand, was in diesen Mauern

vor sich ging, wenn er nicht sein halbes Leben darin zugebracht hatte.

»Ich danke Euch.«

»Das tut Ihr am besten, indem Ihr ein paar Scudi in den
Kasten vorn in der Kirche werft.« Sie klemmte die Brille wieder auf die Nase und beugte sich über die Rechnungen. Auf
dass ihr der tote Spitzbube nicht auch noch die Zeit stehle.

War Putto möglicherweise wegen einer weiteren Erpressung
gestorben?

Tommaso wandte sich, das Päckchen mit den Nüssen fest
im Arm, zur Via della Lungara, der Prachtstraße am Tiber,
die für ihn den kürzesten Weg nach Hause darstellte. Es war
bereits dunkel, aber das störte ihn nicht. Er hatte nur ein kurzes Stück entlang der umzäunten Gärten und Villen zu laufen.

Falls es sich wirklich um Erpressung handelte – womit
konnte ein Strichjunge einen Kardinal unter Druck setzen?
Mit dessen widernatürlichen Neigungen, sicher. Aber es hieß
von Carafa, er mache sich nichts aus Jungen. Und außerdem:
Würde selbst ein Putto sich trauen, einen der mächtigsten
Männer Roms zu bedrohen? Und wenn es denn geschehen
war – würde Carafa sich durch den Mord so aus der Fassung
bringen lassen, dass er seinen geliebten Dolch nicht wieder
an sich nahm? Nein, das passte alles nicht zusammen.

Tommaso klemmte das Päckchen, in dem die Nüsse bereits krümelten, unter den anderen Arm. Lelio war der
Mann, der ihm vielleicht Auskunft über die Geschehnisse jener Mordnacht geben konnte. Auf ihn musste man sich konzentrieren. Und mit etwas Glück würde Ugo …

Er hatte kein Geräusch gehört, wahrscheinlich weil er
wie immer völlig mit sich und seinen Gedanken beschäftigt
gewesen war. Der Stoß in sein Kreuz, der ihn auf die Knie
beförderte, kam wie aus dem Nichts. Das Metall, das sich
auf seine Kehle legte, schien von unsichtbarer Hand geführt. Er war zu überrascht, um auch nur an Gegenwehr zu
denken.

»Keinen Laut!« Eine Faust riss an seinem Haar, um zu verhindern, dass er vornüber in die Klinge stürzte. Das Päckchen mit den Nüssen fiel in den Schmutz. Tommaso war viel zu bestürzt, um durch Geräusche auf sich aufmerksam machen zu wollen. Es war auch kaum anzunehmen, dass der kurze Schrei, den er vielleicht herausgebracht hätte, in den abgelegenen Häusern irgendeine Aktivität hervorgerufen hätte.

»Steh auf! Los, da rüber!«

Der Mann war wesentlich größer als er selbst. Mühelos konnte er sein Opfer zwischen eine Mauer und eine Art Schuppen dirigieren. Dann ging es plötzlich abwärts zum Tiber. Das Gras war glitschig und die Erde darunter locker, und Tommaso rutschte aus. Er spürte mehr Ekel als Schmerz, als die Klinge in seine Haut schnitt. Der Mann fluchte. Weil er nicht vorgehabt hatte, sein Opfer zu verletzten oder gar zu töten? Weil das Ganze vielleicht nur ein Streich Stratas war, um den sturen Giudice einzuschüchtern? Hoffnung keimte in Tommaso auf.

Der Mann drängte ihn vorwärts. Tommaso ging nun vorsichtiger. Sie hatten das Ufer des Tiber erreicht. Zwei Pfosten tauchten auf, hinter denen ein großes, düsteres Gebilde schaukelte. Dieses Bild war Tommasos letzter Eindruck, bevor sein Gesicht gegen etwas ungeheuer Hartes geschmettert wurde.

Als er wieder zu sich kam, lag er auf Holzbrettern. Sein Geist kehrte nur widerwillig in den geschundenen Körper zurück. Übelkeit überschwemmte ihn und das Gefühl, nicht mehr richtig atmen zu können. Während er um Luft rang, wurde ihm klar, dass er auf dem Boden eines Bootes liegen musste. Er hörte Wasser mit kleinen Glucksern gegen Holz schlagen, es roch nach Algen, Teer und fauligem Holz. Krampfhaft schluckte er an dem, was ihm aus dem Magen hochkam.

»Ich wollte viel erreichen«, sagte der Mann, der neben ihm hockte und von dem er nur das Knie sehen konnte. »Bargello werden. Beim Senatore oder vielleicht sogar beim Governatore.«

Tommaso drehte den Hals, um sein Gesicht zu erkennen, aber allein das Anspannen der Nackenmuskeln schmerzte so heftig, dass er sein Vorhaben aufgab. Ein Gedanke wirbelte durch seinen Kopf – und zerstob wie ein Schneeball, der auf eine Wand aufschlägt.

»Giudice, ja? Aufgeblasenes Großmaul!« Das Knie rammte gegen seine Nase, und er stöhnte. Und plötzlich wusste er, wer sein Angreifer war.

»Man…«

»Manfredi, ja.« Wieder traf ihn das Knie, aber diesmal nur gegen das Kinn.

»Manfredi«, wiederholte Tommaso kaum hörbar und tastete mit der Zunge über seine geschwollene Lippe. Er hatte keine Ahnung, wie sein Gesicht aussah, aber die Haut fühlte sich klebrig an und warm von Blut.

»Lorenzo hat mir den Zutritt zu seinem Haus verboten, und sein Haus ist das Haus meiner Eltern. Ich darf das Haus meiner Eltern nicht mehr betreten.«

Sie mussten auf dem Fluss sein, aber nicht auf einem Ruderboot, dafür war es nicht eng genug. Auf einem Fähranleger? Nein, der hätte nicht geschaukelt.

»Zwölf Jahre.«

Tommaso verstand nicht.

»Seit ich denken kann. Zwölf Jahre hab ich da gewohnt. In der Küche hat meine Mutter Hühner ausgenommen. Ich kenne jeden Nagel in der Wand und jede Schramme auf dem Tisch. Du weißt gar nicht, was das bedeutet.« Das Gesicht des Sbirro tauchte vor ihm auf. Mit zusammengekniffenen Augen starrte der Mann ihn an.

Wir sind nicht auf dem Fähranleger, sondern auf der Fähre selbst, dachte Tommaso. Wahrscheinlich die unterhalb des Ponte Sant'Angelo. Er spürte, wie die Seile an der Verankerung zerrten.

»Das ist nicht gerecht. Hör zu!« Wieder traf ihn das Knie.

Tommaso versuchte zu nicken.

»Sogar Lorenzo hat das gesagt. Die Händel der Großen werden auf dem Rücken der Kleinen ausgetragen. *Mich* habt Ihr davongejagt, aber vor dem Ankläger wird weiter gekrochen. *Das* meine ich!«

Die Fähre hatte zu hohe Seitenwände, um sich über Bord zu wälzen. Und von der anderen Seite klemmten Manfredis Knie ihn ein.

»Was ist schlecht daran, einen Dolch abzuzeichnen, wenn ein Richter das so will? Man sollte denken, dass es allen ums Recht geht. Sind doch alles hohe Herren. Wie kann das also schlimm sein? Ich frag dich was!«

Manfredis Lust zu reden, erlosch, als er keine Antwort bekam. Und dann, als Tommaso es kaum noch erwartet hatte, blitzte im trüben Mondlicht seine Klinge auf.

»Ich bring dich nicht um«, erklärte Mandfredi nüchtern. »Aber du sollst für den Rest deiner Tage ein Andenken an mich haben. Ein Sfregio, denn zwischen uns hat's eine Liebschaft gegeben.« Er bewegte sich, während er sprach, und drückte beide Knie auf den Arm seines Opfers. Sein Gesicht war mit Ruß geschwärzt, und er roch nach billigem Fusel.

Das Fährboot begann zu schaukeln. Tommaso versuchte, den Arm, der unter seinem Rücken festgeklemmt war, hervorzuziehen. Er sah, wie Manfredi ihn anglotzte und fragte sich, ob sich das Schaukeln nur einbildete. Aber die Bewegung wurde stärker. Die Klinge kam näher, und sie schwankte ebenfalls. Im nächsten Moment erhielt die Fähre einen kräftigen Stoß. Manfredi stieß einen Schrei aus. Er verlor das Gleichgewicht und stürzte vornüber. Ein weiterer Stoß zwang ihn, das Messer fallen zu lassen und sich an die Außenwand der Fähre zu klammern. Und endlich reagierte Tommaso. Unter Schmerzen packte er die dünnen, bestrumpften Schenkel und hievte seinen Peiniger über die Brüstung. Er war erstaunt, wie leicht das ging.

Der Erfolg belebte ihn. Er kroch in die Bootsmitte und versuchte, sich zurechtzufinden. Das Schwanken des hölzernen Untergrunds ließ nach. Er richtete sich auf und stolperte, die Hände vor das Gesicht geschlagen, zum Brückensteg und die Böschung hinauf. Vom Kinn und aus der Nase rann Blut.

Auf der Straße hielt er inne. Eine schattenhafte Gestalt mit triefnassen Kleidern erklomm die Uferböschung. Tommaso zuckten die Beine, aber es fehlte ihm die Kraft davonzurennen. Sehnsüchtig wünschte er sich eine Waffe in die Hand.

»Nein, nein. Ich bin's, Ernesto. Ich war's, der das Ding zum Schaukeln gebracht hat, habt Ihr's nicht gemerkt, Giudice? Ich dachte ... Madonna, Ihr seht schrecklich aus!« Der Sbirro hatte ihn erreicht. Er fasste ihn rasch unter und versuchte, die Wunden zu erkennen. »Der Kerl ist jedenfalls weg. Kein Wunder, ist hier 'ne verdammte Strömung, und wenn er nicht schwimmen kann ... Keine Sorge, das ist weniger schlimm, als es aussieht. Wahrscheinlich nur ein Kratzer. Lasst den Arm auf meiner Schulter. Was? Ich sehe kein Päckchen, nein. Soll ich drüben am Tor klopfen?«

Ernesto beugte sich dem Widerstand des Giudice und half ihm nach Hause, wobei er sämtliche Ärzte aufzählte, die er kannte, samt ihrer Mängel und Qualitäten. Er hatte sich auf keinen Kampf eingelassen, weil er wusste, wie Manfredi war und gemerkt hatte, dass der Mann ein Messer trug und weil fünfzehn Giuli – erlaubt, dass ich das offen sage, Giudice – ein mickeriges Gehalt sind. »Und am Ende«, stellte er zufrieden fest, »ist ja auch alles gut gegangen.«

Als Tommaso endlich im Haus und allein war, sank er zutiefst niedergeschlagen auf die Marmortreppe.

XII

Sicario hockte auf den Fersen vor der Mauernische, in der die Kleider lagen. Er konnte in dieser Stellung stundenlang verharren, und gerade deshalb liebte er sie. Er kannte keine Qualen. Sein Körper war unempfindlich. Mit einem gewissen Stolz dachte er an das Rapier dieses durchtriebenen Äthiopiers, das seine Seite von der Achsel bis zum Oberschenkel aufgeschlitzt hatte. Ohne den Schmerzen Aufmerksamkeit zu schenken – welchen Schmerzen? Er war Sicario –, hatte er dem Mann seine Kralle in die weiche Stelle unterm Ohr gebohrt und ihm die Kehle bis zum anderen Ohr aufgeschlitzt. Er hatte ihn in den Armen gehalten, als er starb, und ihr Blut hatte sich gemischt.

Der Äthiopier war tot. Sicario lebte.

Lächelnd kraulte er dem Hund, der bei ihm lebte – einem stupiden Vieh mit tückischen Zügen –, den Hals.

Jetzt musste er seine Verkleidung aussuchen, die Hülle, die ihn für jedermann unsichtbar machte. Er zog abwägend das zerlöcherte, mit bunten Flicken vielfach gestopfte Wams eines Bettlers hervor. Dann die ledernen Kniehosen eines Artilleristen. Eine Mönchskutte, an der er besonders hing, weil der Mönch, der in ihr den Tod fand, ihn während seines Sterbens als Werkzeug Gottes gesegnet hatte. Als er die Kutte in den Händen hielt, überfiel ihn einen Augenblick lang Wehmut, denn er war bei Mönchen aufgewachsen und fühlte immer noch einen Schmerz, eine Art Leere, wenn er an sie dachte. Am Ende wählte er den abgestoßenen schwarzen Mantel eines Tagelöhners, dazu eine Kappe mit Ohrenklappen und schwarze, dünn gescheuerte Stiefel.

Als er die Kleider anprobierte, änderte sich wie von selbst seine Haltung. Er schrumpfte, bis er fast einen Kopf kleiner war. Seine Gesichtsmuskeln erschlafften, die Unterlippe schob sich vor. Die Augen verschleierten sich. Das mit den Augen war wichtig, denn Tagelöhner, die nicht mehr arbeiten konnten, blickten niemandem ehrlich ins Gesicht.

Aber es fehlte noch etwas zur Vollkommenheit. Während er blicklos auf die Wand seiner Höhle starrte, versuchte er, die Gefühle des Tagelöhners zu erfassen. Angst, ja, ganz bestimmt. Angst vor dem langsamen Verhungern und den Steinen der Gossenjungen. Angst vor einem qualvollen Sterben in den überfüllten Betten des Spitals von San Giacomo. Angst vor dem himmlischen Gericht. Nur, wie empfand der Tagelöhner seine Angst? Keinesfalls als lebendig machenden Rausch. So weit hatte Sicario es begriffen. Er versuchte, die Angst in sich zu spüren, und einen Moment wurde er zornig über seine Unfähigkeit, dieses Urgefühl, das jedermann zu teilen schien, zu erfassen.

Der Hund knurrte nervös, verstummte aber, als er drohend den Finger hob.

Nun, wenn er die Angst nicht fühlte, dann würde er sie eben imitieren. Darin war er Meister, und im Grunde kam es auf mehr nicht an.

Er bückte sich und zog mit unverhüllter Freude den lehmfarbenen Handschuh über, sein Jagdgerät, das er sich selbst genäht hatte. Von der Spitze des Zeigefingers bis zur Handwurzel, wo er von einem Lederband gesäumt war, besaß der Handschuh eine doppelte Haut, in der ein Messer steckte. Sicario schob mittels eines Knopfes eine rasiermesserscharfe Klinge hervor.

Er war gerüstet.

XIII

Faustina hatte ihm irgendetwas in den Wein geschüttet. Anders konnte Ugo sich den widerlichen Geschmack, der ihm immer noch auf der Zunge lag, nicht erklären. Muffig wie vergammeltes Fleisch. Er war sicher, dass seine Schwiegermutter, der abergläubische Drache, damit zu tun hatte. *Nimm dies, mein Engelchen, er wird's gar nicht merken.* Aber er hatte es doch gemerkt, schon beim ersten Schluck, und nun würde er sich den ganzen Tag mit dem Gedanken quälen müssen, was für ein Ekel erregendes Zeug ihm Faustina zur Stärkung seiner Männlichkeit verabreicht haben mochte. Der Urin einer Schwangeren war noch das geringste Übel.

»Wir sollten einen Bogen schlagen und uns von Süden heranpirschen«, sagte Lorenzo.

Angewidert betrachtete Ugo den dürren Bargello, der seine goldgelbe Hose heute zu einem aufdringlichen minzgrünen Wams trug. Die Ärmel waren vornehm geschlitzt, und Wolken gelb gefärbter Baumwolle quollen heraus.

»Aber wir müssen gleichzeitig die anderen Seiten beobachten lassen. Die Thermen haben mehrere Ausgänge.«

»Die Thermen sind ein Steinhaufen mit tausend Schlupflöchern, man bräuchte eine Armee, um ihn abzuriegeln«, mäkelte Ugo. Und wahrscheinlich, dachte er, wäre es ein Segen, wenn wir diesen Lelio *nicht* erwischen. Er kann uns – vielleicht, nur vielleicht – bezeugen, dass Putto von Carlo Carafa umgebracht wurde. Und dann? Die Sache muss zum Governatore, und von dort bekommen wir einen Tritt in den Hintern mit den besten Grüßen von Strata, der ganz richtig anmerkt, dass das Zeugnis eines zur Hölle verdammten Kinderkupplers kaum ausreicht, einen Kardinal anzuklagen. Die Sache würde bis zum Vatikan Wellen schlagen. Und dann zur Auflösung des Ripatribunals führen? Verflucht, dass ihm diese Angst nicht aus dem Kopf wollte.

»Soll ich die Männer nun aufteilen?«, fragte Lorenzo ungeduldig.

Er wäre lieber allein mit seinen Leuten gegangen, das war Ugo klar. Der Bargello hatte ein höllisch schlechtes Gewissen, seit er von dem Überfall auf Tommaso erfahren hatte, und er sehnte sich nach einer Gelegenheit, seinem hochverehrten Giudice seine Ergebenheit zu beweisen.

»Teile auf oder lass es bleiben. Das ist deine Sache.« Mürrisch betrachtete Ugo die Thermenruinen, die vor ihnen auftauchten, als der Weg eine Steigung überwand. Die Mauerbögen sahen aus, als wären dort Riesen ein- und ausgegangen. Sechzig Fuß hoch, schätzte er. Mindestens. Und genügend Schutt, den Ozean zu füllen. Er dachte an die eingefallenen Schächte und die vielen unterirdischen Kammern und Gänge und wartete nur auf das Stechen in seiner Brust, aber sein Herz schien heute den Ärger zu verschlafen.

Lorenzo hatte begonnen, seinen Männern Befehle zu erteilen. Zwei hier, zwei da …

Zu ihrer Linken, kaum hundert Schritt entfernt, lag das Kloster Santa Balbina, und Ugo kam plötzlich der Gedanke, dort bei einem Becher Wein das Ende der Suche abzuwarten. Wenn allerdings etwas schief ging, wenn dieser Lelio ihnen durch die Maschen schlüpfte, war man klug beraten, bei der Suche geholfen zu haben. Tommaso konnte, wenn er sich ärgerte, auf eine Art unangenehm werden, die machte, dass man sich wie der letzte Dreck vorkam.

Er hatte eine Erleuchtung. »Hör zu, Lorenzo, ich behalte die beiden Torbögen, oder was das da vorne ist, im Auge. Von hier aus kann man den ganzen seitlichen Teil der Thermen überblicken. Und du gibst mir deine Pistole, damit ich gewappnet bin, falls der Kerl fliehen will.« Mit einem Mal begann ihm die Sache Spaß zu machen.

»Seid Ihr sicher, dass Ihr mit der Waffe umgehen könnt?«, fragte Lorenzo argwöhnisch. Einer der Sbirri feixte.

»Und ob. Und ob, mein Lieber.«

Die Radschlosspistole war ein Schmuckstück. Ugo hatte dergleichen noch nicht oft in der Hand gehalten, denn zum einen benötigte man für ihren Besitz eine Sondererlaubnis, die er nie beantragt hatte, und zum anderen war so eine Pistole teuer. Faustina hätte der Schlag getroffen, wenn er sich eine zugelegt hätte. Aber Lorenzo hatte natürlich keine Familie zu ernähren.

Er liebkoste den mit Ebenholz beschichteten Schaft und fuhr mit den Fingern zärtlich über die vergoldeten Kupferstreifen im Knauf. Das Radschloss war ein kleines Kunstwerk, sein Pyrit besaß die Form einer Hundeschnauze, die sich auf einen ruhenden Greif senkte. Unter dem wiederum befand sich das gezahnte Rad, mit dem der Funke geschlagen wurde. Ein wundervoller Mechanismus. Kein Ärger mehr mit der Lunte. Ugo spannte die Waffe und zielte probeweise, wohl wissend, dass er mit seiner mangelnden Übung vermutlich nicht einmal einen Elefanten treffen würde.

Die Sbirri machten sich auf den Weg und verschwanden in der Ruine.

Es war ein Tag, der den Frühling ahnen ließ. Sonnenschein und luftige weiße Wölkchen. Man konnte sich mit der Welt im Einklang fühlen, und Ugo beglückwünschte sich zu seinem Einfall, den ganzen idiotischen Einsatz gemütlich am Wegrand abzuwarten. Der Abzug der Pistole schmeichelte seinem Zeigefinger. Ein Luntengewehr war nichts gegen dieses Wunderding. Er überlegte, ob er die Waffe ausprobieren sollte. Schließlich konnte ihm niemand nachweisen, dass er in die Luft geschossen hatte.

In diesem Moment ertönte Gelächter, und Ugo hob irritiert den Kopf. Kindergelächter aus den Thermen, irgendwo aus den Mauerbögen. Es brach sofort wieder ab, und Ugo seufzte. Er wusste nichts und wusste doch alles. Verfluchte Bande.

Widerwillig erhob er sich und schlenderte zum nächstgelegenen Bogen. Etwa hundert Fuß davor blieb er stehen. Aus dem Innern der Anlage hörte er gedämpft Lorenzos Stimme. Aber weit interessanter waren die kleinen Gestalten, die wie Hasen aus Löchern in den Außenmauern schossen und zwischen den Hügeln verschwanden. Er hob die Pistole und senkte sie gleich wieder. Keine Aussicht, jemanden zu treffen. Was er, wenn er ehrlich war, auch gar nicht wollte.

Als er durch den Bogen ins Innere der Mauern trat, sah er Lorenzos Trupp wütend vor einem riesigen, aus Lehm und Gestrüpp geformten Gebilde stehen, das auf einem Mauerbrocken in einer der Mauernischen prangte. Ein nicht sehr kunstvoll geformtes, aber deutlich als solches erkennbares menschliches Hinterteil.

Lorenzo schoss auf ihn zu und nahm ihm zornbebend die Waffe ab, mit der er womöglich einen der Jungen umgebracht hätte, wenn sie nicht bereits alle fort gewesen wären. Er winkte, und die Männer, bemüht, kein Öl ins Feuer zu gießen, folgten ihm eilig hinaus.

Auch gut, dachte Ugo, und kletterte eine verfallene Treppe hinauf, während er überlegte, wer sie wohl an diesen Lelio verraten haben mochte. Die Treppe führte weiter und weiter nach oben, änderte ein paar Mal die Richtung, löste sich in Geröll auf und verlor sich schließlich auf einem Mauervorsprung, von wo aus man einen ausgezeichneten Überblick über das ganze Gelände hatte.

Ugo sah Lorenzo auf einem Felsbrocken stehen. Ein geschlagener Feldherr, der seinen Leuten nutzlose Anweisungen erteilte. Hätte er ein wenig höher gestanden und sich umgedreht, dann hätte er zwei zerlumpte, kleine Burschen gesehen, die wie Wiesel durchs meterhohe Unkraut jagten. Lorenzo ließ die Leute ausschwärmen, aber da sie die Jungen ebenfalls nicht gesehen hatten, liefen sie in die falsche Richtung.

Ugo reckte das Kreuz, gähnte und bewegte sich vorsichtig zum Abgrund, um zu sehen, ob es hier einen bequemeren

Abstieg gab. Es gab einen Abstieg. Keine Treppe, sondern einen Geröllhang, in den gelegentlich Stufen eingelassen worden waren, wahrscheinlich von den Männern, die die Thermen für die neuen Palazzi geplündert hatten. Der Weg sah nicht sicher aus, und Ugo wollte schon kehrtmachen, als er etwas Schwarzes bemerkte, das sich bewegte.

Er hielt es erst für einen Vogel.

Es war auch einer, aber von besonderer Art. Plötzlich wurde Ugo von Tatendrang gepackt. Eins der Bürschchen hatte sich in einer Kuhle versteckt, wohl dem Fundamentloch einer Säule, die man wegen ihres Marmors entfernt hatte. Er saß ganz still, nur in dem kurzen Moment, als Ugo hinabschaute, hatte er den Kopf bewegt. Na bitte, dachte Ugo zufrieden. Lorenzos ganzes Getue, Sbirri hier und Sbirri da – jetzt konnte man ihm zeigen, worauf es tatsächlich ankam. Den Überblick musste man haben. *Überblick*. Er lachte über den Wortwitz und machte sich an den Abstieg.

Es war nicht schwer, die Stelle zu finden. Der Junge hockte immer noch zusammengekauert in seinem Loch. Ugo legte ihm die Hand auf die Schulter und erschrak selbst, als er das Entsetzen spürte, das den Kleinen erstarren ließ. Der Junge sah weder zu ihm auf noch versuchte er zu fliehen. Er hockte nur da und schien unter der eigenen Haut zusammenzuschrumpfen, als wolle er sich auflösen.

»Du brauchst keine Angst zu haben«, meinte Ugo widerwillig. Er wiederholte das bestimmt noch drei oder vier Male, während er mit dem Burschen die Thermen verließ. Seine Zufriedenheit schwand. Der Junge klapperte mit den Zähnen. Faustina hätte ihm den Einkaufskorb um die Ohren geschlagen, wenn sie gesehen hätte, wie er ihn am Kragen hinter sich herschleifte. Kinderschreck, hätte sie gesagt. Lorenzo war mit seinen Männern wie vom Erdboden verschluckt, er musste also den Heimweg allein antreten, auch das noch. Allein durchs Disabitato. Mürrisch stapfte er dahin.

»Wie heißt du?«, fragte er. Der Kleine stank, als hätte er den löchrigen Kittel seit seiner Geburt getragen und noch nicht einen Tag abgelegt. Und schien dazu stumm zu sein.

»He!« Er schüttelte ihn leicht. Dem Jungen – niedlich, trotz des Drecks – war anzusehen, dass man ihn nur ein bisschen treiben musste, um aus ihm rauszukriegen, was es zu wissen gab.

»Tonio.«

»Ah! Das ist doch was. Du heißt Tonio. Hast einen guten, christlichen Namen, nur leider einen schlechten Broterwerb. Es hat keinen Sinn, nach deinen Freunden zu schielen, die haben sich davongemacht. Wie alt bist du?«

Der Junge murmelte etwas, aber er musste ihn noch einmal schütteln, um eine verständliche Antwort zu bekommen. Tonio wusste nicht, wie alt er war.

»Und du gehörst zu diesem Lelio.«

Der Bengel fing an zu heulen, na wunderbar. Er blieb stehen – ringsum nur Weide und Gestrüpp, hinter dem sich der Teufel weiß was verbergen mochte – und wimmerte: »Ich muss mal.«

»Du musst … also gut. Da an die Seite. Aber glaub nicht, dass ich dich einen Moment aus den Augen lasse.« Ugo fiel ein, dass die widerlichen Kerle, die Tonios Dienste in Anspruch nahmen, das vermutlich auch nie taten, und wahrscheinlich störte er sich gar nicht mehr daran. Und überhaupt … das Kerlchen schiss sich die Seele aus dem Leib und hätte gar nicht gewusst, wie es wegsollte.

Er wartete, bis Tonio sich mit Gras gereinigt hatte und befahl ihn dann mit einem Kopfnicken an seine Seite zurück. Anfassen mochte er ihn nicht mehr.

»Du bist also ein Freund von Putto.«

»Nein. Ich kenn den nich.«

»Ach. Du gehörst zu Lelio. Aber seinen besten Anschaffer …«

»Ich geh zur …«

»Was?«

»Zur Beichte«, flüsterte der Junge. »Zu Fra Agostino. Ihr könnt ihn fragen.«

Ugo seufzte. »Und? Vergibt er dir die Sünden deines schmutzigen Lebens?« Er biss sich auf die Zunge angesichts der Angst des Kindes, das bei diesen Worten wohl an die himmlischen Strafen dachte, die seiner zusätzlich zu den irdischen harrten. Ein leichtes Futter, dachte er. Man muss ihn einmal gehörig anbrüllen, und schon wird das Vögelchen singen. Aber das sollte Tommaso machen. *Der* wollte schließlich Puttos Tod aufklären.

Sie kamen in die Stadt und mussten an der griechischen Schule vorbei, wo ihnen ein Gelehrter naserümpfend nachschaute, und dann durch halb Trastevere. Nicht einmal im Gedränge des Marktes machte der Junge einen Versuch abzuhauen. Er war vor Angst wie gelähmt. Ein Elend war das, und Ugo atmete auf, als er endlich mit ihm die Ripa erreichte.

»Und nun rein mit dir«, befahl er. Wahrscheinlich würde nach der Vernehmung das ganze Haus stinken. Aber da war nichts zu machen. Er sah einen Tagelöhner mit einer dicken, schwarzen Kappe am Turm herumlungern und brüllte ihm zu: »Was gibt's zu glotzen. Mach, dass du weiterkommst!«

»Ich würde …«

»Was? Junge, *musst* du immer so piepsen?«

»Waschen.«

»Du würdest dir gern die Hände waschen. Bitte, dagegen hat niemand etwas einzuwenden. Warum redest du nicht wie ein vernünftiger Mensch?« Er stieg mit dem Kleinen die Treppe zum Tiber hinab. Der Tagelöhner – ein älterer Mann mit dem verstohlenen Blick, der diesen Kerlen angeboren schien – sah ihnen nach und schlenderte über den Platz davon. Zerstreut fragte Ugo sich, warum er ausgerechnet vor dem Gerichtsgebäude herumgelungert haben mochte. Das war doch kein Platz, um Arbeit zu finden. Ein Rotmilan segelte über den Tiber und stieß in den Himmel über dem Aventin, und er schaute ihm neidisch nach.

Der Junge lief voran, bis er an die Stelle kam, an der die Kaimauer aufhörte und das flache Ufer begann. Ugo beeilte sich. Er wollte ihm zurufen, dass er gefälligst warten solle. Verdammt, wenn der Bursche jetzt doch noch davonrannte. Der Uferstreifen zog sich bis zur Tiberinsel hinauf. Aber Tonio war brav. Er ging ins Wasser …

Herr im Himmel, dachte Ugo entgeistert.

Tonio blieb nicht stehen. Zielstrebig watete er durch die graue, glitzernde Fläche. Ugo hob den Talar an und begann zu rennen. Aber schon nach wenigen Schritten hielt er inne. Er konnte nicht schwimmen. Und der Tiber war kein Bach.

»Komm zurück!«, brüllte er.

Der Junge trat in ein Loch oder was auch immer ihm geschah. Jedenfalls verschwand sein brauner Lockenschopf in den Wellen. Er tauchte noch einmal auf, und im nächsten Moment war von dem Kind nichts mehr zu sehen.

XIV

Ich weiß, dass er Tonio heißt. Ungefähr neun Jahre alt. Ich weiß, dass er wie ein Mädchen aussieht und braune Locken hat. Und dass er von jemandem namens Lelio an Männer vermietet wird«, sagte Tommaso mit einem Maß an Geduld, über das er sich selbst wunderte.

Fra Agostino starrte ihn stumm über das frisch umgegrabene Beet an. Er war ein muskulöser Mann mit dem verwegenen Aussehen eines Piraten, und die Tonsur, das Zeichen seiner Demut, verstärkte diesen Eindruck seltsamerweise noch. Unter der Kutte, die er für die Arbeit hochgebunden hatte, konnte man kräftige schwarz behaarte Beine sehen. Gehässig fragte Tommaso sich, ob es einen Grund gab, warum gerade dieser Mönch sich des mädchenhaften Jungen angenommen hatte.

»Das letzte Gericht gehört dem Herrn«, sagte Fra Agostino in demselben mürrischen Ton, in dem er den Giudice begrüßt hatte, und stieß seinen Spaten erneut in die Erde.

»Ihr kennt den Jungen also?«

Schweigen.

»Er kam zu Euch zur Beichte. Das hat er meinem Notaio erzählt. Und er schien an Euch zu hängen.« Und außer dieser verdammten winzigen Information habe ich gar nichts mehr, dachte Tommaso wütend, und es hat mich Tage gekostet, dich ausfindig zu machen, und ich will, dass du mir jetzt Rede und Antwort stehst.

Fra Agostino bückte sich nach einem Unkraut, das den Winter überlebt hatte, zog es aus und warf es in einen Holzeimer. Die spitze Kapuze, die das Zeichen eines Ordens war, der frommer als alle anderen sein wollte, stak wie ein Vorwurf in die Luft.

»Allerdings ist unklar, ob der Junge überhaupt noch am Leben ist. Er ist bei seiner Verhaftung in den Tiber gesprungen. Tatsächlich spricht einiges dafür, dass er ertrunken ist, andererseits sagt mir mein Gefühl …« Den Mönch interessierte sein Gefühl herzlich wenig. »Könnt Ihr die Behörden allgemein nicht ausstehen, Frater, oder stoßt Ihr Euch an mir persönlich?«

Über das bartlose Gesicht des Mannes huschte eine winzige Regung, die Tommaso als Lächeln deutete. Mit neuer Hoffnung fuhr er fort: »Ich will Eurem Beichtkind nichts Böses. Ich brauche von ihm nur Auskunft über einen seiner Kameraden, der inzwischen tot ist und deshalb auch nichts zu befürchten hat. Wovon Tonio lebt, ist Angelegenheit des Vicario del Papa, mit dem das Ripagericht nichts zu tun hat. Richtet ihm das aus. Sagt ihm, wenn er in die Kanzlei kommt, werde ich ihn befragen, und anschließend kann er wieder gehen.«

»Der Herr liebt die Kinder.«

»Gewiss«, stimmte Tommaso erleichtert zu.

»Und dieses war nicht das Schlechteste.«

»Und selbst die Besten können so tief im Sumpf stecken, dass sie allein nicht wieder rauskommen. Ich weiß.«

»*Denn Gott hat seinen Sohn nicht in die Welt gesandt, damit er sie richte, sondern damit die Welt durch ihn gerettet wird*«, zitierte Fra Agostino und widmete sich wieder der Gartenarbeit. Er musste ein fleißiger Mann sein, denn er hatte an diesem Morgen schon eine Fläche von wenigstens hundert mal achtzig Fuß umgegraben. Außerdem schien er klug und gebildet. Tommaso fragte sich, ob er die Gartenarbeit, zu der man ihn eingeteilt hatte, als Demütigung oder als Auszeichnung empfand.

»Wenn Tonio zu mir kommt, werde ich dafür sorgen, dass er Arbeit erhält«, erklärte er.

»Als was?« Fra Agostino hob den Kopf. Seine dunklen Augen blickten spöttisch und überdrüssig.

»Als ...« Tommaso schluckte seinen Ärger herunter. »Nicht als das, was anscheinend Euren Kopf beherrscht.«

»Mein Laster ist meine Gutgläubigkeit, nicht mein Argwohn.«

Oder deine verdammte Selbstgefälligkeit. Nicht jeder ist ein Schwein, bloß weil er keine spitze Kapuze trägt. Tommaso sah zu, wie Fra Agostinos Spaten bis zur Kante in der schweren, feuchten Erde verschwand. Er hob sie so elegant heraus, als wende er Daunenfedern.

»Sagt mir wenigstens etwas über seinen toten Freund. Prospero Jacovacci, er nannte sich Putto. Etwas älter, blond.«

Die Erdbrocken flogen durch die Luft, und einige landeten auf Tommasos Schuhen.

»Natürlich«, sagte Tommaso gereizt, »könnte ich mich mit diesen Fragen auch an Euren Oberen wenden. Es gibt ein Gesetz, das die Rettori di Chiesa verpflichtet, den Governatore auch jenseits des Beichtgeheimnisses von Verbrechen in Kenntnis zu setzen.«

Fra Agostino erstarrte. Er richtete sich auf wie der Riese vor dem Wurm und sagte leise und sehr akzentuiert: »Es wird darüber gesprochen, dass es *möglicherweise* ein solches Gesetz einmal geben wird. Möglicherweise, Giudice. Und ich flehe den Allerhöchsten in jedem meiner Gebete an, dass er es verhindern möge. Um ebenjener Kinder willen, die er liebt. – Ihr steht an der Stelle, an der ich weitergraben möchte.«

Tommaso setzte zweimal zum Sprechen an. Und zweimal hielt er inne. Schließlich seufzte er. »Ich entschuldige mich. Es ist nicht meine Art zu drohen. Aber ich brauche diesen Jungen. Wenn Ihr ihn zu mir bringt, gebe ich ihm Arbeit. Er kann dem Mann helfen, der meinen Garten in Ordnung hält. Das könnte für ihn der Weg in ein anständiges Leben bedeuten. Und den solltet Ihr ihm vor allem wünschen.«

Er wartete nicht auf Fra Agostinos Antwort. Seine Geduld hatte sich erschöpft. Die Adresse des Ripagerichts war bekannt.

Nachdem Tommaso durch mehrere Gänge des Klosters geirrt und schließlich im Refektorium gelandet war, hielt ihn ein hustender Mönch an und wies ihm den Weg hinaus. Erleichtert stand er im Freien. Er zögerte, welche Richtung er einschlagen sollte. Er konnte diese Frau, La Luparella, aufsuchen, aber Lorenzo war überzeugt, dass sie es gewesen war, die Lelio vor dem Kommen der Sbirri gewarnt hatte. Was also sollte der Besuch nutzen?

Unentschlossen blickte er sich um.

Dem Kloster gegenüber lag ein dreistöckiges Mietshaus, das gerade renoviert wurde. Staub flirrte im Sonnenlicht. Auf der Straße standen Schubkarren, und an der Wand mit den Flecken nackten Mauerwerks im bröckelnden Putz lehnten mehrere Leitern, über die Bretter transportiert wurden. Offenbar sollte die Holzbrüstung der Außengalerie erneuert werden. Ein dicker Mann mit verschwitzten Haaren hämmerte die angefaulten Bretter ab und ließ sie, wie sie sich gerade lösten, auf die Straße fallen. Man müsste die Maestri delle Strade benachrichtigen, dachte Tommaso, aber er wusste, dass in Rom nichts geschehen würde, ehe jemand zu Schaden kam.

Dieser Jemand konnte durchaus der Tagelöhner sein, der in seinem schwarzen Mantel und der viel zu warmen Mütze in bedrohlicher Nähe der Balkone an der Hausmauer lehnte. Er schien nicht zur Baustelle zu gehören, denn niemand nahm von ihm Notiz. Man sollte ihn zu seinem eigenen Nutzen davonjagen, dachte Tommaso. Einen Moment wunderte er sich, warum der Mann keinen weniger staubigen Platz zum Ausruhen gesucht hatte. Dann vergaß er ihn und eilte die Straße hinunter.

XV

Es sieht besser aus, Tommaso, bald seid Ihr wieder heil.« Vittoria strich vorsichtig mit den Fingerspitzen über die lädierte Nase ihres Gatten. Die intime Geste machte sie verlegen. Der alte Bernadino Botta war voller Falten, Flecken und Warzen gewesen. Sie hatte es immer vermieden, ihn zu berühren, und der Kuss, den sie ihm am Ende des Tages gab, hatte jenes geringe Quäntchen Überwindung gekostet, das zeigte, wie fremd sie einander waren. Tommaso Benzoni zu berühren war dagegen ... aufregend.

Aufregend, ja, dachte Vittoria über sich selbst verwundert. Der Giudice besaß glutvolle dunkelbraune Augen. Aber es waren nicht die Augen und nicht das stopplige Kinn und schon gar nicht die höckerige, blau schimmernde Nase – es war sein Verstand, den sie berühren wollte. Elena war leider nicht sehr klug. Tante Olimpia stupid. Onkel Achille besaß Verstand, aber der tanzte in Sphären, die ihr gleichgültig waren. Der Verstand des Giudice dagegen war ... erdverbunden. Er rieb sich an drängenden Fragen, die gescheite Antworten erforderten, und sie war überzeugt davon, dass er solche Antworten fand. Ihr Magen begann plötzlich zu flattern, und sie ließ die Hand errötend sinken.

Tommaso musterte sie. »Was haltet Ihr davon, Besuch einzuladen?«

»Besuch? An wen hattet Ihr gedacht?« Bitte nicht Elena, betete sie still. Oder Tante Olimpia.

»An meinen Notaio Ugo Capezza. Er ist ein Mann, den ich schätze. Ich hätte gern ihn und seine Frau zum Essen hier.«

»Das ist schön. Ich freue mich, sie kennen zu lernen. Ich weiß viel zu wenig von Eurem Leben.« War die Erleichterung zu offensichtlich? Wieder tauchte Skepsis in den forschenden Augen auf. Oder bildete sie sich das ein? Sie lächelte und trat zu dem Tischchen an der Wand, um ihren eigenen argwöhnischen Gedanken zu entfliehen. »Die beiden Capezzas und wen noch? Oder wünscht Ihr eine kleine Runde? Und wann, dachtet Ihr, wäre es günstig?«

»Heute Abend?«

»Oh … das sind … knapp vier Stunden.« Entgeistert starrte sie ihn an. Der Giudice wusste nicht, was er erwartete. Vier Stunden und noch nicht einmal eingekauft. »Dann kann es nur etwas Einfaches geben.«

»Faustina Capezza ist keine Königin. Ihr Vater hat Waschschüsseln oder Ähnliches hergestellt. Es wird sie nicht stören, wenn das Essen einfach ist.«

»Dann ist es gut.«

»Aber ich möchte, dass sie sich hier wohl fühlt.«

Gekränkt sah sie ihn an. »Signore, bin ich ein Ungeheuer?«

»Nein, das seid Ihr nicht.« Er lächelte.

»Gut. Dann muss ich mich jetzt an die Arbeit machen.«

Er nickte und wollte hinausgehen, aber er kehrte noch einmal um. »Vittoria …«

»Bitte?«

»Ich hörte, Ihr wart in der Banca Bandini auf der Piazza Giudia. Einer meiner Sbirri hat Euch dort gesehen.«

Sie fühlte, dass sie blass wurde. Da war er wieder, der inquisitorische Geist des Giudice. Nur hatte sie nichts Verbotenes getan, was der Sbirro hätte entdecken können, wenn man davon absah, dass sie ohne ihre Kammerfrau oder andere schickliche Begleitung ausgegangen war. Wollte ihr Mann etwa darauf hinaus? »Tante Olimpia hatte mich gebeten, etwas für sie zu erledigen. Es war eilig, und ich dachte …«

»Die Banca Bandini besitzt keinen guten Ruf. Sie hat Schuldscheine gefälscht und bei Grundstücksüberschreibungen betrogen. Sie stand deswegen zweimal vor Gericht. Und ...«

»Ja?«

»Die Piazza Giudia ist der Ort, an dem sich die römischen Hehler treffen, um Diebesgut einzukaufen. Wer sich dort aufhält, ist entweder ein Sbirro oder ein Verbrecher. Ich möchte nicht, dass Ihr noch einmal dorthin geht.«

»Wie Ihr meint«, sagte sie rasch.

Es gab Eiersuppe mit Safran, dreierlei Fisch zu einer pfirsichblütenfarbenen Heringssauce und zum Nachtisch Fruchtwaffeln. Das Essen war köstlich und solide und, wenn man die Zeitknappheit bedachte, ein Meisterwerk; es freute Vittoria, dass der Notaio sich mehrmals Nachschlag geben ließ.

Signora Capezza saß ihrem Mann gegenüber. Sie war etwas größer als er, aber ebenso rund und hielt sich so steif, als stecke sie in einer Rüstung. Obwohl Vittoria sich redlich mühte, sie ins Gespräch zu ziehen, gab sie kaum einen Ton von sich. Die Dame hatte das Haar hochgesteckt und ein hübsches Kleid an – sicher ihr bestes, rosa Baumwolle mit goldenen Stickblüten. Auf ihren rot geäderten Wangen lag sogar ein Hauch von Schminke, und sie machte einen freundlichen Eindruck. Aber nachdem sie ihre Gastgeberin gesehen hatte, schien dies ihre Stimmung getrübt zu haben, und jetzt löffelte sie mit verkniffenen Mundwinkeln die Suppe.

Und das, dachte Vittoria trübsinnig, ist der Preis, den man für seine Schönheit zahlen muss. Sie hatte ihr schlichtestes Hauskleid angezogen und auf fast jeden Schmuck verzichtet, und doch konnte sie nicht verhindern, dass Faustina Capezza sie vom ersten Moment an verabscheute. Das Gespräch plätscherte dahin, Signora Capezza spießte die Fischhäppchen auf, und alle schienen erleichtert, als Tommaso sich endlich erhob.

»Ich würde dir gern noch etwas zeigen«, sagte er zu dem Notaio.

»Bin gleich wieder zurück.« Signor Capezza blinzelte seiner Frau zu. Die Tür schlug zu, und es war still.

»Verzeiht mir die Offenheit, Signora«, sagte Vittoria, nachdem sie Castro angewiesen hatte, die Teller abzutragen und das Geklapper verstummt war. »Aber ich sehe, dass Ihr müde seid, und ehrlich gesagt, ich bin auch ein wenig erschöpft. Der Tag einer Hausfrau ist von so vielen Pflichten erfüllt, dass ein Mann nicht begreifen kann, wie schwer abends die Glieder sind. Darf ich Euch den Platz zeigen, an dem ich am liebsten bin?«

Sie lächelte, fasste die widerstrebende Signora an der Hand und führte sie zu dem Balkon, der sich über die gesamte Rückfront des Hauses zog. Draußen war es dunkel und kalt, aber die Sterne blinkten von einem tintenblauen Himmel, und hinter dem Band des Tibers leuchteten die Lichter des Abitato. Das wog die Kühle auf.

Vittoria drängte ihren Gast auf einen der Stühle, die sie für die Galerie erstanden hatte, und deckte sie mit einer Decke zu.

»Nicht doch«, wehrte die Signora verlegen ab. »Donna Benzoni ...«

»Sagt bitte Vittoria zu mir. Mein Mann schätzt Euren Gatten, und ich möchte, dass Ihr Euch ebenfalls hier wohl fühlt und oft wiederkommt. Wartet, ich rücke meinen Stuhl zu Euch. Wusstet Ihr, dass die Himmelskörper auf kristallenen Sphären gleiten und bei ihren Bewegungen Musik machen? Wie himmlische Lautenspieler?«

»Wer will denn das gehört haben?«, fragte Signora Capezza skeptisch.

»Niemand. Deshalb ist es ja auch ein so herrlicher Gegenstand für die Gelehrten, sich zu streiten. Das tun sie nämlich. Ich verstehe davon natürlich nichts, aber der Gedanke, dass dort oben eine himmlische Musik spielt, gefällt mir. Ich hatte immer das Gefühl, dass Ordnung und Schönheit zusammengehören.«

»Jedenfalls ist Ordnung wichtig«, gab Signora Capezza zu.

»Ja.« Vittoria beschloss, das Thema zu wechseln. »Arbeitet Euer Mann schon lange im Ripagericht?«

»Seit er aus Padua zurückgekommen ist. Und das war vor einundzwanzig Jahren, und so lange sind wir auch schon verheiratet«, verkündete die Signora stolz.

»Er muss sehr tüchtig sein. Tommaso hat das heute Mittag zu mir gesagt.«

Faustina verzog halb geschmeichelt, halb kritisch die wulstigen Lippen. »Auch wenn man seinen eigenen Mann nicht loben sollte – tüchtig ist er auf jeden Fall. Auf Ugo kann man sich verlassen wie auf sonst niemanden. Außerdem hat er Augen im Kopf und kann zwei und zwei zusammenzählen. Ihr würdet staunen, wenn Ihr wüsstet, wie er die Taugenichtse, die er befragen muss, durchschaut.«

»Er erzählt Euch viel von seiner Arbeit?«

»Er redet von nichts anderem.« Signora Capezzas Stolz wich einem leichten Kummer. »Die Heilige Jungfrau verzeih mir, aber manchmal macht mich das verrückt. Als hätte er kein anderes Leben neben der Kanzlei, sag ich immer. Der Sohn meiner Schwester hat es mit dem Magen, und ich sage: Ugo, der kleine Silvestro behält die Milch nicht bei sich. Und er macht sich Notizen, woran er am nächsten Tag noch denken muss. Ugo, sag ich. Aber er brummelt nur: Der Giudice will dies, der Giudice will das. Manchmal muss ich ihn erinnern, mit wem er verheiratet ist.«

»Wenigstens spricht er mit Euch über das, was ihn bewegt.«

Faustina ächzte und setzte sich bequemer. »Aber, Signora – und das ist die andere Seite –, oft mache ich deswegen auch kein Auge zu. Das arme Kerlchen von neulich zum Beispiel, das ertrunken ist. Oder nicht ertrunken. Sie streiten ja noch darüber.«

»Ach.« Vittoria beugte sich gespannt vor.

»Der Giudice will, dass er lebt. Aber Ugo hat ihn im Wasser verschwinden sehen. Was gilt nun mehr?«

»Wenn Ihr Gatte gesehen hat ...«

»Nicht, dass Ihr denkt, ich will schlecht über den Giudice

reden. Das würde mir nicht einfallen, vor allem vor Euch, und wenn der Giudice sagt, er ist nicht ertrunken, dann ist der Junge eben nicht ertrunken.«

»Aber warum ...«

»Er ist *wirklich* sehr klug, der Giudice. Und ein feiner Mann dazu. Er hat uns beigestanden, als mein Vater gestorben ist und meine Mutter von diesem liederlichen Strolch mit dem Pfändungsbefehl ... nun ja, das sind alte Geschichten. Jedenfalls bin ich ihm von Herzen dankbar. Da dürft Ihr sicher sein.«

»Und was war nun mit dem Jungen?«

»Er ist in den Fluss gesprungen. Neun Jahre alt, höchstens, sagt Ugo, und auch wenn er tut, als wäre ihm das gleich, ist es ihm doch ans Herz gegangen. Denn er war es, der ihn festgenommen hat. Und als Frau, Signora, werdet Ihr das sicher verstehen: So ein kleiner Bengel. Ich sag zu Ugo: Was kann er dazu, wenn ihn die Männer in ihre Betten zerren? Neun Jahre! Er hatte braune Locken, sagt Ugo. Und Augen, so traurig wie von einem Schlachtferkelchen.« Signora Capezza zog die Nase hoch und wischte kummervoll mit dem Handrücken darüber.

»Und der Giudice ...«

»Oh ja! Ihm tut der Junge auch Leid, denn er hat ebenfalls ein Herz, auch wenn er's nicht gern zeigt. Aber über seinem Herzen ...«

»Ja?«

»Da steht eingemeißelt: Gerechtigkeit.« Faustina beugte sich über die Stuhllehne, um besser atmen zu können und ihrem Gegenüber näher zu sein. »Nur frage ich Euch: Was ist Gerechtigkeit? Der Junge – nicht der, der ertrunken ist, sondern sein Freund, den sie erstochen haben – ist tot und niemand kann ihm mehr helfen. Und diesen Menschen, dessen Namen Ugo ums Verrecken nicht verraten will und der ihn umgebracht hat, den wird der Giudice nicht bestrafen können. Warum also lässt er nicht alles auf sich beruhen? Zwei unschuldige Menschen sind deshalb bereits gestorben, sagt Ugo.«

»Weil der Giudice Gerechtigkeit will.«

»Ich sage Euch ja, dass ich ihn verehre, und es war mehr als freundlich von ihm – und auch von Euch – uns einzuladen ...«

»Aber manchmal muss der Mensch ein Auge zudrücken können.«

Die Signora seufzte. »Ich mag gar nicht daran denken, wenn sie das Ripagericht schließen.«

»Hat man das denn vor?«

»Ach, vielleicht ist es nur Ugos Sorge. Aber wenn sich der Giudice weiter mit dem römischen Ankläger streitet ...«

»Tut er das?«, fragte Vittoria fasziniert.

»Sie beißen sich wie Hunde. Nur ist mit Signor Strata nicht zu spaßen, sagt Ugo. Und am Ende ...« Sie brach ab. Ihr Busen, der fast den Stoff des Kleides sprengte, hob und senkte sich heftig, und das Korbgeflecht ihres Stuhls knackte. »Darf ich etwas sagen, Signora?«

»Aber sicher.«

»Ihr seid eine freundliche Dame. Und deshalb kann ich es nicht leiden, hier wie eine Spionin zu sitzen. Das muss gesagt werden, und ich sag's. Der Grund nämlich, warum die Männer rausgegangen sind, ist, dass ich Euch aushorchen soll. Und dafür schäme ich mich. So, jetzt wisst Ihr's.«

»Ihr sollt ... Bitte?«, fragte Vittoria verstört.

»Eine so liebe Dame. Seid nicht zornig, sie meinen es nicht böse, sie verstehen nur nichts vom weiblichen Gemüt. Der Giudice ist besorgt, weil er ... Der Himmel mag wissen, was er befürchtet. Ein junger Ehemann und eine so hübsche Frau. Ich weiß es nicht, aber ich vermute es, wenn ich auch sicher bin, dass nichts daran ist. Aber das geht nicht in ihre Köpfe.« Signora Capezza lächelte verzeihend. »Darf ich Euch einen Rat geben, von einer Ehefrau zur anderen?«

Vittoria nickte.

»Nehmt den Giudice heute Nacht in die Arme und verscheucht seine Hirngespinste. Erzählt ihm von den Kümmernissen, die Euch bedrücken, und wenn Euch nichts bedrückt, dann erzählt ihm ... von dem Ärger mit dem Personal. Es ist egal, was Ihr sagt, er wird es sowieso nicht begreifen. Aber es wird ihn erleichtern, Euch einen Rat geben zu können. Eine glückliche Ehe ist einfacher zu führen, als man denkt. Man muss nur die Kunstgriffe kennen.«

»Ach«, meinte Vittoria. Sie lehnte sich zurück und schaute auf den Tiber. Die Kälte des Abends drang ihr in die Knochen. Was hatte der Giudice erraten? In welche Richtung gingen seine Ahnungen? Was wusste er über Niccolò?

Der Verstand des Giudice verursachte plötzlich kein Prickeln mehr auf ihrer Haut, nur noch ein Schaudern. Niemand bewundert die Schönheit einer Waffe, die sich auf die eigene Brust richtet.

XVI

Die Tür des kargen, nur mit einem Holztisch und zwei Stühlen versehenen Raumes öffnete sich. »Ich höre, Ihr schreit nach mir.«

»Pater! Ich habe ein dringendes Anliegen, und ich bin es …« Tommaso mäßigte seine Stimme. »Ich schreie nicht. Ich bin es nur Leid, hingehalten und vertröstet zu werden. Entschuldigt, wenn ich die Ruhe des Klosters gestört habe.«

Der Obere des Kapuzinerklosters, ein schmächtiger, alter Mann mit müden Augen, der streng nach Stalldung roch, nickte. »Ich verstehe, Giudice Benzoni. Und Euer dringendes Anliegen besteht darin, Fra Agostino zu sprechen. Bitte, nehmt Platz. Unsere Stühle sind einfach, aber es sitzt sich gut darauf. Ihr wollt also zu Fra Agostino. Ich hoffe, Ihr werdet mir als seinem Oberen verraten, was Ihr mit ihm zu tun habt?«

Tommaso zögerte. Der alte Mann, der ihn milde, aber ohne jede Herablassung anlächelte, machte ihn plötzlich verlegen, und es fiel ihm schwer, von Putto zu erzählen. Aber der Frater hörte sich die Geschichte von seinem Tod und Tonios Verschwinden im Fluss mit unerschütterlicher Ruhe an.

»Und Ihr hofftet, Fra Agostino würde diesen Tonio finden, falls er noch lebt, und zu Euch schicken, damit Ihr vielleicht doch noch einen Beweis bekommt, mit dem Ihr den Tod des Ermordeten ahnden könnt.«

»Ich bin Richter.«

Der alte Mann lächelte, vielleicht weil der Satz nach Verteidigung klang. Er hob die Hand, als Tommaso weitersprechen wollte. »Der Herr sagt: Die Rache ist mein. Aber denkt bitte nicht, dass ich Euch nicht verstehe. Ich war einer der Mitgründer dieses Orden und habe erleben müssen, wie ehemalige Brüder versuchten, ihn als ketzerisch verbieten zu lassen. Der Orden war dem Feuer schon so nahe, dass wir den Rauch rochen. Ich habe mich über die Intrigen empört und auf Geheiß der mir Vorgestellten die Nächte auf Knien verbringen müssen, um mein Herz vom Geist der Liebe erweichen zu lassen.« Er verstummte und dachte einen Moment nach, bevor er weitersprach. »Es steckt so viel Ratlosigkeit und Erbärmlichkeit im Bösen. Das habe ich nicht auf meinen Knien gelernt, sondern später. Ich will Euch nicht bedrängen. Ihr seid Richter, wie Ihr richtig sagtet, und habt Eure Aufgabe, aber es erschüttert doch, wenn man an einer schwarzen Seele kratzt und darunter ein getretenes Kind findet. Fra Agostino hat keinen verurteilt, weder diesen Lelio noch die armen Jungen. Wie er mir sagte, hat er Euch verärgert, und das bitte ich zu entschuldigen, denn wie der Heiland in seinem Gleichnis anführte, liebte der Vater nicht nur den verlorenen Sohn, sondern auch den rechtschaffenen.« Er lächelte. »Nun ja, ich predige und vergesse, wie eilig Ihr es habt. Fra Agostino hat sich heute Morgen aufgemacht, um die Jungen zu suchen, und wie es aussieht, hat er sie gefunden.«

»Er ist bereits zurück?«

»Seit einer Stunde.«

»Erlaubt Ihr, dass ich mit ihm spreche?«

Der Mönch erhob sich von dem Stuhl und rückte ihn umständlich zur Seite. Tommaso sah, dass er Holzschuhe trug, an denen Erdbrocken klebten. »Wenn Ihr mir folgen wollt.«

Ihr Weg führte sie durch die Klostergänge, deren labyrinthische Anordnung Tommaso aufs Neue verwirrte. Sie gelangten in den Gemüsegarten, in dem er den Mönch zum ersten Mal getroffen hatte, und gingen zu einem kleinen Häuschen am Ende des Gartens. Der Kapuziner öffnete die Tür und wies einladend hinein.

»Sprecht mit ihm, Giudice Benzoni. Und bittet die Heiligen, ihn zu segnen für seine Bereitwilligkeit, auch auf stürmischen Meeren zu dienen.«

Tommaso trat in den niedrigen Raum, der mit Gartengeräten und Fässern voll gestellt war. In der Mitte stand ein Tisch, und auf diesem Tisch lag, mit einer grauen Wolldecke bedeckt, Fra Agostino. Sein Gesicht war weiß wie die Blüten der Schneeglöckchen vor dem Häuschen, und sein Kiefer sah merkwürdig verrenkt aus: Die Kehle des Mönchs war von einem Ohr bis zum anderen aufgeschnitten.

»Ähm.« Jemand räusperte sich.

Tommaso blickte auf und merkte, dass er vor dem Toten die Zeit vergessen hatte. Er sah, dass der Obere gegangen war. Stattdessen wartete ein anderer Mönch auf der gegenüberliegenden Seite des Tischs, ein betrübter, älterer Mann, dem der Schrecken im Gesicht stand.

»Ich soll Eure Fragen beantworten. Wenn Ihr ...«, begann er mit zittriger Stimme und schaute Tommaso auffordernd an.

»Fra Agostino wurde umgebracht.«

»So ist es, Giudice.«

»Von ... Wisst Ihr, von wem?« Nein, niemand wusste das. Ein Alteisenhändler hatte den Toten auf einer Ziegenweide gefunden.

»Ist er zu Lelio, zu diesem Zuhälter, gegangen?«

»Das wollte er zumindest. Er wollte ihn aufsuchen, weil er hoffte, durch ihn auf Tonio zu stoßen. Er sollte dem Jungen ein Angebot unterbreiten, dessen Inhalt ... nun ja, er hatte Zweifel ...«

»Ob dieses Angebot ehrlich gemeint war?«

Der Mönch mit den schwieligen Bauernhänden und den tränenfeuchten Augen nickte. Er schien seinen Mitbruder gewaschen zu haben, denn auf einem Schemel stand eine Schüssel mit rosa gefärbtem Wasser. »Agostino war misstrauisch, ja, denn es wird viel versprochen und wenig gehalten. Aber am Ende hatte er sich entschlossen, Vertrauen zu haben«, sagte der Mönch und wandte sich ab, weil er sich seiner Tränen schämte.

»Wisst Ihr, *wo* Fra Agostino nach Lelio gesucht hat?«

»Er kannte Leute, die Leute kannten ... Er wird sich umgehorcht haben. Die Armen und Vergessenen liebten ... Verzeiht.« Der Mönch hob die Schüssel vom Schemel und ließ sich niederplumpsen. Er rang um Fassung, während er glucksende, lächerlich klingende Klagelaute von sich gab. Tommaso sah betreten zur Wand.

»Es tut mir Leid, aber Fra Agostino war ein guter Mann, so fröhlich und voller Kraft. Ihr müsst dies hier sehen.« Der Mönch wollte die Hand des Toten anheben, aber die Leichenstarre hatte bereits eingesetzt. So konnte er nur das Wolltuch beiseite schieben, um Tommaso zu zeigen, was ihn entsetzte.

Sämtliche Finger des Toten waren über dem letzten Glied abgeschnitten.

»Das ... ja, das ist schlimm.« Tommaso starrte auf die Hand und merkte, wie ihm die Lust auf weitere Fragen verging. Es fielen ihm auch keine mehr ein. Mit einem letzten Blick auf die blutlosen Stümpfe machte er sich davon.

Er verirrte sich ein weiteres Mal im Kloster, obwohl er versucht hatte, sich den Weg zu merken, und wieder wurde ihm geholfen, diesmal von einem sehr einsilbigen Bruder, der mit der Kapuze über dem Kopf neben ihm herschlich und kein Wort sprach, bis er eine Tür öffnete, die in den Innenhof des Klosters mündete.

»Dort drüben wieder hinein.« Der Mönch war scheu. Er blickte ihn verstohlen von der Seite an. »Seid Ihr der Giudice, der zu Fra Agostino wollte?«

Tommaso nickte.

»Schrecklich.« Die Stimme des Mannes verriet keine Bewegung. Der Tod seines Mitbruders schien ihm nicht besonders nahe zu gehen. »Diesen Gang hinunter und hinter der Biegung seht Ihr schon die Pforte.«

»Ich danke Euch.«

»Giudice?«

Tommaso wandte sich ihm wieder zu. Offenbar hatte er ihn falsch eingeschätzt, denn jetzt zitterte die Stimme des Mannes. »Wird man die Schuld für Fra Agostinos Tod bei den Jungen suchen?«

»Der Gedanke drängt sich auf.«

»Ich glaube ...« Der Mönch berührte fahrig das schlichte Eisenkreuz, das ihm um den Hals baumelte. »Ich sollte Euch etwas sagen, was Fra Agostino mir berichtete. Aber ...« Er zögerte und blickte sich verstohlen um. »Besser nicht hier.« Mit diesem Satz drückte er Tommaso etwas in die Hand, ein Stück zusammengeknülltes Papier. Im nächsten Moment trat er in den Innenhof zurück und verschwand im Kreuzgang.

Tommaso stopfte das Papier in den Ärmel. Er merkte, wie er sich ebenfalls misstrauisch umsah und schalt sich einen Idioten. Rasch ging er zum Ausgang.

Als er die Pforte passierte, beugte er sich zu der Luke, hinter der der Pförtner in einem Büchlein las. »Verzeiht, aber wisst Ihr, wie der Bruder heißt ... Jemand hat mir den Weg gezeigt ...« Er wollte den Mann beschreiben, aber merkwürdigerweise fiel ihm nicht das geringste Detail ein, das den Mönch von anderen Mönchen unterschieden hätte. Mit einem Brummen verabschiedete er sich.

»Nein, Giudice. Es wurde eine Leiche angeschwemmt, aber sie muss schon einige Zeit im Wasser getrieben sein. Ich denke, es könnte einer der Franzosen von der *La Belle Poule* sein, die haben einen Mann als vermisst gemeldet. Einen Kerl mit einem grauen Bart, und so einen Bart hatte der Tote auch. Aber eine Kinderleiche – nein.« Lorenzo wusste nicht, ob diese Nachricht gut oder schlecht war. »Manchmal verhaken sich die Leichen in den Reusen. Oder sie bleiben in den Streben der Flussmühlen hängen.«

»In dem Fall müsste Tonio flussaufwärts getrieben sein.«

»Ach ja.« Lorenzo kaute verlegen auf der Lippe. Der

Adamsapfel in seinem dürren Hals bewegte sich wie ein flatternder Vogel. Er hatte offensichtlich etwas auf dem Herzen.
»Ich weiß, wo Manfredi steckt.«
»Er ist nicht ertrunken?« Tommaso wunderte sich selbst, wie erleichtert er darüber war.
»Nein. Giudice. Er ist bei jemandem aus der Verwandtschaft untergekroch…«
»In Ordnung. Ich will's nicht wissen.«
»Er ist ein schlechter, undankbarer Mensch, für den ich mich schäme.«
»Ich hab gesagt, es ist vorbei.« Draußen war es dunkel geworden, ziemlich früh, selbst wenn man bedachte, dass es erst Mitte Februar war. Wahrscheinlich würde es regnen. Der Zettel, den der Mönch Tommaso zugesteckt hatte, lag auseinander gefaltet auf der Tischplatte. Ugo hätte danach gefragt, aber er war erkältet und zu Hause geblieben. Und Lorenzo wäre solche Dreistigkeit niemals in den Sinn gekommen.
»Ihr seid sehr großzügig, Giudice.«
»Es ist Zeit, Schluss zu machen. Geh heim und vergiss Manfredi.« Tommaso stand auf und nahm seinen Mantel, den er vorsorglich mitgebracht hatte. Sein Bargello nickte, stand stramm und verließ das Zimmer. Als Tommaso den Mantel übergezogen hatte, kehrte er noch einmal zum Tisch zurück und strich den Zettel glatt.
In säuberlichen Buchstaben waren darauf ein Ort und eine Zeit angegeben. Sonst nichts. Die Zeit: Der Morgen des nächsten Tages. Der Ort: Santa Annunziata. Soweit Tommaso wusste, war dies die verfallene Kapelle östlich des Kolosseums, die nur einmal jährlich zu Ostern genutzt wurde, wo sie als eine der Stationen der Osterprozession diente. Eine Kapelle im Disabitato. Kein ungewöhnlicher Aufenthaltsort für einen Kapuziner, der sich um die Gestrandeten kümmerte. Im Disabitato steckten sicher viele ihrer Schäfchen. Tommaso versuchte, sich die Züge des Mönchs in Erinnerung zu rufen. Vergeblich.
Er zögerte, dann holte er aus der Schublade unter Ugos

Schreibtisch die Schlüssel für den Turm heraus und trat in den Hof hinaus.

Als der Morgen anbrach, regnete es immer noch, so, wie es die ganze Nacht über geregnet hatte. Der Weg hatte sich in einen Brei aus Matsch und ertränktem Unkraut verwandelt, und dort, wo Karrenräder ihn durchpflügt hatten, sammelte sich das Wasser, so dass Tommaso gezwungen war, am Rand zu laufen. Er hielt mit der Hand den Dolch umklammert, den er aus der Asservatenkammer entliehen hatte, aber die Waffe schüchterte ihn mehr ein, als dass sie ihn beruhigt hätte. Er war kein Kämpfer. Eine penetrante Stimme murmelte ihm zu: Nein, aber besessen bist du.

Er fand die Kapelle erst nach längerem Suchen. Sie lag abseits zwischen mehreren Hügeln auf einem verwahrlosten Friedhof. Katzen schlichen um die umgestürzten und teilweise zerbrochenen Grabsteine. Ein Teil des Dachs war in das Kirchlein gefallen. Die Apsis verschwand fast hinter rankendem, wildem Gestrüpp. Man hatte die Tür mit Brettern vernagelt, aber die Hälfte davon war herausgebrochen worden. Tommaso nahm an, dass der Mönch im Innern der Kapelle Schutz gesucht hatte. Er stapfte über den Friedhof und sackte bis zu den Knöcheln in der aufgeweichten Erde ein.

Woher kam das Gefühl, beobachtet zu werden? Von der Angst? Tommaso gestand sich selbst längst ein, dass er zu dem seltsamen Stelldichein Lorenzo hätte mitnehmen sollen. Stattdessen hielt er sich an dem Messer fest wie an einem Amulett.

»Ist hier wer?« Seine Stimme hallte über den Friedhof. Hinter der Kapelle, ein ganzes Stück entfernt, lag die Ruine eines Bauernhauses, von der nur noch zwei Wände und ein Kamin aufrecht standen. Am Horizont meinte er einen Teil der Stadtmauer zu erkennen.

Tommaso zog das Messer heraus, wog es kämpferisch in der Hand, lächelte über sich selbst und zwängte sich durch die Bretter in die Kirche. Es stank nach Katzendreck, modernden Pflanzen und nach etwas anderem, das er nicht einordnen konnte. Weißer Vogelkot sprenkelte den Boden. Von einer Glocke, die aus unerfindlichen Gründen zwischen zwei Balken des geborstenen Dachs klemmte, rann der Regen herab.

»Frater?« Er machte einen Schritt über die Fliesen, von denen die meisten zerbrochen waren und unter seinen Stiefeln knirschten. Ihm fiel auf, dass er nicht einmal den Namen des Mönchs kannte. »Frater!«

Die Stille ging ihm unter die Haut. Vor seinem inneren Auge tauchte Fra Agostino auf, dessen Kehle so säuberlich durchtrennt worden war wie die eines Schachtlamms. Kaum zu glauben, dachte er, welch ein begabter Mörder dieser Lelio sein soll. Die meisten Zuhälter, die er kannte, waren Feiglinge, die sich nur an Schwächeren vergriffen.

Das diffuse Licht reichte nicht aus, die gesamte Kirche zu erhellen, aber nach einer kurzen Durchsuchung wusste Tommaso, dass er allein war. Und dennoch fühlte er sich weiter beobachtet. Widerstrebend stieg er über verrottetes Kirchengestühl. Fast wäre er dabei in die Überreste einer Katze getreten, in deren verwesendem Fleisch sich weißliche Maden räkelten. Er wich angeekelt zur Seite.

Auf Höhe der Stelle, wo früher einmal der Altar gestanden hatte, erblickte er eine Tür, die schief in den Angeln hing und den Blick auf einen dahinter liegenden Raum verdeckte. Die Sakristei, wie er vermutete. Er glaubte nicht, dass der Mönch sich dort aufhielt. Der Mann hätte sein Rufen hören müssen.

Wieder zögerte Tommaso und seufzte, während qualvolle Augenblicke verrannen. Eine Katze sprang ihm vor die Füße, erschreckte sich ebenso sehr wie er selbst und entwich fauchend durch eines der zerbrochenen Fenster.

Schließlich tat Tommaso das, was Strata vermutlich getan hätte: Er trat die Tür ein, sprang beiseite, wartete ab, ob alles ruhig blieb, und näherte sich dann dem Loch.

Ein Dutzend Augenpaare starrte ihm aus dem muffigen Raum entgegen.

»Ich weiß, dass es widerwärtig ist«, schnauzte Tommaso seinen Notaio an. Sie sahen zu, wie die Sbirri des Senatore einen Jungen mit hüftlangen Haaren in einen Sack zu stopfen versuchten, was wegen der Leichenstarre ein schwieriges Unterfangen war. Die fingerlosen Hände waren über dem Bauch gekreuzt, wie bei all den getöteten Jungen, aber die Beine waren gespreizt, als hätte der Mörder gewusst, wie dies den Abtransport der Leichen erschweren würde, und daraus ein zusätzliches Vergnügen gesogen.

Der Boden der Sakristei – grüne Fliesen, die meisten noch heil – war frei von Blut. Der Mörder musste seinen Opfern anderswo die Kehlen durchtrennt und sie nach ihrem Tod hierher geschleppt haben. Er hatte sie sorgfältig gegen die Wand der Sakristei gelehnt, ihnen sämtliche Finger abgeschnitten und die verstümmelten Hände übereinander gekreuzt. Eine grausige, langwierige und kräftezehrende Arbeit. Tommaso dachte an die knochigen Hände und die müde Gestalt des Mönchs. Es erbitterte ihn, so gründlich getäuscht worden zu sein, aber sein Verstand arbeitete: Warum hatte der Mörder sich so viel Mühe gemacht? Was für Schlüsse ließen sich daraus über sein Wesen ziehen?

»Wie lange willst du dir das noch anschauen? Ich hab doch gesagt, dass dieser Tonio nicht dabei ist«, meinte Ugo angewidert.

»Kann ihnen nicht jemand die Augen schließen«, brüllte Tommaso. Seine Stimme hallte durch die Kapelle. Einer der Sbirri, der gerade ein weiteres Kind aufheben wollte, drehte sich nach ihm um und strich dann achselzuckend das dünne Lid über die Augäpfel.

»Der, dem das halbe Ohr abgetrennt ist, soll angeblich Lelio sein«, sagte Ugo.

»Ja, Giudice.« Der Notaio des Senatore war unbemerkt an sie herangetreten. »Das hat einer unserer Sbirri, der ihn kannte, bestätigt.« Er war ein noch junger Mann, eifrig bestrebt, alles richtig zu machen und keine wichtigen Tatbestände zu übersehen, aber seine bleiche Gesichtsfarbe zeigte, wie sehr ihn der Anblick der Verstümmelten mitnahm.

»Verzeiht, Giudice, aber woher wusstet Ihr, dass Ihr die Toten hier finden würdet?«

»Ein Kapuzinerfrater hat mich hierher bestellt. Ein Mann, der sich als Kapuziner *ausgegeben* hat.« Knapp berichtete Tommaso, was ihm angemessen schien, während der Notaio Notizen machte.

»Und wie sah dieser Mönch aus?«

Wie ein Mönch, verdammt. Er sah mehr wie ein Mönch aus als irgendein Mönch, dem ich jemals begegnet bin, und das allein hat ihn von allen Mönchen unterschieden. »Er hatte helle Augen.«

Aufmunternd blickte der Notaio ihn an.

»Helle Augen«, fauchte Tommaso, kehrte ihm den Rücken und wollte hinaus an die frische Luft.

»Der Mörder hatte wahrscheinlich einen Hund dabei, hier ist Hundekacke und getrocknete Piss… ach, du Himmel, da liegt einer von den Fingern!« Ein Sbirro an der Tür bückte sich und hielt einen winzig anmutenden Kinderfinger in die Luft. »Den muss der Kerl verloren haben. Oder der Hund hat ihn geklaut. Sind Bissspuren dran.«

Die anderen Männer sammelten sich um ihn. »Muss das mit? Ich meine, wird so ein Finger auch beerdigt?«, wollte einer der Männer wissen. Tommaso floh ins Freie.

Ugo folgte ihm, bis sie vor einer vermoosten Grabplatte stehen blieben. »Und nun?«

»Was, und nun? Die Mönche haben Fra Agostinos Mörder abgeschlachtet, weil ihnen ihre Undankbarkeit missfiel! Wäre dir das eine angenehme Erklärung?«

»Ich sage nur: Und nun? Die Jungen wurden von jemandem umgebracht, der sein Handwerk verstand. Einem Sicario, darauf verwette ich meinen Hals.« Ugo schob das Barett nach hinten und kratzte sich die Stirn. »Einige haben sich gewehrt, falls dir ihre Gesichter aufgefallen sind. Die beiden Kleinen, die ganz hinten saßen, sehen aus, als wären sie mit der Fratze des Teufels vor Augen gestorben. So was gibt es nur, wenn im Augenblick des Todes das Gehirn verletzt wird. An einer bestimmten Stelle. Das hat mir dieser

Barbier an der Scrofa erklärt. Der Mensch verharrt dann in genau der Position, in der er sich gerade befindet. Siehst du ihre zertrümmerten Schädel? Wahrscheinlich haben sie den Mord an den anderen Jungen mit angesehen und wurden, als sie fliehen wollten, niedergeschlagen. So stelle ich mir das vor.«

»Wer hat den Sicario angeheuert?«

»Ja, natürlich. Ich weiß, worauf du hinauswillst.«

»Zwölf Menschen von einem Sicario umbringen zu lassen ist teuer. So viel Geld hat nur ein reicher Mann.«

»Sieh mal, der Notaio will etwas von dir.«

Der Helfer des Senatore hatte eine Skizze von der Kapelle angelegt und wünschte nun, sich Tommasos Wohnung zu notieren. Murmelnd entfernte er sich wieder.

»Ich glaube, dass es mehrere waren, Ugo. Carlo Carafa hat Sicarii angeheuert, um sich die Zeugen vom Hals zu schaffen, die ihm schaden könnten. He du!« Tommaso winkte dem Bargello des Senatore, der gerade seine Leute anraunzte, weil sie beim Verstauen der Leichensäcke auf einem Eselskarren trödelten. »Kennst du dich mit den römischen Sicarii aus?«

»Die Mörder müssen nicht aus Rom kommen«, wandte Ugo ein. »Im Gegenteil, ihr Auftraggeber ...«

»Es war Sicario«, fiel ihm der Bargello ins Wort. Er begann zu fluchen. Ein Sack erwies sich als besonders sperrig, und er schrie seinen Männern zu, die durch die Leichenstarre steifen Beine zu brechen und, verflucht, den Sack endlich auf den Karren zu schaffen. »Idioten! Tut mir Leid, Giudice. Ihr habt nach den Mördern gefragt. Es gibt nur einen. Der Kerl nennt sich einfach Sicario und genießt den Ruf, in Rom der Gründlichste seines Gewerbes zu sein. Und dass er wirklich hier war, könnt Ihr an den Fingern sehen. Versteht Ihr? Sicario ist ein Irrer. Er schneidet seinen Opfern immer was ab. Manchmal die Nase, manchmal sogar einen Arm oder den Kopf. Diesmal die Finger. Es heißt, dass er's frisst.«

»Sein richtiger Name?«

»Den kennt niemand. Und es weiß auch keiner, wie er aussieht oder wo er lebt. Er ist wie ein Gespenst.« Der Bargello erwärmte sich für das Thema. »Er muss ja irgendwie an seine Aufträge kommen, richtig? Aber nichts. Wir haben mal, als der Credenziere von Bischof Salviati umgebracht wurde – und da hat's mächtig Wirbel gegeben –, also damals haben wir ganz Rom umgepflügt. Jeden gefragt, der 'n Schatten auf dem Leben hat. Spitzel in allen Schenken. Nichts. Sicario muss ein paar zuverlässige Leute haben, die ihm seine Aufträge verschaffen und das Maul halten, weil sie gut daran verdienen. Und zwar welche, die sich bei den Reichen auskennen, denn die meisten, die er umgebracht hat, waren reich. Mit den Normalen hat der sich ... He, was soll das? Wollt ihr den Karren umstürzen?«

»Eines seiner Opfer war Fra ... verflucht, nun höre den Moment noch zu!« Tommaso packte den Bargello, der zu dem gefährlich schaukelnden Leichengefährt zurückstrebte, am Arm und hielt ihn fest. »Fra Agostino war auch eines seiner Opfer. Sag das dem Richter, der den Fall bearbeitet, oder sag es meinetwegen diesem ... wo steckt denn der Notaio?« Gereizt blickte Tommaso sich um.

»Meint Ihr den Kapuziner, der gestern auf der Ziegenweide gefunden wurde? Das ist Sache des Governatore. Ein Geistlicher, Ihr versteht. Aber ich richte es auf alle Fälle Giudice Raimondi aus. Dämliche Bande ...« Der Bargello sprach von seinen Leuten. Er riss sich los und eilte endlich zum Karren.

»Der teuerste Sicario Roms wird angeheuert, um die Jungen umzubringen, die möglicherweise bezeugen könnten, wer Putto ermordet hat. Und das gerade, als bekannt wird, dass das Ripatribunal Kardinal Carafa ...«

»Es hat keinen Sinn, sich aufzuregen.«

»Ich rege mich nicht auf! Ich habe den Mann *gesehen*. Ich habe diesen Sicario direkt vor meiner Nase gehabt. Und ich weiß *nichts*! Ich kann ihn nicht einmal beschreiben.«

Ugo machte ein Geräusch, das Mitgefühl oder der Himmel mochte wissen was ausdrücken sollte.

»Er fühlt sich zu sicher. « Tommaso beugte sich so dicht zu seinem Notaio, dass ihre Nasen fast aneinander stießen. »Carafa. Ich bekomme den Mistkerl. Ich gebe dir mein Wort darauf. Und ich weiß auch schon, wie ich's anstelle. «

XVII

Tonio hockte auf einer bröckligen Treppenstufe und stützte sich mit dem Fuß auf der nächstunteren Stufe ab, um nicht ins Wasser zu rutschen. Er hatte den Kopf auf das Knie gelegt und ihn mit den Armen wie mit einem Schutzwall umhüllt. Seine Lider waren geschlossen, er bewegte sich nur, wenn die Ratten kamen, nach denen er schlug. Aber selbst für diese klägliche Verteidigung hob er weder den Kopf noch öffnete er die Augen.

Er lebte in der Vorstellung, dass, wenn er aufsah, der Mann vor ihm stehen und er denselben schrecklichen Tod wie seine Kameraden erleiden würde.

Aber er saß schon zu lange hier. Tage vielleicht. Er näherte sich dem Punkt, an dem der Durst und der Schmerz seiner verspannten Muskeln ihn stärker peinigten als die Angst vor dem Mann.

Und außerdem ... die Ratten.

Der Junge wusste, dass Ratten Menschen fraßen. Die Cupisbrüder hatten einen Hehler, der sie an die Sbirri verraten hatte, gefesselt auf einem vergessenen Müllhaufen jenseits der Mauer abgelegt, und zwei Tage später, als sie nach ihm sahen, hatten sie nur noch seine Knochen und einen Teil seines Schädels gefunden, den sie in einem Sack aufbewahrten, um damit bei ihren Saufgelagen im L'Orso anzugeben.

Bisher hatte Tonio die Tiere verjagen können, aber er merkte, wie sie dreister wurden. Sie schienen zu ahnen, dass er nicht fortkonnte, und begannen zu beißen, was gemein wehtat, schlimmer als ein Hundebiss. Und er glaubte aus ihrem Fiepen zu hören, dass sie einen Angriff planten.

Sein Darm verkrampfte sich erneut, aber er war so leer, dass nicht einmal mehr Brühe herauskam. Tonio weinte leise. Der Schmerz wurde unerträglich und zwang ihn schließlich, das zu tun, wovor er sich so fürchtete. Mit einer Überwindung, als läge Blei darauf, öffnete er ein Lid. Er sah sein eigenes schwarzes Knie mit den hellen Schatten darum. Sonst nichts. Vorsichtig erweiterte er sein Blickfeld. Nein, es gab keinen Mörder. Die Erleichterung ließ ihn erneut in einen Weinkrampf verfallen.

Tonio wartete, bis es ihm wieder besser ging. Dann lugte er zu den Brettern empor, mit denen der Zugang zur Kloake versperrt war. Er hatte eines davon herausgerissen, um sich in das Versteck zu zwängen, als der Mörder gekommen war. Das war …

Während er noch versuchte, sich zu konzentrieren, gruben sich plötzlich Zähne in die weiche Innenseite seines Schenkels. Diesmal ließ die Ratte sich nicht durch einen Schlag vertreiben. Er musste sie packen, aus seinem Fleisch reißen und fortschleudern, wobei er fast auf seinen eigenen Exkrementen ausgeglitten und ins Abwasser gerutscht wäre. Heulend kroch er die Stufen hinauf und zwängte sich an die Bretterwand.

Jenseits davon meckerten Ziegen. Der Mann, der Lelio und die anderen umgebracht hatte, war ein Ziegenhirt gewesen, ein unscheinbarer Mensch, der niemandem auffiel. Bis er zu Lelio gegangen war und ihm die Kehle aufgeschlitzt hatte. Mit der *bloßen* Hand.

Tonio konnte nicht mehr aufhören zu weinen. Mehrere Male musste er über die Augen wischen, um den Hirten draußen erkennen zu können. Ein alter Mann, von dem er sogar den Namen wusste. Ein *verkrüppelter*, alter Mann mit einem Buckel. Nein, das war nicht der Mörder. Der Mann, der die Jungen getötet hatte, war stark gewesen, denn er hatte sie auf seinen Schultern fortgetragen.

Neuer Mut durchströmte ihn. Er hatte den Mann aus dem Ripagericht reingelegt, und nun sah es so aus, als würde er auch dem Mörder entkommen. Aber seine Erleichterung wich sofort wieder ängstlicher Ernüchterung. Es war keineswegs vorbei. Tonio wusste, dass der Mörder nicht hinter Lelio oder den anderen her gewesen war. Die Signori hatten ihn geschickt. Sie suchten den Jungen, der bei Putto gewesen war, als er starb. Und am Ende bekamen sie immer, was sie wollten.

Tonio fasste einen Entschluss.

XVIII

Fra Felice kniete auf einem Stein und betete. Unter seinem weißen Habit lugte der Fetzen eines härenen Untergewandes hervor. Sein Körper zuckte vor Qual, und dennoch bebten seine bleichen Lippen vor Glückseligkeit wie …

Tommaso schämte sich der Bilder, die durch seinen Kopf zogen und reichlich vulgär waren. Die Kapelle, die der Dominikaner bevorzugte, gehörte der Bruderschaft der Verkündigung Mariens. Er besah sich das Gemälde mit der Jungfrau Maria, die einem kleinen Mädchen einen Geldbeutel überreichte, um es mit einer Mitgift zu versehen, was dem Zweck der Bruderschaft entsprach, denn man wollte verhindern, dass arme, römische Mädchen aus Geldmangel der Hurerei verfielen. Und so dreht sich in dieser verfluchten Stadt alles um Hurerei, dachte Tommaso. Als wäre sie verflucht.

Er überlegte, wie lange Fra Felice seine unbequeme Stellung schon innehaben mochte und wie lange er sie noch würde aushalten können. Der Mönch sah keineswegs erschöpft aus. Tommaso zog sich ins Hauptschiff der Kirche zurück und bewunderte die Gewölbe und das Gold und die leuchtenden Farben der Wandmalereien, aber eigentlich war es nicht die Kunst, die ihn interessierte. Er wollte Fra Felice sprechen, und um das zu erreichen, würde er, wenn es sein musste, den ganzen Tag in der Kirche zubringen.

162

Endlich zeigte ihm ein Blick über die Schulter, dass der Mönch sich regte. Der Mann küsste den Boden der Kapelle, wobei ihn die Kanten des Steins fast umbringen mussten. Ein Schwächeanfall schien ihn zu übermannen, denn er kam nicht wieder vom Boden hoch, und als Tommaso zu ihm hinüberging, ließ er sich widerwillig auf die Füße helfen.

»Ich kenne Euch«, murmelte er, während Speichel über seine erschlafften Lippen auf das graue Stoppelkinn lief.

»Giudice Benzoni vom Ripatribunal. Ihr seid sehr freundlich.«

Der Mönch stützte sich auf ihn und wankte an seinem Arm zum Hauptportal. Ein Novize, der im Sonnenlicht gewartet hatte, um seinen Mitbruder nach Hause zu begleiten, wurde mit einer ungeduldigen Handbewegung zur Seite gescheucht.

»Ihr wisst von weiterer Sünde, Giudice.«

»Ich muss mich vom Morgen bis zur Nacht mit Sünden beschäftigen. Wenn Ihr erlaubt, Frater – dort drüben stehen zwei Sänftenträger ohne Arbeit. Vielleicht wäre es ein mildtätiges Unterfangen …«

»Dem Fleische nachzugeben ist teuflisch und eine der größten Sünden, und es unter dem Vorwand einer guten Tat zu tun …« Tommaso verschloss die Ohren und blieb geduldig, während der Frater sein teuflisches Fleisch die Treppe hinabquälte. Eine bettelnde Greisin kroch auf ihren Beinstümpfen heran und küsste den staubigen Saum der weißen Kutte. Fra Felice segnete sie und keuchte. Tommaso kramte nach einer Münze, die er ihr zuwarf.

»Berichtet mir von den … Sünden, die Ihr kennt. Fra Michele, auf den – wie ich in Visionen sah – die Ehren des Triregnum warten …« Jeder Schritt erschöpfte den Pater. »Er ist voller Sorge, weil das Volk nicht mehr so eifrig anzeigt wie in den Zeiten Pauls. Es wird zu wenig befragt, gestraft, gelitten. Aber nur Leid …« Diesmal mischte sich hellrotes Blut unter den Speichel, als der Mönch hustete. Er rieb es gleichgültig mit dem Ärmel ab. Beißende Gerüche entströmten seiner

Kutte. »Die Tränen der Reuigen sind … sind wie die Wasser der Taufe, und jeder Tropfen ist dem Allerhöchsten wohlge…«

In diesem Moment klappten die Beine unter ihm zusammen. Der Novize war zur Stelle. Er scheuchte die Neugierigen beiseite, die den Mönch im Gossendreck mit einiger Schadenfreude begafften, und winkte eine Kutsche heran, die scheinbar nur auf diesen Moment gewartet hatte, denn der Kutscher hob den Greisenkörper ungefragt ins Innere. Er wollte die Vorhänge zuziehen, aber der Mönch wehrte ab. Er lehnte sich zurück, bot der Menge sein Gesicht, und – so kam es Tommaso wenigstens vor – genoss ihr schamloses Starren.

»Kommt und setzt Euch zu mir, Giudice. Ihr wolltet … mit mir sprechen.«

Tommaso kletterte in das schaukelnde Gefährt und wartete, bis es sich in Bewegung setzte. »Über ein Verbrechen, richtig, Fra Felice. Darf ich fragen, was Ihr über Kardinal Carlo Carafa denkt?«

In den Augenschlitzen blitzte es feindselig auf. »Ich liebe ihn als Geschöpf des Allerhöchsten, wie es meine Pflicht ist, aber jedes Stück Erde, auf das er seinen Fuß setzt, ist vom Aussatz der Sünde besudelt. Aus seinen Nüstern bläst der Atem des Verderbers.«

Tommaso wartete, bis er sich ausgehustet hatte. »Und Ihr würdet mir zustimmen, dass ihm das Handwerk gelegt werden muss?« Er war bemüht, seine Knie nicht mit denen des Dominikaners zusammenstoßen zu lassen, was in der Enge schwierig war, und plötzlich schien Fra Felice darauf aufmerksam zu werden.

Er starrte auf ihrer beider Schenkel. »Was sind Eure Absichten?«, fragte er misstrauisch.

»Der Kardinal hat ein Kind ermordet. Oder vielmehr – alles weist darauf hin, dass er es getan hat. Um das Verbrechen zu verdecken, mussten weitere Menschen sterben. Ich will, dass diese Untaten gesühnt werden.«

»Dem Kardinal ist nicht beizukommen. Fra Michele, der

in die Seele dieses Drachen schaute, lange bevor Papst Paul es tat, konnte ihn nicht stürzen. Und der neue Papst verabscheut ihn, aber er ist ihm zu Dank verpflichtet.«

»Ich ahnte, dass Ihr das sagen würdet.«

Der Mönch presste den Ärmel gegen die Nase, um die Blutung zu stillen. »Und trotzdem seid Ihr gekommen.« Hoffnungsvoll und vorsichtig zugleich schielte er über den Ärmel.

»Ja, ich bin trotzdem gekommen.« Tommaso hielt das Gesicht zum Fenster, um einen Moment frische Luft zu atmen. Er nahm sich vor, am Abend in der Kammer neben der Küche ein Bad zu nehmen, so sehr sehnte er sich plötzlich nach Sauberkeit. »Erinnert Ihr Euch an Girolamo de Federicis und Alessandro Pallantieri?«

»Der Governatore und sein Ankläger.«

»Die Männer, die einmal Governatore und Ankläger *gewesen* sind. Vor Carlo Grassi und Antonio Strata. Grassi und Strata haben die beiden auf Veranlassung Kardinal Carafas ersetzt. Das bedeutet, dass in den Kerkern der Engelsburg zwei Männer schmachten, die sich nach dem Licht der Sonne sehnen und vermutlich vom Wunsch nach Rache zerfressen sind. Zwei starke Männer, Fra Felice.«

Der Mönch nickte.

»Hat Euer Ordensgeneral auch auf den neuen Papst Einfluss?«

»Wie auf jeden rechtschaffenen Mann«, erwiderte Fra Felice hochmütig.

»Dann sagt ihm, er möge den Papst überreden, die beiden wieder in ihr altes Amt einzusetzen.«

»Ja ... ja, sicher ... es könnte möglich sein.« Der Dominikaner sank gegen das harte Brett, das – sicherlich auf seine Anordnung – das Kopfpolster ersetzte. »Dieser Strata ist ein schlechter Mann. Ein Heuchler. Ich verabscheue ihn. Und Grassi hat zugelassen, dass der Kopf der Statue unseres eifrigsten Papstes durch ... durch die Straßen Roms geschossen wurde wie ein ... Kohlkopf.« Wieder lächelte er. Vielleicht schwelgte er in Visionen künftigen Leides, die diesmal wahrhaft schlimme Sünder treffen würde, denn seine Züge wurden sammetweich.

»Gebt Ihr mir Bescheid, wenn Ihr wisst, wie der Papst entschieden hat?«, fragte Tommaso.

Fra Felice schwieg. Er konnte nicht aufhören zu lächeln.

XIX

Nicht hier, Signori. Das kann alles in das Gartenhäus-chen, aber im Haus dulde ich kein Arbeitsgerät!« Und vor allem keine grinsenden Kerle, die ihre Nasen in den Haushalt einer reichen Dame stecken wollen, fügte Vittoria im Geist hinzu.

Tante Olimpia erschrak jedes Mal zu Tode, wenn einer der bärtigen Gärtner plötzlich vor ihr auftauchte. Da nutzte es nichts, wenn Vittoria ihr auseinander setzte, dass sie nur ein paar Fragen klären wollten. Die Tante hatte ihre schreck-lichen Erlebnisse vom Sacco und ertrug keine Männer in ih-rem Heim. Fertig.

»Wir müssen einiges ausheben.«

»Benutze die Erde für den Hügel. Siehst du, hier auf dem Plan ist er eingetragen. Margarita, bring bitte das Kind nach oben!«

Die Amme, eine Frau mit dünnen Lippen und einem Bauch, der wie ein Ballon auf ihrem dürren Körper saß, hob Gianni aus dem Unkraut und trug ihn ins Haus. Die Frau hatte Milch genug, um den Kleinen mit seinen vier Monaten noch satt zu bekommen, das war der Grund, warum man sie im Haus behielt. Aber weder liebkoste sie das Kind, noch sprach sie mit ihm. Die meiste Zeit starrte sie vor sich hin oder schaukelte sich selbst in den Armen, und Vittoria be-gann zu fürchten, dass sie schwachsinnig sei. Zur Hölle mit Tante Olimpias Geiz, dachte sie gereizt. Trotz des Sacco.

»Und der Trog …«

»Bitte?«

»Die Ummauerung, in die Ihr Pflanzen setzen wollt.«

»Dort hinten bei dem Gitter. Zehn Fuß in der Länge, etwa vier Fuß breit und wenigstens fünf Fuß tief. Und am Ende … siehst du das hier? Die Signora hat es aufgezeichnet. Am Ende soll die Umfassung in zwei Sitzbänken auslaufen. Die Tiefe ist wichtig, denn die Dame des Hauses möchte in den Trog ein paar Bäumchen pflanzen, die im Sommer Schatten spenden.«

Gianni weinte, als Margarita ihn forttrug, und sofort tat er ihr Leid, denn auch im Haus würde sich niemand um ihn kümmern.

»Nach den Grundarbeiten wollen wir das erste Drittel unseres Lohns haben, Signora.« Oben aus dem Fenster, hinter dem Elena wohnte, ertönte plötzlich ein Schrei, dem ein klägliches Wimmern folgte.

»Bitte?«

»Ein Drittel des Lohns, Signora, nichts für ungut.«

Vittoria ließ den Mann stehen und eilte ins Haus und die Treppen hinauf. Elena lag in ihren Kissen, schlug wild mit den Fäusten und schluchzte, dass sie kaum noch Luft bekam.

»Was ist passiert?«

»Sie war schon so, als ich kam. Soll ich das Kind fortbringen?«, fragte Margarita gleichgültig. Gianni brüllte aus vollem Hals.

»Gib ihn mir. Und dann … mach dich nützlich. Hilf in der Küche.« Das gehörte nicht zu den Aufgaben der Amme, aber sie trottete davon, ohne zu widersprechen. Elena weinte immer noch.

»Was ist denn?« Vittoria setzte sich auf die Bettkante und tätschelte ihr den Rücken. »Was auch immer dich bedrückt – es kann so schlimm nicht sein, denn dir und dem Kleinen und uns allen geht es gut. Elena!«

»Hat sie den Brief gefunden?« Olimpia kam aus dem Nebenzimmer. Verdrossen blickte sie auf ihre Tochter herab.

»Welchen …«

»*Seinen* Brief.«

»Niccolò hat geschrieben?«, fragte Vittoria erschrocken.

Elena heulte auf, und Olimpia schürzte die Lippen. Vittoria sah zerknülltes Papier zwischen den Seidenkissen, nahm es mit der freien Hand und strich es ungeschickt auseinander. Niccolò wollte Geld. Er wartete auf die Zahlung, die man ihm versprochen hatte. Aber sie hatte die fünf Scudi doch geschickt. Verdammte Bank, dachte Vittoria, den Tränen nahe. Was hatte Tommaso über die Banca Bandini gesagt? Schuldscheine gefälscht? Da hatte man es. Sie las weiter. Vittoria solle persönlich kommen und die Angelegenheit regeln. Möglichst bald.

»Er hasst mich!«

»Was? Ach Unsinn.« Mechanisch strich Vittoria über Elenas Nacken.

»Er findet mich hässlich. Und das ist kein Wunder, denn ich *bin* hässlich. Ich sehe aus wie eine Hexe, wie eine Ente …«

»Nein, nein …«

»Hör auf, mit ihr zu reden«, empfahl Olimpia. »Sie will heulen, also heult sie, und wenn sie genug hat, wird sie's lassen. Ich weiß jedenfalls nicht, warum ich mir die Nerven ruinieren lassen soll.« Ohne Vittorias finstere Miene zu beachten, wandte sie sich fort. Beim Hinausgehen sagte sie: »In ihrer Truhe liegt eine Flasche Laudanum.«

Elenas Schluchzen brach ab, als die Tür ins Schloss fiel. »Das sagt sie immer, Vittoria. Jedes Mal. In meiner Truhe ist Laudanum. Ich trinke das nie. Aber sie *will*, dass ich es nehme, damit ich schlafe. Ich bekomme Bauchschmerzen davon, und trotzdem soll ich es trinken. Ich bin ihr eine Last. Sie hasst mich, weil sie keine hässliche Tochter …«

»Aber Elena«, meinte Vittoria hilflos.

»Gib mir den Brief.« Elena musste ihn auf die Kissen legen, um ihn lesen zu können, so sehr zitterten ihre Finger. Wenn sie doch nur bemerkt hätte, wie sehnsüchtig Gianni nach ihrem Ärmel langte. Dann hätte sie vielleicht begriffen, dass ihr Aussehen die Menschen, auf die es ankam, nicht im Geringsten störte.

»Siehst du? Er schreibt kein Wort an mich. Nicht ein Einziges. Als wenn es mich gar nicht gäbe. So schrecklich verachtet er mich.«

»Männer wissen nicht, wie man auf dem Papier Zärtlichkeiten sagt. Natürlich hat er dich gern«, sagte Vittoria in Signora Capezzas Tonfall, wofür sie sich hasste.

»Das glaube ich nicht. Wenn er mich gern hätte …« Elena schniefte. »Gib mir den Kleinen.«

»Schau nur, er will an deine Kette. Der glitzernde Stein hat es ihm angetan. Siehst du, wie er die Beinchen gerade hält?«

Elena löste die kleine Faust, die sich um ihre Kette gekrallt hatte, und hielt ihren Sohn in die Höhe. »Wenn er nur einmal seinen Sohn sähe. Er ist vernarrt in Kinder, das hat er mir selbst erzählt. Vielleicht sollte ich ihm schreiben, wie niedlich Gianni ist.« Sie machte eine Pause, zögerte. »Warum will Niccolò eigentlich, das *du* kommst, und nicht, dass *ich* komme?«

Auf diese erstaunlich vernünftige Frage fiel Vittoria keine Antwort ein. Sie schwieg und fühlte sich entsetzlich. Stumm sah sie zu, wie ihre Cousine mit dem Kind auf dem Arm aus dem Bett stieg und zum Fenster ging. »In seinen Briefen, die an *mich* gerichtet sind, schreibt er von seiner Liebe. Er kann also doch zärtlich schreiben. Aber in den Briefen, die ihr mich nicht sehen lasst, geht es immer nur ums Geld.«

»Das ist doch nicht verwunderlich. Niemand würde seine geliebte Frau mit so profanen …« Vittoria brachte es nicht fertig, die Lüge zu vollenden.

»Sie fangen mit dem Garten an.«

»Ich weiß«, sagte sie.

Elena setzte ihren Sohn vor sich auf die Fensterbank, und er begann ungeschickt mit den Ärmchen zu zappeln. »Vielleicht kommt Niccolò niemals, um sich die Grotte anzusehen. Ich hatte das Gefühl, dass ihm schon die wenigen Tage in diesem Haus zu viel waren. Erinnerst du dich, wie er mich angeschrien hat, als ich mit ihm über Signora Eusepias Sonett sprechen wollte? Dich nicht. Mit dir war er immer freundlich. Aber mich hat er angeschrien und dann sogar …«

»Wir werden wissen, was mit ihm ist, wenn er wieder hier ist«, unterbrach Vittoria sie rasch. »Komm, Elena, lass uns etwas tun. Wir gehen in den Garten. Wir zeigen Gianni die Vögel, und danach gehen wir zu dem Signore, der die Anisküchlein ...«

»Wenn er mich lieb hätte, wäre er freundlich zu mir. Und er würde mich zu sich holen.« Elena ließ Gianni los. »Nach Civita Castellana. Eine Hausfrau sollte in ihrem Heim ... Was ist denn?«

Vittoria war losgestürzt und packte das Kind, das ahnungslos mit den Händchen ins Nichts patschte und sich gefährlich bewegte. Gianni begann zu schreien.

»Was ist denn, Vittoria? Was machst du für ein Gesicht? Diesmal weint er *deinetwegen.*«

»Du darfst ihn nicht ... Elena, er ist *klein.* Man darf ihn nicht loslassen, wenn er auf der Fensterbank sitzt. Er könnte hinunterfallen. Er könnte sich zu Tode stürzen.«

»Ach, glaubst du?« Nachdenklich betrachtete Elena ihr Kind.

Es wurde Nachmittag, ein schöner Nachmittag sogar, denn Elenas Laune besserte sich plötzlich, und sie setzte sich an eines der unteren Fenster, um den Gärtnern beim Herausreißen des Unkrauts zuzusehen. Ihr Sohn lag zu ihren Füßen auf einer Decke. Er liegt dort nicht, weil seine Mutter es will, dachte Vittoria, sondern weil ich ihn dort abgesetzt habe. Ich mische mich ein, weil ich glaube, dass sonst alles schief geht, und vielleicht bin ich es, die sich sonderbar verhält, und ich bin zu blind, um es zu sehen.

Elena hob ihr Söhnchen auf den Schoß und zeigte ihm eine vermooste Steinfigur, die die Arbeiter aus dem Gestrüpp in einer Ecke befreiten.

»Sieht er dir eigentlich ähnlich?«

»Bitte?«, fragte Vittoria zerstreut.

»Gianni. Mama meint, er hätte deine Nase. Und das ist wahrhaftig ein Glück, denn du hast die hübscheste Nase, die ich kenne. Ach du meine Güte, jetzt habe ich es vergessen.«

»Was?«

Elena lachte. Sie setzte ihr Kind ab und eilte aus dem Zimmer, wobei ihr Kleid wie ein Segel hinter ihr herflatterte. Nach wenigen Augenblicken kehrte sie zurück. »Da.« Sie reichte Vittoria eine Holzschachtel mit einem blauen Seidenband. »Für dich. Mach's auf. Siehst du? Konfekt in Form von Herzen. Du bist immer so lieb. Immer hast du Geduld mit mir und kümmerst dich um Gianni und hältst Mamas Launen aus, und … ich dachte, einmal sollte ich auch etwas für dich tun. Die mit dem grünen Guss haben eine Füllung aus Mandeln. Und die weißen eine aus Zuckercreme.«

Das Pochen des Türklopfers drang durchs Haus.

»Besuch?«, fragte Elena verwundert. »Ich dachte, Mama will … will fort.« Sie stockte. »Vittoria …« Ihre Augen begannen plötzlich zu glänzen, und sie zupfte aufgeregt an ihrem Kleid und dem Haar. Sei doch nicht dumm, hätte Vittoria sie am liebsten angeschrien. Er ist es nicht. Er wird es niemals sein.

Im oberen Stockwerk rief Olimpia nach ihrer Kammerfrau. Es pochte erneut, diesmal ungeduldiger.

»Nur Männer klopfen so.« Elena strahlte.

»Wahrscheinlich ist es ein Straßenhändler. Die Kerle werden immer frecher und pochen an jeder Haustür.«

»Signore?«, hörten sie die Stimme der Kammerfrau, die sich schließlich des Fremden erbarmt und geöffnet hatte.

»Oh!« Elenas Enttäuschung war grausam. Sie fiel in den Sessel, und einen Moment sah es aus, als wolle sie wieder zu weinen anfangen, aber sie riss sich zusammen. »Dein … das ist er doch, nicht? Dein Gatte. Ich hatte ihn ganz vergessen. Wie … erfreulich. Er war noch niemals hier.«

Und dabei hätte es bleiben sollen, dachte Vittoria und behielt ängstlich ihre Cousine im Blick.

»Er hat eine hässliche Nase.«

Sie nickte und stand auf. Aus den Augenwinkeln sah sie, wie Elena eine Nadel in ihrer Frisur zurechtsteckte. Gut so. Bleib tapfer. Kein Wort über Niccolò.

Tommaso trug wieder den Talar. Sonderbar, dass ihr das

als Erstes auffiel, als er in den Raum trat. Einen der drei, die in seiner Kleidertruhe lagen und mit denen er wohl beerdigt werden würde. Er war schlecht gelaunt. Scheinbar hatte er nicht erwartet, jemanden bei seiner Frau zu sehen, denn er stockte und schluckte das, was er sagen wollte, erst einmal hinunter.

Vittoria lächelte ihn an. »Dies ist meine Cousine. Ihr erinnert Euch sicher. Elena.«

»Ja, aber ich muss mit Euch allein sprechen.«

»Ich soll gehen?«, fragte Elena zögernd. Ihre Lippen zitterten plötzlich, und sie wurde unnatürlich blass, aber als Vittoria nickte, gehorchte sie. Nur Gianni wurde vergessen. Er blieb auf dem Ziegenfell sitzen, auf dem er mit einem der Schmuckstücke seiner Mutter spielte.

»Ich möchte, dass Ihr nach Arricia geht, Vittoria. Auf den Landsitz Eures Onkels.«

»Oh, darüber hatten wir gesprochen. Gern. Nur dachte ich … Ich meine, die Grotte …«

»Es muss jetzt sein.« Tommaso ging zum Fenster und sah hinaus. Sein Talar hatte einen staubig weißen Fleck in Höhe des Schulterblatts.

»Ihr braucht Erholung? Sicher, Signore, der Garten kann warten.«

»Nein, ich bleibe in Rom. Ihr werdet allein dorthin gehen.«

Vittoria wartete auf eine Erklärung. Verbannung? Rache für … was auch immer er herausgefunden zu haben meinte? Hatte er sich in der Bank nach ihren Geschäften erkundigt? Sie merkte, wie sie wieder zu zittern begann.

»Ich war ein Dummkopf. Ich habe nicht nachgedacht.«

»Signore?«

»Ich habe mein eigenes Risiko abgeschätzt, aber nicht daran gedacht, dass ich auch Euch in Gefahr bringe.«

Ihr Herz blieb vor Erleichterung einen Moment stehen und schlug dann mit doppelter Geschwindigkeit. »Wie meint Ihr das?«

Als Tommaso sich umdrehte, sah er müde aus. »Kein

Mann von Ehre würde einer Frau wie Euch etwas antun. Wahrscheinlich seid Ihr gar nicht in Gefahr. Und doch kann ich nicht ausschließen ...« Er kam zur ihr und legte seine Hand auf ihren Nacken. »Ich habe einen mächtigen Mann herausgefordert, und deshalb möchte ich, dass Ihr Rom für eine Weile verlasst.«

»Strata«, sagte sie.

»Den auch. Aber ich meine Kardinal Carlo Carafa.«

Tommaso wusste nichts von Niccolò. Er war hier, weil er sich Sorgen um sie machte, und seine Hand ... Die Hand war warm und fest und – wenn man es sich vielleicht auch nur einbildete – voller verheißungsvoller Zärtlichkeit. Vittoria atmete so flach, als wären die Finger in ihrem Nacken Schmetterlinge, die bei der geringsten Unruhe aufflögen.

»Was habt Ihr dem Kardinal getan?«

Tommaso zog die Augenbrauen hoch und sah noch müder aus. Seine Hand sank zu ihrem Bedauern herab. »Es geht um Gerechtigkeit.«

»Hängt es mit diesem Jungen zusammen, der ertrunken ist? Signora Capezza hat ihn erwähnt. Schrecklich ist das.«

Er lächelte.

»Aber natürlich hat der Kardinal kein Mitleid mit Kindern, er hat es ja nicht einmal für seine Nichten und Neffen empfunden. Doch, Signore, man muss sich ihm entgegenstellen. Und da der Heilige Vater schweigt, wer sollte es dann tun, wenn nicht die Richter?«

Sein Lächeln vertiefte sich, er küsste sie kurz aufs Haar, und einen Moment lang fühlte sie sich wie eine glückliche Ehefrau.

XX

Ihr seid besessen.« Achille Gaddi klopfte bei jedem Wort auf das Kaminbrett und die rote, mit tanzenden Delphinen verzierte Vase, die Vittoria dort aufgestellt hatte, schwankte. »Ihr seid … besessen, und Eure Besessenheit hat Euch in den Wahnsinn getrieben.« Sein Gesicht war hagebuttenrot angelaufen, er sah aus, als wolle ihn der Schlag treffen. »Carlo Carafa! *Ich* weiß davon, und es wird nur Tage, vielleicht Stunden dauern, bis *er* es auch weiß! Habt Ihr eine Vorstellung, was Ihr unserer Familie antut? Carafa hat seine … na, dieses Weib, seine Schwägerin beseitigen lassen, weil sie seine verdammte Ehre verletzte.« Er blieb vor Tommaso stehen und hielt ihm den Finger unter die Nase. »Es ging nicht darum, ob sie Giovanni wirklich betrogen hatte. Nein, schon der *Verdacht* gab die Familie der Lächerlichkeit preis, und deshalb gingen ihm die Nerven durch. Begreift Ihr? Er ist ein Verrückter. Wenn er Angehörige der eigenen Familie umbringt, Tommaso – was wird er mit *Euch* anstellen? Mit Vittoria? Mit jedem, der mit Euch in Verbindung steht?«

Der feiste Mann wischte mit einem Leinentüchlein den Schweiß ab, der durch die Falten seines Gesichts rann. Er hörte, wie Vittoria, die ihre Reisetruhe packte, oben im Flur eine Frage stellte, und deutete resigniert in ihre Richtung. »Es gibt kein Gesetz, das die Kraft hätte, Euch gegen Carlo Carafa zu schützen. Denn er ist *selbst* zum Gesetz geworden.

175

In seinem Kopf. Er hat vergessen, dass es ein geschriebenes Gesetz gibt, das über seinem Willen steht. Er würde lachen, wenn man ihn darauf aufmerksam machte.«

»Papst Paul hat ihn deswegen in die Verbannung geschickt.«

»Ja, und jetzt ist Paul tot und – Zauberei – Carafa hält wieder im Vatikan die Zügel in der Hand. Ich muss mich setzen. Ausgerechnet die Inquisition. Wie konntet Ihr! Er hasst die Dominikaner bis aufs Blut.«

»Hat Fra Felice etwas erreicht?«

»Betet zum Allmächtigen, dass nicht und dass die Sache irgendwie im Sande verläuft.«

»Wie habt *Ihr* davon erfahren?«

Gaddi wedelte müde mit der Hand. Der Ausbruch hatte ihn erschöpft. »Habt Ihr einen Schluck Wasser? Nein, lasst. Lasst, ich trinke auch Wein, obwohl er mir in diesem Zustand auf den Magen schlägt. Bitte.«

Tommaso schüttete ihm das Glas voll. »Ich möchte Eure Freundlichkeit in Anspruch nehmen, Achille, und Vittoria in Euer Landhaus nach Arricia bringen.«

»Tut das. Obwohl ich nicht weiß, was es nützen soll. Oder doch?« Er sann nach. »Haltet auf jeden Fall geheim, wo sie steckt. Lasst sie von nur wenigen Bediensteten begleiten, denen Ihr vertraut. Besucht sie nicht. Und schärft ihr ein, dass sie sich nicht fortrühren darf. Himmel, in was für einer Zeit leben wir. Warum nur, Junge?«

»Bitte?«

»Warum seid Ihr so störrisch? Rom ist eine Stadt des Blutes. Meiner Meinung nach rührt das daher, weil hier zu wenig Frauen leben. Frauen besänftigen das Gemüt und sorgen dafür, dass die unruhigen Säfte abfließen. Aber im gesamten Borgo und der Hälfte des restlichen Roms gibt es keine Frauen. Das *muss* in Gewalt enden. Dieses Leben könnte schön sein, Tommaso, wenn jeder seinen Ehrgeiz begrübe und sich der Erfüllung seiner wirklichen Bedürfnisse widmete. Frauen, ein gutes Essen ...« Seine Stimme wurde weinerlich. Er trank einen Schluck, stieß auf, und es sah so aus, als mischten sich Tränen in den Schweiß. »Darf ich Euch etwas erzählen?«

Tommaso nickte.

»Ich war dabei, als sie einen armen Teufel richteten, einen Jesuitenschüler, der sich in eine Jungfrau verliebte und ihr beischlief für den Preis eines silbernen Rosenkranzes. Neben mir stand der Mann, der nach der Hinrichtung den Platz säubert. In Rom, sagte er – nicht zu mir, sondern zu jemand, der vor mir stand –, sieht man mehr Köpfe auf der Stadtmauer, als Melonen auf dem Markt. Da hat er eine Wahrheit ausgesprochen. Mehr Köpfe auf der Mauer als Melonen auf dem Markt. Aber der Mord an Giovanni Carafas Frau bleibt ungesühnt. Versteht Ihr? Nicht die Gewalt in den Straßen zerstört uns. Und schon gar nicht die harmlosen Spektakel in den Betten. Es sind unsere Gerichte selbst, die sich weigern zu sehen, was sie nicht sehen wollen.«

»Und dennoch missfällt es Euch, wenn das Gesetz einmal den Richtigen träfe?«

»Es würde mich freuen. Aber zu welchem Preis?« Gaddi wischte erneut den Schweiß aus der roten, glitzernden Haut. »Stellt Ihr Euch auf die Treppen des Petersplatzes und belästigt den Allmächtigen mit der Frage, warum er Seuchen und Überschwemmungen schickt? Begreift, dass manche Dinge unabänderlich sind. Sich dennoch aufzulehnen hat mit Dummheit zu tun. Mit gefährlichem Hochmut, denn Ihr erzeugt neues Unrecht, ohne Carafa belangen zu können. Subtrahierte man von dem Guten, das Ihr möglicherweise erreichen würdet, das Böse, das schon eingetroffen ist, so bleibt Unglück übrig. Warum geht Ihr nicht und macht Eure Frau glücklich, auf dass wenigstens ein winziger Teil dieser Erde genese?«

Vittoria rief durchs Haus. Sie suchte ihre Kammerfrau. Ihre Stimme klang hell und aufgeregt wie die einer Vogelmutter, die ihr Nest bedroht sieht.

»So einfach ist das nicht.«

»Nein, Iola«, hörte Tommaso seine Frau gedämpft widersprechen. »Dies ist zu dünn. Ich bleibe doch nicht bis zum

177

Sommer. Wieso findest du ...? Aber ich habe es gewiss ...
Oh nein, knicke es in der Taille, sonst gibt es Falten.«
Eine Tür wurde geschlossen, und die Frauenstimmen er-
starben.

»Ist es denn überhaupt sicher?«

»Bitte?«, fragte Tommaso.

»Nun, zum Beispiel dieses Messer. Der ganze Wirbel stützt
sich auf ein Messer. Vielleicht wurde es Carafa gestohlen.
Warum hat er es nicht wieder an sich genommen, wenn er
den Jungen tatsächlich umbrachte?«

Ja, genau das war die Frage. Tommaso musste wieder an
den Arzt denken, der das Messer ebenfalls verschmäht hatte.

»Wenn Carlo Carafa wirklich verhaftet würde, wird er
sich den besten Verteidiger suchen. Wahrscheinlich Felice
Scalaleone. Der würde Euren angeblichen Beweis – dieses
verfluchte Messer, denn das ist das Einzige, was Ihr habt –
mit Hohn und Spott beiseite fegen. Ihr wisst das, Ihr seid
Richter.«

»Ihr solltet Euch nicht so viele Sorgen machen, Achille.«

»Sondern mich lieber zum Teufel scheren, ja?« Nun rollten dem alten Mann wirklich Tränen über das Gesicht. Er
füllte sein Glas und schüttete den Inhalt in einem Zug hinunter.

»Schwierige Sache«, meinte Tommaso betreten.

Vittoria stieg erhitzt in die Kutsche, die Tommaso bestellt
hatte. Das Gefährt gehörte einem Freund Gaddis, und auf
dem Kutschbock saß einer der Ripasbirri.

»Vorsicht damit!«, rief sie dem Kutscher zu, der die Reise-
kiste mit den Eisvögeln auf das Kutschendach hievte. Sie zog
den Kopf aus dem Fenster zurück und zupfte ihre Kleider zurecht. Wie immer war sie vollkommen gekleidet, und wie immer wurde ihm schwach bei ihrem Anblick.

»Ihr werdet möglicherweise eine ganze Weile aus Rom
fortbleiben müssen.«

»Ja, das leuchtet mir ein.«

»Vielleicht sogar Monate.«

»Ich frage mich ... Ich meine, Elena und der Kleine, meint Ihr nicht, sie könnten vielleicht doch mit mir kommen?«

Er schüttelte den Kopf, während er einstieg und sich ihr gegenübersetzte. Gaddi hatte beteuert, dass kaum jemand von seiner verschwiegenen Villa wisse, und so konnte er hoffen, dass Vittoria dort unentdeckt blieb. Aber mit jedem zusätzlichen Flüchtling stieg das Risiko. Außerdem schien diese Elena nicht eben ein Ausbund der Vernunft zu sein. Womöglich würde sie in den Dörfern einkaufen wollen oder Leute besuchen, weil sie sich langweilte, Briefe schreiben ... Er hatte keine hohe Meinung von Vittorias Cousine und deren Mutter.

Die Kutsche ruckte an, und sie rumpelten die Straße entlang. Nach kurzer Zeit passierten sie den Fähranleger, an dem Tommaso fast sein Leben gelassen hätte. Der Kutscher nahm den Weg über den Borgo, und eine Zeit lang sahen sie fast ausschließlich schwarze Priesterröcke. Dann ruckelten sie über den Ponte Sant'Angelo und erreichten die Innenstadt, in der sich das Leben überschlug. Tommaso beobachtete durch das offene Fenster den Himmel, an dem die Wölkchen wie Wellen dahingeblasen wurden. Die Leute lachten und brüllten sich über die Straße Scherze zu. Rom schien seine gewohnte gute Laune wiedergefunden zu haben.

»Ihr selbst seid am meisten in Gefahr.«

»Wer weiß das schon.« Tommaso hielt sich am Fensterholm fest, da die Kutsche ordentlich durchgerüttelt wurde. Unter dem Mantel trug er eine Pistole, deren Knauf gegen seine Hüfte drückte. Lorenzo hatte ihn im Umgang mit der Waffe unterwiesen. Er besaß erstaunlicherweise nicht nur diese eine, sondern ein ganzes Arsenal, und er hatte dem Giudice sein bestes Stück überlassen. Ein revolvierendes Modell mit drei Läufen, aus denen Pfeile abgeschossen werden konnten. Eine Wunderwaffe, ohne Zweifel. Leider hatte Tommaso bei vierzehn Probeschüssen nur einmal das Ziel getroffen, das sein Bargello auf den Baum im Gerichtshof gemalt hatte.

Aber er gestand sich ein, dass er im Fall des Falles lieber mit einer Pistole als mit einem Degen oder Messer kämpfen würde. Feigheit, dachte er. Nie wirklich Hand anlegen, immer aus der Ferne verletzen. Nur nicht dem Schmerz zu nahe kommen. Richter machten es sich leicht.

»Wie kommt es, Tommaso, dass Ihr gerade diesem Jungen so viel Aufmerksamkeit schenkt?«

»Putto?«

»Er heißt ...? Das ist doch kein Name.«

Tommaso brummte etwas.

»Und warum hat er sich ertränkt?«

»Nein, nein, das war sein Freund. Tonio. Und vielleicht hat er sich gar nicht ertränkt. Ich hatte ihn wegen Putto verhören wollen. Die beide sind dem gleichen ... ähm, gottlosen Gewerbe nachgegangen. Dieser Putto wurde von seinem ...« Er suchte nach einem unverfänglichen Ausdruck, aber ihm fielen nur derbe Gossennamen ein.

»Er wurde *was*?«

»Umgebracht.«

»Von diesem ...«

»Erstochen, ja.«

Zu seinem Erstaunen rötete sich plötzlich die Partie um ihre Augen, als kämen ihr die Tränen. »Sie sind verabscheuenswert. Diese Männer, meine ich. Die Kinder sollten natürlich auch ihr schmutziges Treiben lassen, aber man muss ihnen zugute halten, dass sie jung sind und sich kaum wehren können. Doch die Männer ...«

»Sind der wahre Abschaum.« Er nickte.

»Jawohl, das sind sie!«, wiederholte sie voller Inbrunst.

Er hätte gern gewusst, was sie dachte. Sie starrte zum Fenster hinaus und kaute nachdenklich am Nagel ihres kleinen Fingers. Aus irgendeinem Grund ging ihr die Sache mit Putto zu Herzen.

Aus dem Hintereingang eines Hospitals kam eine Familie. Die dicke Matrone weinte, während ihre Töchter – vielleicht auch Schwestern – sie wort- und gestenreich trösteten. Vittoria blickte den Frauen hinterher. Er hätte auch gern gewusst, was sie über diese Leute dachte. Oder über den Mann, der mit hängenden Schultern hinter den Frauen hertrottete. Ihr Knie stieß mit seinem zusammen, und sie schien es nicht einmal zu merken.

»Tommaso?«

»Ja?«

»Warum untersucht Ihr den Tod dieses Jungen mit solcher Hartnäckigkeit?«

»Weil es sonst keiner tun will.«

Sie dachte nach. »Ja, das ist gut, Signore. Das gefällt mir.« Dann schwieg sie wieder und sprach kein Wort mehr, bis sie die Platea Columna erreichten und in eine Seitengasse abbogen.

Plötzlich fiel ihm mit Schrecken etwas ein. »Könnt Ihr überhaupt reiten?«

»Einigermaßen.«

»Das ist gut, denn Ihr werdet es müssen.« Die Kutsche hielt mit einem Ruck, und Tommaso fasste Vittorias Hand, um ihr herauszuhelfen. Rasch drängte er sie durch ein Tor, dessen Flügel sich einen Spalt weit für sie geöffnet hatte. Die Kutsche rollte weiter. Vittoria warf einen Blick auf die Sbirri, die in dem dunklen, tunnelartigen Durchgang warteten, und ließ sich von Tommaso wortlos auf ein Pferd helfen. Es trug einen Damensattel, obwohl sie in einem Männersattel sicher besser aufgehoben gewesen wäre, aber den hatte Lorenzos Gefühl für Schicklichkeit nicht zugelassen.

Der Bargello stand mit ernstem, ja düsterem Gesicht vor den Pferden und hielt sie am Geschirr. Er hatte Ernesto und zwei weitere Sbirri mitgebracht. Die beiden Männer sollten in Arricia bleiben und die Frau des Giudice schützen. So war es abgemacht. Der Bargello hatte gut gewählt. Die Männer sahen stark und zuverlässig aus. Sie verstauten ihre Waffen und schwangen sich auf die Pferde. »In Ordnung«, sagte Tommaso. Gemeinsam ritten sie durch einen rückwärtigen Eingang hinaus und verließen durch ein abgelegenes Tor die Stadt.

Ihr Ritt dauerte mehrere Stunden, in denen nichts Aufregenderes geschah, als dass Ernestos Pferd fehltrat und zu lahmen begann, aber da waren sie schon kurz vor ihrem Ziel. Das wirklich Schlimme, dachte Tommaso, trifft uns immer unvorbereitet.

Besorgt nahm er das kleine Anwesen, das seiner Frau für die nächsten Wochen Schutz vor einem der mächtigsten Männer Italiens bieten sollte, in Augenschein. Gaddis Landsitz verfügte über eine Mauer, die allerdings so niedrig war, dass ein Reiter sie problemlos überspringen konnte. Die verschiedenen Trakte auf dem Gelände hatten Fenster bis zum Boden – hübsch, aber nicht zur Verteidigung geeignet. Nun ja, einem ernsthaften Angriff würden die beiden Sbirri sowieso nicht standhalten können. Und Vittoria mehr Männer beizugeben würde gerade das Aufsehen erregen, das Tommaso unbedingt vermeiden wollte. Sie mussten wie Hasen kämpfen, nicht wie Tiger.

»Worüber denkt Ihr nach?«, fragte Vittoria. Sie hatte sich die Innenräume der kleinen Villa angeschaut und mit den beiden Frauen gesprochen, die das Anwesen während Gaddis Abwesenheit rein hielten. Nun trat sie in den Garten, in dem die ersten wilden Blumen blühten und reckte das Gesicht gegen die tiefer sinkende Sonne. »Es ist schön hier. Ich danke Euch, dass Ihr für mein Exil einen so friedlichen Platz ausgesucht habt.«

»Zu einsam?«

»Alles geht, wenn man sich ein wenig einrichtet.«

»Und die Frauen?«

»Sind reizend. Besten Dank. Caterina hat Kalbfleisch gekocht, und es riecht ausgezeichnet.«

»Ich würde Eure Kammerfrau gern in Rom lassen. Wenn sie einkaufen geht, kann das den Verdacht zerstreuen, dass Ihr fort seid.«

»Ich komme mit Caterina zurecht. Danke.«

Er war froh, dass sie sich nicht beklagte. Aber nun gingen ihm die Fragen aus. Er besah sich das kleine Wäldchen hinter der Mauer, dessen Spitzen wie Nadeln aus einem Nadelkissen staken. Die Berge stiegen hier sanft an, mehr eine Hügellandschaft als ein Gebirge. Bald würde darauf ein Blütenmeer wachsen. Die Villa hatte eine wunderschöne Lage, aber er verkniff sich, das zu erwähnen, weil es ihm schwülstig vorkam.

»Caterina hat mir die Schlafzimmer gezeigt. Es gibt einen hübschen kleinen Raum zum Innenhof. Werdet Ihr über Nacht bleiben?«

Werdet Ihr über Nacht bleiben. Vittoria hatte sich auf eine Steinbank gesetzt, über der Rosen rankten. In wenigen Monaten würde hier das lauschigste Plätzchen des Gartens sein, und Tommaso musste an den fetten Gaddi denken, der hier vermutlich mit seiner Kurtisane gesessen hatte. Ein einfaches Verhältnis, in dem jeder gab und nahm, und da Gaddi ein rücksichtsvoller Mann war, hatte es seiner Dame vielleicht gefallen, den Raum zum Innenhof zu benutzen. Was Vittoria gefiele, versuchte er vergeblich zu erraten.

Sie lächelte zu ihm auf. »Bleibt Ihr?«

Sie lud ihn ein. Weil es spät war und sie annahm, dass ihr nichts anderes übrig blieb? Ich mache es selbst kompliziert, überlegte er, während er auf den Schatten zwischen ihren weißen Brüsten starrte. Ihre Haut hatte die Farbe von Elfenbein. Trüge sie Perlen, sie würden unsichtbar.

»Es ist bald dunkel. Ihr solltet erst morgen aufbrechen. Die Straßen sind um diese Zeit sicher gefährlich.«

Warum sah sie ihn nicht an? Warum sah sie ihn nun doch an und blieb ihm trotz ihres Lächelns so unerreichbar fern?

»Es tut mir Leid«, sagte er, »die Arbeit drängt. Ich kann keine Zeit vergeuden.«

War sie enttäuscht? Mit dieser Frage quälte er sich herum, als er wenig später aufbrach und sie im Abendlicht über die hügelige Landschaft nach Rom zurückritten. Seine Sehnsucht, ihre Haut zu berühren, dieses samtige Elfenbein zu streicheln, brachte ihn fast um. Er hatte das Gefühl, in einem Ameisenhügel zu stecken. Warum also lief er davon?

Aus Angst vor ihrem Urteil? Sie hatte mit ihm schlafen wollen. Was sonst hätte der Hinweis auf das kleine Zimmer bedeuten sollen? Sie hatte es gewollt. Sie hatte kaum eine andere Möglichkeit, als es zu wollen, dachte er kritisch.

Lorenzo rief etwas und deutete zum Himmel. Sie mussten sich beeilen. Er schlug mit der flachen Hand auf die Kruppe seines Pferdes und wunderte sich wahrscheinlich, warum sein Giudice so trödelte.

Ihr Blick, dachte Tommaso am Ende, als sie das Stadttor bereits hinter sich gelassen hatten und sich durch das abendliche Gedränge der römischen Innenstadt quälten. Irgendetwas meinte er in ihrem Blick gesehen zu haben, und das hatte ihn gestört. Taktvolle Duldsamkeit?

Plötzlich stand der schwarze Schnurrbart Niccolòs vor seinem Auge. Ein Mann, dessentwegen die Frauen in ihren Kissen schwitzten.

Wenig später, es war bereits dunkel, erreichten sie sein Haus. Er hörte Lorenzo und Ernesto miteinander flüstern, während er seinen Hintern verfluchte, der nicht einmal mehr einem Ritt von wenigen Stunden gewachsen war. Lorenzo räusperte sich. »Wir haben noch nicht ausgemacht, wie es weitergehen soll. Ich meine, mit Euch, Giudice.«

»Man müsste überlegen, wo Ihr jetzt, ähm, schlafen sollt, Giudice«, sekundierte Ernesto mit treuherziger Miene.

»Das hat Zeit bis morgen. Bis morgen!«, wiederholte Tommaso, als seine Männer sich nicht rührten.

Er hämmerte an die Tür, weil er zu ungeduldig war, nach dem Schlüssel zu suchen. Drinnen rief Castro. Ihm antwortete eine andere tiefere Stimme. Danach war es still. Die Tür blieb verschlossen. Lorenzo sprang vom Pferd. Er zog seine Pistole und winkte dem Giudice, von der Tür zurückzutreten. Dessen paar Schritte reichten ihm nicht. Er packte Tommaso am Ärmel und schob ihn zu einer Mauer. Dann kehrte er vor die Tür zurück. Ernesto hielt den Atem an.

»Wer ist dort?« Das war wieder Castros ängstliche Stimme.

»Wer schon, du Idiot!« Tommaso wollte zum Haus zurück, aber Lorenzo schüttelte den Kopf. Er war sichtlich enttäuscht, als die Tür sich öffnete und Castros kahler Kopf sichtbar wurde.

»Was ist los?«, fuhr Tommaso ihn an.

Bleich und unglücklich antwortete er: »Ihr solltet zur Ripa gehen, Giudice. Es ist etwas geschehen.«

XXI

Der Mann, der mich geschickt hat, ist unzufrieden.«
Sicario wartete.

Das war das Beste: Warten. Er hatte noch nie erlebt, dass jemand dem Schweigen in einem dunklen Raum, allein mit einem Mann, dessen Geschäft das Töten war, widerstehen konnte.

»Es kam vor allem auf diesen Tonio an«, sagte der Mann.
Und Tonio lebte.

Eine Katze huschte an der Wand entlang. Sie wollte jagen. Überall in den Ritzen hockten Ratten und Mäuse, aber sie traute sich nicht, ihrem Instinkt nachzugeben. Sicarios Besucher erfüllte den Raum mit Unruhe.

»Dieser Tonio...«

»Der Ripa-Giudice hat Geld für den Jungen geboten«, sagte Sicario.

Er sah, dass der Mann nach seinen Gesichtszügen forschte. Vergeblich. Es war zu dunkel in der Kapelle. Er hatte den Besucher genau zu dem Platz gelenkt, an dem er den Hund mit den Siegestrophäen gefüttert hatte. Geronnenes Blut und Haut- und Fleischfetzen besudelten die Hose des Mannes, ohne dass er es wusste. Er wollte nicht mit den Morden in Berührung kommen, und dass an seinem Hintern nun die Überreste der Opfer klebten, bereitete Sicario Vergnügen.

»Ich biete mehr als der Giudice«, sagte der Mann schwer atmend. Er war geizig oder, wenn es stimmte, dass ihn je-

186

mand geschickt hatte, besorgt, seinen Auftraggeber zu verärgern. Vielleicht befürchtete er, das Geld aus eigener Tasche bezahlen zu müssen. »Weißt du überhaupt, wo der Junge steckt?«

Sicario schwieg.

»Es muss innerhalb kürzester Zeit geschehen. Morgen. Höchstens übermorgen.« Münzen klimperten zu Boden. Der Mann stand auf. »Ich verfluche dich«, sagte er und ging.

Die Katzen, im Irrtum befangen, sie wären wieder unter sich, begannen mit der Jagd. Eine Ratte quietschte. Sicario dachte an den Jungen. Er liebte den Knaben mit den weichen Haaren und den unsteten Rehaugen. Sein Gesicht zeigte die Ängste seines pochenden Herzens in jeder winzigen Regung. Sein ganzer Körper bestand aus Angst. Es wäre schön, ihn zu küssen, wenn er starb.

Sicario seufzte wohlig.

Als er sich erhob, fuhren die Katzen von dem Rattenkadaver auf und flüchteten sich in die Ecken – so, wie der Knabe vor ihm flüchtete.

Aber Sicario kannte sein Versteck.

XXII

Zorn kühlt sich ab. Darüber schlafen, und alles sieht anders aus. Nichts als Dreck, dachte Tommaso wütend.

Er war zu aufgewühlt, um langsam zu gehen. Er stürmte am steinernen Paulus vorbei über die Engelsbrücke und dann die Treppen der Papstburg hinauf. Aber schon der Zugang zur Zugbrücke wurde ihm verwehrt. Ein junger, arrogant aussehender Mann in den blau-gelb-roten Farben des Vatikans versperrte ihm mit seiner Lanze den Weg.

»Ich muss den Kardinalprokurator sprechen!«, fauchte Tommaso. »Sag ihm: Giudice Benzoni, der Giudice della Ripa.«

»Sicher. Den Kardinalprokurator.« Das Spitzbärtchen des Mannes zuckte. Er grinste und ließ die Lanze wippen, die er noch immer diagonal zum Durchgang hielt.

»Nein, eigentlich will ich zum Papst. Der Kardinalprokurator ist mein Zugeständnis.« Ein zweiter und ein dritter Soldat kamen aus der Wachstube, um zu sehen, was los war. Sie feixten, und Tommasos Zorn schäumte über. Er drückte die Lanze beiseite und drängte sich an den Wachsoldaten vorbei. Er hatte damit gerechnet, dass sie ihn festhalten würden, aber nicht, dass sie zuschlugen. Ein Schatten flog durch die Luft, und im selben Moment krachte etwas auf seinen Nacken nieder.

Er wurde nicht bewusstlos, aber in einer Zeitspanne, deren Länge sich im Schmerz verlor, bewegte er sich wie auf der

Streckbank. Vor seinen Augen quirlte es rötlich. Sein Hinterkopf schien zu bersten.

»…gewaltsam Zugang verschaffen.« Das waren die ersten Worte, die er wieder klar verstand. Zwei der Soldaten hielten ihn fest, sie halfen ihm, sich auf eine Bank zu setzen, als sie merkten, dass er auf die Füße kommen wollte.

Sie hatten ihn in ihre Wachstube gebracht, ein niedriges Zimmer mit unverputzten Wänden, in dem sich nur ein Tisch mit Würfelbechern und einige Sitzgelegenheiten befanden. Und Waffen natürlich. Der düstere Raum starrte vor Lanzen, Schwertern, Schusswaffen, Pfeilen.

Tommaso fasste an seinen Nacken und verzog das Gesicht, als er eine Schwellung berührte. Seine Finger wurden nass, und als er sie ansah, waren sie rot.

»Eure eigene Schuld, Benzoni. Wo kämen wir hin, wenn jeder, der sich als Giudice ausgibt, an den Wachen vorbeistürmen dürfte.« Ein rabenschwarzer Kopf beugte sich über ihn, und wulstige, rote Lippen grinsten auf ihn herab.

»Serballi…«

»Gabrio Serbelloni, ganz richtig. Der Heiligste der Drei Könige und des Papstes liebster Mohr und Hauptmann seiner prächtigen Garde.« Strahlend weiße Zähne blinkten zwischen den Lippen. »Etwas gebrochen?« Fürsorglich drückte der Schwarze seine Hand gegen Tommasos Nacken. »Massimo war zärtlich. Ein Sandsack bricht einem Ochsen das Genick, wenn er mit Herzlichkeit gebraucht wird. Einen Schluck Branntwein?«

»Ich will zum Papst.«

»Euer Notaio, hm? Ich habe davon gehört.«

»Macht es möglich, bitte. Sagt dem Heiligen Vater, dass ich da bin und ihn sprechen muss.«

»Ist der Mann tot?«

Tommaso schüttelte den Kopf, eine Bewegung, die er sofort bereute. Er legte das Gesicht in die Hände und kämpfte gegen Übelkeit und Schwindel.

»Sie haben das Haus gestürmt. Mehr haben wir hier in der Burg nicht erfahren. Aber wenn Euer Mann lebt…«

»Carafa«, sagte Tommaso. »Es war der Kardinal, und er hat alles kurz und klein schlagen lassen. Zwei Männer, die im Haus wohnten, wurden niedergeprügelt, einem der Arm gebrochen. Einer Frau, die geschrien hat, hat man die Zähne ausgeschlagen. In einem Katzenkorb haben sie mit einer Axt gewütet. Die Frau meines Notaio sitzt auf der Treppe des Hauses und weigert sich aufzustehen. Ich will den Papst sprechen.«

Serbelloni nickte. »Und dann?«

»Soll er Gericht halten oder das Tribunale della Ripa neu besetzen.«

Der Gardehauptmann hielt plötzlich sein Messer in der Hand. »Moment«, sagte er und drückte das kalte Eisen gegen Tommasos Wunde. »Das ist alles? Mehr wollt Ihr nicht? Nur Carafa am Galgen sehen, mit der Begründung, dass die ungezogene Bande, die in seinen Diensten steht, aus Empörung über die Lügen, die Ihr über ihren Herrn verbreitet, ein wenig randaliert hat? Ohne Wissen ihres Herrn natürlich, der das niemals gebilligt hätte.«

»Ich habe mein Amt aus den Händen des Papstes. Ich habe ein Recht darauf, ihn zu sprechen, wenn ich es zurückgeben will. Nehmt das verdammte Messer fort.«

»Ein Recht, ein Recht ... Ihr gäbet einen guten Narren ab. Hier, Massimo, halte das Messer. Immer schön auf die Wunde drücken. Ich gehe, Benzoni, und bin höchst gespannt, wie David sich gegen Goliath behaupten will.« Das Zimmerchen verdunkelte sich, als Serbelloni es verließ.

Der Hauptmann der Garde war einer der wenigen, die ständig Zugang zu den Gemächern des Papstes hatten. Tommaso lehnte sich zurück und beschloss, sich in Geduld zu fassen. Er musste an Ugo und Faustina denken. Für ein paar Scudi Monatslohn so etwas auszuhalten, hatte Ugo gesagt. Er hatte Recht zu fluchen. Das Weinen seiner Frau – nein, kein Weinen, sie hatte gewimmert wie ein Säugling – hallte Tommaso immer noch in den Ohren.

»Könnt Ihr überhaupt laufen?«

»Was?« Tommaso blickte auf. Wieder war Zeit vergangen, und er hatte es vor Schmerzen nicht mitbekommen. Der Gardehauptmann war zurückgekehrt. »Ja.« Er stützte sich an die Wand, als er sich erhob.

Serbelloni führte ihn eine breite Rampe hinauf, die Tommaso schon von seinem ersten Besuch in der Engelsburg kannte, und dann über eine Treppe in einen gepflasterten Innenhof. Ein Marmorengel blickte hochmütig von seinem Sockel auf ihn herab.

»Durch diese Tür. Und dann noch diese Treppe … Und diese Treppe auch noch …« Serbelloni lächelte ohne Ende. Hasste er Carafa? Tommaso hatte keine Ahnung. Serbelloni war ein anständiger Mann, aber auch anständige Männer beugten sich Zwängen. Darauf hatte Ottavio Gaddi ihn aufmerksam gemacht, als er ihn – sterbenskrank bereits – zur Übernahme des Richteramtes in die Engelsburg begleitet hatte.

»Und hier herein.«

Ein kleines, nicht besonders prunkvolles Zimmerchen, aber bequem mit Möbeln und einem Prunkbett ausgestattet, das vor Kissen überquoll. In den Kissen lag ein bleicher Mann, dessen eingefallene Gesichtszüge an die schrumplige Visage Puttos erinnerten. Er hatte sämtliche Zähne verloren, was sich zeigte, als er lächelnd auf einen Stuhl neben seinem Bett wies. Serbelloni schloss die Tür von innen und baute sich davor auf, und der Mann schien damit einverstanden zu sein.

Er winkte dem Ankömmling näher zu treten.

»Alessandro Pallantieri.« Tommaso vergaß seinen schmerzenden Hinterkopf. Während er das Lächeln des Kranken erwiderte, bemühte er sich redlich, jedes Entsetzen aus seinem Gesicht zu verbannen, aber wahrscheinlich konnte man ihm das Mitleid doch von der krummen Nase ablesen. Der ehemalige römische Ankläger war um die Vierzig gewesen, als er gestürzt und durch Strata ersetzt worden war. Das war vor drei Jahren gewesen. Jetzt musste er dreiundvierzig sein und sah aus wie ein Greis.

»Ich zähle«, meinte Pallantieri. Seine Stimme war nicht gealtert, und auch in seinen ironischen Augen lag Frische.«Sieben zu drei. Drei haben mich erkannt. Sieben brauchten einen oder mehrere Hinweise. Der Dritte seid Ihr. Ich weiß das zu schätzen. Hat Serbelloni Euch durch die Urnenkammer hierher gebracht?«

Tommaso schüttelte den Kopf.

»Dann habt Ihr die Attraktion verpasst.« Wieder lächelte der zahnlose Kranke. »Helft mir auf.« Er schlug die Daunendecke zurück und schwang zwei Beine aus dem Bett, die selbst in der plustrigen Satinhose wie Stöcke wirkten. »Eure Schulter.« Er stützte sich auf Tommaso, aber als sie gingen, zeigte er erstaunliche Kraft. Wieder Treppen und Türen, diesmal aber andere. Die letzte Tür führte sie in einen quadratischen Raum mit einer hohen Kuppel, der durch zwei Luftschächte erhellt wurde.

Rechts und links des Raumes öffneten sich die Wände und gaben den Blick auf durch Gittertüren abgetrennte Höhlen frei. Pallantieri lächelte, aber seine Hand auf Tommasos Schulter wurde schwerer. »Ratten«, sagte er. Er humpelte zu einer der Höhlen. Das Licht, das aus den Schächten fiel, reichte, um ein rohes Bett erkennen zu lassen, dessen Holz verschimmelt und von Grünfäule überzogen war. »Zwei Decken. Eine Lampe. Ein Fass mit Wasser. Die Bibel. Das Brevier. Die Briefe des heiligen Petrus. Und einmal täglich Brot. Und da Serbelloni ein mutiges und braves Herz hat, gelegentlich Äpfel und Fleischreste aus der päpstlichen Küche. Die Ratten habe ich am meisten gehasst.«

»Ja«, sagte Tommaso.

»Ich möchte, dass Ihr Euch diesen Ort hier einprägt. Kennt Ihr mein Verbrechen?«

»Nein.«

»Ich auch nicht.« Ein Lachen schüttelte den schwachen Körper. »Der Heilige Vater war so zornig, dass er vergaß, es mir zu nennen. Nur dass Antonio Strata es war, der die Beweise sammelte und mein ›ungeheures Komplott‹ aufdeckte, habe ich erfahren. Habt Ihr alles gesehen? Bitte beachtet die Rille dort oben im Stein über dem Kopfteil des Bettes. Ich habe lange darüber nachgedacht und doch nie herausbekommen, warum, sobald es regnet, sich darin Wasser sammelt. Es tropft auf das obere Teil des Bettes. Kein Guss. Nur Tropfen um Tropfen. Wenn ich es recht bedenke, waren die Ratten doch nicht das Schlimmste. Schließt auf, Serbelloni. Ich weiß, dass Ihr den Schlüssel habt.«

Der Angesprochene gehorchte, ohne die Miene zu verziehen.

Pallantieri ließ seinen Helfer los und setzte sich auf das Bett, auf dem eine verschimmelte Strohmatte lag. »Kommt zu mir, Giudice. Ich möchte Euch an meiner Seite haben. Ich habe gehört, dass ich Euch die Freiheit verdanke.«

Tommaso schüttelte den Kopf, gehorchte aber, was das Sitzen betraf.

»Gestern Abend, Giudice Benzoni, wünschte Pius IV. mich zu sprechen. Man hatte mich nicht vergessen, oh nein. Es war ihm nur unmöglich – und ich erkenne seine Zwänge ohne Ironie an –, sich mir früher zu widmen. Carafa und sein Geschmeiß sind stark. Unser Heiliger Vater, der vor wenigen Wochen noch Giovanni Medici hieß, hasst den Kardinal, wie jeder redliche Mann es tut. Aber er kann ihn nicht einfach vom Platz fegen. Denn wenn Carafa diesmal angeklagt wird, muss es mit seinem Tod enden. Ist Euch das klar? Dieses Mal müssen die Beweise so schwerwiegend und unwiderlegbar sein, dass es unmöglich wird, ihn *nicht* hinzurichten. Einen Bluthund reizt man nicht ohne ein Schwert in der Hand. Ich brauche fähige Männer, um Carafa zu überführen. Ich brauche *Euch*, Benzoni.«

»Carafa hat einen Jungen umgebracht, der seinen Körper auf dem Campo de' Fiori für Geld verkaufte.«

»Und?«, fragte Pallantieri neugierig.

Tommaso fasste an seinen Nacken, ließ die Hand aber wieder sinken. Er dachte nach. »Ihr seid aus dem Kerker entlassen worden, weil Fra Felice und die Inquisition es dem Heiligen Vater nahe gelegt haben?«

»Ja, und ebenfalls auf ihren Rat werde ich bald mein Amt als Ankläger Roms wiederbekommen. Und Girolamo de Federicis wird das Amt des Governatore di Roma zurückerhalten.«

»Gut. Ich ...« Tommaso überlegte noch einmal, bevor er weitersprach. »Ich helfe Euch, aber nur im Rahmen der Gesetze.« Es klang einfältig, und Pallantieri verzog erwartungsgemäß das Gesicht. »Und wenn Carafa hingerichtet wird, will ich, dass er weiß, dass er wegen dieses Jungen stirbt. Egal, wie die offiziellen Anklagen lauten. Er soll wissen, dass er Putto seinen Tod verdankt. Das ist meine zweite Bedingung.«

XXIII

Tonio war stolz auf sich. Er war sauber. Zuerst hatte er sich selbst gewaschen, dann seine Haare, dann seinen Kittel, der von dem Dreck der vergangenen Tage steif geworden war, und zuletzt die schwarze Mütze, die auf der Ziegenweide in eine Hecke geweht war und die er sich dort beim Davonlaufen geschnappt hatte. Dass er sich nach der Mütze gebückt hatte, fand er im Nachhinein sehr mutig von sich, aber jetzt hatte ihn jede Tapferkeit verlassen.

Er hatte zwei Tage gebraucht, um sich zu überwinden, aus dem Versteck zu kriechen. Es war eine Erdhöhle, die zwischen dem Tiberufer und einem ins Ufer gemauerten Auflieger für eine Flussmühle entstanden war. Sie bot gerade genug Platz, um seinen Körper vor fremden Blicken zu verbergen.

Ab und zu hatte er hinausgelugt, aber den Kopf gleich wieder eingezogen, denn er stellte sich vor, dass der Mann, der Lelio ermordet hatte, überall Späher besaß. Aber wenn er sich retten wollte, musste er sich waschen, denn die Leute verabscheuten schmutzige Kinder, und es war wichtig, dass man ihn mochte. Tonio hatte nämlich etwas vor.

Er hatte sich das genau überlegt. Er würde zu dem Mann vom Hafengericht gehen, der ihn in den Thermen gefangen hatte. Der Mann war freundlich gewesen. Er würde ihm von den Signori erzählen und wie Putto gestorben war. Und dann würde er ihn bitten – gewissermaßen als Gegenleistung –, ihn in eine andere Stadt zu bringen, wo niemand ihn suchte.

Genua vielleicht, egal, er kannte nur Rom. Die andere Stadt bedeutete das Licht, das am Ende seiner Mutprobe brannte. Wenn er Rom verlassen hatte, war er dem Mörder entkommen.

Eine Zeit lang hatte Tonio sich mit dem Gedanken gequält, ob der Mann vom Gericht ihn statt aus der Stadt nicht in die Tor di Nona schaffen würde, das Gefängnis, wo Jungen nach Lelios Aussage Dinge erleiden mussten, gegen die die Wünsche der Signori ein Spaß waren.

Aber er glaubte nicht daran. Er wollte es nicht glauben.

Der Mann vom Gericht war freundlich gewesen, und daran hielt er sich.

XXIV

Nein«, sagte Ugo, »sie bleibt. Sie hat sich erschreckt. Sie war wütend und hat mir Vorwürfe gemacht. Aber sie hat gesagt, dass sie sich von einem purpurnen Dukatenkacker ... Sie ist keine Dame. Sie sagt das so.«

»Sie sagt es wunderbar«, meinte Tommaso.

»Jedenfalls lässt sie sich von so einem nicht von ihrem Herd vertreiben. Erst hat sie das Haus mit Tränen überflutet – jetzt spuckt sie Feuer. Faustina eben«, erklärte Ugo nicht ohne Stolz.

Tommaso sah durch das Fenster seines Büros drei Sbirri, die sich miteinander unterhielten. Es gab nur noch die drei, fiel ihm ein. Einer war krank. Vier hatten den Dienst aufgekündigt. Als sie deswegen zu Lorenzo kamen, war der Bargello so enttäuscht gewesen, als hätte ihn seine Braut sitzen lassen.

Aber so war es nun. Das Ripagericht hatte den Zorn des Kardinal Carafa heraufbeschworen, und der Kardinal hatte sich an der Ripa gerächt. Nicht am Giudice, sondern am Notaio. Und wer weiß, wie es weitergeht, hatten die Sbirri gesagt. Wer als Nächstes drankommt. Der Bargello? Die Sbirri? Sei kein Idiot, hatten sie zu Lorenzo gesagt und waren gegangen.

»Und wie steht's mit euch? Wollt ihr bleiben?«, fragte Tommaso.

»Strata fliegt raus. Pallantieri wird Ankläger. Das hast du doch gesagt«, murmelte Ugo.

»Und wenn nicht? Oder wenn er es wird, es aber doch nicht schafft, Carafa das Handwerk zu legen?«

Ugo schnappte sich ein Federmesserchen und begann seine Fingernägel zu reinigen.

»Und du, Lorenzo?«

Die Empörung im Gesicht des Bargellos sprach deutlicher als seine gestammelten Worte.

Tommaso blickte wieder zu den Sbirri hinaus. Einer von ihnen war Ernesto. Er trug eine Muskete, ein älteres Modell von wahrhaft Furcht erregenden Ausmaßen. Sein Mantel beulte sich an mehreren Stellen aus. Er war auf alles gefasst.

»Jedenfalls ...«, sagte Ugo, ohne das Säubern der Nägel zu unterbrechen, »wäre es gut, wenn wir unsere Arbeit täten. Carafa wird erfahren, dass der Heilige Vater Pallantieri in sein Amt zurückholen will. Er wird den Wink verstehen und sich hüten, weitere Gesetzlosigkeiten zu begehen, die man ihm ankreiden könnte. Aber sicher würde er vor Freude auf der Piazza Navona tanzen, wenn er nachweisen könnte, dass wir unsere Pflicht vernachlässigen.«

»Die Mauer ist durchsucht«, meinte Lorenzo.

»Dafür wird man uns keinen Lorbeerkranz aufs Haupt drücken!«

Tommaso nickte. »Ich würde es verstehen, wenn du dir etwas anderes suchen willst. Du hast Familie. Ich könnte dir helfen.«

Ugo legte verdrießlich das Federmesserchen auf seinen Schreibtisch zurück. »Wie versteckt man ein Vortragskreuz? Mir will das nicht in den Kopf. Die Sbirri haben die Arkaden, die Wehrgänge und die Türme durchsucht. Jedes Steinchen gewendet und jeden verdammten Taubenschiss abgekratzt. Aber in der Mauer ist nichts. Ich finde, wir sollten noch einmal überlegen. Irgendwo ...«

»Ja?«

»Keine Ahnung. Ach was, ich kneife nicht. Faustina würde sich freuen, wenn ich aufhöre, aber sie sorgt sich auch, wenn ich ohne sie pinkeln gehe. Mich macht nur dieses Durcheinander verrückt.«

Ein Hund bellte. Ernesto fuhr herum und rief etwas. Sie horchten und waren plötzlich alle wachsam, aber als nichts weiter geschah, löste sich die Spannung wieder.

»Man müsste mit diesen Rosenkranzschnitzern sprechen, die das Kreuz gestohlen haben«, sagte Tommaso.

»Wenn sie unter der Folter geschwiegen haben …«

»Ich kenne einen der beiden«, mischte Lorenzo sich ein. »Er ist mit dem Schwager meiner Cousine befreundet. Nein, nur benachbart. Aber Gioachino sagt, er kann sich nicht vorstellen, dass der Mann gestohlen hat. Heiliges Gerät, noch dazu. Er schnitzt Rosenkränze aus Ehrfurcht und Liebe zur Kirche. Das weiß in dem Viertel jeder.«

»Man sollte mehr auf die Nachbarn hören.« Tommaso strich nachdenklich mit dem Fingernagel über die Lippe. »Ich denke, du solltest zur Tor di Nona gehen, Ugo. Oder zur Corte Savella, ich weiß nicht, wo die beiden einsitzen. Befrage sie. Wir haben einen Grund dafür, denn offiziell suchen wir immer noch nach dem Kreuz. Ich … Ja, ich werde mitkommen. Vier Ohren hören mehr. Und was diesen Jungen angeht, diesen Tonio …«

»Er ist damals im Tiber ertrunken. Oder der Sicario hat ihn ebenfalls erwischt.«

»Aber falls er nicht ertrunken ist …«

Ugo stand auf. »Ich muss noch rausfinden, in welchem Gefängnis sie stecken und die Erlaubnis für die Vernehmung einholen.«

»Mach das mit der Erlaubnis diskret. Ich will keinen Ärger mit Stra…«

»Bin ich blöd?«, fragte Ugo.

Die Tor di Nona war ein hässlicher Bau aus gelben Steinen mit vergitterten Fenstern und einer hohen Mauer um den Hof. Eine junge Frau, die offenbar zur Untersuchung ihres Falls einsaß, unterhielt sich durch eins der Gitter mit einem Reiter, dessen Pferd geduldig an einem Grasbüschel zupfte. Sie wollte ein gebratenes Hühnchen aus der Osteria del Moro haben. Und Zimtküchlein.

Ugo hatte schon dreimal gepocht, und Tommaso starrte auf die Holzluke des massigen Tores, während er den Wünschen der Gefangenen zuhörte. Es war schon spät. Wahrscheinlich hätten sie bis morgen warten sollen. Andererseits war der Abend eine gute Zeit für Verhöre. Müde Menschen wurden unachtsam.

»… und diese Kringel mit den Zuckerperlchen«, befahl die gefangene Dame. Der Reiter schien ein Verehrer zu sein, denn er nickte ergeben zu jedem ihrer Wünsche. Tommaso hörte, wie die Frau sich nach den Begehrlichkeiten ihrer Mitgefangenen erkundigte. »Tesoro mio, ich brauche keine Zimtküchlein. Ich brauche deine Arme. Ich träume von deinen Muskeln, Marcellino, ich wälze mich im Bett und stöhne vor Verlangen«, sirrte die Dame, nachdem die Bestellungen aufgegeben waren. »Frag, ob du mich besuchen kannst.«

Eine Kurtisane, dachte Tommaso, ohne sich wirklich für das Geschehen zu interessieren. Er hasste Verhöre bei Gefangenen, die der Folter unterzogen worden waren. Es fiel ihm schwer, sie in ihrem erbärmlichen Zustand nicht zu bemitleiden oder zu verabscheuen, und beides trübte die Urteilskraft und nahm ihn mit. Ja, zu weich, dachte er und überlegte, wie er sich wohl selbst als Gefangener verhielte.

»Ich komme, Signori! Ich bin auch nur ein Mensch. Bitte doch, einen Moment Geduld.« Die Klappe wurde zurückgeschoben, dahinter tauchten ein stoppelbärtiges Kinn und zwei Augen mit buschigen Brauen auf. Die beiden Besucher wurden abgeschätzt und wohl ihrer Talare wegen als vertrauenswürdig befunden. Der Mann öffnete.

»Tobia und Domenico Nazano? Sie sind hier, aber in der Secreta, Signori. Ich fürchte, Ihr braucht eine Sondererlaubnis …«

Ugo zog das entsprechende Papier hervor, und sie warteten, bis der Wächter es gründlich inspiziert hatte. Er konnte offenbar lesen, aber nicht sehr schnell.

Den Gefängnishof beherrschte ein riesiges Schafott, das in einem Quadrat aus weißem Sand stand, und sicher erhoffte man sich von seinem Anblick eine läuternde Wirkung auf die

Gefangenen, die zur Untersuchung eingeliefert wurden. Tommaso deprimierte es nur. Er hörte hinter einem Spitzbogenfenster einen Priester psalmodieren.

»Nazano, ja?« Der Wärter hatte sein Kunststück vollbracht und führte sie in das Gebäude, aber nicht den großen Hauptgang entlang, sondern eine Treppe hinab. Es wurde spürbar dunkler und kälter. An den Wänden staken Pechfackeln, die über verrußten Steinen im Luftzug flackerten. Tommaso sah, dass auf dem Boden Pfützen standen.

Der Schlüsselbund klirrte, als der Wärter eine Tür öffnete. »Diavolo! Wo steckt ihr?« Er lugte in die Dunkelheit und versuchte, etwas zu sehen. »Fort«, stellt er nur wenig beunruhigt fest. »Wenn Ihr mich wieder hinaufbegleitet, Signori.«

Sie folgten ihm über den Hof zu einem weiß verputzten Häuschen, das an eine der Gefängnismauern angebaut war, und betraten einen mit Schränken voll gestellten Raum. »Castillo!«, brüllte der Wärter. »Wo sind die beiden Gotteslästerer? Wir haben sie gleich wieder, Signori. Hier ist ein Kommen und Gehen ...« Er öffnete einen der Schränke, riss ein Buch heraus und knallte es einem bebrillten Männchen mit Tintenflecken an den Händen auf den Tisch. »Lies nach!«

»Ich brauche nicht zu lesen. Nein, fass nichts an! Hör auf, du machst nur Unordnung.« Der Schreiber stellte das Buch in den Schrank zurück und entnahm ihm eine dickleibige Kladde. »Die Rosenkranzschnitzer. Hier steht es. Du musst fragen. Ich weiß, was ich eingetragen habe. Hier, Signori. Es geht um Tobia und Domenico Nazano, nicht wahr? An das Heilige Offizium in der Via Ripetta überstellt. Heute Vormittag. Abgeholt von einem Dominikaner in Begleitung zweier Sbirri mit einem ordnungsgemäßen Beleg, der gegengezeichnet ist vom Büro der Kanzlei des ...«

»Es geht nie etwas glatt!«, stöhnte Ugo.

Er sah müde und entmutigt aus, als sie in den Hof zurückkehrten. »Morgen, Tommaso, ja? Ich muss nach Hause. Einen Atemzug zu spät, und Faustina schreit die Nachbarn zusammen.«

Hinter dem Ospedale della Consolazione dämmerte es. Kein sanftes Verlöschen des Lichts – ein schmutziges Grau, das sich über den ganzen Himmel zog. Es würde in der Nacht regnen oder spätestens im Lauf des nächsten Tages.

Der Arzt hatte bereits geschlossen. Die Fensterläden mit dem Schmutz in den Rillen waren vorgelegt. Tommaso klopfte, und als das nichts half, zog er an einem Strick, der im Innern des Hauses eine Glocke in Bewegung setzte. Er wartete. Seit er den Sandsack in den Nacken bekommen hatte, tat ihm der Kopf weh. Im Grunde war es ihm recht, wenn ihn niemand einließ. Es war ein schwer zu fassendes Gefühl von Unruhe gewesen, das ihn zum Haus des Wundarztes getrieben hatte. Aber diese Unruhe bescherte ihm leider keine Fragen.

Er seufzte und fasste zum hundertsten Mal nach der schmerzenden Stelle, als Schritte ertönten. Tommaso hörte eine Kinderstimme und die Stimme einer Frau, die ihr antwortete. Als die Tür aufging, sah er einen dunklen Knaben mit glatten, kurz geschnittenen Haaren in einem roten Wams, das mit viel Geduld durch Zierstickereien verschönt worden war. Äffchen, Bären, Zwerge, Mohren – eine Traumwelt. Die Frau schob ihn liebevoll zur Seite.

»Bitte, Signore? Der Dottore hat geschlossen. Wenn es etwas Dringendes ist, empfehle ich Euch, das Ospedale aufzu…«

»Ich bin Giudice Benzoni. Und ich fürchte, ich muss den Dottore stören, selbst wenn er mit seiner Arbeit fertig ist.«

Die Frau war hübsch, aber nicht mehr ganz jung. Ihr Gesicht wies Fältchen auf, die ihr gut standen. Sie wirkte ängstlich, wie viele Leute, wenn die Verkörperung der Gerichtsbarkeit vor ihnen stand, und Tommaso beeilte sich zu versichern, dass er die Hilfe des Dottore bei einer Ermittlung brauche. Der Junge blickte neugierig auf die Pistole, die Tommaso auf Lorenzos Drängen in seinem Gürtel trug.

»Dann kommt bitte.«

Die Privaträume des Arztes befanden sich im oberen Teil

des Hauses und waren überraschend komfortabel und mit viel Geschmack eingerichtet. Sutor hatte anscheinend ein Schläfchen gehalten, denn er kam mit verquollenen Augen aus einem Nebenzimmer.

»Bringt Ihr mir wieder einen Toten? Geh, Cornelia, dies ist nichts für Frauenohren. Euer Junge ist beerdigt, und das war auch höchste Zeit, denn nachdem er aus seinem luftigen Versteck entfernt wurde ...« Sutor schloss die Tür, die hinter seiner Frau wieder aufgegangen war. »... fing er an zu faulen. Ein interessantes Phänomen, das ich untersuchen würde, wenn ich nur die Zeit hätte. Wie kann ich Euch behilflich sein, Giudice?«

»Das weiß ich nicht.«

Sutor lächelte und wies auf einen Stuhl mit einem Kissen. In einem Käfig auf dem Tisch sang ein gelber Vogel. Der Arzt hatte ein gemütliches Heim, und einen Moment lang beneidete Tommaso ihn um die unkomplizierte Ehe, die er zu führen schien. Er hörte, wie die Frau irgendwo zu singen begann. Die Kinderstimme fiel in das Lied ein.

»Es muss schön sein, Kinder zu haben.«

Sutor lachte. »Ja, Vincenzo ist ein begabtes und liebenswertes Kind. Wenn auch nur mein Neffe. Aber er verbringt viel Zeit bei uns. Was liegt Euch auf dem Herzen?«

»Ihr habt den toten Jungen ziemlich genau untersucht.«

»Sicher. Ich bin in allem genau.«

»Dieses Messer – wie steckte es im Körper?«

Verständnislos blickte der Arzt ihn an.

»Ich meine, die Seite. Ihr habt es doch oberhalb der Hüfte gefunden, richtig?«

Sutor nickte.

»Hattet Ihr den Eindruck, es könnte ihm während eines Kampfes dort hineingestoßen worden sein?«

»Wie soll ich das ...«

»Fandet Ihr mehrere Stichwunden? Kann es sein, dass der Junge vor seinem Tod gequält wurde? Es ist bekannt, dass manche Männer so etwas tun, um sich ein höheres Maß an Genuss ...«

203

»Hört auf! Das ist widerlich.«

»Und weil es widerlich ist, höre ich eben nicht auf«, entgegnete Tommaso schroff.

Sie starrten einander an.

»Es wäre natürlich ...«

»Andererseits gäbe es die Möglich...« begann Tommaso im selben Moment zu sprechen. Er hob die Hand. »Nein, Ihr zuerst.«

»Welche Möglichkeit?«

»Ihr wolltet etwas sagen. Es wäre natürlich ...?«

»Ich wollte sagen, dass ich bei meiner Untersuchung auf solche Fragen nicht geachtet habe.«

»Kann der Junge sich die Wunde durch einen Unfall selbst zugefügt haben?«

»Um sich anschließend in einem Turm zum Trocknen aufzuhängen?«

»Es ist *mein* Kopf, den ich mir darüber zerbrechen muss. Kann er?«

»Ausgeschlossen. Es sei denn, er hätte das Messer irgendwo festgeklemmt und wäre dann darauf gefallen. Würde Euch das passen?«

»Ist das Messer mit großer Kraft geführt worden, oder hat es das Fleisch nur angestochen?«

»Es steckte bis zum Heft im Körper, und wahrscheinlich ist eine Rippe zu Bruch gegangen. Ihr wisst, dass die Heilige Inquisition das Öffnen von Leichen nicht schätzt. Ich vermute das alles nur.«

»Stand er oder lag er, als er die Wunde empfing?«

Sutor zuckte die Achseln.

»Ist er an diesem Messerstich gestorben?«

»Bin ich ein Hellseher?«

»Ihr seid kein Hellseher, aber ein Arzt«, erwiderte Tommaso scharf. »Wir können dieses Gespräch gern in der Ripa weiterführen, wenn Ihr es wünscht. Dort hättet Ihr genügend Ruhe zum Nachdenken.«

»Die Wunde wäre tödlich gewesen, aber natürlich kann er auch vorher an etwas anderem gestorben sein«, erklärte Su-

tor mürrisch. »Wenn es so war, ist es mir jedenfalls nicht aufgefallen.«

»Gut.« Tommaso fielen keine weiteren Fragen ein.

»Habt Ihr den Besitzer des Messers gefunden?«, wollte der
Arzt wissen.

»Es kann sein, dass Ihr vor einem Gericht bezeugen müsst,
was Ihr gesehen habt.«

»Ihr wisst, ich helfe gern. Der Junge hatte keinen schönen
Tod, zumindest das kann ich Euch sagen. Es würde mich
freuen, wenn sein Mörder dafür zur Rechenschaft gezogen
würde. Habt Ihr ihn gefunden?«

Tommaso stand auf, ohne zu antworten. Der Schmerz
strahlte von seinem Nacken bis in die Stirn. Das Gespräch
hatte ihn nicht weitergebracht, und er ärgerte sich, dass er
gekommen war.

XXV

Der Brief des Senatore war weder freundlich noch unfreundlich gehalten. Man teilte lediglich mit, dass ein Fleischer namens Scipione Rangoni sich vor Gericht verantworten solle, weil er den Besitzer einer Flussmühle zusammengeschlagen hatte, und dass dieser Fall angeblich mit einem anderen Fall, einem Unfall auf dem Tiber, zusammenhing, der von der Ripa hätte behandelt werden müssen, und man fragte nun, was es damit auf sich habe.

Als Tommaso nachrechnete, stellte er fest, dass das Ripatribunal seit drei Wochen kein Gericht mehr abgehalten hatte. Die Sache mit Putto hatte ihn völlig aus dem Tritt gebracht.

Da Ugo noch nicht zur Arbeit erschienen war, sah er selbst auf dessen Tisch nach, um die Aktennotizen zu dem Unfall zu finden. Die Schuld an dem Zusammenstoß lag eindeutig bei dem Gehilfen des Fleischers, der das Floß mit den jungen Stieren gegen die Mühle gerammt hatte, weil er zu betrunken gewesen war, um den nötigen Abstand einzuhalten. Alles hätte bereits geklärt sein können.

Tommaso warf verärgert eine Kladde auf den Tisch zurück, in der ein ebenfalls anstehender Betrugsfall Ugos Vermerk *dringend* trug. Die Kladde über den Tiberunfall war nicht auffindbar. Ugo würde wissen, wo sie lag. Er hielt Ordnung in seinen Sachen. Aber Ugo war nicht da.

Es war bereits eine Weile her, seit die Uhr von San Francesco zum zweiten Mal an diesem Morgen geschlagen hatte.

Tommaso ging zur Tür. Er sah, wie Lorenzo drüben bei der Treppe zum Hafen über den Platz stolzierte. Der Bargello sah aus wie ein Hirsch auf einer Lichtung, der den Waldrand beäugt, weil er den Wolf erwartet.

»Hat Ugo Capezza gesagt, dass er heute erst später kommt?«, rief Tommaso.

Lorenzo brüllte nicht über den Platz. Er kam und brachte sein »Nein, Giudice«, erst über die Lippen, als er direkt vor seinem Vorgesetzten stand.

»Schau bei ihm vorbei.« Und Heilige Jungfrau, lass ihm nichts geschehen sein, dachte Tommaso inbrünstig. Das war es, was Kardinal Carafa bereits erreicht hatte: Sie konnten nicht mehr gelassen sein, wenn jemand zu spät zur Arbeit erschien.

Er kehrte ins Haus zurück, setzte sich an seinen Schreibtisch und spitzte ungeduldig mit dem Federmesserchen eine Feder. Als er wenig später aus dem Fenster blickte, sah er Lorenzo mit dem Rücken zum Gerichtsgebäude bei dem Turm stehen. Er knallte das Messer auf den Tisch und beugte sich aus dem Fenster: »Ich sagte, du sollst …«

Der Bargello drehte sich um. Nein, der verfluchte Kerl brüllte auch dann nicht über den Platz, wenn sein Giudice sich aufregte. Er kam und bemerkte leicht errötend: »Ich habe Ernesto geschickt. Das ist doch in Ordnung? Ich dachte, es wäre besser, wenn ich selbst hier …«

»Es wäre besser, wenn du tust, was ich dir auftrage.« Tommaso nahm die Feder wieder auf. Er hatte sie zu tief eingeschnitten. Verstimmt warf er sie fort und langte nach einer neuen.

Vielleicht hatte Ugo Ärger mit Faustina. Wenn die beiden stritten, brüllten sie einander an, bis sie sich wieder vertrugen. Ugo ging nicht gern, ehe der Streit beigelegt war. Man konnte neidisch werden auf diese Ehe. Tommaso überlegte, wie es wäre, wenn *er* Vittoria anschrie. Er wusste es nicht, aber zweifellos würde es in einem Fiasko enden. Und das war der Unterschied. Wie sollte ein Mann zufrieden sein, wenn er in seinem eigenen Haus auf Zehenspitzen lief.

»Giudice?« Lorenzo stand in der Tür. »Darf ich etwas bemerken?«

Ungeduldig zog Tommaso die Augenbraue hoch.

Der Bargello verließ den Raum, um gleich darauf etwas hereinzuschieben. Ein Ungetüm, eine Waffe auf Rädern. Ein Archibugetto a ruota.

»Und?«

»Ich dachte nur. Wenn der Herr Kardinal es sich einfallen lassen sollte …«

»Bist du verrückt? Diese Dinger sind verboten. Bei Todesstrafe. Durch eine *Papstbulle*.«

»Ich weiß, Giudice. Ich habe sie aus dem Turm, eine Beschlagnahmung. Ich dachte nun …«

»Ich sage, sie sind verboten. Ihr Besitz, ihre Benutzung.«

»Wir besitzen sie ja nicht«, widersprach der Bargello tapfer. »Wir bewahren sie nur nach der Vorschrift auf. Und ich dachte, das könnten wir im Augenblick, wo wir diesen Ärger mit dem Kardinal haben, auch in der Kanzlei …«

»Und was ist mit dem Gesetz?«

»Bitte, Giudice?«

»Raus mit dem Ding, bevor ich …«

Die Tür zur Kanzlei quietschte. Wenn man sie zügig öffnete, machte sie kein Geräusch, nur wenn man sie verstohlen aufschob. Beide erstarrten sie plötzlich und horchten auf das lang gezogene *Iiitsch*.

Lorenzo riss den Degen blank.

»Wer ist dort?« Tommaso versuchte, sich zu erinnern, wo er seine Pistole gelassen hatte, und ihm fiel ein, dass er sie auf Ugos Tisch abgelegt hatte, weil sie beim Durchblättern der Papiere im Weg gewesen war. Lorenzo schüttelte heftig den Kopf, als er sich erhob. Tommaso ignorierte ihn, schritt zur Tür und stieß sie auf.

Ein Junge mit roter Hose und viel zu engem Wams stand mit ängstlichen Augen auf der Schwelle.

»Was, zur Hölle …« Der Junge begann zu zittern, und Tommaso dämpfte seine Stimme. »Was machst du hier?«, fragte er leiser.

»Ein Brief.«

»Du hast eine Nachricht für mich?«

Der Junge war nicht nur ängstlich, sondern auch blöde. Er nickte, aber erst als er Tommasos gereizte Miene sah, begann er in seiner Ledertasche zu kramen.

»Von wem ist der Brief?«

Lorenzo war zur Tür gegangen und musterte den Gerichtsvorplatz und die Straße, so weit er sie einsehen konnte.

»Governatore«, sagte der Junge. Es war nicht seine Schuld, dass er blöd war. Der Allmächtige hatte ihn so geschaffen und gewollt, dass seine Mitgeschöpfe barmherzig mit ihm umgingen.

»Das hast du gut gemacht«, sagte Tommaso, als er das gefaltete und gesiegelte Papier in Empfang nahm. Erst als der Junge fort war, fiel ihm ein, dass er ihm ein paar Quattrini Botenlohn hätte geben können.

Er wollte in sein Zimmer zurück, als er einen Fuß bemerkte, der nackt hinter der Seitenwand von Ugos Tisch hervorlugte. Sofort schweifte sein Blick zur Pistole, die immer noch auf der Schramme an der Kante der Tischplatte lag. Aber der Fuß war klein, ein Kinderfuß.

»Komm raus«, befahl er.

Im ersten Moment hatte es den Anschein, als sei auch dieses Kind blöd, ein Zwilling des ersten, denn es starrte ihn genauso ängstlich und stumm an. Aber im Gegensatz zu dem Boten war dieser Junge hübsch. Tommaso merkte, wie sein Ärger sich angesichts der seidig braunen Kraushaare und des offenen Kindergesichts legte.

»Und was treibst *du* hier?«

»Ich suche den Signore in den schwarzen Kleidern.«

»Den Signore, der die Anzeigen aufnimmt. Ugo Capezza.«

Der Kleine nickte.

»Signor Capezza ist noch nicht da. Du kannst aber auch mir sagen, was du willst.«

»Nein, es …« Der Junge hob den Daumen zum Mund, ließ ihn aber sofort errötend wieder sinken. »Er hat Signor Petti, meinem Vater, gesagt, er will was bestellen. Tinte vielleicht.

Aber mein Vater hat es nicht richtig verstanden.« Der Junge trug eine schwarze Mütze mit Ohrenklappen, unter der er heftig schwitzte.

»Dann warte. Aber draußen, nicht hier in der Kanzlei.«

Tommaso hatte auf das Siegel gespäht und ein großes, verschnörkeltes G entdeckt. Er vergaß den Jungen und kehrte hinter seinen Schreibtisch zurück. Neugierig erbrach er das Wachs.

Achille Gaddi wünschte ihn zu sprechen. Dringend. Unverzüglich. Auf alle Fälle aber vor der Mittagstunde. Es gab delikate Neuigkeiten. Er bat Tommaso, möglichst diskret ins Governatorebüro zu kommen. Noch eine hastig hingekritzelte Frage nach Vittorias Wohlergehen. Das war alles.

»Giudice? Ernesto ist zurückgekehrt.«

Tommaso faltete das Papier, ließ es in seinem Ärmel verschwinden und folgte dem Bargello ins Freie. Der Sbirro schlenderte gemütlich die Straße hinauf. Als er sie bemerkte, legte er an Tempo zu. »Der Notaio hat Bauchkrämpfe, und die Signora schimpft, weil er die Zwiebeln zu hastig runtergeschlungen hat«, meldete er. Er grinste. »In seinem Schlafzimmer riecht es, als wäre ein Schweinedarm geplatzt.«

Tommaso sah sich nach dem Jungen mit dem niedlichen Gesicht um, aber der schien sich davongemacht zu haben. »Wann wird er wieder erscheinen können?«

»Heute Nachmittag, sagt er. Die Signora sagt, morgen, und auch nur, wenn er den Umschlag mit dem heißen Getreide auf dem Bauch lässt.«

»Sollte er heute noch kommen, und ich bin nicht da ... Lorenzo, richte Ugo aus, er soll einen Gerichtstermin festlegen. Gleich für morgen. Der Unfall bei der Tibermühle muss abgehandelt werden. Und sag ihm, er soll sich den Nachmittag freihalten für einen Besuch beim ...« Tommaso seufzte. »... beim Heiligen Offizium.«

»Tretet ein. Und seid unbesorgt«, sagte Gaddi.

Eine Empfehlung, die leicht auszusprechen und schwer zu befolgen war. Tommaso verharrte mehrere Augenblicke in der Tür, während er Kardinal Carafa musterte, der hochmütig vor dem Sessel mit den Krokodilsfüßen stand und es fertig brachte, gleichzeitig gelangweilt und wie ein Pulverfass mit einer brennenden Lunte zu wirken. Er stand völlig still, nur sein schwarzer, kurz gehaltener Backenbart bewegte sich, als kaue der Geistliche an etwas.

»Bitte, die Tür, Tommaso. Ich vertrage keinen Zug. Ich bin erkältet«, meldete Gaddi sich erneut mit schwacher Stimme zu Wort. »Monsignore Carafa wünscht Euch zu sprechen, und ich fand, hier wäre ein Ort des Respekts, der einem klärenden Gespräch dienlich sein könnte. Kein Grund zu irgendwelchen Aufregungen. Wollt Ihr etwas trinken, lieber Neffe? Der Rosenlikör …«

»Welche Art Klärung?« Tommaso schloss die Tür.

In das Klappen hinein begann der Kardinal zu sprechen. »Ihr also seid der so … überaus … gerechte … Giudice … della Ripa.« Er betonte jedes einzelne Wort. Als Tommaso antworten wollte, schoss sein Zeigefinger aus dem purpurfarbenen Ärmel hervor, und er sagte leise und sehr wütend: »Tommaso Benzoni, der Mann, der sich niemals irrt, der Salomo des Hafens. Der … Schmutzfink, der im Dreck der eigenen Aufgeblasenheit wühlt.« Er machte eine rasche Bewegung, und plötzlich hielt er ein Messer in der Hand, das er mit einem Knall auf Gaddis empfindliche Tischplatte warf. Der Richter runzelte die Stirn.

»Wer bezahlt Euch, Benzoni?«

»Der Heilige Vater.«

Es dauerte einen Moment, ehe Carafa in Gelächter ausbrach. »Ihr meint nicht den Heiligen Vater, Ihr meint das blasse Wesen, das die fleißigen Ameisen der Uffici füttert. Also hat Euch niemand bestochen?« Sein Blick haftete auf Tommasos Gesicht. Als der sich nicht rührte, bellte er: »Ihr seid ein hirnloser Stümper. Ein Idiot!« Aufgeregt lief er zum Fenster, unfähig, das heftige Temperament zu beherrschen.

Tommaso sah, wie Gaddi begütigend den Kopf schüttelte.

»Euch ist ein Fehler unterlaufen.« Der Kardinal fuhr herum, und wieder schoss der Finger aus dem Ärmel. »Ist das nicht ein Witz? In Eurem ersten Fall, der mehr betraf, als eine Bande kotzender Hafenlümmel, habt Ihr Euch geirrt. Ich könnte lachen. Ich *habe* gelacht. Der Gockel kräht auf dem Misthaufen, aber der Morgen, den er ausruft, ist gar nicht angebrochen.« In den schönen, ausdrucksvollen Augen glühte der Hass mit einer Noblesse, die ihm etwas Würdevolles verlieh.

»Ihr wollt sagen, dass Ihr den Jungen nicht getötet habt?«

Der Kardinal griff nach dem Messer und warf es Tommaso vor die Füße. Mordgelüste lagen in der Luft wie ein schwüler Geruch.

»Seht es Euch an, Tommaso«, bat Gaddi und wischte sich die Schweißtropfen aus den zottigen Augenbrauen. »Erkennt Ihr es?«

Tommaso hob die Waffe auf. Es war das Messer, mit dem Putto getötet worden war und das er bei sich zu Hause aufbewahrt hatte. »Ihr wart in meiner Wohnung, Monsignore?« Zum ersten Mal merkte er, wie er selbst zornig wurde.

»Ihr seid zu dumm, um selbst *das* zu begreifen. Diese Waffe ist eine *Kopie*!«

»Ich bin zu dumm, um zu begreifen, weshalb Euch das entlasten soll.«

Nicht nur die Augen, auch die Hände des Kardinals waren schön. An den langen, fleischigen Fingern glänzten edelsteinbesetzte Ringe. Er hob die gepflegten Hände in eindeutiger Absicht, ließ sie aber mit Bedauern wieder sinken.

»Verehrtester Monsignore«, flehte Gaddi, wobei seine Stimme etwas Kindlich-Nörgelndes bekam. »Ihr habt es *mir* erklärt, und ich werde es Giudice Benzoni erklä…«

»Mein Messer, die *ursprüngliche* Waffe, wurde gestohlen. Geht das nicht in Euren hohlen Kopf? Wenn dieser Bengel tatsächlich mit meinem Messer umgebracht wurde, dann von dem Dieb.«

»Wann wurde es gestohlen?«

»Was weiß ich? Vor einem Jahr. Vor langer Zeit.« Die Haut unter dem schwarzen Bart färbte sich rot. Noch eine

Frage, und der Damm wird brechen, dachte Tommaso und fühlte sich so unwirklich wie in einem Traum. Pallantieri würde es freuen. Der Mord an einem Giudice – besser konnte er es sich nicht wünschen.

Die schönen Hände knackten, als der Kardinal sie zur Faust ballte. »Ich habe gelacht, Benzoni. Das ist die Wahrheit. Ich habe zu mir gesagt: Warum soll es mich stören, wenn in einem stinkenden Ufficio an einem stinkenden Hafen ein Köter kläfft. Ihr wart … lächerlich. Aber nun habt Ihr Euch Verbündete gesucht.«

»Nein, Eminenz. Die Verbündeten suchten mich. Und vielleicht seid Ihr es, der schon lange eine ganze Reihe von Fehlern gemacht hat.«

Gaddi erstarrte. »Keine Gewalt im Palazzo des Governatore«, sagte er bleich und sehr mutig. Einen Moment lang war es so still, dass man die Vögel im Innenhof des Palazzo singen hören konnte.

»*Ihr* wollt es ihm erklären, Gaddi?« Plötzlich begann der Kardinal zu lachen, ein schnarrendes Geräusch aus tiefster Kehle. »Gut! Macht ihm klar, dass der widerliche Auswurf seiner Phantasie keiner Untersuchung standhalten wird. Macht ihm das klar, dass sich niemand einem Carlo Carafa in den Weg stellt und weiter ein angenehmes Leben führt!«

Er hätte lieber getötet, als zu gehen. Er bleckte die Zähne wie ein bissiger Hund. Aber er ging, und als die Tür ins Schloss fiel, klirrten die Gläser.

»Ihr standet vor Eurem Grab«, meinte Gaddi erschöpft. Mit zitternden Händen goss er sich etwas aus der Karaffe ein, trank, schenkte nach und trank ein zweites Mal. Er war so erschüttert, dass er diesmal vergaß, seinem Gast etwas anzubieten. »Ich glaube ihm, Tommaso. Der Mann ist ein Verbrecher. Er hat mehr Leute auf dem Gewissen als jeder, den ich kenne in dieser verfluchten Stadt. Aber wenn er diesen Putto getötet hätte, dann hätte er sich überzeugender verteidigt. Er ist blindlings hierher gestürmt.«

Mit bebenden Lippen trank der alte Richter ein weiteres Glas leer. Er zog einen Lappen aus einer Schublade und wischte den verschütteten Wein von den kostbaren Intarsien. Das Messer hatte einen scharfen Kratzer auf der Tischplatte hinterlassen. »Man hat mir zugetragen, dass Stratas Akten durchsucht werden. Man geht diskret vor. Aber nicht so diskret, dass es Carafa verborgen bliebe. Außerdem schwirrt die Luft von Gerüchten: Pallantieri ist aus dem Kerker entlassen. Girolamo de Federicis' Entlassung steht bevor. Der Papst hat beide empfangen und mit ihnen Stunden in seinen privaten Räumen verbracht. Carafa weiß davon, und er bekommt es mit der Angst.« Gaddi sprach langsamer und als würde seine Zunge schwer. »Er glaubt immer noch nicht, dass ihm selbst etwas geschehen kann, aber er knirscht mit den Zähnen.«

»Ich habe Euch in Schwierigkeiten gebracht.«

Der Alte lachte dünn. »Ich bin ein ruhiger Mann, Tommaso. Immer in der zweiten Reihe. Unauffällig. Nicht zu eifrig, nicht zu säumig.«

»Und doch hat Carafa *Euch* aufgesucht.«

»Ja.« Gaddi starrte auf den Kratzer. Als er weitersprach, klang er müde. »Aber es geht nicht nur um mich. Es geht um Vittoria. Um die Familie. Ihr baut ein Schiff in der Wüste, mein Junge, und Ihr baut es außerdem aus morschen Stämmen. Ihr solltet darüber nachdenken.«

»Ich hasse das Heilige Offizium. Ich trete durch die Tür und denke, ich kriege keine Luft mehr«, sagte Ugo. Er streckte Tommaso müde die offenen Handflächen entgegen. »Aber ich gehe. Wenn auch nur, um dieser verfluchten Sache mit dem Kreuz endlich ein Ende zu machen.«

Er begann in den Papieren auf seinem Schreibtisch zu kramen. Die beiden Türen der Kanzlei standen offen, und ein Windstoß hatte die Akten durcheinander gewirbelt. Ungeduldig bewegte er die Lippen, während er sortierte. »Ernesto hat die Vorladungen an die beiden Kerle, die in den Unfall mit den Stieren verwickelt waren, zugestellt. Verhandlung ist morgen Nachmittag. Erst das mit den Stieren, habe ich gedacht, und danach die Lastenträger vom Campo

Marzo. Erinnerst du dich? Kurz nach Weihnachten. Dieser
Ölhändler ...«

»Ja.«

»... den sie verprügelt haben, weil er seine Ware von den
Trägern der Dogana ...«

»Ich erinnere mich, ja.«

»Außerdem der Betrug um das gestreckte Mehl. Warum,
verdammt, finde ich hier nicht die Adresse des Klägers? Der
Mann hat eine Vorladung bekommen, also muss doch seine
Adresse ...«

»Denkst du, dass Carafa an Puttos Tod unschuldig ist?«

»Das wissen die Engel.« Ugo war fündig geworden und
kritzelte etwas auf ein Papier. »Wie schnell wirst du morgen
richten? Kriegst du noch einen vierten Fall unter? Eine Prü-
gelei unter Betrunkenen. Ein Witz, da reicht ein Klaps hinter
die ... He, Tommaso!«

»Ich gehe allein zur Inquisition. Ich will, dass du im Archiv
des Governatore nachforschst, ob innerhalb der letzten zwei
Jahre von Kardinal Carafa der Diebstahl eines Messers gemeldet wurde. Und wenn ja, wann genau dieser Diebstahl
stattgefunden hat.«

»Du ruinierst meine Gesundheit mehr als alle Zwiebeln
der Welt, weißt du das, Tommaso?«

»Ja, ich weiß es«, sagte er abbittend.

XXVI

Vittoria bestickte den Rand des Seidenschals mit Zypressen. Das war eine stumpfsinnige Arbeit: Schmale Ovale mussten mit grünem Garn ausgefüllt und mit braunen Stümpfen versorgt werden. Doch zu Komplizierterem fühlte sie sich nicht aufgelegt. Ja, selbst die Zypressen wiesen an diesem sonnenverwöhnten, von Meisengesang und zartem Frühlingsduft erfüllten Morgen Beulen auf. Winzige Blutflecken aus ihren zerstochenen Fingern beschmutzten den gelben Stoff. Wenn sie getrocknet waren, würden sie an die Hinterlassenschaft einer ungezogenen Fliege erinnern.

Vittoria ließ die Arbeit in den Schoß sinken und seufzte.

Sie musste nach Civita Castellana, das war klar. Die beiden letzten Briefe trugen nicht Niccolòs Handschrift. Ein Wunder, wie Olimpia das übersehen konnte. Keine eleganten Schwätzereien. Keine weitschweifigen Komplimente vor der Forderung nach Geld. Es waren stümperhafte Erpresserbriefe, auch wenn aus ihnen nicht klar hervorging, was angedroht wurde.

Vittoria dachte an das Ehepaar, das sich um Niccolòs Wohnturm kümmerte. Jacobo und Maria. Beim ersten Zusammentreffen hatte sie die beiden für einfältig gehalten. Ein bisschen zu neugierig, ein bisschen zu beflissen, lästig, aber nicht gefährlich. Sie hatte ihnen so wenig Aufmerksamkeit geschenkt wie den Fliegen, die den schmutzigen Verschlag mit dem Abort unter der Treppe umschwärmten. Der Hochmut hatte sich gerächt. Sie hätte wissen müssen, dass Fliegen an jeder Seite des Kopfes Augen besaßen und ihnen nichts entging. Und nun schickten die beiden Briefe und verlangten Geld. In der Hoffnung …

Ja, was? Dass ihr ferner Herr ihnen so lange vom Hals blieb, bis sie ihre Schäfchen im Trockenen hatten? Dass er bei seiner Rückkehr nichts von ihrem Treiben erfahren würde, weil die fremde Madonna zu viel Angst hatte? Was ging in ihren Köpfen vor? Was ahnten oder glaubten sie? Jedenfalls nicht das, was Vittoria hoffte, ihnen klargemacht zu haben. Am Ende, dachte sie bedrückt, womöglich die Wahrheit?

Das durfte und das konnte auch nicht sein, und sie wies diese erschreckende Vorstellung entschlossen von sich.

Es würde alles aufs Geld hinauslaufen, so viel stand fest. Nur dass sie seit ihrer Heirat über kein eigenes Geld mehr verfügte, und damit geriet der Grund, auf dem sie baute, ins Schwanken. Wie dumm von ihr zu heiraten. Oder jedenfalls dumm, es gerade zu einem Zeitpunkt zu tun, an dem sie ihre Unabhängigkeit so bitter benötigte. Wie dumm, dachte sie, und dennoch klopfte ihr Herz stürmisch, als sie sich Tommaso Benzonis Gesicht vor Augen rief, und das Eis in ihrem Magen schmolz ein wenig.

»Monna Benzoni?« Caterina kam in den Garten und lächelte schüchtern. Sie war kaum erwachsen, ein liebes Mädchen mit einem fürsorglichen, runden Apfelgesicht und vom Waschen geröteten Händen. Eine Wohltat für eine entschlusslose Hausfrau, da sie jede Arbeit sah und von selbst anpackte.

»Ich habe Wachteln gebraten.«

»Oh, ich … kann jetzt nichts essen.«

»Aber Monna, Ihr habt schon gestern Abend nichts gegessen und gestern Mittag nur ein Häuflein Dorschleber. Man sieht von Moment zu Moment, wie Ihr weniger werdet.« In Caterinas runden Taubenaugen stand die Sorge.

»Ich werde essen«, versprach Vittoria, »Aber mehr als eine Kleinigkeit bekomme ich nicht hinunter, und das …« fügte sie eilig hinzu, da die Taubenaugen sich trübten, »liegt nicht an deinen Kochkünsten, denn ich habe selten so gut gegessen wie hier. Ich kann einfach nicht.«

»Tut Euch der Magen weh?«, versuchte Caterina ihre Befindlichkeit zu ergründen.

»Ein wenig, ja.«

»Doch gerade da sind die Wachteln so gesund, Monna. Ich nehme nur die fettesten, die, die von Signor Bastone in einem Käfig gehalten und mit Haferkörnern und geschnitzelten Schnecken gemästet werden, was ihnen eine wunderbare Saftigkeit verleiht.«

Vittoria merkte, wie die Übelkeit stieg. »Ich liebe deine Wachteln, Caterina«, versicherte sie schwach, »und sobald es mir wieder besser geht, werde ich davon essen, bis du mich durch den Garten kugeln kannst.«

»Aber Monna!« Caterina lachte über den abgenutzten Scherz. Doch plötzlich begann sie nachzudenken, was ihr offenbar nicht leicht fiel. Ihr freundliches Gesicht bekam Runzeln, eine strenge Falte teilte ihre Stirn. Die Anstrengung hatte Erfolg. Ihre Miene hellte sich auf, sie zog den Kopf zwischen die Schultern wie ein Äffchen und wisperte verschwörerisch: »Oh, *jetzt* verstehe ich. Wie dumm von mir und ... welche Freude, Monna Benzoni. Erlaubt – ich werde aus den Wachteln eine Suppe kochen. Die ist so leicht, dass sie wie Schnee im Magen liegt. Denn gerade in diesem Zustand müsst Ihr besonders viel essen, ich weiß, wovon ich rede. Meine Schwestern haben zusammen dreizehn Söhne und Töchter.«

Mit schwingenden Röcken lief sie ins Haus zurück und ließ ihre Herrin ratlos und, als diese endlich begriff, amüsiert und ein wenig beunruhigt zurück.

Der arme Giudice Benzoni. Bisher hatte Vittoria es vermieden, darüber nachzudenken, was er von der verschlossenen Schlafzimmertür am Anfang ihrer Ehe gehalten haben mochte. Wenn er gefragt hätte, hätte sie es ihm erklärt: Elenas Zusammenbruch und die Gefahr, das dadurch alles ans Licht kam, hatten sie so mitgenommen, dass sie keine Kraft mehr fand, jenes ominöse Geschehen auf sich zu nehmen, das sich Vollzug der Ehe nannte und auf das ein Gatte offenbar Anspruch erheben konnte. Nun, sie hätte es natürlich anders ausgedrückt, verschleierter. Dass Bernardino Botta sie niemals in dieser Art berührt hatte und dass ihr deshalb diese peinlichen Dinge ...

Ach was. Lüge auf Lüge. Es schnitt ihr ins Herz. Das hatte der Giudice nicht verdient. Außerdem würde beim Aufdecken jeder neuen Unwahrheit sein Misstrauen wachsen, bis es ihm schließlich reichte, und was dann geschah ... Ja, er würde alles herausbekommen, dachte sie mutlos. Es sei denn, sie brachte es fertig, das Problem mit Niccolò vorher zu lösen.

Und da kam ihr der rettende Gedanke.

Vittoria richtete sich steil auf, ihre Stickerei flatterte in die Rosendornen. Angestrengt dachte sie nach, während ein Meisenpärchen vor ihren Füßen an einem Zweiglein zerrte. Caterina hielt sie für schwanger. Da dieser Zustand Schonung erforderte und Caterina bereits begriffen hatte, dass ihrer Herrin schlecht war, konnte man vielleicht einen Tag und eine Nacht schinden. Nein, aber einen halben Tag und eine Nacht. Sie konnte sich nach dem Mittagessen auf das Zimmer zurückziehen – mit etwas Obst zur Beruhigung Caterinas – und Anweisung geben, sie bis zum nächsten Morgen nicht zu stören. Das wären achtzehn kostbare Stunden. Zeit genug, nach Civita Castellana und zurück zu reiten.

Vittoria zögerte, aber sie verscheuchte jeden Anflug von Angst vor den Risiken solch eines Abenteuers. Zu kostbar war der Preis, der winkte. Und das Vöglein, das nur in die Augen der Schlange starrt, wird am Ende gefressen.

Sie würde also reiten, und nach ihrer Rückkehr würde sie mit wunderbarem Appetit in dem kleinen Salon erscheinen und scherzen: Aber Caterina, erst jetzt merke ich, was du gedacht hast. Was für ein Unsinn! Ich hatte nur ein wenig Bauchschmerzen. Bring mir die köstlichen Wachteln. Und alles würde gut werden.

Achtzehn Stunden, dachte Vittoria, von neuer, wunderbarer Lebenskraft erfüllt. Sie hatte die Kette mit dem Diamanten. Die würde das elende Dienerpaar zum Schweigen bringen. Die beiden wussten nichts, sie probierten nur aus, wie weit sie gehen konnten. Wenn man ihnen mit dem Giudice drohte ... Nein, mit Niccolò, vor ihm hatte jeder Angst.

Egal, wenn sie erst dort war, würde sie alles regeln.

XXVII

Fra Felice war unabkömmlich. Er verbrachte die Donnerstagvormittage mit Bußübungen in der Kapelle im Obergeschoss des Heiligen Offiziums, um dort sein Herz zu reinigen, auf dass es den Anfechtungen in den Kellern der päpstlichen Behörde gewachsen sei.

»Welchen Anfechtungen?«, wollte Tommaso von dem bebrillten jungen Mönch wissen, der ihn am Eingang des tristen roten Backsteinbaus in Empfang genommen hatte und ihn nun ins Innere des Hauses führte.

»Das ist unterschiedlich.« Der Mann – er trug die Kutte der Dominikaner, wie alle, die in der Inquisitionsbehörde arbeiteten – blickte ihn ernsthaft über seine Augengläser an. »Viele quält die Furcht, zu streng zu urteilen, andere die Furcht, sich vom Mitleid verführen zu lassen. Oder sie haben Angst, Dinge zu übersehen, die für oder gegen den Angeklagten sprechen, denn die meisten Fälle sind kompliziert. Manche leiden auch an dem, was sie hören. Die Ungeheuerlichkeiten, die der Böse ersinnt, um die heilige Kirche zu beschmutzen, sind oft so widerwärtig, dass sie die Patres in Schwermut stürzen und sie vielleicht vernichteten, wenn sie nicht mit Kraft aus der Höhe gewappnet wären.«

»Und wie ergeht es Euch dabei?«, fragte Tommaso, bemüht, sich von dem auswendig gelernten Geschwafel nicht verärgern zu lassen.

»Ich bin ja nur an der Tür.« Der Mönch lächelte und wies

auf eine Bank, auf der Tommaso die nächste Zeit verbrachte.

Er sah zu, wie eine dicke Frau den Fliesenboden reinigte. Zwei Sbirri des Vicario del Papa brachten einen betrunkenen Franziskanermönch, der wirr lachte, als der junge Mann an der Pforte sich seinen Namen notierte. Später wurde eine hübsche, mütterlich wirkende Frau eingeliefert, die sich an den Sbirro klammerte, der sie führte, und unaufhörlich weinte. Eine Kurtisane. Sie trug einen reich mit Pelz besetzten Mantel, unter dem ein zarter Stoff hervorlugte. Ihm fiel der niedliche Junge ein, der Ugo hatte sprechen wollen. Die Frau begann in einem der hinteren Zimmer zu kreischen, und Tommaso wünschte sich ans Ende der Welt.

Ein älterer Mann kam die Treppe vom Obergeschoss herab. Er sah müde aus und schlurfte über die Steinstufen. Auf seiner Tonsur glänzten Schweißperlen. »Giudice Benzoni?«

Tommaso erhob sich.

»Fra Felice wurde von der Bürde seines Amtes überwältigt. Er wäre gern gekommen, aber er ist vor dem Altar zusammengebrochen, und Fra Michele hat ihn zu Bett geschickt und ihm verboten, sich heute noch daraus zu erheben.« Der Mönch zwang sich sichtlich, die müden Augen offen zu halten. »Natürlich könnt Ihr trotzdem mit den beiden Delinquenten sprechen. Ich werde Euch hinabgeleiten. Wünscht Ihr den Beistand eines unserer Brüder? Eine peinliche Befragung ist allerdings nur nach Absprache mit dem bevollmächtigten ...«

»Ich will nur reden. Danke.«

Die Keller stanken faulig, was bei den häufigen Tiberüberschwemmungen nicht verwunderte. Auf dem Boden wuchs hellgrünes Moos, und an den steinernen Wänden blühte der Schimmel.

»Bitte klopft einfach an die Tür, wenn Ihr wieder hinauswollt. Ich gebe gleich das Essen aus und werde Euch hören.«

Das Verlies war hoch und kalt. Aber ein Fenster unter der

Decke ließ schwaches Licht herein, und so konnte Tommaso die beiden Häftlinge schemenhaft erkennen. Sie lagen aneinander gekauert auf einem Strohhaufen. Das Stroh war frisch, und neben ihnen stand ein Krug Wasser. Außerdem hatte man nur ihre Fußgelenke an die Wand gekettet. Die Mönche gingen milde mit ihnen um.

»Wir gestehen.«

Tommaso konnte nicht unterscheiden, aus welchem Mund das Wimmern kam. Er ging vor den beiden Gestalten in die Hocke und sah, wie eine von ihnen sich langsam streckte, um sich aufzusetzen. Ein Paar trotzige schwarze Augen blickten ihn an. Der andere Gefangene verkroch sich im Schoß des ersten. Er weinte: »Wir gestehen … wir gestehen …«, aber sein Bruder schob ihm zornig die Hand auf den Mund.

»Wie heißt du?«, fragte Tommaso.

Die schwarzen Augen blitzten.

»Es ist nicht von Bedeutung. Ich würde dich nur gern mit deinem Namen anreden.«

»Sconfitto.«

»Der Verlorene. Du hältst dich also für verloren.« Er erwartete, dass der Mann ihn anspucken würde. Aber das geschah nicht. Tommaso stand auf, ging ein paar Schritte und ließ sich wieder vor den Gefangenen in die Hocke nieder. Die Hand des weinenden Mannes lag auf dem Schenkel seines Bruders, und er sah, dass sie quer über sämtliche Finger grün und blau verfärbt war, sicher gequetscht, und vielleicht waren die Finger gebrochen. Draußen rief der Mönch nach einem Luigi. Töpfe schepperten.

»Wir gestehen«, wimmerte es aus den Lumpen, während die verstümmelte Hand zitterte.

»Dein Bruder gesteht, und du leugnest. Also ist dein Bruder schuldig, und du bist unschuldig«, sagte Tommaso.

»Also ist mein Herz eher zu Stein geworden als seines.«

»Ich erinnere mich an eure Namen. Tobia und Domenico. Welcher bist du?«

Wieder brannten sich die schwarzen Augen in sein Gesicht. Mit der Kraft des Fegefeuers, dachte Tommaso und schämte sich seiner Ungerechtigkeit.

»Also gut. Ich nenne dich Domenico. Hör mir zu, Domenico. Ich bin der Giudice della Ripa. Ich habe keine Befugnis in diesem Gefängnis und kann euch weder helfen noch schaden. Ob ihr gesteht oder leugnet, ist für mich einerlei, weil ich nicht über euch zu richten habe, und ich werde niemandem verraten, was hier gesprochen wurde, wenn ihr es nicht wollt. Aber ich möchte, dass du mir die Wahrheit über das sagst, was am Tag nach Neujahr in der Kirche von San Pietro in Montorio passiert ist.«

Draußen klapperte der Mönch mit dem Geschirr. Er sprach geduldig mit den Menschen, denen er zu essen brachte, bis auf ein einziges Mal, als seine Stimme scharf wurde und etwas knallte. Tobia – wenn er es war – hörte auf zu wimmern und wurde steif.

»Du bist der Giudice vom Gericht am Fluss?«

»Und du bist Domenico?«

Geduld, dachte Tommaso und lauschte den sich entfernenden Schritten. Die Zelle der Brüder war übergangen worden. Er fragte sich, ob man ihnen ihre Ration später geben würde oder ob er sie um ihre Mahlzeit gebracht hatte.

»Warum willst du die Wahrheit über San Pietro wissen?«

Tommaso sah Misstrauen in den dunklen Augen. »Weil ich das gestohlene Kreuz suche.«

»Wir haben es nicht.«

»Wer dann?«

»Wir sind spazieren gegangen. Wir wissen es nicht. Wir haben gar nichts mitbekommen.«

Tommaso nickte. »Warum hat man euch im Verdacht?«

»Weil der Sakristan uns beschuldigt hat.«

»Euch *wessen* beschuldigt?«

»Verflucht, dass wir das Kreuz ...«

»Psst.« Tommaso legte die Hand auf die bebende Gestalt. »Ich meine ... *Genau.* Was hat der Sakristan behauptet, genau *gesehen* zu haben?«

»Dass wir das Kreuz gestohlen haben.«

»Er hat euch in die Kirche kommen sehen? Er hat zuge-
schaut, wie ihr es von der Wand abgenommen habt? Wie ihr
damit durch die Tür getreten seid? Wie ihr es über den Vorplatz ...«

»Ich weiß nicht. Man sagt uns nichts. Nur dass er uns angeklagt hat.«

Die Tür wurde von einem weißen Hintern aufgedrückt.
Der Mönch kam mit einem Kessel in den Kerker. Er setzte
das Gerät ab und blickte sich suchend um.

»Wir wollen kein Essen«, sagte Domenico. Sein Bruder
weinte lauter.

»Ihr seid verstockt«, meinte der Mönch vorwurfsvoll. Er
fand Tonscherben, wohl die einer Essensschüssel, in einer
Ecke und sammelte sie auf. »Braucht Ihr noch lange, Giudice?«, fragte er an der Tür.

Tommaso erhob sich. »Ich bin fertig.«

»Nein, warte.« Der Gefangene schrie die Worte heraus.
»Ich habe ... ich muss mit Euch sprechen.«

»Ist dir doch noch etwas eingefallen?«

»Bei uns im Viertel sagt man, dass an der Ripa gerecht gerichtet wird.«

»Ich bin für euch nicht zuständig. Das habe ich dir erklärt.«

»Es gibt jemanden, der bezeugen kann, dass wir das Kreuz
nicht genommen haben.«

»Und das fällt dir jetzt erst ein?«

Der Mann fuhr sich mit der Hand über die vertrockneten
Lippen. Aufgeregt streichelte er seinem Bruder das verlauste
Haar. »Ich habe Zeugen. Aber Ihr müsst mir schwören, dass
Ihr für Euch behaltet, was ich jetzt sage. Ihr müsst mir
schwören, dass sie nicht behelligt werden. Bei der Seele Eurer
Mutter.«

»Giudice?« Der Mönch, der den Topf im Gang abgestellt
hatte, steckte den Kopf in die Zelle. »Lasst Euch nicht über
Gebühr aufhalten. Es ist ihnen ein Bedürfnis, jedermann von
ihrer Unschuld zu erzählen. Aber das hilft nicht weiter.«

»Was also?«, fragte Tommaso, während er ein weiteres

Mal in die Hocke ging und sein Ohr zum Mund des Gefangenen führte.

»Schwört Ihr?«

»Das kann ich nicht. Ich kann dir nur versprechen, ihr Wohl im Auge zu haben.«

Der Mann atmete, als zöge er einen schweren Karren hinter sich her. Er drückte den Ballen seiner rechten Hand abwechselnd gegen die Augen, man merkte, wie sehr er es hasste zu weinen. Vielleicht, dachte Tommaso, würde er sterben, wenn man kraft seines Willens sterben kann.

»Wir waren zu viert. Wir hatten beide unsere Mädchen dabei.«

»Warum habt ihr davon nichts gesagt?«

Domenico hielt ihm seine Hand vors Gesicht. Sie war ebenfalls gebrochen.

»Gut. Ich verstehe. Aber wie kann ich wissen, dass die beiden nicht an dem Raub beteiligt waren?«

»Würdet Ihr das Mädchen, das Ihr liebt, zu so etwas mitnehmen?«

Wahrheit oder Lüge. Unmöglich zu entscheiden. Die Trostlosigkeit der Zelle begann Tommaso zu ersticken. Er suchte nach Fragen, die Gewissheit verschafften, aber es fiel ihm keine einzige ein. Der Mönch kehrte zurück. Seine Schuhe schlurften über die Treppe.

»Gut«, sagte Tommaso. »Wie heißen die Mädchen?«

»Drei Scudi. Du bist zu weich«, sagte Ugo und trug den Urteilsspruch in ein Formular der Sentenze Originali ein. »Wer Prügel austeilt, sollte Prügel bekommen. Das ist meine Meinung. Weißt du, wie viel ein Fischer verdient? Einer mit einer Sanpierota?«

»Und du bist zu blutrünstig. Wie viele Fälle stehen noch zum Urteil aus?«

»Dreizehn.«

»Morgen Nachmittag Gericht und übermorgen Nachmittag. Aber ich will, dass du vorher ins Archiv des Governatore gehst.«

Ugo faltete die Hände über dem runden Bauch. »Das hast du mir bereits gestern aufgetragen, und ich gehorchte und flog. Ich war dort.«

»Und?«

»Ich war dort in meiner freien Zeit. Ich habe den Archivar mit einem Glas Waldhonig aus Faustinas Vorräten bestochen und ihm für diese Kostbarkeit die Geheimnisse seiner Schränke entlockt.«

»Und?«

»Von September fünfzehnsiebenundfünfzig bis Dezember fünfzehnneunundfünfzig. Ich habe gelesen, bis mir die Augen tränten. Es ist dreckig im Archiv des Governatore. Ich bin im Staub der Akten erstickt. Ich habe mir die Seele ausge…«

»Du bringst mich um, Ugo.«

Der Notaio lachte. »Es wurde kein Messerdiebstahl gemeldet. Jedenfalls nicht von Carafa. Und auch nicht von seinem Segretario oder dem Maestro di Camera oder sonst einem aus seiner Familie.«

»Das ist schade.«

»Ich dachte, du hast es dir gewünscht.«

»Ich wünsche mir Klarheit. Wenn der Diebstahl gemeldet worden wäre, hätte ich etwas Klarheit. Jetzt weiß ich nichts. Der Kardinal kann, was den Diebstahl angeht, gelogen haben. Aber ebenso gut ist es möglich, dass er keine Anzeige erstattet hat, weil er es für zwecklos hielt.«

»Der Kardinal hat das Anzeigen mit Sicherheit nicht geliebt. Der schlägt selbst zu, das hast du ja gesehen. Wenn der Governatore di Roma – welcher auch immer von ihnen es war – in seiner Weisheit nicht die Ärzte und Barbiere zur Meldepflicht verdonnert hätte, säßen wir mit nacktem Hintern im Sand.«

»Es wurde etwas gemeldet?«

»Moment.« Ugo schrieb das Urteil zu Ende und legte es in die entsprechende Mappe, dann zog er unter mehreren gerollten Papieren ein Blatt hervor. »*Magister Evaristo Rotoli, chirurgus in Campo Flore, retulit hodie circa secundam horam* ... Dem Mann haben sie einen armen Kerl ins Haus geschleppt. Bernardo Miccinelli, ehemals Kastanienverkäufer auf der Piazza del Popolo, zum Zeitpunkt des Geschehens im Dienst Kardinal Carafas, der an mehreren Rippenbrüchen und erheblichen Verletzungen des Unterleibes litt. Und jetzt hier ...« Ugo zog ein weiteres Blatt hervor. »*Visitatus fuit per me notarium de mandato* ... Der Notar, der mit der Untersuchung beauftragt wurde, schreibt, dass Miccinelli nach eigenen Angaben seine Verletzungen durch Kardinal Carafa erlitten hat, der ihn wegen des Diebstahls eines Messers fürchterlich verprügelte. Allerdings zu Unrecht, sagt Miccinelli, da er das Messer nicht einmal angeschaut hat. Seiner Meinung nach war ein Kürschner das Messer gestohlen, ein Mann, der bei dem Kardinal Schulden eintreiben wollte. Der Notar ermahnte den Verletzten zur Wahrheit, aber der arme Teufel blieb bei seiner Behauptung und verstieg sich zu heftigen Beschimpfungen. Er verlangte nach einem Beichtvater und seiner Schwester, die aber unter der angegebenen Adresse nicht aufzufinden war. Der Beichtvater kam. Miccinelli starb. Und nun?«

»Das Messer wurde also wirklich gestohlen.«

»Aber nicht von Miccinelli. Vielleicht wirklich von dem Kürschner.«

»Das ist unerheblich. Wann fand der Diebstahl statt?«

Ugo schaute nach. »Im Dezember 1558. Da wurde der Mann jedenfalls verprügelt.«

»Putto wurde also von einem Dieb erstochen?«

»Das wissen wir nicht. Es kann sich bei dem Diebstahl ja auch um ein anderes Messer gehandelt haben.«

»Es hat sich um dieses Messer gehandelt. Es ist sinnlos, sich etwas einzureden. Carafa wurde bestohlen, und er ist an Puttos Tod mit großer Wahrscheinlichkeit unschuldig.«

»Dafür hat er diesen Miccinelli umgebracht. Warum ist Miccinellis Tod weniger schlimm als der eines Gassenstrolchs?«

»Tu noch das eine. Finde heraus, wann die Kopie des Mes-

sers geschmiedet wurde. Suche die geschicktesten Waffen-
schmiede auf. Diesen ... wie heißt er gleich ... Testa.«

»Warum ist Miccinellis Tod dir egal?«

»Das ist er nicht. Aber es war Putto, den ich gefunden
habe.«

»Sicher«, seufzte Ugo und faltete die beiden Blätter zusammen.

XXVIII

Er hatte es falsch angepackt. Das war Tonio jetzt klar. Er hätte mit dem Mann mit der krummen Nase sprechen müssen. Stattdessen verkroch er sich wieder unter dem Steg am Flussufer und träumte seine Albträume von dem Ziegenhirten.

Irgendwann würde ihn die Furcht umbringen. Tonio hatte gehört, dass so etwas möglich war. Lelio hatte ihnen von einem Sodomisten erzählt, der in der Secreta der Tor di Nona auf die Folter wartete, aber starb, noch bevor ihn jemand angerührt hatte. Rein aus Furcht, hatte Lelio genüsslich erzählt und allerlei beschrieben, das Tonio lieber vergessen wollte.

Der Junge kaute mit langsamen Bissen eine Ochsenleber, die er einer Frau am Marcellustheater aus ihrem Einkaufskorb gestohlen hatte, als er von der Ripa zu seinem Versteck gelaufen war. Er wollte nicht aus Furcht sterben. Aber Tonio war überzeugt, dass ihm ein solcher Tod bevorstand, wenn er nicht handelte.

Unschlüssig blickte er auf den kleinen Ausschnitt des Flusses, den er von seinem Versteck aus sehen konnte. Er hatte einen Mordshunger und mochte trotzdem nicht schlucken. Es tat gut zu kauen, und es würde genauso gut tun, etwas im Magen zu haben. Warum musste man sich immer entscheiden?

Nein, er würde zurück zum Tibergericht gehen. Tonio schluckte, und die Sache stand fest. Wenn er Glück hatte, war der freundliche Mann, der Notaio, dort. Und wenn nicht, dann würde er mit dem Mann mit der krummen Nase sprechen oder mit dem Goldmann oder mit irgendeinem, den er dort traf. Hauptsache, er war die Sache mit Putto und den Signori los.

Er wischte die feuchten Hände an der Hose trocken und kroch aus seinem Loch. Es war nachmittags, stellte er fest. Fast schon abends. Die Geschäfte klappten die Läden herunter. Plötzlich fiel ihm siedend heiß ein, dass die Männer vom Gericht ihre Arbeit vielleicht ebenfalls beendet hatten. Zu spät, dachte er, und eine Welle der Verzweiflung überrollte ihn, denn er wusste, dass sein Mut ihn am nächsten Morgen verlassen haben würde.

Vielleicht war ja doch noch jemand in dem kleinen Gericht. Die Leute hatten viel zu schreiben. Vielleicht schrieb der Notaio erst, wenn er Ruhe hatte. Mit diesem Zerrbild einer Hoffnung machte Tonio sich auf den Weg.

Aber er hatte kaum das Ufer erklommen und die Straße erreicht, als er sah, dass an diesem Nachmittag alles anders war, als er gedacht hatte. Aus der Via Leonina, der Hauptstraße jenseits der Häuser, drang Lärm. Natürlich war das nicht weiter erstaunlich. Was bedeutete schon Lärm in einer Stadt wie Rom? Aber dieser hier war anders, und deshalb jagte er Tonio Angst ein, so, wie ihn alles erschreckte, was sich änderte. Seine Welt war wie ein Kreisel, der sich von einem Furcht erregenden Geschehen zum nächsten drehte und ihn unweigerlich mit sich zog, und jedes Mal wurde es schrecklicher.

Tonio spähte zu seinem Versteck, aber er wusste, dass er nicht mehr zurückkonnte. Wenn er jetzt kehrtmachte, würde er sich nie wieder hinauswagen.

Er beschloss, sich am Ufer zu halten, bis ihm einfiel, wie gefährlich dieser Weg war. Denn wenn der Ziegenhirte nach ihm suchte – und daran zweifelte er nicht –, würde ihm ein einsamer Ort wie das Tiberufer gerade recht sein. Nein, er musste herausfinden, was der Lärm bedeutete. Ein Umzug. Ein Fest. Leute lachten und grölten mit den schweren Zungen von Betrunkenen. Plötzlich ging Tonio auf, dass der Lärm nicht sein Gegner war, sondern sein Verbündeter. In der Masse konnte er sich verstecken. So musste er es sehen.

Er huschte durch eine Seitengasse. Es war ein finsteres Stück Weg, und weil er jetzt darüber nachgedacht hatte, fürchtete er die Dunkelheit so, wie er vorher das Licht gefürchtet hatte. Er war erleichtert, als er die Via Leonina erreichte.

Und blieb wie verzaubert stehen. Männer in schwarzen Gewändern mit goldenem Seidenfutter und schwarzen Federn auf goldenen Hüten tanzten durch die Straße. Zwischen ihnen Harlekine, Zigeuner, als Geister verkleidete Stelzenläufer ... Der Kreisel hatte sich mit ihm in ein Wunderland gedreht. Die Häuser waren mit bunten Girlanden geschmückt, an denen Lampen hingen. In Seide gehüllte Kutschen rollten über das Pflaster. Aus den Fenstern schauten Damen mit Masken heraus.

Jemand schubste Tonio, und im selben Moment wurde er sich wieder der Gefahr bewusst. Er sprang zur Seite, als hätte man ihn mit kaltem Wasser übergossen. Aber es war nur eine dünne, warzige Frau, der er im Weg gestanden hatte. Nein, keine Frau. Tonio lachte. Die hatte ja einen Stoppelbart. Das war ein Mann, der sich wie eine Frau verkleidet hatte. Tonio konnte kaum aufhören zu lachen. Er drängelte sich in den Strom der Prozession und ließ sich schieben. Jemand packte seine Pelzmütze und zog sie ihm über die Augen. Doch auch das war nur ein Spaß. Tonio schob die Mütze zurück und sah einen Mann im Gewand eines Mauren, der ihm zuzwinkerte und seine Arme grinsend unter die Ellbogen zweier Frauen schob.

Immer so weiter. Vielleicht wollten sie zur Ripa. Nein, das gewiss nicht. Der Hafen war eine ärmliche Gegend. Sicher ging es zu den Palazzi in der Innenstadt oder zu einem der großen Plätze. Es war Karneval, und im Gegensatz zum letzten Jahr, wo der Papst noch alle Maskerade verboten hatte, durfte man sich jetzt anscheinend wieder verkleiden. Masken aus Samt und Leder verhüllten die Gesichter der Menschen. Manche ließen die Nase und den Mund frei. Andere bedeckten sogar Hals und Haar. In den Kutschen saßen die Kurtisanen, die Königinnen Roms, denen Lelio immer neidisch hinterhergespuckt hatte, weil sie mit ihrem Körper in einer Nacht so viel Geld verdienten, wie er mit den Jungen in einem Jahr.

Tonio starrte mit offenem Mund zu einer Kutsche, die wie ein Feuervogel mit roten und orangen Federn geschmückt worden war.

»He du …«

Er hörte nicht.

»He!« Jemand packte ihn an der Schulter und drehte ihn zu sich herum.

Tonio erstarrte, als hätte ihn ein Pfeil ins Herz getroffen. Entsetzt blickte er auf den Hirten, der ihn nun auch an der anderen Schulter packte.

»Na, du bist es ja doch! He, Gasparo, warte. Ich hab … Nein, nein Freundchen, du bleibst! Gasparo, ich glaub, ich hab hier den Höhepunkt des Festes erwischt.«

Der Hirte hielt Tonio fest wie ein Sbirro. Er grinste, und Tonio stellte mit der unglückseligen Erfahrung vieler Kinderjahre fest, dass es ein äußerst gemeines Grinsen war.

»Lass das, Balg! Du bleibst.« Der Mann zerrte ihn hinter sich her. Tonio wollte um Hilfe rufen, aber sein Mund war wie zugenäht.

»Gasparo, verdammt! Ja, hier bin ich. Hier!« Vor Furcht wie gelähmt, starrte Tonio auf die Hand des Mannes. Sie war weiß mit Kreide bemalt. Die Fingernägel schienen schmutzig zu sein, aber kurz. Nein, das war nicht der Ziegenhirte. Aber viel besser war er auch nicht. Er bückte sich zu Tonio.

»Wir werden uns jetzt ein paar schöne Stunden machen. Ich, mein Freund und du. Nun stell dich nicht so an, ich weiß, dass das dein Geschäft ist. Ich kenn dich nämlich.« Er hob Tonio plötzlich an, schleckte ihm mit der Zunge einmal quer über das Gesicht und brach in brüllendes Gelächter aus.

Der Junge begann zu schreien, aber wer achtete schon darauf. Die Prozession war wie eine Riesenschlange, die sich durch die Straße wand und ihre Haut an den Häusern scheuerte, und aus jedem Mund drang ausgelassenes Kreischen.

Nein, es gab doch jemanden, der seine Not wahrnahm.

In einem Hofeingang lehnte ein Bettelmönch, der das Treiben missbilligend verfolgte. Er starrte auf Tonio und schien zu begreifen, dass der Junge in Schwierigkeiten geraten war. Sein strenges Gesicht verkündete heiligen Zorn. Er machte Anstalten, sich in das Gedränge zu schieben, aber zu viele Ellbogen und Leiber hielten ihn zurück.

Schritt um Schritt wurde Tonio weitergezerrt. Das Hirtenfell kratzte an seinen Beinen, als sein Entführer ihn plötzlich anhob und über die Schulter warf, um schneller voranzukommen. Mit einem Mut, aus schierer Angst geboren, trat Tonio den Mann ins Gesicht, wobei er mit dem Knie nach den Augen zielte. Er hörte einen Fluch und rutschte zwischen bunte Hinterteile. Wie ein Äffchen kam er auf die Beine und stob davon.

Er suchte nach dem Mönch. Da war er. Der heilige Mann lächelte und winkte ihm zu. Und nun zauderte der Junge nicht länger. Er quetschte sich durch die Menge und warf sich dem Mann geradewegs in die Arme. Zitternd vor Erleichterung ließ er sich von ihm zu einem Haus und durch einen Torbogen ziehen, hinter dem ein dunkler, stiller Hof mit einem Karren und vielen Weinfässern lag.

Tonio musste an Fra Agostino denken, der gütiger mit ihm gesprochen hatte als jeder andere Mensch. »Danke«, sagte er, denn Fra Agostino hatte gutes Benehmen geschätzt, und vielleicht war das bei allen Mönchen so.

Der Mann lächelte.

Es war ein sonderbares Lächeln, ja es war sonderbar, fand Tonio plötzlich. Und auch die Augen waren sonderbar. Als gehörten sie einem Toten. Tonio sah ihn die Hand heben. Seltsamerweise trug er einen Handschuh darüber, nicht über beiden Händen, sondern nur über der Rechten. Aus dem Zeigefinger schob sich ein Messer.

In diesem Moment starb Tonio. Nicht wirklich, aber sein Wille zu leben erlosch wie eine Kerze in einem Windstoß.

Er zuckte noch einmal, als der Schmerz kam und ihm die Luft wegblieb. Undeutlich fühlte er etwas Warmes über Hals und Brust laufen. Zwei Fäuste hoben ihn an und setzten ihn auf ein Fass, das an einer Wand des stillen Hofes stand. Das Gesicht des Mönchs beugte sich über ihn wie ein riesengroßer, leuchtender Mond.

Das Letzte, was Tonio fühlte, war, wie seine Hände übereinander gelegt wurden.

XXIX

Die Mädchen lebten in Trastevere in einer Wohnung über einer Werkstatt zur Reparatur von Waffen, Kettenhemden und Kesseln und waren anständige Frauen, wenn es stimmte, was der Schmied ihnen vom Schemel unter seiner Pergola angriffslustig entgegenblaffte.

»Schön, dass du es auch einmal erlebst. Wie beliebt man sich macht, wenn man sich für das Gesetz abrackert«, sagte Ugo. »Ich fühle mich wie Sokrates. Die Lämmlein, die ich hüte, überschütten mich mit Beleidigungen. Jedenfalls ist es sauber hier. Das ist ein Faktum, das auf die Besitzer schließen lässt. Ordentliche Häuser, ein ordentlicher Kopf.«

An der Tür der Schwestern hing ein blanker Holzschlegel, durch den eine Kordel gezogen worden war, und Tommaso klopfte damit.

Das Mädchen, das öffnete, war noch jung, vierzehn oder fünfzehn Jahre, schätzte er. Unter dem üppigen schwarzen Lockenschopf saßen erschrockene Kaninchenaugen. »Margotta! Komm schnell.«

»Wir wollen nicht stören und keine Aufregung verursachen, junge Dame.« Ugo lächelte ein Lächeln, das den Tiber überspannt hätte, das Mädchen aber keineswegs beruhigte. Ihre Lippen zitterten, und sie schaute sehnsüchtig zur Tür, bis Margotta mit einem Haufen schmutziger Wäsche im Arm herausstürzte. Margotta ließ die Wäsche fallen und schlug die Hand vor den Mund.

»Es wäre freundlich«, meinte Ugo geduldig, »wenn ihr uns einen Augenblick hineinbätet, denn der Giudice hier will euch einige Fragen stellen. Keine lange Angelegenheit, die Wäsche kommt noch heute Morgen zum Tiber.«

»Wir waschen im Hof«, sagte das jüngere Mädchen. Margotta warf den Wäschehaufen hinter sich, schloss die Schlafkammer und blieb am Ende des Flurs stehen, weil sie nicht wusste, wie sie den Besuch behandeln sollte.

»Besten Dank.« Ugo ging voran, und sie betraten eine kleine Stube, in der nichts weiter als ein Tisch, zwei Schemel und eine riesige quadratische Truhe standen, auf deren Vorderfront der Heiland mit dem verlorenen Schaf auf dem Arm geschnitzt war. Auf dem Deckel lagen Rosenkränze mit kunstvollen winzig kleinen Kreuzen.

»Geschenke von Domenico und Tobia?«, fragte Tommaso.

»Sie sind gute Männer«, schnaubte Margotta trotzig. Ihre Schwester drehte nervös eine der prächtigen Haarlocken um den Zeigefinger. Zwei nette Mädchen. Die Stube war so sauber wie das Treppenhaus. Und in diesem Fall, dachte Tommaso, ohne voreilig sein zu wollen, hatte Ugo mit seiner Prognose sicher Recht.

»Wir kommen vom Ripagericht, und dies ist Giudice Benzoni, und ich bin sein Notaio«, erklärte Ugo. Er trat an das mit geölten Leinwänden bespannte Fenster, das offen stand und reckte den Hals. »Hübsch, die Aussicht nach draußen. Und wie praktisch. Ich meine, der Brunnen da unten. Ich weiß, wovon ich rede. Meine Frau klagt täglich über die Preise der Wasserträger.«

»Wir dürfen den Brunnen nutzen. Signor Batta hat es erlaubt«, sagte Margotta.

»Na sicher, Kind. Was wäre das sonst auch für eine Nachbarschaft.« Ugo hüstelte.

»Ich habe mit Domenico und Tobia gesprochen«, sagte Tommaso. »Sie sind in der Via Ripetta bei der Inquisition, und ihnen wird Diebstahl und Blasphemie vorgeworfen. Das sind schwerwiegende Anklagen, und deshalb brauche ich Auskünfte von euch.«

Margotta brach in Tränen aus, und ihre Schwester ließ die Locke fahren und stopfte die Faust vor den Mund.

Ugo rollte die Augen. »Da euch der Giudice nun das Wesentliche erklärt hat«, sagte er milde, »solltet ihr euch wieder fassen, denn Giudice Benzoni und ich, wir stehen hier im Dienst einer Gerechtigkeit, die den Sünder bestraft, aber dem Unschuldigen beisteht. Wenn ihr nichts Unrechtes getan habt, braucht ihr euch also nicht zu fürchten. Der Giudice wird euch fragen, und ihr antwortet mit der Wahrheit, wie es sich für brave Mädchen gehört, und dann wird sich alles zum Besten kehren.«

»Domenico würde niemals etwas so Frevlerisches tun, wie heiliges Kirchengerät ...«

»Ich möchte einzeln mit den Mädchen sprechen«, sagte Tommaso.

Margotta hörte auf zu weinen und blickte ihre Schwester an, die entsetzt die Augen aufriss.

»Denn dadurch erhält eure Aussage ein viel höheres Gewicht, und das kann einem ehrlichen Menschen nur zugute kommen«, beschwichtigte Ugo. »Komm, mein Kind, wisch dir die Nase und nimm den Krug, und dann holen wir beide aus diesem wundervollen Brunnen das Wasser fürs Kochen herauf. Da hast du gleich einen Weg getan, den du dir später sparen kannst.«

Die Tür klappte hinter ihnen zu.

»Domenico ist ein guter Mensch. Und sein Bruder auch.« Margotta blieb stehen, damit sie nicht zu ihm aufsehen musste. Sie hatte ein starkes Kinn und kluge Augen, und Tommaso zweifelte nicht, dass sie mit dem tapfereren der Brüder zusammen war.

»Du weißt, was ihnen vorgeworfen wird? Auch die Einzelheiten?«

»Ich weiß, was die Leute sagen.«

»Hast du sie vor oder nach dem Diebstahl gesehen?«

»Ich war doch ...« Margotta verstummte.

»Hast du etwas Unrechtes getan?«

»Nein.«

»Dann hast du auch keinen Grund, jedes Wort dreimal zu überlegen. Sag, wie es sich wirklich verhalten hat. Du brauchst keine Angst zu haben, dass ich deine Worte verdrehe. Und glaube auch nicht, dass du Domenico oder Tobia hilfst, wenn du lügst. Meist kommt es heraus, und dann steht es schlimmer als zuvor.«

»Wurden sie …?«

Tommaso sah bedrückt zum Fenster, aber gleich wieder zu dem Mädchen. »Die Inquisition ist eine strenge Behörde. Ein weiterer Grund, die Wahrheit zu sagen. Was also ist an dem Tag geschehen?«

Sie kämpfte gegen die Tränen. »Wir sind spazieren gegangen, um …«

»Warte. Noch eine Frage zuvor. Hast du oder irgendjemand sonst einen der Brüder gesprochen, seit sie verhaftet wurden?«

Das Mädchen schüttelte den Kopf und versuchte, mit dem Handrücken die Tränen aufzuhalten.

»Ihr seid also spazieren gegangen. Wo?«

Sie waren am Kloster San Cosimato vorbei den Berg hinaufgeschritten und in die Nähe von San Pietro in Montorio gelangt. Sie hatten sich getroffen, weil sie mit den Brüdern über ihre Verlobung sprechen wollten. »Palmira und ich, wir haben elf Scudi für eine Mitgift zusammengespart. Das ist nicht viel«, sagte sie.

»Aber den Brüdern reichte es?«

»Es hätte ihnen gereicht, auch wenn es gar nichts gewesen wäre. Sie hatten ein gutes Auskommen, und sie haben uns geliebt.« Margotta, die sich während ihrer Erklärungen wieder gefasst hatte, begann erneut zu weinen. Tommaso fiel auf, dass sie von den Delinquenten in der Vergangenheit sprach. Er stellte sich ans Fenster und sah, wie Ugo unten im Hof für das Mädchen den Brunneneimer hochkurbelte. Irgendwie hatte er es fertig gebracht, ihr ein Lächeln abzuluchsen.

»Wie war das jetzt mit dem Sakristan von San Pietro?«

»Wir schlenderten an der Mauer entlang und sprachen

über … es ging um die Hochzeit. Und eine Tante der Brüder, die gegen die Hochzeit eingestellt war und der Domenico uns gern vorgestellt hätte. Und plötzlich kam der Mann aus der Kirche gelaufen und schrie: *Aufhalten, sie haben gestohlen.* Dann lief er um die Kirche herum.«

»Der Mann, damit meinst du den Sakristan.«

»Ja.«

»Und Domenico …«

»Er ist klug. Und misstrauisch. Er wurde plötzlich besorgt und sagte: Was soll das? Und dann: Margotta, nimm Palmira und lauft in den Wald. Ich frage: warum? Aber er schüttelt nur den Kopf, und ich merke, dass er Angst hat.«

»Und ein schlechtes Gewissen, weil er gestohlen hatte. Weil er wusste, dass er euch in die Geschichte hineinziehen …«

»Aber nein. Wann soll er die Sachen denn genommen haben? Wir waren nicht einen Augenblick ohne einander. Und wir haben die Kirche gar nicht betreten. Das ganze Grundstück nicht. Warum hört uns niemand zu?«

Schritte und ein leises Gespräch auf der Treppe kündigten Ugo und ihre Schwester an.

»Quid novi?«, fragte der Notaio, als er das Zimmer betrat.

»Ich denke, sie sagen die Wahrheit.«

Ugo nickte.

Palmira warf sich der Schwester an die Brust und schlang die Arme um sie. Beide blickten Tommaso an. Die Jüngere hoffnungsvoll, Margotta bitter.

»Alles muss noch einmal sorgsam bedacht werden, Mädchen«, sagte Ugo. »Ihr habt euer Bestes getan, den beiden Unglückseligen zu helfen, und über die Frommen wachen die himmlischen Engel.«

Fra Felice lag noch immer zu Bett. Tommaso betrat die karge Zelle und hielt einen Moment stumm inne vor dem schmalen, rohen Bett mit dem Strohsack und der dünnen Decke, die einem ausgedörrten, erschöpften Mann kaum genügend

Wärme spendete. Die Zelle war karg, aber penibel gefegt. Es gab keine Bücher. Nur ein Tischchen, auf dem eine Holzschüssel mit Essen stand, einem grauen Brei, den Fra Felice nicht angerührt hatte.

»Es tut gut, Euch zu sehen.« Der Dominikaner war wach, obwohl er die Augen geschlossen hielt. »Was habt Ihr zu berichten, Bruder in der Wahrheit? Ich hörte, Ihr habt die Rosenkranzschnitzer, diese Brut des Leibhaftigen, aufgesucht. Gelang es Eurem Scharfsinn, sie ihrer Bosheit zu überführen?«

»Ich habe ihnen zugehört.«

Der Mönch dachte über die Äußerung nach. Er lag völlig still. Nur seine grauen Lippen bewegten sich, um tonlose Worte zu sprechen. Er hustete, dann schlug er die Augen auf. »Ihr habt also zugehört. Darin liegt eine Gefahr. Erratet Ihr, welche es ist?«

»Nein.«

»Das wundert mich nicht. Der Umgang mit den Bösen braucht Erfahrung. Es gibt verschiedene Körperöffnungen, Giudice Benzoni, durch die sich die Dämonen Einlass in die Körper ihrer Opfer verschaffen. Ich will sie Euch nicht alle nennen. Die Verächtlichste kennt ihr, denn halb Rom wälzt sich im Stroh und ahmt die Schändlichkeit eines Schweinekobens nach. Andere Öffnungen sind subtiler. Die Augen, Giudice. Ich sagte es schon. Das Mädchen mit dem Sfregio sollte dem Allmächtigen auf den Knien danken, dass er es davon erlöste, ein Werkzeug der Verführung zu sein. Die Nase ...«

Er hustete wieder, und es klang schlimmer als vorher.

»Ich habe von den Verführten erfahren, dass die Wollust einen Geruch hat. Der Gestank der Unkeuschheit wirkt auf sie wie Sirenengesang. Noch unter den Qualen der Folter verzehren sie sich nach dem Geruch und grinsen in der Erinnerung.« Der Mönch schob seine rissige Zunge hervor und fuhr sich über die Lippen. »Und dann der Mund, Giudice. Der Hort des Schmutzes, dem jede lästerliche Äußerung entquillt, die ein Hirn erdenken kann. Der Mund sollte den Unwissenden mit einer Eisennadel und Schweinedarm verschlossen werden, um ihn zu keinem anderen Zweck zu öffnen, als den Herrn zu preisen. Und die Ohren. *Was* habt Ihr gehört, als Ihr in den Kellern wart?«

»Ein bislang unbekanntes Faktum, das den Diebstahl in neuem Licht erscheinen lässt.«

»Dann seid Ihr also schwach geworden. Ihr habt mit dem Bösen getändelt, in dem hoffärtigen Glauben, es überlisten zu können. Das ist der Fehler der Tribunali. Wie überdrüssig bin ich dieses Hochmuts.« Seine Stimme klang plötzlich scharf. »Ihr habt Euch selbst betrogen. Ihr seid ein Narr.«

Nicht in den Kellern, hier, in der Zelle erstickt man, dachte Tommaso. Durch das winzige Fensterloch sah er ein Unkraut in hellblauen Farben blühen. »Gibt es keine Unschuldigen in Euren Kerkern, Fra Felice?«

»Aber gewiss. Nach jenem Prozess der Läuterung, am Ende des unvermeidlich schmerzensreichen Weges, befinden sich etliche in einem Zustand, der der Reinheit nahe kommt«, erklärte der Mönch ungerührt.

Über seinem Bett hing der einzige Schmuck der Zelle – eine Darstellung der Madonna mit ihrem toten Sohn. Der Maler hatte der Madonna weiche, mädchenhafte Züge verliehen, und die Trauer in ihrem Gesicht musste einem lebenden Vorbild nachgezeichnet sein. Sonderbar, dachte Tommaso, gerade so ein Bild in der Zelle dieses Mönchs zu sehen.

»Ihr seid verwirrt, mein Sohn.« Fra Felice hatte zu viel gehustet. Er erbrach rosa Schleim in seine Hand und quälte sich die nächsten Worte ab. »Ihr müsst das *Wesen* des Leibhaftigen begreifen. Ihr müsst seine Gedanken durch... durchdenken, bis sie sind wie Eure... eigenen. Das ist der Weg zu widerstehen. Sie haben...« Er stöhnte wie ein Tier, als ihn ein neuer Hustenanfall peinigte. »Das Pack hat Claudio della Valle, dem Wächter gegen das Böse, dem... Begnadeten vor dem Herrn, nach Pauls Tod die... die Kutte herabgerissen und ihm mit der eigenen Peitsche... das Fleisch zerfetzt. Seid nicht wie... sie.« Atemlos rieb er die Hände trocken und wischte damit die völlig verschwitzen Haare aus dem Gesicht. »Mit welchem … ›Faktum‹ hat der Böse Euren Geist verwirrt?«

»Was mich verwirrt …« Die Zelle war zu eng. Tommaso holte Luft, als wäre es ein kompliziertes Kunststück, das der vollen Konzentration bedurfte.

»Sie buhlten um Mitleid? Sie riefen die Heiligen als Zeugen? Beschworen die Mutter Gottes? Verwiesen auf gute Taten? Auf den eifrigen Gebrauch der Sakramente? Ist es das, was Euch verwirrt?«

»Nein. Mich … verwirrt, dass Ihr so glücklich seid.«

»Ich will den Sakristan hier sehen. Noch heute. Unverzüglich«, fuhr Tommaso seinem Notaio, der ihn begrüßte, über den Mund.

Ugo hatte zwei halbwüchsige Mädchen vor dem Tisch stehen. In ihren schmutzigen Gesichtern verzweigten sich Tränenspuren wie die Wege auf einer Landkarte.

»Die beiden sind bestohlen worden. Es wäre gut, wenn du dir die Schweinerei anhörst, Tommaso. Sie haben im Hafen Geldgürtel angeboten. Ein Kerl, der so tat, als gehöre er zu den Zöllnern, hat sich ihren Korb mit den Gürteln geben lassen, ist im Zollhaus verschwunden und offenbar durch eine Hintertür entwischt. Weißt du eigentlich, wie mich das ankotzt? Dass sie sich immer Kinder suchen. Schon gut, ich habe dich verstanden. Du willst, dass ich den Sakristan von San Pietro einbestelle. Wartet hier, Mädchen.«

Er folgte seinem Vorgesetzten ins Ufficio und schloss die Tür. »Bevor du mich oder Lorenzo oder sonst jemanden losschickst – Strata will dich sehen.«

»Warum?«

»Wenn er nicht ein so gottloser Schuft wäre, würde ich sagen, die Englein haben es ihm zugeflüstert. Dass du dich nämlich um die Rosenkranzschnitzer kümmerst und sie besucht hast. Weiß der Himmel. Er hat einen Boten geschickt und will dich sehen. Warum, wenn nicht wegen der Rosenkranzschnitzer? Er will, dass du die Akte mitbringst, in der die Suche nach dem Vortragskreuz protokolliert ist.«

»Ist das protokolliert?«

»Aber sicher. Jeder Stein, den wir angehoben haben. Du würdest staunen, wie abwechslungsreich mein Tag ist.«

»Strata ist der Ankläger der Stadt, nicht der Papst. Er hat das Recht, bei meinen Verhandlungen dabei zu sein, und ansonsten kann er mir ...«

Es klopfte. »Signore?«, fragte ein dünnes Stimmchen.

»Gleich, mein Herz.« Ugo schob das Mädchen wieder hinaus. »Du denkst, Stratas Zeit ist abgelaufen, und er kann dir nichts mehr tun? Nein, ich glaube, du denkst gar nicht. Du ärgerst dich nur, Tommaso, und das ist schlimm.«

»Sorge dafür, dass der Sakristan vor meinem Tisch erscheint.«

»*Du* ärgerst dich. *Ich* ärgere mich. Schön. Hast du gesehen, was mit diesen Straßenkötern passiert, wenn man sie in die Ecke drängt? Ich sag's dir. In dem Moment, in dem du den Knüppel auf sie niedersausen lässt, beißen sie dich.«

Es klopfte erneut. Aber diesmal waren es drei kräftige Schläge. Lorenzo trat ein und stand stramm. »Ich denke, dass wir den Kerl haben, der die Geldgürtel gestohlen hat, Giudice. Ernesto hat ihn in der Schenke neben San Francesco erwischt. Er muss es sein, denn er trug sieben Gürtel unter seinem Wams. Soll ich ihn ...«

»Nicht jetzt!«

»Der Giudice ist beschäftigt. Hast du keine Augen im Kopf! Halte ihn fest, bis ich Zeit habe«, blaffte Ugo. Er trat die Tür hinter dem beleidigten Bargello ins Schloss. »Also?«

»Du hast Recht. Wir werden den Sakristan jetzt *nicht* verhören. Wir machen das ganz anders.«

»Ach ja. Und wie bitte?«, fragte Ugo voll böser Ahnungen.

Achille Gaddi ließ sich auf dem Stumpf eines gefällten Baums nieder. Sie befanden sich ein Stück oberhalb des Klosters von San Pietro und hatten einen ausgezeichneten Blick auf die Kirche, den Garten und die Nebengebäude. Sie konnten den kleinen Fischteich erkennen, den die Mönche für die Fastentage angelegt hatten.

»Dreizehn meiner Sbirri sind mit der Razzia in einem Bordell an der Via del Governo Vecchio beschäftigt. Sobald das erledigt ist, und das müsste schon jetzt der Fall sein, kommen sie hier herauf. Diesen Befehl kennt niemand außer dem Bargello, und der ist ein zuverlässiger Mann. Strata erfährt garantiert nichts.«

»Habt Ihr Angst?«

»Strata ist erledigt«, meine Gaddi. »Es heißt, der Heilige Vater hat sich bei der Audienz mit dem spanischen Gesandten unmutig über ihn geäußert. Man sucht nur noch einen Grund, um ihn loszuwerden. Und der Einzige, der für ihn eintreten würde ...«

»Carafa?«

Gaddi lächelte. »... stößt im Moment überall auf taube Ohren. Es tröstet mein altes Herz, dass es wieder möglich ist, einem wie Strata auf die Stiefel zu spucken. Er war nicht gut für Rom. Ich sehne mich nach Ordnung, denn in der Gesetzlosigkeit gibt es keine Ruhe, und ohne Ruhe gibt es keinen Genuss. Was war das Governatoretribunal für ein gemütlicher Platz, bevor Carafa Kardinaldiakon wurde.«

Sie schwiegen und beobachteten weiter das Kloster und die Kirchentüren. Lorenzo hatte sich mit den Sbirri etwas weiter unten in den Büschen verkrochen.

»Wo versteckt man heiliges Gerät, Achille? Wo versteckt man ein Vortragskreuz, das man gestohlen hat?«

»Mein lieber Tommaso, Ihr solltet beten, dass er es noch nicht hat einschmelzen lassen. Denn das wäre das Vernünftigste gewesen. Seid Ihr wirklich sicher, dass er der Dieb ist?«

»Ihr habt die Akte gelesen. Der Sakristan hat bezeugt, dass er gesehen hat, wie die Brüder mit dem Kreuz und einem Sack aus der Kirchentür gelaufen sind. Die Brüder haben die Kirche nicht betreten. Also hat er gelogen. Er oder die Brüder und die Mädchen.«

»Ja, so scheint es.« Achille seufzte.

»Ich habe mein Urteil auf schlechteren Fakten gefällt. Er ist der Dieb.«

Es war ein ungewöhnlicher Tag. Die Sonne schien von ei-

245

nem durchsichtigen Himmel, und die ersten Frühlingsblumen zeigten ihre Spitzen.

»Ich wünschte, Vittoria könnte endlich zurückkehren«, sagte Tommaso.

»Und ich ebenfalls. Ich wünsche, dass sie bald einen dicken Bauch hat, denn wisst Ihr, Tommaso, ein Mann wie ich hat wenig Bedürfnisse. Ich bin reich geworden. Und irgendwo muss der Mammon ja bleiben, wenn ich einmal nicht mehr bin. Elena, natürlich, und ihr kleiner Held. Aber Vittoria stand meinem Herzen immer näher. Seid zärtlich zu ihr. Sie ist ein gutes Kind, aber manchmal etwas eigenwillig. Man braucht eine geschickte Hand mit ihr.«

Ein Mönch erschien im Garten, wohl mit dem Auftrag zu graben, denn er trug einen Spaten bei sich. Aber er ließ sich erst einmal auf einer Bank nieder, pflückte eine Blume und zupfte lustlos die Blätter von der Blüte.

»Sie kommen«, sagte Tommaso. Er erhob sich.

Der Bargello des Governatore, ein entschlossener Mann, dem ein Schwerthieb die linke Augenbraue abrasiert hatte, führte den Trupp an. Man brauchte ihm nicht viel zu erklären. Taktvoller, aber fester Umgang mit den Mönchen. Keine Verletzungen. Keine Beschädigungen.

»Sondert den Sakristan gleich zu Beginn ab. Er soll fühlen, dass er allein steht. Lasst ihn mit niemandem sprechen«, sagte Tommaso. »Nehmt Euch seine Zelle und die Sakristei vor und sucht nach einem Ort, der groß genug ist, um ein Vortragskreuz zu verstecken.«

Wenige Minuten später betraten die Sbirri das Kloster. Die Suche erübrigte sich. Der Sakristan, vom Bargello in einen Raum neben der Küche gedrängt und dort auf einen Stuhl gedrückt, brach augenblicklich zusammen. Auf Tommasos Frage nach dem Verbleib des Kreuzes begann er zu weinen, und als der entsetzte Prior, den sie dazugerufen hatten, ihm befahl, sich zusammenzureißen und seine Untaten zu gestehen, verriet er das Versteck.

Sie fanden das Vortragskreuz zusammen mit einem Kelch und einem sehr schönen ziselierten Silberleuchter in einer

Kuhle unter losen Bodenfliesen in der Zelle des Sakristans. Außerdem lagen dort mehrere Metallgefäße, die, wie der Prior erklärte, schon vor einiger Zeit aus der Apotheke des Klosters verschwunden waren. Das Kreuz war in mehrere Teile zersägt worden, aber offenbar hatte den Sakristan nach diesem Sakrileg der Mut verlassen, denn die gestohlenen Gegenstände waren von Mäusekot und dem Staub mehrerer Wochen beschmutzt. Der diebische Mönch hockte auf seinem Bett und schluchzte und stotterte unter den grimmigen Blicken des Priors von seiner Reue.

»Erbarmen, ja! Ich habe die Männer gesehen, die seiner Lügen wegen in der Via Ripetta einsitzen«, sagte Tommaso bitter. »Bringt den Kerl zum Vicario del Papa, erklärt die Umstände und lasst ihn festsetzen.« Er war froh, dass Gaddi es übernahm, Fra Michele vom Heiligen Offizium um die Freilassung der Rosenkranzschnitzer zu bitten. Er fühlte sich plötzlich zu Tode erschöpft und sehnte sich nach seinem Zuhause.

Aber als er endlich in seinem Bett im Studiolo lag, die Flaumfederdecke über dem nackten Körper, konnte er dennoch nicht einschlafen. Er starrte auf die Glaskarrees, die jetzt nicht leuchteten, sondern wie schwarze Flicken auf einem Lumpengewand wirkten, und fragte sich, wie es Vittoria gehen mochte. Keine Nichten und Neffen für Gaddi, dachte er niedergeschlagen, und gleichzeitig kränkte es ihn maßlos, dass seine Frau ihn nicht begehrte. Aber was erwartete er von der Ehe? Sollte sie ihm etwa nachstellen wie eine Kurtisane? Vittoria war bereit gewesen, ihn in ihr Bett zu holen, und auch wenn ihr das keinen Spaß machte …

Hol's der Teufel, dachte er müde.

Er konnte sie weiterhin in Arricia lassen und ein Leben führen wie damals, als er unverheiratet gewesen war. Einen Moment lang erschien ihm das verlockend. Während er müde wurde und seine Gedanken sich zwischen Wachen und Traum verwischten, stellte er sich ihren nackten Körper vor. Nicht so vollkommen, wie er wahrscheinlich war. Die Hüften breiter, die Taille runder. Sie kam ihm entgegen, und seine Hände umfingen sie und berührten die Seide ihrer Haut. Er war zutiefst enttäuscht, als er plötzlich roh wachgerüttelt wurde.

»Signore!«

Schlaftrunken stützte Tommaso sich auf die Kissen.

»Signor Gaddi war da. Er ist bereits wieder fort, weil er, wie er sagte, einen Arzt auftreiben muss, aber er bittet Euch, unverzüglich ins Haus der Madonna Olimpia zu kommen.«

XXX

Das Haus besaß Glasfenster im oberen Geschoss. Zusätzlich hatte man die Fensterläden vorgelegt. Und dennoch hörte Tommaso das Geschrei bis auf die Straße.

Madonna Olimpia wohnte an einem kleinen Platz in der Nähe der Via Trinitatis gegenüber einer schmutzigen weißen Kirche, in deren Portal Tauben flatterten. Er hatte keine Ahnung, wie weit die Nacht vorangeschritten war. Auf den Treppenstufen zwischen den Tauben hatten es sich zwei Bettler bequem gemacht. Sie blickten, in ihre Lumpen gehüllt, zu den Fenstern hinauf und kommentierten grinsend die Klagerufe. Einer der beiden hielt sich die Hände an die Kehle und schnitt Grimassen, was er wohl witzig fand.

Tommaso ging über den Platz. Er wollte klopfen, aber eine alte Frau öffnete, noch bevor er die Hand nach dem Türklopfer ausstreckte.

»Signor Giudice! Welches Unglück, Signore. Das arme Kind. Bitte hier entlang, die Treppe. Ich habe es kommen sehen. Sobald er zurückkehrt, habe ich zu Pippa gesagt, noch gestern, wird es ein Unglück geben. Und so ist es geschehen. Worte wie Honig, habe ich gesagt, aber kein Herz. Bitte Signore? Oh, Giudice Gaddi ist bei ihr. Alle sind dort. Ich dachte, er würde sie umbringen.«

»Wer würde wen umbringen?«

»Signore … oh nein! Ich schwatze schon wieder zu viel. Verführt mich nicht. Maul halten, hat Signor Gaddi gesagt.«

Die Frau legte den Finger auf den Mund und öffnete vorsichtig eine Tür.

Gaddi lehnte alt und müde an einem Kamin. Madonna Olimpia saß mit beleidigter Miene in einem Lehnstuhl, wo ihr die Kammerfrau Luft zufächelte. Und Elena hockte wie ein riesenhafter Säugling in einem rosa Seidenkleid auf dem Fußboden.

»Tommaso. Wie freundlich von Euch. Dieses Tollhaus! Die Hölle ist ein gemütliches Plätzchen«, begrüßte Gaddi den angeheirateten Neffen. »Ihr habt nicht zufällig den verdammten Arzt auf Eurem Weg hierher bemerkt?«

Tommaso schüttelte den Kopf. Elena hatte die Arme um die Brust gelegt und wiegte sich wimmernd hin und her. Das Gesicht mit der hässlichen Scharte war von roten Punkten übersät und die Lippen von einer weißen Puderschicht bedeckt, unter der sie wohl ihre Verstümmlung hatte verstecken wollen. Olimpia betrachtete sie mit einer Abscheu, die Tommaso den Magen umdrehte.

Gaddi löste sich vom Kamin. »Verfluchtes Missgeschick. Ich meine, dass Vittoria verreist ist. Sie hätte das hinbek... Jetzt geht das schon wieder los. Gib Acht, dass sie sich nicht das Gesicht zerkratzt!«, fuhr der Richter seine Schwester an.

Elena hatte zu kreischen begonnen, und Tommaso starrte entsetzt auf das wirre Wesen, das sich mit den Nägeln die Wangen aufriss. Blut lief in den Puder. Aber nicht ihre Mutter, die Kammerfrau war es, die sie zu bändigen versuchte.

»Niccolò! Cuor mio, tesoro, ich liebe dich doch! Warum hasst du mich? Was habe ich dir...« Elena schrie die Worte voller Wut und Verzweiflung.

»Gar nichts, Signora, gar nichts. So werdet doch ruhig«, brüllte die Kammerfrau, erhielt für den guten Rat aber nur einen Schlag auf die Nase und taumelte zurück.

Tommaso stürzte sich auf die junge Frau. Er riss sie hoch, schleppte sie – was schwierig war, da sie wie von Sinnen um sich trat – zu einem freien Stuhl und drückte sie auf die Holzfläche. Dann umklammerte er ihre Fäuste und wusste nicht

weiter. Sie schrie wie eine Furie. Ihre Stimme überschlug sich.
»Ich bin hässlich. Ich bin hässlich! Ich bin …«

»Gib ihr Wein zu trinken«, empfahl Gaddi, der sich vorsichtig außer Reichweite hielt. »Olimpia! Ein Glas. Nein, einen Becher. Einen großer Becher. Einen Krug.«

»Ich bin hässlich …«, weinte die junge Frau. Völlig überraschend entriss sie Tommaso eine Hand und streichelte mit einem Hundeblick seine Wange, nur um im nächsten Moment wieder loszukreischen: »Nicht wehtun!«

»Der Dottore!«, rief die alte Frau, die durch den Fensterspalt sah. Sie rannte zur Tür, und man hörte sie über die Holzstufen trampeln.

»Niccolò, Liebster. Ich bin nicht hässlich. Nicht wehtun …« Elena umklammerte Tommasos Hände und weinte in die Handflächen. Sie tobte nicht mehr. Sie schien erschöpft und ruckte zwanghaft mit dem Oberkörper. Hilflos sah Tommaso sich nach Gaddi um.

Endlich trat ein Mann in einem schwarzen Mantel ins Zimmer. Er zog wortlos und ohne Umschweife eine kleine Phiole aus einer Tasche, die sein Gehilfe ihm aufhielt, und goss davon in einen Metallbecher. Geschickt hielt er ihn der hysterischen Frau an die Lippen und nötigte sie zu schlucken. »Und nun ins Bett, bevor sie einschläft«, waren die ersten Worte, die er sprach.

Da Gaddi sich immer noch nicht rührte, übernahm Tommaso es, Elena mit Hilfe der Kammerfrau und der Dienerin einige Zimmer weiter zu schleppen, wo ein zerwühltes Bett wartete. Der Boden davor war mit Scherben übersät, und er musste Elena, die nackte Füße hatte, die letzten Schritte tragen. Die Kammerfrau deckte ihre Herrin zu und ließ sich selbst erschöpft auf einen Stuhl sinken. Sie hatte Nasenbluten und sah selbst wie eine Furie aus.

»Gütiger Himmel, was war das?«, fragte Tommaso, als er ins Kaminzimmer zurückkehrte.

»Eine Störung der Körpersäfte«, sagte der Arzt, ohne ihn anzusehen. Er musste den schrecklichen Auftritt schon öfter miterlebt haben, denn er übergab Olimpia ein Fläsch-

251

chen, ohne Fragen zu stellen oder weitere Instruktionen zu geben, und machte sich mit seinem Gehilfen eilig wieder davon.

Madonna Olimpia stellte die Flasche auf einem Tischchen neben ihrem Stuhl ab und stemmte sich mühsam hoch. »Sie hat versucht, das Kind ins Feuer zu stoßen.«

Tommaso starrte sie an.

»So darfst du das nicht sagen«, fuhr Gaddi auf. »Man könnte meinen, dir geht jeder Funke Mitgefühl für deine Tochter ab. Es war ein Unfall«, wandte er sich an Tommaso.

»Ein Unfall, wenn eine Frau ein kleines Kind vor ein Feuer legt und ihm mit dem Fuß einen Stoß versetzt?«, höhnte Olimpia.

»Ist es verletzt?«

»Nein, dem Himmel sei Dank, außer einer leichten Verbrennung an der Hand, die wir mit Öl behandelt haben. Die Amme hat den Jungen fortgerissen«, sagte Olimpia.

»Und warum ...?« Die Frage hing im Raum.

Gaddi winkte der Dienerin, die mit aufgerissenen Augen lauschte, zu verschwinden. Er wartete, bis ihre Schritte auf der Treppe verklangen. »Es ist Niccolò, dieser gemeine Wüstling, und ich wünschte, ich hätte widersprochen, als diese unsinnige Ehe geplant wurde. Aber meine verehrte Schwester ...«

»Elena wollte es, und wir alle waren dankbar – auch du! –, dass er sie genommen hat. So ein Stück Unglück bekommt man nicht aus den Händen gerissen. Das waren *deine* Worte!« Olimpias wütendes Lächeln zeigte spitze, leicht angefaulte Zähne.

»Was ist mit diesem Niccolò?«, unterbrach Tommaso Gaddi, der gerade zum Sprechen ansetzte.

»Er hat seine Hurenreise beendet und ist nach Rom gekommen. Der Himmel mag wissen, womit er das Kind aufgeregt hat.«

»*Ich* weiß es«, keifte Olimpia. »Und du wüsstest es auch, wenn du Ohren hättest. Er hat ihr ihre Hässlichkeit vorgeworfen. Und sie geschlagen. Warum kann der verfluchte

Narr uns nicht wenigstens in Ruhe lassen, wenn er uns schon nicht von ihr befreit?«

»Warum hast du ihn überhaupt eingelassen?«

»Das habe ich nicht. Und wenn, dann hätte ich ihn sicher von Elena fern gehalten. Er muss sich zu ihr geschlichen haben, der Blutsauger, um ihr Geld abzuluchsen. Hat wohl gedacht, dass er's von ihr leichter kriegt. Na, er hat ja auch was gekriegt. Sie muss den Spiegel nach ihm geworfen haben. Man sollte im Garten nachsehen, vermutlich ist er durch eins der unteren Fenster eingedrungen und dann hier rauf …«

»Es wird Zeit, dass Vittoria zurückkehrt.« Gaddi hatte genug von dem Ärger. Er wandte sich dem zweiten Mann im Zimmer zu. »Ich war bei Fra Michele. Er kennt die Gedanken des Heiligen Vaters. Strata wird fallen. Und Carafa auch. Das ist die wirkliche Nachricht des Tages. Unter den gegebenen Umständen wird Carafa es nicht mehr wagen …«

»Politik! Mein Kind bringt sich fast um, und du redest über Geschäfte«, brüllte Olimpia ihn an.

»Er wird es nicht mehr wagen, Euch etwas anzutun, und deshalb kann Vittoria heimkehren«, fuhr Gaddi fort und warf seiner Schwester einen Blick mühsam gezähmten Zornes zu. »Und das muss sie auch. Schnellstens. Allein wegen des Kindes.«

»Oh ja!« Olimpias Stimme schrillte vor Wut. »Die wunderbare Vittoria! Geh zu ihr, und dann sag ihr, sie soll dafür sorgen, dass ihr Hurenbock Niccolò Elena fern bleibt. Und sag ihr, ich schaffe seinen Jungen aus dem Haus! Ich halte das nicht mehr aus. Sag ihr das! Die Amme soll ihn nehmen, oder der Teufel soll ihn holen.«

Sie brach in Tränen aus.

XXXI

Die Sonne ging auf. Ein Feuerball, der über dem Bergbuckel von Arricia schwebte und die Spitzen der Bäume in Brand steckte.

Tommaso war müde. Er litt unter einem Druck, der hinter seinen Augen begann und sich bis zu den Ohren und Zähnen zog. Ihm war schlecht von der Anstrengung, nicht zu grübeln, aber genau das durfte er nicht tun. Denn er wusste zu wenig. Sein Urteil konnte fehlerhaft sein. Und wenn er zuließ, dass während seines ganzen Ritts immer wieder dieselben Gedanken durch seinen Kopf hämmerten, dann würde sein Urteilsvermögen …

Einen Dreck wert sein, dachte er und musste lachen, weil er über den Schmerz, der ihm das Herz zusammenschnürte, dozierte wie ein Universitätsmagister. Er wusste gar nichts. Gaddi hatte von Niccolòs Fähigkeit gesprochen, den Frauen den Kopf zu verdrehen, und ihm dann empfohlen, sich um Vittoria zu kümmern. Das konnte alles oder nichts bedeuten. Und Olimpia … *Sag Vittoria, sie soll dafür sorgen, dass ihr Hurenbock Niccolò …*

Ihr Hurenbock. *Ihr* Hurenbock.

Vielleicht war es nur ein Versprecher. Warum sollte sie sich nicht versprochen haben?

Tommaso beneidete Gaddi, der sich mit einer wohlgefüllten, bauchigen Weinflasche in seine Schlafkammer verkrochen hatte und wahrscheinlich längst sanft schlummerte. Er trieb sein Pferd an, einen knochigen Klepper aus Gaddis Stall, der seine Unruhe spürte und sich beharrlich weigerte, schneller zu laufen. Jeder Stoß des Sattels fuhr Tommaso wie ein boshafter, kleiner Blitz ins Gehirn.

Arricia war kein Städtchen dieser Welt. Der Feuermund des Himmels küsste es und hob es samt der verwitterten Mauern in sein Zauberreich. Gaddis Villa lag außerhalb dieser magischen Welt an einem Hang an der Ostseite des Berges. Ein Haus, das noch der Nacht gehörte. Tommaso verließ die Straße zur Stadt und trieb sein Pferd auf einen Karrenweg, der sich durch die Weingärten wand.

Es hatte ihn fünf Scudi gekostet, von den Torwächtern an der Porta San Sebastiano aus den Mauern gelassen zu werden. Er war drei Stunden die finstere Via Appia mit ihren Schlaglöchern hinaufgeritten. Und plötzlich wünschte er, das Haus wäre noch tausende Meilen entfernt.

So schwer es ihm gefallen war, nicht zu denken, so schwer fiel es ihm nun, als die Villa vor ihm auftauchte, das Denken wieder aufzunehmen. Vittoria würde noch schlafen. Was sollte er ihr sagen? Sie beschimpfen? Ihr an den Kopf werfen … Das war unmöglich. Nur Menschen wie Fra Felice brachen den Stab, ohne dem Angeklagten zugehört zu haben.

Das Landhaus mit den weißen Mauern löste sich aus der Dunkelheit, die es nur zögernd freigab. Efeu rankte über den Stein. Eine Idylle, die möglicherweise einen Scherbenhaufen verbarg.

Tommaso fühlte sich wie gerädert, als er vom Pferd stieg. Das schwarze Eisentor war unverschlossen. Es quietschte, als er es aufschob, und auf das Geräusch hin erschien ein gähnender Junge in der Tür eines vom Sturm gebeutelten Nebengebäudes. Er trug einen Eimer in der Hand und starrte den Eindringling mit offenem Mund an. Tommaso griff nach dem Zaumzeug, aber das Pferd drängte von selbst zu dem Jungen und dem Wasser in seinem Eimer.

»Ich bin Signor Benzoni. Erinnerst dich du an mich?«

Der Junge musste den Eimer mit beiden Händen halten,

weil das Pferd ungeduldig das Maul hineinschob. Er schüttelte den Kopf.

»Ist außer dir schon jemand wach?«

»Nein, Signore.«

»Dann wecke jemanden, der mir ein Zimmer geben kann. Ich bin müde.«

Der Stallbursche wollte den Eimer abstellen, aber das Pferd, das immer noch durstig und außerdem ein faules Vieh war, stieß ihn unwillig mit dem Kopf. Verdattert ließ er den Eimer fallen, und das schmutzige, mit Strohhalmen und Mist durchsetzte Wasser ergoss sich auf Tommasos Schuhe. Entsetzt starrte der Junge auf die Pfütze.

Nichts daran war komisch, und dennoch musste Tommaso plötzlich lachen. Er fuhr ihm durch das struppige Haar. »Ich bin nicht Petrus und du nicht der Heiland«, sagte er, aber natürlich verstand der Junge den Scherz nicht. Er lief in den Stall und kehrte mit einer Hand voll Stroh zurück.

»Nein, lass. Ich brauche einfach nur ein Bett.«

Der Junge warf das Stroh fort und rannte zum Wohngebäude. Entweder hatte er ihn missverstanden, oder das Mädchen, das er geweckt hatte, hatte den Jungen missverstanden. Vielleicht war es auch das Haus, das Achille Gaddi als Liebesnest diente. Jedenfalls machten sie sich ihren eigenen Reim auf sein Begehren, und plötzlich stand er in Vittorias Schlafkammer.

Das Mädchen kicherte, als er in der Tür stockte, und huschte dann rasch davon.

Tommaso starrte auf seine Frau, die inmitten lavendelblauer Kissen lag und schlummerte. Ihr linkes Bein lag auf der Decke, weil sie geschwitzt hatte, und ihr Haar, das im Schlaf feucht geworden war, kringelte sich um den Hals. Ihr Nachtgewand war hochgerutscht und gab den Blick auf einen weißen, schlanken Schenkel frei. Wenn sie nicht so offensichtlich geschlafen hätte – sie war unruhig und bewegte die Lippen im Traum –, hätte er geglaubt, sie wolle ihn verführen.

Tommaso tat einen Schritt und schloss die Tür hinter sich. Er fühlte sich wie Adam, als Eva ihm den Apfel bot, zerrissen zwischen Begehren und Misstrauen. Vittoria bewegte sich. Ihr Traum glitt zu dicht am Ufer des Wachens, um die plötzliche Unruhe nicht zu bemerken. Sie wurde still, und ihre Augenlider begannen zu zucken. Es dauerte einen Moment, ehe sie ihn erkannte. Dann lächelte sie.

Sie war glücklich, ihn zu sehen, er hätte bei jedem anderen Menschen darauf geschworen. Aber was konnte man mit Sicherheit über eine Frau sagen, die möglicherweise die Cousine, die sie liebte, mit deren Gatten betrog?

Das Lächeln verschwand. »Ihr seid gekommen, aber Ihr freut Euch nicht. Warum?«, fragte Vittoria. Sie zog die Decke über das nackte Bein und die Brust. »Was ist geschehen, Tommaso?«

»Zieht Euch aus.«

Entsetzt starrte sie ihn an.

»Zieht Euch aus!«, befahl er rau.

Sie gehorchte, aber ohne ihm noch einen Blick zu gönnen. Mit einer Mischung aus Scham und Wut beobachtete er, wie sie sich unter der Decke bewegte und ihr Nachtgewand über den Kopf zog.

»Und nun steht auf, dass ich Euch ansehen kann.«

»Nein, Signore, das werde ich nicht.«

Er ging zum Bett und riss die Decke fort. Was hatte er erwartet? Dass seine Frau schwanger war von diesem Kerl? Dass sie … ein Brandzeichen ihrer Unkeuschheit trug? Er warf die Decke zurück und ging zum Fenster. Sein Brustkorb fühlte sich an, als sei er in die Zwingen eines Tischlers geraten. Er konnte kaum atmen.

»Ich wünschte, Ihr sagtet etwas, Signore, damit ich anfange, Euch zu begreifen. Ihr wisst, dass der Platz in diesem Bett Euch gehört.«

Sie hasste ihn. Das musste so sein, denn sie war zu stolz und zu schön, um ihn nach diesem demütigenden Akt nicht zu hassen. Gerade die Ruhe, mit der sie sprach, war ein Ausdruck ihrer Verachtung.

»Elena hat ihren Säugling ins Feuer gestoßen«, sagte er. Als er sich umdrehte, sah er, dass seine Frau ihn schreckensstarr anblickte. Er wollte etwas sagen, aber das Wort blieb ihm in der Kehle stecken, als er merkte, wie sie sich unter der Decke zu krümmen begann, als hätte sie Krämpfe. Sie keuchte, und während er noch auf ihren Schrei wartete, stopfte sie die Hand in den Mund und biss auf die Finger.

Erschrocken wiegelte er ab. »Es ... nein, es ist nicht schlimm. Die Amme konnte ihn zurückreißen. Der Junge hat sich nur ein wenig an der Hand verbrannt.« Der Versuch, seine entsetzte Frau zu beruhigen, misslang völlig. Sie musste die Haut aufgebissen haben, denn er sah Blut an ihrem Kinn. Linkisch setzte er sich zu ihr und verdammte sich selbst für seine Herzlosigkeit.

Er nahm sie in die Arme, halb befürchtend, dass sie ihn zurückstoßen würde, aber stattdessen klammerte sie sich an ihn. Ungeschickt versuchte er, sie zu trösten. Doch die nackten Brüste an seinem Arm verwirrten ihn. Er atmete ihren Duft, spürte, wie sein Körper darauf reagierte und verwünschte sich selbst für den Sturm der Gefühle, der in ihm tobte.

»Es ist ihm nichts Ernstliches geschehen? Ihr seid sicher?«

»Madonna Olimpia hat es gesagt.«

»Und Elena?«

»Ist zu Bett. Sie war völlig außer sich.«

»Ich muss zu ihr. Das arme ... Allmächtiger, ich hätte nie gehen dürfen.« Sie zitterte immer noch, und er klopfte beruhigend ihren Rücken.

»Dieser Niccolò ...« Der Name kam ihm schwer über die Lippen. »... scheint bei ihr gewesen zu sein und Geld gefordert zu haben. Wie es aussieht, hat er sie auch geschlagen.«

»Nein.«

Ein schlichtes Nein. Weil sie den Kerl zu sehr liebte, um ihm eine gemeine Tat zuzutrauen? Müde löste Tommaso seine Arme und kehrte zum Fenster zurück, durch das der frische Duft eines anbrechenden Morgens kroch.

»Er hat es früher einmal getan. Aber jetzt ...«

»Aber jetzt?«

»Ist er in Siena. Ich weiß es. Er hat von dort erst kürzlich einen Bettelbrief geschrieben. Er hat gar keinen Grund, nach

Rom zurückzukehren. Er … führt in Siena ein schlechtes Leben, aber es gefällt ihm. Wahrscheinlich hat Elena sich an Schlimmes aus der Vergangenheit erinnert und dann alles durcheinander gebracht.«

Gab es diese Nuance, die winzige Änderung in der Tonlage, die ihm sagte, dass sie begonnen hatte, zu lügen?

»Sicher wollte Elena Gianni gar nichts antun. Sie liebt ihn. Die Amme wird übertrieben haben, um sich in ein gutes Licht zu setzen. Und Niccolò würde sich hüten …«

»Elena sagt, er hat sie angeschrien, dass sie hässlich ist.«

»Früher einmal.«

Tommaso starrte auf die Terrasse mit den leeren Blumenkübeln, in denen bald Narzissen blühen würden. »Woher wisst Ihr, dass Niccolò in Siena ist?«

»Ich sage doch, er hat es in einem seiner Bettelbriefe erwähnt.«

»Und warum sollte er nicht zurückgekehrt sein? Es ist doch nicht ungewöhnlich, dass ein Mann bei seiner Frau …«

»Aber Niccolò mag die Familie nicht. Er führt sein eigenes Leben, das aus Reisen besteht. Was sollen diese Fragen?« Sie blickte auf ihre blutigen Finger und wickelte sie in die lavendelblaue Decke. Ohne aufzublicken sagte sie: »Ihr wolltet mich nackt sehen, Tommaso. Wir sind Mann und Frau. Ich weiß nicht, warum Ihr so grob wart, aber ich meine … Ich meine, irgendwann …«

Nun blickte sie ihn doch an. Sah er Begehren in ihren Augen? War es Absicht, dass sie sich nicht wieder bedeckt hatte? Er trat näher, unsicher auf einmal, ob er das überhaupt wollte.

»Tröstet mich.«

»Auf diese Art?«

»Ja.«

Seine Lenden füllten sich mit Lust und begannen zu brennen. Und dennoch hatte er Angst, sie zu berühren. »Fürchtet Ihr Euch?«

»Ist es … schmerzhaft?«

»Seid Ihr mutig?«

Sie nickte. »Nur schließt die Läden, damit es dunkel ist, und bezähmt Euch, mich zu verspotten.«

Er war zärtlich mit ihr. Er streichelte ihren warmen Körper, als er neben ihr lag, und fuhr damit geduldig fort, bis er merkte, wie sie sich entspannte. Es kam ihm wie eine Reinigung vor, dass er nicht selbstsüchtig seine eigene Lust befriedigte, sondern nach ihrem Begehren forschte, bis sie endlich unter seinen Händen zu zittern begann. In einem hatte sie die Wahrheit gesagt: Sie fürchtete sich. Und in einem glaubte sie ihm schließlich: Dass das Schwert der Liebe Glück schenkte aus dem Füllhorn. Als alles getan war, war es gut, und sie schlief in seinen Armen ein.

»Es ist schade, dass Ihr abreist, Signore«, sagte der Stalljunge am Mittag des nächsten Tages. Er hob mit einer Kraft, die man seinen dünnen Armen kaum zugetraut hätte, den Sattel auf den Pferderücken. »Aber Ihr müsst Acht geben. Es sind Schafsdiebe unterwegs.«

»Und du denkst, da müsste ich mich fürchten?«

Auch diesen Scherz verstand der Junge nicht. »Die Viehhirten haben vom Governatore eine Erlaubnis für Feuerwaffen bekommen. Und Severo – das ist mein Vetter – sagt, dass sie gern schießen. Obwohl ...« Er sann nach. »Sie würden ja nicht denken, dass Viehdiebe eine schöne Dame bei sich haben.«

»Wir müssen es hoffen.«

»Wünscht die Signora wieder die Braune?«

»Gib ihr ein sanftes Pferd.« Erst als er die Worte ausgesprochen hatte, stockte Tommaso. »Wieder?«, fragte er vorsichtig. »Ist die Signora denn ausgeritten, als sie hier war?«

Der Junge errötete. »Nur das eine Mal.« Übereifrig zog er den Sattelgurt fest.

»Wenn sie die Braune bereits geritten hat, wird sie sie sicherlich auch heute haben wollen«, sagte Tommaso. Und nach einer Pause: »Wo ist sie denn gewesen?«

»Ich weiß nicht.«

»Und wer hat sie begleitet?«

»Niemand, Signore.« Der Junge trat von einem Fuß auf den anderen. »Sie wollte es nicht. Sie wollte gar nicht …«

»Sie wollte gar nicht *was*?«

»Ich hab gesagt, wenn Ihr fortwollt, dann mit Beschützern, Signora. Aber sie hat gesagt, dass sie schon einen Schutz hat, und ich soll niemandem sagen, dass sie fort ist, damit sich keiner sorgt. Aber *ich* hab mir Sorgen gemacht.«

»Die Signora war ganz allein unterwegs?«

»Mit dem Schutz der Engel, Signore«, meinte der Junge fromm und fuhr dann nüchterner fort: »Aber es wären doch besser ein paar von uns mitgekommen, denn mit den Viehdieben ist nicht zu spaßen, und sie hat Glück gehabt, sagt Severo, dass ihr nichts passiert ist. Nicht nur, weil sie eine reiche Dame, sondern weil sie eine Frau ist. Und jeder hier hätte sie gern begleitet, auch die Leute aus dem Dorf. Sie hätte nur was sagen müssen, Signore.«

XXXII

Sieh! Sieh genau hin!«, sagte Ugo, und seine Stimme bebte vor Wut.

Der Junge lag auf einem Sack auf einer Bahre in einer Abstellkammer des Spitals San Giacomo degli Incurabili. Der Gestank nach Kohl und Urin, der das gesamte Gebäude durchzog, war hier überdeckt vom Geruch des Guajakholzes, mit dem die Ärzte die Syphiliskranken behandelten und das hier lagerte. Tommaso hörte aus dem langen Saal hinter dem Vorhang das Stöhnen der Kranken, unterbrochen von den resoluten Anweisungen einer Nonne.

»Sieh ihn dir an!« Ugo packte Tommasos Arm. Mit der freien Hand riss er das Laken beiseite, das den Leichnam vom Hals herab bedeckte. Der Tote lag auf der Seite, da ihn die Leichenstarre im Sitzen gepackt hatte. Seine Hände waren übereinander gekreuzt. Die Finger über dem Mittelglied abgetrennt.

»Er hat den verfluchten Dämon gesehen, sein Gesicht, als er starb, ich schwör's dir«, krächzte Ugo. Man hatte den Jungen noch nicht gewaschen, und man hatte ihm auch die Augen nicht geschlossen, vielleicht weil noch niemand dazu gekommen war. So starrte er sie aus seinem hübschen, friedlichen Engelsgesicht über dem blutverkrusteten Hals an. »Wenn man in seinen Kopf hineinsehen könnte, dann fände man dort die Züge dieses Viehs eingebrannt«, knirschte Ugo.

»Er war bei uns in der Kanzlei.«

»Sicario?«

»Dieser Junge. Vor ein paar Tagen. Er wollte mit dir sprechen. Ich hätte ihn ausfragen können, aber es kam mir nicht wichtig vor.«

»Er war in der …? Lass uns gehen, Tommaso. Er hat gemerkt, dass das Dreckschwein ihm auf den Fersen war, und hat Schutz gesucht. Mir ist schlecht.«

Tommaso fuhr mit der Hand über die kalte Wange. Sie fühlte sich seltsam kompakt an, wie Wachs. Kein Mensch mehr. Auf dem Sack lag ein seelenloses Ding. Aber bevor die Seele dem kleinen Körper entflohen war, musste sie durch ein Fegefeuer gegangen sein.

Ugo hob das Laken mit den zahllosen Löchern und Flecken an und bedeckte den kleinen Leichnam. »Beim Senatore arbeiten nur Idioten. Denen schlüpft Sicario mühelos durch die Finger.«

»Er kannte Puttos Mörder.«

»Ja doch«, kommentierte Ugo wild die überflüssige Bemerkung.

»Pater Agostino. Die zwölf Jungen. Der Verrückte, der die Kerzen von San Francesco umgestoßen hat. Und er hier.«

»Tonio.«

»Und Tonio. Fünfzehn Tote, damit niemand erfährt, wer Putto ermordet hat.«

»Oder warum er ermordet wurde.« Ugo knurrte und sah zum Vorhang. Man merkte ihm an, wie sehnsüchtig er sich fortwünschte.

»Fünfzehn Tote und die meisten davon Kinder. Geh in die Kanzlei, Ugo und sieh nach dem Rechten. Ich habe noch etwas zu tun.«

»Was?« Ugo war plötzlich misstrauisch. »Tommaso, ich bin auch wütend. Ich könnte heulen. Ich würde den, der das gemacht hat, mit bloßen Händen erwürgen, wenn er vor mir stünde. Trotzdem ist das kein Grund … Was hast du vor?«

Die Piazza del Pozzo Bianco war von Dreck und Abfällen
übersät wie eine Weide von Kuhfladen. In dieser heruntergekommenen Gegend, der Wohnstatt der Diebe und billigen
Huren, kam niemand der Reinigungspflicht nach, die in den
besseren römischen Vierteln dafür sorgte, dass im Sommer
keine Fliegenschwärme die Plätze schwärzten. Die meisten
Türen waren verschlossen. In einer stand ein Kind von
höchstens vierzehn Jahren, das ihnen ein ungezogenes Angebot nachrief, wohl weil es sie wegen ihrer Talare mit Pries-
tern verwechselte.

»Dort«, sagte Ugo und deutete auf eine niedrige Schenke,
die einmal gebrannt haben musste, denn die Balken, die das
Dach trugen, waren angekohlt. Ein Huhn flatterte aus einem
der Fenster. Neben der Tür stand ein Karren, auf dem
Schweinehaxen lagerten.

»Das *Segno del gallo*. Ein finsteres Loch. Verbotenes
Glücksspiel, Falschspiel, Spiele *a foglietta*. Der Beichtstuhl,
den kleine Idioten aus der Provinz anlaufen, um sich von der
Last ihres Geldbeutels befreien zu lassen. Sie können unser-
eins nicht ausstehen. Wundere dich nicht, wenn du eins über
den Schädel bekommst. Ein Richter sollte sich nicht an solchen Orten aufhalten.«

Tommaso stieß die Tür auf und blickte in einen düsteren
Raum mit Tischen, Schemeln und Bänken an den Wänden.
Kerben in der Wandvertäfelung zeugten von Schlägereien; es
stank muffig, und der Boden war von den Ausscheidungen
der Mäuse gesprenkelt, die in den Löchern der Schenke hausten.

»Es ist früh am Tag. Hier wohnen Nachtvögel. Du findest
sie in den Betten«, sagte Ugo.

Tommaso umrundete den Tresen – ein rohes Holzbrett
mit unzähligen Flecken – und öffnete die Tür, die in den
hinteren Teil des Hauses führte. Er landete in einem läng-
lichen Raum, der Ähnlichkeit mit dem Spital hatte, in dem
Tonios Leichnam lag, nur dass hier die Betten durch
schmutzige Tücher voneinander getrennt waren. Tommaso
riss jeden Vorhang beiseite, entdeckte jedoch nichts als alte,

verklebte Bettwäsche und anzügliche Malereien an den Wänden.

Ugo pfiff leise durch die Zähne und deutete zu einer Leiter, die in ein Obergeschoss führte. »Sie sind empfindlich. Gib Acht, bevor du deinen Kopf durch die Decke steckst.«

Tommaso gab Acht, aber das wäre nicht nötig gewesen. La Luparella schlief. Sie hatte ihren fetten, schlaffen Arm auf den Rücken eines nackten Mannes gelegt, der sich an sie schmiegte und ebenfalls schlief. Im ersten Moment hielt Tommaso ihn für einen Greis, denn er hatte weiße Haare. Dann sah er, dass die Haut des Mannes straff und zart war, wenn auch von seltsam fleckiger Färbung. Tommaso stieß ihn mit dem Stiefel an.

Er hatte noch niemals einen Menschen so schnell erwachen und flüchten sehen. Wie eine Katze sprang der Mann zur Wand und starrte ihn angstvoll an. Tommaso warf ihm die Decke zu, die am Fußende des Bettes lag, und er zog sie über seinen nackten Unterleib.

La Luparella brauchte mehr Zeit. Sie trug ein mit billigem Flitter benähtes Kleid, das sie sorgsam glatt strich, nachdem sie bemerkt hatte, dass keine unmittelbare Gefahr drohte. »Also bitte, Signori.« Sie hatte eine tiefe Männerstimme, die bei ihrer üppigen Gestalt wie ein Witz wirkte. »Wir öffnen erst abends. Dies Haus ist anständig, und wer sich beträgt, kriegt für sieben Baiocchi Kraut mit Speck, für zehn Fleisch dazu, und was er trinkt, ist umsonst, außer die ersten beiden Becher.« Nach einem Blick auf ihre Talare fügte sie hinzu: »Ich zahl Steuern.«

»Und geh zweimal am Tag zur Beichte. Ich glaub's. Wer hat Putto umgebracht?«, fragte Tommaso.

Die Frau verzog beleidigt den Mund. »Also gnädiger Herr …«

Tommaso trat so heftig gegen das Bein des Bettes, dass La Luparella zusammenfuhr. Sie fluchte mit dem Wortschatz eines Galeerensträflings, aber nachdem sie ihr dünnes Kleid neu um den fülligen Körper drapiert hatte, schwieg sie still. Der Weißhaarige an der Wand hatte sich auf den Boden gekauert.

»Putto. Wir sprechen von Putto.«

»Ah, die Signori sind von der Ripa Grande«, sagte das Weib, nachdem es Ugo betrachtet und abfällig zur Seite gespuckt hatte. »Ich erinnere mich und schwöre, dass ich mir nächstes Mal eher ein Stück aus dem Hintern beiße, als einem Sbirro zu helfen.«

»Putto!«, wiederholte Tommaso.

»Ich wusste, wo die kleinen Hurensöhne sich versteckt haben, und das hab ich gemeldet, wie's meine Bürgerpflicht ist«, schnappte sie. »Aber wer wem den Hals umgedreht hat, vor ich weiß nicht wie langer Zeit, davon hab ich keine Ahnung, und deshalb braucht Ihr Euch auch nicht so aufzuführen.« Sie kauerte wie zum Sprung bereit, schien aber Spaß an der Unterhaltung zu haben. Oder grinste sie aus Gewohnheit?

»Du kanntest Lelio und seine Jungen. Und zwar gut. Und jetzt willst du mir weismachen …«

»Ich muss nichts sagen, wenn Ihr kein Mandatum dabei habt. Ich kenn meine Rechte.«

»Sie meint …«

»Ich weiß, was sie meint«, fuhr Tommaso Ugo an. Natürlich hatten sie keinen Haftbefehl. Er war ja nicht einmal für den Mordfall zuständig. »Du willst kein Mandatum, du willst Geld.«

La Luparella zeigte die schwarzen Zahnstummel und wackelte mit dem Kopf.

»Du kriegst welches. Wer hat Putto umgebracht?«

»Monsignore Giudice, mir bricht das Herz, aber aus dem Handel wird nichts. Und ich sag auch, warum: Ich würde nämlich nicht mehr dazu kommen, das Geld auszugeben, wenn ich mit einem Sbirro …«

»Du arbeitest schon mit uns zusammen. Du hast uns verraten, wo Lelio sich verkrochen hatte.«

»Das war *eine* Sache, Herr.«

Tommaso zuckten die Finger. Er beherrschte sich. »Lelio und seine Jungen sind tot. Vor zwei Tagen wurde die Leiche eines weiteren Jungen …«

»Der süße Tonio. Ich weiß. Hat mir das Herz wehgetan. Ich hab nämlich was übrig gehabt für den Kleinen.«

»Dann sag mir, wer ihn umgebracht hat.«

»Der Wind, Monsignore. Und damit hört Ihr, was man von den Dächern pfeift. Dass hier nämlich nachts ein Wind durch die Gassen zieht, und der lässt blutige Spuren zurück.«

»Tonio wurde von Sicario umgebracht. Putto auch?«

»Putto ist erwürgt worden«, erwiderte La Luparella verächtlich. Plötzlich wurde sie vorsichtig. Ihr war etwas herausgerutscht, und sie merkte, dass der Giudice es bemerkt hatte. »Das zwitschern sie auch von den Dächern. Putto ist von einem der Kerle, für die er seinen Hintern gegeben hat, erwürgt worden.«

»In seiner Leiche steckte ein Messer.«

»Na, dann ist er eben nicht ...«

»Und wer behauptet das? Dass Putto erwürgt wurde?«

»Hört zu, Signori. Ich hab hier 'n einfaches Haus für einfache Leute. Auf so 'ne Spelunke hätte Putto gespuckt. Der hatte andere Gäste, versteht Ihr? Ich weiß nicht, wo er umgebracht wurde und wie oder von wem. Ich hör nur hier und da was, und das kann stimmen oder nicht.«

Sie sah, dass er ihr nicht glaubte, und beobachtete ihn voller Unruhe.

»Ugo, schaff sie in die Tor di Nona. Das Weib hält Mädchen aus, sie ist der Kuppelei schuldig. Sorge dafür, dass sie in die Segreta kommt, bis sich ihre Zunge ...«

»Tonio hat man die Kehle durchgeschnitten, was Herr? Und seine Hände – wie 'n Mönch beim Beten, sagen sie. Genau wie bei den andern. Dreizehn kleine Mönchlein. Nein, Herr, ich bet zur Nacht und ohne 'n roten Strick am Hals. Der Wind kriecht hier in alle Ritzen.« Jetzt bekam sie es wirklich mit der Angst.

»Putto ist erwürgt worden. Aber Sicario würgt nicht. Wer also hat's getan?«

Ohne Vorwarnung streifte die hässliche Vettel ihren Rock hoch. Doch anstelle der Scheußlichkeit ihres Geschlechts zeigte sie ihm einen polierten Stock, der an ihren Oberschenkel gebunden war. An das Ende des künstlichen Beins war ihr Pantoffel genagelt. »Ich hab mir das Bein abgeschnitten, Herr. Beim Sacco. Als so 'n deutscher Teufel 'ne Fackel drauf ausgedrückt hat, weil er meinte, das schöne Rom soll frei von Huren sein. Es ist brandig geworden, und ich hab's mit dem Messer, mit dem ich die Fische aufschlitze, abgeschnitten. War 'ne feine Arbeit. Ich würd's heute wieder tun, denn ich trau mich 'ne Menge. Aber ich red nicht über Sachen, für die sie mir Sicario schicken.«

»Sicario ...«

»Ihr hört nicht zu, Herr. Ich hab 'n Geschäft. Putto hat sein Leben da ausgehaucht, wo die Leute Diamanten kacken. Und bei denen müsst Ihr fragen.«

Der Weißhaarige blinzelte angstvoll, als Tommaso zu ihm trat. Seine Augen schimmerten zart rot, was ihm ein unheimliches Aussehen gab.

»Lasst den. Das ist 'n armer Junge«, meinte La Luparella ruhig. »Der ist letzte Woche in die Stadt gekommen. Und kennt keinen Menschen nicht. Der wärmt sich hier, und weil er mich an meinen eigenen Jungen erinnert, kriegt er Suppe, und dafür fegt er unten.«

Der Weißhaarige nickte. Tommaso blickte Ugo an, aber der zuckte nur die Achseln.

»Es ist schlecht, dass Ihr hier wart«, rief die Hurenmutter ihm nach, als er durch das Loch auf die Leiter stieg.

»Putto ist also erwürgt worden«, sagte Tommaso, als sie endlich wieder im Freien waren.

»Behauptet die Alte.«

»Sie weiß es. Er ist erwürgt worden.«

Ugo schüttelte den Kopf. »Dottore Sutor hat aber festgestellt ...«

»Eben. Dottore Sutor«, sagte Tommaso.

XXXIII

Es war der erste Morgen daheim nach jener köstlichen Stunde, für die es keine Bezeichnung in Vittorias Kopf gab. Und der erste Abend stand bevor. Eigentlich war es der zweite Abend, aber als sie aus Arricia zurückgekehrt waren, war Tommaso sofort zur Kanzlei geritten und die ganze Nacht dort geblieben, der Himmel mochte wissen, was ihn aufgehalten hatte. Sie bedauerte es bis in die Tiefe ihres klopfenden Herzens, aber wie man hörte, erging es den meisten verheirateten Frauen ähnlich. Männer waren mit ihren Geschäften verheiratet, Signora Capezza hatte es erst kürzlich bestätigt.

Doch Tommaso konnte nicht ewig arbeiten, und Vittoria beschloss, dass der kommende Abend ein Abend ohne Beispiel werden sollte. Sie hatte die ganze Nacht damit zugebracht, über die Wunder nachzusinnen, die die zärtlichen Hände des Giudice an ihrem Körper vollbracht hatten, und über den Glanz, der sich daraufhin in ihrer Seele ausbreitete. Ihre Phantasien waren anregend und kreisten um unzählige köstliche Einzelheiten. Dass sie sündhaft waren, wusste Vittoria nicht allein aus den Predigten und den Ermahnungen der entsprechenden Stundenbüchlein – allein der unermessliche Genuss, den sie bereiteten, wies sie ins Gebiet der höllischen Mächte.

Doch Vittoria war nicht in der Stimmung, sich Gewissensbissen hinzugeben. Sie tröstete sich mit der Entschuldigung, dass es der Frauen Pflicht sei, dem Ehemann Freude zu bereiten. Und die hatte Tommaso empfunden. Doch, auch er. Sie lächelte, wenn sie daran dachte, und bekam einen glühenden Kopf.

Gelegentlich, während sie am Vormittag den Haushalt ordnete und gedankenverloren die Schränke durchsah, kam ihr Signor Botta in den Sinn, der ihr niemals seine Gefälligkeiten aufgedrängt hatte und mehr mit seinen Fischen beschäftigt gewesen war als mit seiner Ehefrau. Hätte Signor Botta sie ebenfalls beglücken können? Nach ehrlicher Überlegung verneinte Vittoria. Was hatte ihm gefehlt? Die Kraft? Die Anteilnahme? Die träumerische Phantasie? Oder ... der Verstand?

War es möglich, dass tatsächlich der Verstand des Giudice das Begehren in ihrem Körper auslöste? Und wenn es so war, und da sie wusste, welch eine Bedrohung der Scharfsinn des Giudice für sie darstellte – konnte es dann sein, dass sie sich in den Reiz der Gefahr verliebt hatte?

Solch schwierige Überlegungen bewegten sie, während sie Fleischplatten aus vergessenen Schubladen holte und sie, ohne ihrer Geschmacklosigkeit gewahr zu werden, entstaubte. Sie kam zu dem Schluss, dass ihre Erfahrungen zu gering und ungewiss waren, um das Rätsel zu entschlüsseln, und eigentlich wollte sie es auch nicht, denn gleich, worauf die Freuden jener Vereinigung beruhten – sie zu begreifen hätte sie womöglich zerstört. Nicht denken, sondern sich beschenken lassen, beschloss sie, und – auch diese Ahnung kam ihr – das Geschenk verdoppeln, indem sie selbst schenkte.

Mit diesen glücklichen Plänen machte sie sich auf den Weg zu Elena.

Olimpia selbst war es, die ihr die Tür öffnete.

»Natürlich ist sie da. Wo sollte sie denn schon hingehen?«, fragte sie ihre Nichte und gab mürrisch die Tür frei. Die letzten Tage mussten ihr zugesetzt haben, denn nicht einmal die dicke Kruste Schminke konnte die Furchen und Tränensäcke in ihrem Gesicht überdecken. Auf der Stickerei am Halsausschnitt prangte ein Fleck von einem der Mittel, mit denen sie ihrem Aussehen nachzuhelfen versuchte, und sie hatte es nicht bemerkt. Fahrig winkte sie mit der affenartigen Altfrauenhand. »Jemand von der Bank war hier. Ich habe ihn nicht verstanden. Er will uns betrügen. Ich habe gesagt, ich muss alle Papiere erst prüfen.«

»Ich werde sie durchsehen«, versprach Vittoria. Sie hörte Elena im oberen Stockwerk singen, und ihre Stimmung hob sich. Vielleicht war alles gar nicht so schlimm. Tommaso hatte selbst gesagt: Gianni war nichts geschehen. Sie hörte den Kleinen lachen. Also hatte Olimpia das Kind auch nicht aus dem Haus gebracht. Wahrscheinlich war alles übertrieben worden. Nicht von Tommaso, denn er neigte nicht zu Übertreibungen. Aber von Tante Olimpia. Wie so oft verlief der Ärger im Sande.

Elena begann zu strahlen, als sie ins Zimmer trat. Sie ließ Gianni aus ihren Armen und sprang auf, um die Cousine zu küssen. »Du warst so lange fort. Ich weiß, eigentlich nur ein paar Tage. Aber es kam mir wie eine Ewigkeit vor. Bist du schwanger? Mama sagte, dass du Zeit mit deinem Ehemann verbringen wolltest.« Sie errötete und lachte. »Komm, Vittoria, erzähl schon. Habt ihr … *es* getan? Er ist hübsch. Nicht so wie Niccolò, aber er hat ein kluges Gesicht, und ich mag seine Augen. Liebst du ihn? Ich fände es wunderbar, wenn du auch ein Kind bekämst.«

Vittoria sah die Amme mit ihrer ausdruckslosen Miene in einer Ecke hocken. »Geh und hilf in der Küche«, sagte sie zu ihr.

»Der Kleine wird das Ebenbild seines Vaters«, erklärte Elena stolz, während sie vor ihrem Sohn niederkniete. »Und das ist gut so, denn was sollte er mit einem Gesicht wie meinem?« Sie lachte und zog Vittoria zu sich auf den Boden. »Ich weiß, wie ich aussehe, aber es macht mir nichts aus. Das Herz ist das Wichtige. An Schönheit gewöhnt man sich, und sie verliert mit der Zeit an Bedeutung. Das hat Niccolò gesagt, als er um mich warb, und es ist ein so … freundlicher Gedanke. Schau, Gianni, dies ist deine Tante, die du lieb haben musst. Er ist kitzelig an den Füßen, wusstest du das? Wie war es mit deinem Tommaso? Kann er eine Frau glücklich machen?«

Gespannt blickte sie Vittoria an.

»Er ... nun ja.«

»Du wirst rot. Dann musst du glücklich sein.« Elena wollte sich ausschütten vor Lachen, als sie ihre Verlegenheit sah. »Ich wünsche mehr als alles andere, dass du glücklich bist. Das Glück einer Frau hängt von ihrem Gatten ab.«

»Nein, Elena, das Glück hängt davon ab ...« Vittoria zählte an den Fingern auf. »... wie teuer der Fisch auf dem Marcellusmarkt ist. Ob die Sonne scheint. Von einer geordneten Verdauung ...« Sie wich dem Kissen aus, das Elena nach ihr warf, und beide mussten lachen, während Gianni ihr Treiben mit großen, ernsten Säuglingsaugen verfolgte.

»Hast du gehört, dass er sich verletzt hat?« Elena nahm ihn auf und setzte ihn auf ihre Knie. »Hier, die beiden kleinen Fingerchen. Und *ich* habe Schuld.« Ihre Stimme klang belegt, als sie Vittoria die verbundene Hand zeigte. »Ich hätte ihn nie so nahe ans Feuer legen dürfen. Denn er beginnt sich zu drehen. Und als ich ihn zurückreißen wollte, habe ich ihm stattdessen den letzten Stoß gegeben. Was bin ich für eine Mutter!«

»Hoffentlich keine, die verschütteter Milch noch Tränen hinterhergießt«, sagte Vittoria und schlang den Arm um sie. »Du weißt, dass du alles für ihn tun würdest.«

»Ja, das würde ich. Aber Niccolò ... Ich weiß nicht, was er sagen würde, wenn er wüsste ... Er *liebt* Kinder doch so. Sicher würde er mich hassen, wenn er erführe ...«

»Das wird er aber nicht!«, unterbrach Vittoria sie hastig. »Schau, Elena, Gianni versucht, deinen Ärmel zu packen.«

»Alles steckt er in den Mund. Er ist gefräßig, der kleine Mann.«

»Er ist ein Tiger. Ach, Vittoria, ich bin so froh, dass du wieder da bist!« Elena vergaß ihren Kummer und drückte dem quietschenden Jungen die Nase in den faltigen Hals.

Alles in Ordnung. Scheußlich das Gerede über Niccolò

und seine Kinderliebe anzuhören. Fast unerträglich. Aber solange Elena sich ablenken ließ …

Es wurde ein fröhlicher Vormittag. Vittoria lachte über jedes Wort von Elena und jede Grimasse von Gianni. Als sie gehen wollte, blinzelte die Cousine ihr verschwörerisch zu. »Aber dass du nicht vergisst – ein paar Stunden deines Tages musst du für mich freihalten. Ich habe die älteren Rechte.« Sie nahm Gianni auf den Arm, um Vittoria zur Tür zu begleiten. »Kümmere dich gut um deinen Tommaso. Männer mögen es nicht, wenn man sie gering schätzt. – Oh, sieh mal, da ist sie ja. Unter dem Vorhang. Die Figur. Ich habe mich schon gewundert, wo sie hingeraten ist. Kannst du sie aufheben? Es ist die Nymphe, die Niccolò mir zur Hochzeit geschenkt hat. Ich habe sie Gianni gezeigt, als … ja, es war dieser schreckliche Abend, an dem er sich verbrannt hat. Und dann war sie plötzlich verschwunden. Neben dem Fuß der Truhe, siehst du?«

Der Kopf der weißgrauen Marmornymphe lugte unter dem roten Saumband des Vorhangs hervor. Vittoria nahm sie auf. Das hübsche, steinerne Gesicht lächelte geheimnisvoll, die spärlichen Schleier umwehten ihren vollkommenen Leib.

»Es ist ein Geschenk von Niccolò«, wiederholte Elena überflüssigerweise.

Vittoria nickte und strich wie betäubt über den kleinen Riss, der die Marmorschulter der Nymphe teilte.

»Was ist? Stimmt etwas nicht?« Sie sah, wie Elena sie ängstlich über Giannis Locken hinweg beobachtete und schüttelte den Kopf. Rasch schob sie die Nymphe unter ihren Arm. Am liebsten hätte sie geschrien. Das verfluchte Ding sollte bei Niccolò sein. Bei Niccolò! Aber das ging natürlich nicht.

Sie küsste die beiden. Das Lächeln, mit dem Elena ihr nachwinkte, kam ihr unwirklich und geisterhaft vor.

Tommaso verbrachte auch diesen Abend in der Kanzlei, doch das spielte keine Rolle mehr. Sie hatte weder Kerzen entzündet noch Köstlichkeiten zubereiten lassen. Stattdessen strich sie ruhelos durch die Räume.

273

Angestrengt versuchte sie zu begreifen, was es bedeutete, dass Elena sich die Nymphe geholt hatte. Woher hatte sie gewusst, wo die Figur war? Was hatte sie zu ihr getrieben? Musste man Elena besser schützen als bisher? Musste man – und das war die bänglichste Frage – Gianni schützen? Elena hatte dem Kleinen die Nymphe zum Spielen gegeben. Von irgendwelchen schrecklichen Absichten getrieben? Aber nein, Elena liebte ihr Kind. Und doch hatte sie ihm als Spielzeug die Nymphe gegeben, dieses dreimal verfluchte ...

Vittoria rieb den Handteller auf der stechenden Schläfe und beschloss, schlafen zu gehen. Sie hatte Tommasos Misstrauen zerstreut. Sie hatte Geld nach Civita Castellana gebracht und dafür gesorgt, dass Niccolòs Dienerschaft Tante Olimpia nicht mehr mit erpresserischen Briefen belästigte. Und Niccolò ...

Wieder kamen ihr die Tränen. Der verdammenswerte Kerl stahl sich zurück. Er klebte an ihnen wie Spinnweben. Wenn es so weiterginge, würde er Elena in den Wahnsinn treiben. Es half nichts. Sie musste noch einmal zu ihm. Ihr graute davor. Ihr wurde so übel, dass sie das Fenster aufriss und die Nachtluft in die Lungen sog. Ich hasse dich, Niccolò Contera, dachte sie mit Leidenschaft.

Es war weit nach Mitternacht, als Tommaso endlich heimkehrte. Sie hörte ihn im Treppenhaus und dann, wie sein Schritt vor ihrer Tür langsamer wurde. Er zögerte. Es wäre schön, in seinen Armen zu schlafen, dachte Vittoria. Ohne Sünde, einfach um der Geborgenheit willen. Die vergangene Nacht hatte er wieder im Studiolo verbracht, wohl um sie nicht zu stören. Musste man ihm erklären, dass er willkommen war?

»Signore?«

Er öffnete die Tür. »Ihr hättet nicht wach zu bleiben brauchen«, sagte er. Sein Gesicht lag im Schatten. Die einzige Kerze brannte auf der Truhe neben dem Bett.

»Ich warte gern auf Euch. Ihr ... solltet etwas essen. Wartet, ich stehe auf.«

Er kam ins Zimmer und sah sich um, als hätte er es noch nie gesehen. Geistesabwesend strich er mit dem Finger über den Rand einer Schale, in der sie ihre Kämme aufbewahrte. Er sagte nichts, aber die Art, in der er schwieg und ihr den Rücken zukehrte, machte ihr plötzlich Angst. Es war, als lösche er damit die Nacht in Arriccia aus. Er löschte sie aus. Wenn nicht mit dem Schweigen, dann mit der Frage, die er ihr stellte, als er zu reden begann.

»Wohin seid Ihr geritten, als Ihr Achille Gaddis Haus verlassen habt?«

Die Augenblicke rieselten dahin wie Sand im Stundenglas, und mit ihnen rieselte ihr Glück. Es war nicht festzuhalten. Wie sie geahnt hatte, denn der Grund, auf dem es gebaut war, bestand aus einer Sünde.

»Ihr ... spioniert mir nach?«

»Es ist ermüdend, unablässig mit geschlossenen Augen herumzulaufen.«

»Der Junge aus dem Stall«, stellte sie nach kurzem Nachdenken fest, als wäre es von Bedeutung, woher Tommaso sein Wissen bezog.

»Und wo wart Ihr?«

»Nur ein wenig ausreiten. Ich hasse es, eingesperrt zu sein.«

Es war eine dumme Lüge, die er selbstverständlich nicht glaubte. Er nahm einen der schrumpligen, süßen Winteräpfel vom Teller und wandte sich zur Tür.

»Tommaso?«

»Noch eine Geschichte?« Seine Nase hob sich schwarz gegen den erleuchteten Flur ab.

Sie zögerte. Aber nichts würde einfacher werden, wenn sie die Bitte auf morgen verschob. »Hättet Ihr etwas dagegen ... Ich meine – Gianni. Hättet Ihr etwas dagegen, wenn der Junge für eine Weile hier wohnen würde?«

»Niccolòs Sohn.«

»Ihr würdet ihn kaum hören. Ich bitte Euch, seid gerecht. Was kann der Kleine dafür, dass Ihr mir zürnt oder dass seine Mutter eine so schwankende Gesundheit ...«

»Niccolòs Sohn?« Plötzlich hob er den Arm und schleuderte den Apfel gegen den Kamin auf der anderen Seite des Zimmers, wo er mit einem dumpfen Platsch in Stücke spritzte. »Wenn Euch die Luft wieder zu eng wird, Madonna, dann bitte ich Euch, weit genug zu reiten, dass Ihr mir in diesem Leben nicht mehr lästig fallt.«

Vittoria schrak zusammen, als die Tür knallte. Sie wartete, bis er das Studiolo erreicht hatte. Dann lief sie in das Kämmerchen unter der Treppe und übergab sich.

XXXIV

Es ist nicht gut, es schadet deinem Ruf, verstehst du«, sagte Ugo, während er versuchte, mit dem Richter Schritt zu halten. »Wo sieht man, dass sich ein Giudice wunde Füße läuft? Du bringst die Leute durcheinander. Sie erwarten, dass du im Ufficio hinter deinem Tisch sitzt und über Recht und Unrecht entscheidest.«

»Er hat mich angelogen.«

»Ah ja«, brummelte Ugo. »Und das hast du von der Heiligen Jungfrau erfahren. Du glaubst einer Hure mehr als den Untersuchungen eines gelehrten Dottore. Na gut, sie hat gesagt, was sie dachte. Aber wenn sie nicht lügen, reden sie dummes Zeug, hör auf mich.«

Es war Fastnacht, der Tag vor Aschermittwoch, und die Narren hatten sich in ihren Teufels-, Heiden- und Vaganten-masken zusammengerottet, um am letzten Karnevalstag noch einmal gründlich die Stadt auf den Kopf zu stellen. Sie mussten einem Zug junger Handwerker ausweichen, der tanzend den Vicolo della Cuccagna entlangzog, und ein Stück weiter versperrte ihnen eine Kutsche mit gebrochenem Rad den Durchgang.

»Die haben den Wahnsinn in ihren Köpfen«, schimpfte der Notaio. »Elf Monate reißen sie sich zusammen, im zwölften sprudelt es heraus. Du kannst über Papst Paul sagen, was du willst, aber dieses unwürdige Spektakel zu verbieten war eine wahrhaft göttliche Entscheidung.«

Sie mussten sich an der Hauswand entlangdrücken, um an der Kutsche vorbeizukommen, und fast wären sie auf einen Betrunkenen in Zigeunerinnenkleidung getreten, dem ein Witzbold die Röcke bis zum Nabel hochgezogen hatte. Ugo stieg angewidert über den Schnarchenden hinweg. »Er hätte *dich* umbringen lassen sollen.«

»Was?«

»Der Mann, der Sicario beauftragt hat.«

»Danke.«

»Nicht die Jungen, *du* bist es, der im Wespennest stochert und nicht aufhören kann«, sprach Ugo belehrend weiter. »Aber er hat sich nicht getraut. Den Mönch ja, die Jungen sowieso, aber einen Giudice ... Vielleicht haben sie doch mehr Respekt, als man denkt.«

Das Haus des Arztes tauchte vor ihnen auf. Sutor schien wie die meisten Ärzte auf dem Höhepunkt der närrischen Zeit zu schließen. Die Läden waren zum Schutz gegen randalierende Betrunkene vorgelegt, die Tür zugesperrt.

Ugo läutete die Glocke und wippte mit dem Fuß, während er wartete. »Dem Barbier unten an der Piazza del Duce haben sie den Arm gebrochen. Hast du davon gehört? Nicht aus Versehen. Einer hat ihn festgehalten, und der andere hat mit einem Schemelbein drauf eingedroschen. *Das* bedeutet Karneval. Es bedeutet, dass sie sich mit dem Segen von oben wie die Heiden aufführen dürfen. Was ist?«

Tommaso hatte den Glockenstrang gefasst und zog mehrere Male heftig daran.

»Er ist klüger als dieser Barbier. Ich sage dir, er hat sich aufs Land verzogen, bis der ganze Tumult ...«

Eine gedämpfte Stimme auf der anderen Seite der Tür unterbrach den Notaio. »Der Dottore ist fort. Er behandelt erst übermorgen wieder.«

»Hier ist Giudice Benzoni. Lasst mich bitte trotzdem ein, Signora.«

Ein kurzes Zögern, dann rasselte eine Kette durch einen Ring. Die Tür, die zuerst nur einen Spalt weit geöffnet wurde, schwang auf. »Er ist ...«

»… fort, Ihr sagtet es. Kann ich dann mit Euch sprechen?«

»Nun ja, ich weiß nicht …«

Der kleine Junge, Sutors Neffe, lugte hinter dem Rock seiner Tante hervor. Suchend hielt er nach der Pistole Ausschau und war enttäuscht, als er sie nicht erblickte.

»Mein Mann …«

»Gibt es einen Raum, in dem ich in Ruhe mit Euch sprechen könnte?«

»Selbstverständlich.« Sie führte ihre Besucher in das Zimmer mit dem gelben Vogel, für den jemand, wahrscheinlich der Junge, inzwischen unbeholfen aus Zweigen ein Bäumchen gebaut hatte. Einige Holzpferdchen lagen auf dem Boden verstreut, und auf dem Tisch stand ein Teller mit einem angebissenen Gebäckstück.

»Ich bin wegen des toten Kindes hier, das der Dottore untersuchte«, erklärte Tommaso.

Die Signora nickte ohne ein Zeichen der Verwunderung.

»Ihr wisst, welchen Jungen ich meine?«

»Aber ja, Signore.«

»Warum hat der Dottore mich angelogen?«

Signora Sutor stand auf, holte ein Tuch und breitete es über dem Käfig mit dem krakeelenden Vogel aus. Der Junge spielte auf dem Boden mit einem der Holzfigürchen. Fahrig blieb die Frau hinter ihm stehen, nestelte am Kragen seines Wamses, strich über seinen Kopf – und verlor mit einem Mal die Fassung. »Entschuldigung, ich … bitte verzeiht.« Sie suchte aufgeregt nach einem Schnupftüchlein. »Ihr habt Monsignore Carafa nie erzählt, von wem Ihr das Messer erhalten habt, das habt Ihr doch nicht, Signor Giudice?«, fragte sie erstickt.

Tommaso schüttelte den Kopf.

»Ich hoffte es. Seit Wochen, seit Jacob diesen unglückseligen Dolch in den Körper des armen Jungen stieß, warte ich darauf, dass dieses Haus von Monsignore Carafas Leuten überfallen wird. Ich schrecke zusammen, wenn die Glocke läutet. Mein Herz zerspringt, wenn Männer mit Waffen den Behandlungsraum betreten. Ich habe unsere Kredenz vor die

Tür der Kammer hinter der Sala geschoben, damit ich das Kind in Sicherheit bringen kann, wenn es so weit ist, aber was, Signore, wenn sie das Haus anzünden? Was, sage ich zu Jacob, wenn sie das Haus anzünden? Niemand zündet inmitten Roms ein Haus an, sagt Jacob, aber kann man das wissen? Den Monsignore treibt ein Wahnsinn.«

»Und warum …«

»Ich kann die Hühner nicht mehr schlachten. Ich drücke sie auf den Holzblock, und das Beil beginnt mir in der Hand zu zittern. Jacob Sutor muss sich mit Gemüse und Brei begnügen. Ich weiß, dass die Armseligen den Schmerz empfinden wie die Hochgestellten, sage ich zu ihm. Ich teile deinen Zorn. Aber dennoch.«

»Verständlich, Signora«, meinte Ugo besänftigend.

»Sie denken nicht weiter nach. Der Grimm überkommt sie wie ein Kratzen im Hals, und sie schlagen zu und haben es im nächsten Moment vergessen und scherzen. Meine Mutter wurde beim Sacco getötet wegen einer Schaumkelle, die sie vor den Plünderern verbergen wollte. Sie war eine gute Frau. Sie arbeitete von früh bis in die Nacht und hat niemals in ihrem Leben die Morgenmesse versäumt, nicht einmal, als sie ihren schlimmen Fuß hatte.« Signora Sutor weinte erneut, ein unerträglicher Anblick, weil sie keinen Ton mehr von sich gab und sich unter lautlosen Schluchzern krümmte. Der Junge sah verschreckt von ihr zu den Männern.

»Und der Schmerz, dieser verfluchte Schmerz …«

»Ich bin noch nicht sicher, ob ich Euch richtig verstanden …«

»Der Schmerz bleibt«, unterbrach sie Tommaso. »Wieso dachte der Monsignore nicht an das arme Kind meines Bruders, als er auf ihn eintrat? Um eines Mantels willen, Signore, wegen eines lumpigen Mantels. Der heilige Martin teilte seinen Mantel mit einem Bettler. Wie kann da ein Monsignore Kardinal wegen eines Mantels einen Menschen umbringen? Wegen eines Mantels, den er bezahlen müsste, weil er ihn gekauft hat?«

»Der Kardinal hat Euren Bruder getötet?«

»Wegen eines Mantels. Evaristo hat sich hierher geschleppt, das Gesicht, der ganze Körper zerschunden … seine armen Knochen …« Ugo hatte den kleinen Jungen an sich gezogen, doch nun war er nicht mehr abzulenken. Er begann ebenfalls zu weinen und flüchtete sich in die Kleider seiner Tante, während sie vom Todeskampf ihres Bruders erzählte, der an den Tritten des Kardinals gestorben war.

»Grausam«, sagte Ugo.

»Ja, es ist grausam, aber bitte, wie kam das Messer des Kardinals in Euren Besitz?«, fragte Tommaso.

Die Frau weinte und schüttelte den Kopf.

»Euer Bruder hat es gestohlen?«

»Das muss er ja wohl. Fünf Tage zwischen Leben und Tod, Signori. Und immer dieses verfluchte Messer in den Händen, von dem er am Ende besessen war. Da wir es nun haben, zahl damit dem Kleinen die Lehre, habe ich zu Jacob gesagt. Tu's und lass es gut sein. Aber Jacob kann es nicht vergessen, nicht den Todeskampf, nicht den Kummer des Kindes. Der Giudice wird für Gerechtigkeit sorgen, hat er gesagt.«

Tommaso stand auf. Müde ging er zum Fenster. Auch im Innenhof des Hauses standen Pflanzkübel, die braune Erde von grünen Spitzen durchbrochen, die sich ans Licht gruben. »Der Dottore hätte nicht lügen dürfen. Auf einem Fundament von Lügen kann keine Gerechtigkeit stehen«, sagte er.

»Gerechtigkeit, Signore, ist in dieser Stadt ein Krüppel ohne Beine«, erwiderte Signora Sutor bitter. »Besser, sie hinkt auf Krücken vorwärts, als dass sie am Boden liegt, wo jeder auf sie spuckt, da gebe ich Jacob Recht.«

»Und trotzdem hätte er nicht lügen dürfen«, sagte Tommaso.

»Wir haben gekämpft, aber man hat uns stumpfe Waffen gegeben. Wir konnten nicht siegen«, meinte Ugo. Besonders unzufrieden schien er nicht zu sein.

»Wer hat Sicario bezahlt?«

Ugo gähnte. Im Fenster des Ospedale hingen Kranke über den Brüstungen und brüllten den tanzenden Maskierten Scherzworte zu. Auf der anderen Seite des Tibers hatte fahrendes Volk eine provisorische Bühne auf den Treppen einer Kirche errichtet und spielte eine Komödie, deren spaßiges Element ein ständig über die eigenen Füße stolpernder Narr war, der in jeder Hand ein Ei trug. Sackpfeifen und Trommeln begleiteten das Schauspiel.

»La Luparella weiß mehr, als sie zugeben wollte. Das ist doch richtig, oder?«

»Das ist richtig«, sagte Ugo. »Aber sie will nicht wie Tonio enden, und deshalb wird sie das Maul halten.«

»Sie kommt als Zeugin in die Segreta.«

»Sie wird trotzdem das Maul halten. Bis die Kontrollkommission kommt und ihre Haft für unzulässig erklärt. Und das wird sie, Tommaso, denn du kannst nicht beweisen, dass das Weib etwas verschweigt. Warum gehen wir *hier* entlang?«

»Weil wir vielleicht an La Luparellas Gewissen appellieren ... verflucht, was ist das?«

Sie waren gerade in eine Seitengasse eingebogen, als sie vor sich im Gossenstaub zwei Frauen sahen, die einander kratzten und sich gegenseitig, angefeuert von einer begeisterten Zuschauermenge, die Haare ausrissen.

»Misch dich ein, und sie tun sich zusammen und stürzen sich auf dich«, warnte Ugo und zog Tommaso weiter. »Du solltest das trennen.«

»Was?«

»Den Ärger in der Ehe und die Arbeit.«

»Ich habe keinen Ärger.«

»Niemand hat Ärger, natürlich.«

Es waren nur noch wenige Schritte bis zur Piazza del Pozzo Bianco. Schon von weitem sahen sie, dass die Tür der Schenke mittels eines Schemels aufgehalten wurde. Ein Schwall schmutzigen Wassers spritzte aus der Öffnung.

»La Luparella?«, fragte die Frau, die den Schankraum putzte, und trat geschickt eine Kakerlake tot. »Die ist fort.

Ich habe den Laden von ihr gekauft. Ist alles legal und mit Papieren beim Magistrat beglau…«

»Wo ist La Luparella hin?«

»Keine Ahnung. Wie es aussieht, hat sie die Stadt verlassen«, meinte die Frau gleichgültig, während sie die tote Kakerlake mit dem Fuß in eine Ritze stupste. »Jedenfalls hat sie eine Kutsche gemietet und sämtlichen Hausrat aufgeladen.«

XXXV

Vor ihm auf dem Brett lagen mehrere enthäutete, gekochte Hähnchenkeulen. Sicario biss hinein und kaute genüsslich mit offenem Mund, wobei ihm Fleischfetzen auf die Brust fielen. Er war ein Trödler, den ein gutes Geschäft in den *Cavaliere Bianco* geführt hatte. Wortkarg und bescheiden. Der Wirt nahm ihn erst wahr, als er eine Weinlache auf einer Bank fortwischen wollte und die Beine seines Gastes ihm im Weg waren.

Sicario besuchte die römischen Schenken seit dem Tod des göttlichen Jungen, der nicht in seinem Blut, sondern in seiner eigenen Furcht ertrunken war. Er war gestorben, noch ehe er erstickte. An seiner Angst, diesem merkwürdigen Gefühl, das offenbar sogar töten konnte. Sicario schüttelte nachdenklich den Kopf. Er hatte gesehen, wie ein Mann gestorben war, der gerade in den Armen einer ungeheuer einfallsreichen Hure lag. Der Kerl war eindeutig glücklich aus dem Leben geschieden, und Sicario fragte sich, ob seine Ekstase Ähnlichkeit mit der Furcht hatte, die den Jungen tötete. Aber der Junge hatte keineswegs froh gewirkt. Warum hatte er nicht diesen Rausch empfunden, dieses Gefühl des Lebendigseins, das in der Angst lag, wie Sicario sie begriff? Warum empfand *niemand* so?

Er merkte, wie seine Laune sich verdüsterte, und schob den Gedanken beiseite.

Er hatte keine Arbeit mehr. Die beiden alten Zwillingsschwestern, die Bademägde vom Copellenmarkt, die ihm die Kunden vermittelten, zuckten die eckigen Schultern. Niemand wünschte einen lästigen Mitmenschen loszuwerden. Die meisten Leute hatten sich ihrer Gegner während der Sedisvakanz erledigt. Sicario bedauerte das allerdings nur wenig. Er fühlte sich satt wie ein Tiger, der gerissen und gerade seine Beute verzehrt hatte. Es reichte ihm, durch die Schenken zu streifen und den Leuten zu lauschen, die immer wieder von den Morden sprachen.

Auch hier wurde über den Tod des schönen Hurenjungen getratscht. *Und wieder mit gefalteten Händen, Madonna! Was für ein Ungeheuer!* Die Frau, die das sagte, schlug mit ihrem fetten Arm ein Kreuz, während eine andere ihre Worte wie eine Beschwörung wiederholte.

Unterm Fenster stritten zwei Männer, Obsthändler, wegen einer Verkaufserlaubnis, die erschwindelt oder nicht erschwindelt war. Die beiden waren Konkurrenten, und es hörte sich an, als würden sie sich bald schlagen. Dann musste er gehen, das war die Regel, an die Sicario sich hielt. Aber erst einmal lauschte er.

Der Wirt streifte seinen Arm mit einem Weinkrug. Er war ein Schlitzohr, dem die Schenke nur als Vorwand für das viel lukrativere Geschäft des Falschspiels diente. Er hatte auch schon wieder einen Fisch an der Angel. Mit einem breiten Grinsen setzte er den Wein auf einem Tisch ab, an dem ein blasser Junge mit einem hochnäsigen Gesicht und einer Pfauenfeder am Hut Karten spielte. Sicario sah, wie der Wirt seinem eigenen Mann, der dem Jungen gegenübersaß, mit warzigen Fingern die Karten anzeigte.

»… hat sie recht getan, jeder wär abgehaun«, tönte die Stimme eines jungen Mädchens in eine Gesprächsflaute. Sie war hübsch, kaum vierzehn Jahre, und unterhielt sich mit einem merkwürdigen jungen Mann, dessen Haut gefleckt wie die eines Leoparden war. Seine Augen schimmerten rot. Schüchtern tätschelte er über den Tisch ihre Hand.

»Ich liebe sie«, sagte der Leopard. Er war kaum älter als das Mädchen und sprach so ernsthaft von seiner Liebe, wie man es nur in diesem Alter kann. In seiner Stimme schwang Trübsinn.

»Aber nicht doch. Wer liebt seine Großmutter?« Das Mädchen schielte zum Wirt, der vielleicht ihr Vater oder ihr Zuhälter war, aber der Mann war ins Falschspiel vertieft. Es beugte sich vor. »Sie ist nicht die Einzige, die weiß, wie man jemand in die Hose fasst.« Unsicher, ob sie den richtigen Ton getroffen hatte, lächelte sie den Fleckenhäutigen an. Er erwiderte ihr Lächeln, und Sicario verlor das Interesse an dem Gespräch. Es lebte wieder auf, als ihm ein Wort ans Ohr drang.

»... der Giudice. Der vom Hafen. Er wollte was von ihr wissen, und wenn sie einmal da waren, kommen sie immer wieder, sagt La Luparella. Jedenfalls solche wie ...«

Der Junge mit dem Pfauenhut stieß einen überraschten Schrei aus, er hatte zum ersten Mal verloren, und die neckenden Worte des Wirts übertönten das Gespräch. Sicario spitzte ärgerlich die Ohren.

»Nein. Und das war ein echter Giudice?«, staunte das Mädchen.

»Sicher.« Der Leopard senkte die Stimme, geschmeichelt über ihre Bewunderung. »... kam er wegen Sicario. Wegen dem und wegen Putto.«

»Den sie tot in dem Turm gefunden haben? Hat denn Sicario ihn umgebracht?«

»Nein, aber Sicario hat die Freunde von ihm ...«

Der betrogene Kartenspieler machte einen Scherz, und sein Mitspieler lachte blökend.

»... war Putto trotzdem ein netter Kerl«, sagte der Leopard. »Ich kannte seine Schwester, die hat am Fleischmarkt ...«

Der blasierte Jüngling gab eine Anekdote zum Besten, die freigebig bejohlt wurde. Ungeduldig wartete Sicario, dass sie verstummten.

»... ihm auch nichts genutzt.« Der Fleckenhäutige zuckte verächtlich die Schultern. »Am Schluss hat er im Turm gehangen.«

»Und?«

»Nichts und. Der Giudice denkt, La Luparella weiß, wer ihn umgebracht … also, eigentlich ist das nichts, was ein Mädchen wie du in ihrem Köpfchen …«

»He, Rodolfo, Sbirri!«, zischelte ein Mann, der die ganze Zeit am Fenster gelehnt hatte. Innerhalb eines Wimpernschlags verwandelte sich die Schenke. Die gezinkten Karten des Falschspielers verschwanden in einer verborgenen Lade unter dem Tisch. Die seines arglosen Opfers flogen ins Kochfeuer. Das Mädchen setzte sich auf die Tischkante, streckte herausfordernd den Hintern zu dem Fleckenhäutigen und begann zu singen.

Der Leopard schielte zur Tür. Vielleicht hatte seine seltsame Hautfärbung ihn mit der Inquisition in Verbindung gebracht, oder er wurde wegen eines Vergehens gesucht. Seine Augen forschten nach einem Hinterausgang, aber den gab es hier nicht.

Die Tür flog auf, und ein halbes Dutzend Sbirri in den Farben des Senatore brachen herein. Die Visitation war kurz und gründlich. Bei einem Mann in spanischer Tracht wurde eine Bleikugel gefunden. Da er sich beschwerte, als man ihm das streng verbotene Geschoss abnahm, schlugen sie ihn zusammen. Niemand machte sich die Mühe, Sicario zu beachten. Der Fleckenhäutige wurde gegen die Wand geworfen und ohne bestimmten Grund beschimpft. Er heulte, wobei er die Hand auf den Mund presste, um kein Geräusch von sich zu geben, das weitere Aufmerksamkeit auf ihn gelenkt hätte. Das Mädchen rief die Heilige Jungfrau an und beschwor das Andenken seiner Mutter – und erntete rohes Gelächter.

Alle spielen ihre Rollen, sie sind wie die Komödianten, dachte Sicario. Selbst der Mann, der ihr unters Kleid griff. Er mochte sie, aber er musste sie erniedrigen.

Der Auftritt der Sbirri glich einem Wolkenbruch. Nachdem sie einen Schemel zertrümmert und dem Wirt für den Fall, dass sie jemals bei ihm Karten oder Würfel entdecken sollten, Prügel angedroht hatten, verschwanden sie wieder.

Sie hinterließen ein unbehagliches Schweigen, das schnell in Wut umschlug. Als alle durcheinander redeten, pfiff Sicario leise und winkte den Fleckenhäutigen heran. Er wies auf seinen Becher, den er gerettet hatte, und wartete, bis der junge Mann zitternd den Wein hinuntergegossen hatte.

»La Luparella weiß also, wer Putto umgebracht hat?«

Der Junge verschluckte sich. Sein Gesicht nahm eine unnatürlich graue Farbe an, in der die Flecken wie weiße Kleckse schimmerten. »Herr, aber ... nein. Sie weiß gar nichts.«

»La Luparella weiß es, und du weißt auch Bescheid.«

Der Junge schüttelte den Kopf so heftig, dass ihm die schneeigen Haare ins Gesicht flogen. Er log und sah, dass Sicario es merkte. Helle Panik stand in seinen Augen.

Aber Sicario hatte nicht die Absicht weiterzubohren. Der Wirt kochte vor Zorn. Er würde jeden umbringen, den er für einen Spitzel hielt, und er sah schon zu ihnen herüber. Als Sicario den *Cavaliere Blanco* verließ, spürte er die Blicke aus den sonderbaren roten Augen im Rücken.

Der Giudice vom Fluss hatte also La Luparella aufgesucht, weil er wissen wollte, wer diesen Putto umgebracht hatte. Sicario erinnerte sich vage an einen Jungen mit unsteten Prahleraugen. Ein Nichts, dieser Putto. Und dennoch ließ jemand Scudi regnen, um zu verhindern, dass der Giudice seinen Mörder fand. Das war zweifellos merkwürdig.

Die Sbirri hatten an der Marktecke eine weitere Schenke gestürmt, deshalb wandte Sicario sich in die entgegengesetzte Richtung. Eigentlich interessierte ihn nicht, von wem er seine Aufträge bekam und weshalb die Opfer sterben sollten. Aber dieser Giudice war ein Mann, der ihn beschäftigte. Nicht nur die Sbirri vorhin – die meisten Menschen benahmen sich wie Schauspieler. Sie kannten ihre Rolle, und je nachdem spreizten oder duckten sie sich, suchten nach frommen Bemerkungen oder nach schlüpfrigen Komplimenten. In ihre Haut zu kriechen war so einfach, wie einen Mantel überzustreifen.

Der Giudice war anders. Er hatte seine Rolle zugewiesen bekommen, aber er erfüllte sie nicht. Er sprach leise, seine

Stimme trug nicht. Er ließ sich von unwichtigen Leuten unterbrechen. Er hatte ein Loch in den Saum seines Talars getreten und merkte es nicht oder scherte sich nicht darum. Er hatte das Amt eines Riesen und benahm sich darin wie ein Zwerg. Und doch war er nicht dumm. Er hatte Puttos Leiche gefunden und dessen Freunde aufgetrieben und Puttos Mörder dazu gebracht, ein Vermögen für einen Sicario auszugeben. Und nun war er La Luparella und ihrem leopardenhaften Freund auf den Fersen.

Der Giudice war schlau.

Er war wie ein fremder Ton in einer einförmigen Musik.

Sicario begann sich zu fragen, ob sein Auftraggeber die Geduld mit diesem Mann verlieren würde. Und ob er ihn seinetwegen noch einmal in der Kapelle aufsuchen würde.

Der Gedanke gefiel ihm.

XXXVI

Monna Benzoni!«, rief Faustina Capezza erschrocken und ließ die Katze zu Boden fallen. Ihre sauber geschrubbten Hände fuhren über das Hauskleid und den Haarknoten. »Kommt herein. Barmherzige Madonna...« Als Vittoria nicht gehorchte, nahm sie ihr den kleinen Jungen ab, zog sie mit sich und schlug mit dem breiten Gesäß die Tür zu. »Wo ist Eure Kammerfrau? Seid Ihr etwa allein...? Nein, nein, weint nicht mehr. Kommt und setzt Euch. Die Männer! Das Leben wäre erträglich, wenn der Herr Eva allein auf die Erde gesetzt hätte.«

Sie drängte Vittoria in ein Zimmer mit vier schmalen, hohen Fenstern, vor denen Vasen standen. Blaue, grüne, kräftig toskanarote, jede mit Schmetterlingen bemalt, so, wie auch die Tischdecke mit Schmetterlingen bestickt war.

»Setzt Euch, Signora, und als Erstes trinkt ihr einen Schluck gewürzten Wein. Das beruhigt das Gemüt. Was für ein niedliches Kerlchen. Ja, komm, mein Spätzchen, Tante Faustina hat etwas für dich. Verzeiht, ich bin ganz aufgeregt. Bitte weint nicht mehr, Signora.«

Doch Vittoria konnte nicht aufhören, nachdem die Fluten einmal strömten. Der mitleidige Blick, als Signora Capezza die Tür geöffnet hatte, der Schmatz auf Giannis rosige Wange, als das Kind der Frau die Arme entgegenstreckte, der Hoffnungsstrahl, dass etwas gut werden könnte, was zu einer Katastrophe anzuwachsen drohte...

»Ihr dürft es Euch nicht zu Herzen nehmen – was auch immer er sagte«, meinte Faustina, während sie mit einem Krug und zwei Bechern aus einem der hinteren Räume zurückkehrte. »Männer sind wie Vulkane. Sie brechen aus und kommen zur Ruhe.«

»Und hinterlassen verbranntes Land und Asche«, erwiderte Vittoria bitter und nahm einen Schluck, wobei ihr erneut die Tränen kamen.

Faustina beugte sich über den kleinen Gianni, küsste ihn und holte aus einem Fassadenschrank, dem Prunkstück der Wohnstube, eine Holzdose mit runden Makronen, die sie ihm in den Mund fütterte. »Niemand braucht länger zu weinen«, erklärte sie streng. »Nehmt auch von den Makronen, Signora. Essen ist ein Trost. Seht Ihr, ich esse auch, es tröstet mich.« Sie knabberte zum Beweis an dem Gebäck, war aber zu aufgeregt, um zu schlucken.

»Ich konnte Euch nicht finden.«

»Welch Wunder, Ihr wart noch niemals hier. Wusste der Kutscher …«

»Ich bin zu Fuß gekommen.«

»Und Eure Kammerfrau …«

»Nur mit Gianni.«

»So schlimm hat er es also getrieben!«, rief Faustina zornig und hustete, um den Krümel loszuwerden, an dem sie sich verschluckt hatte. »Aber sie meinen es nicht böse. Glaubt mir. Wahrscheinlich hat er es heute Abend schon vergessen. Sie brüllen herum und wissen nicht, was sie in einer zarten Frauenseele …«

»Elena hat Gianni die Haare geschnitten.« Vittoria rutschte vom Stuhl und ließ sich neben dem kleinen Jungen auf dem Boden nieder. Sie nahm ihm das Käppchen ab und zeigte Faustina die handtellergroße, kahle Fläche, an der der Kleine seine schwarzen Locken verloren hatte.

Faustina ächzte. »Hat sie den Verstand verloren?«

»Ja«, sagte Vittoria. Denn genau so war es. Auch wenn sie es kaum über die Lippen brachte. Sie begann erneut zu schluchzen.

»Wer ist Elena? Und dieses Kind? Und warum...«

Es war schwierig zu erklären. Man musste vieles erzählen, um Licht in das Chaos zu bringen. Aber auch einiges weglassen. Niccolò zum Beispiel, der sich in fremden Betten vergnügte und seiner eigenen Frau dabei das Herz brach. Doch Signora Capezza war kein argwöhnischer Mensch.

»Die Schwangerschaft bringt viele durcheinander. Die Freundin meiner Cousine zum Beispiel...« Es gab ein Heer von Frauen, die sich in der Schwangerschaft sonderbar benahmen. Ein Wunder, wie unbeschwert die Kinder dennoch aufwuchsen. »Es gibt sich. Sie braucht nur Zeit. Nach ein paar Wochen ist alles in Ordnung«, meinte Faustina. Aber im selben Moment fiel ihr Blick auf Gianni, sie erinnerte sich, wie groß er bereits war, und ihre Miene verdüsterte sich.

»Elena ist ein lieber Mensch. Großherzig, lustig, voller freundlicher Einfälle. Sie hat zu mir gehalten, seit ich in ihr Haus gezogen bin, und da war ich selbst noch ein Kind und hatte ihre Freundschaft bitter nötig«, erklärte Vittoria. »Ich liebe sie mehr als sonst jemanden, aber ich kann Gianni nicht bei ihr lassen. Mal kümmert sie sich liebevoll um ihn, und im nächsten Moment... tut sie so etwas. Es ist ja nichts wirklich Schlimmes...«

»Doch, das ist es.« Faustina zog den Kleinen an ihren gewaltigen Busen und verwuselte besorgt das geschändete Haar.

»Am liebsten würde ich ihn zu mir nehmen. Aber der Giudice wünscht es nicht.« Vittoria, die eben noch meinte, keinen Bissen hinunterzubringen, begann plötzlich Makronen in sich hineinzustopfen, als würde sie von einer unsichtbaren Macht gezwungen.

»Gut so«, unterstützte Signora Capezza sie.

»Ich könnte ihn zu seiner Amme geben«, nuschelte Vittoria mit vollem Mund. »Aber die Frau ist herzlos. Sie gibt nicht auf ihn Acht. Sie nimmt ihn nicht in die Arme. Sie spricht nicht mit ihm, nicht einmal wenn er weint.«

»So kann ein Kind nicht groß werden«, stellte Signora Capezza voller Grimm gegen das unnatürliche Weib fest.

»Ich brauche eine Pflegestelle für ihn, aber eine, in der man gut für ihn sorgt, und ich weiß wirklich nicht ...«

»Esst«, sagte Signora Capezza und nestelte das Band an Giannis Wams fest. Sie seufzte, ihre Augen schweiften in die Ferne.

»Ich habe keine Freundinnen. Es war immer schwierig, weil Elena sich ... manchmal von einem Augenblick zum anderen sonderbar benahm. Nicht böse, aber es war ...«

»... peinlich.«

»Peinlich. Ja, das war es.«

»Monna Benzoni, verzeiht, ich spreche jetzt einmal gerade heraus, denn im Moment ist keine Zeit für Umstände.«

Vittoria nickte.

»Der Kleine braucht einen Ort, an dem man eine Weile für ihn sorgt, bis diese ...«

»Elena.«

»Bis diese Elena sich wieder um ihn kümmern kann. Und das könnte durchaus hier sein, denn ich habe eine gute Hand für Kinder, und die Zeit habe ich auch und ... nun ja.« Sie kämpfte ihren Drang, das Kind anzulächeln, nieder. »Aber eine Frage bleibt. Weiß der Giudice, dass der Junge bei seinem Notaio leben würde?«

»Nein. Und es wäre auch besser, wenn er es nicht erführe.«

Faustina nickte, erleichtert über die Ehrlichkeit ihres Gastes und zugleich besorgt. »Habt Ihr das Einverständnis der Mutter? Ich meine, nicht dass es nachher heißt ...«

»Oh, Elena war herzensfroh, als ich ihr sagte, Gianni würde eine Zeit lang verreisen. Ich glaube, sie war über sich selbst erschrocken. Und wenn sie es sich anders überlegt, könnte ich ja unverzüglich ...«

»Richtig«, stimmte Signora Capezza zu.

»Würde Euer Mann ...« Bang ließ Vittoria den Rest der Frage offen.

Die Signora sann nach. »Mit Ugo bin ich immer ehrlich gewesen. Und diesmal auch. Fertig. Wenn er gegen den Giudice schweigt, ist es gut. Wenn er das nicht will ...«

»Dann hole ich den Kleinen wieder ab. Oh, ich danke

Euch …« Vittoria kämpfte mit sich, um nicht vor Erleichterung erneut zu weinen.

Signora Capezza klopfte ihr den Rücken, und diesmal konnte sie ihr seliges Lächeln nicht zurückhalten, als sie den kleinen Jungen mit dem verschmierten Gesicht und der unglückseligen Haartracht ansah. »Für immer wird's wohl nicht gehen«, sagte sie.

»Das muss es auch nicht«, erwiderte Vittoria herzlich.

XXXVII

Ihr hättet dabei sein sollen«, sagte Pallantieri, und sein zahnloser Mund verzog sich zu einem so genießerischen Lächeln, dass er an Achille Gaddi erinnerte.»Strata wand sich wie ein Wurm. Er wollte etwas sagen, der Heilige Vater fuhr ihm über den Mund. Er setzte erneut an…« Pallantieri machte eine süffisante Geste, indem er die Handkante über die Lippen zog.»Carafa zog es vor, nicht selbst für seinen Schützling zu sprechen. Stattdessen hat er Carpi, Este und Ranuccio Farnese, den scheinheiligen Fuchs, sich empören lassen. Oh, sie versuchten es. Sie wissen, Seine Heiligkeit ist ihnen etwas schuldig und steht im Ruf der Mäßigkeit. Aber Pius…« Er holte tief Luft.»Giovanni Medici ist ein gütiger Mann, aber er weiß sich zu wehren, wenn er merkt, dass man ihn benutzen will. Es weht ein neuer Wind im Vatikan, Benzoni. Die Gläubiger der Carafa haben sich an den Papst gewandt, und er hat dem Kardinal befohlen, sie unverzüglich zu befriedigen. Der Heilige Vater trifft sich mit Santa Fiora und vertröstet Vargas, das Schwein, das an Carafas Hintern schnüffelt, auf Termine in der Ewigkeit. Warum habt Ihr meine Einladung zum Prozess gegen Antonio Strata ausgeschlagen? Das wäre der Augenblick Eures Triumphs gewesen.«

»Strata hatte Recht, auch wenn er es nicht wusste. Putto ist nicht von Carafa ermordet worden.«

»Wer ist Putto?«

295

Tommaso lächelte schmal. Sie befanden sich in Pallantieris Villa in Trastevere. Neuer Glanz lag auf den Möbeln und den vergoldeten Stuckverzierungen. Die Dienerschaft hatte gewischt und geschrubbt, und das Haus vibrierte vor Eifer, nachdem der Hausherr zurückgekehrt war. Im Nebenraum packte jemand die Bücher und Gesetzestexte Pallantieris in Kisten, zweifellos um sie zur Kanzlei der römischen Anklage zu schaffen, sobald Stratas Habseligkeiten entfernt worden waren.

»Carafa ist für den Mord an einem Kürschner verantwortlich. Er hat ihn durch Tritte so schwer verletzt, dass der Mann an den Folgen gestorben ist. Außerdem hat er einen seiner Diener zu Tode geprügelt.«

»Minuzien. Damit kann man ihn zwicken, aber nicht umbringen. Selbst der Mord an Violante d'Alise reicht dem Papst noch nicht aus, um ein Verfahren gegen die Carafa anzuordnen. Er wartet auf einen Anklagepunkt, mit dem er Carlo sicher vernichten kann.«

»Und was schwebt Euch vor?«

Pallantieri stand auf. Er musste sich auf einen goldenen Gehstock stützen, ein Kunstwerk mit einem Gepardenkopf, als er zum Fenster wanderte. »Staatsverbrechen, Benzoni. Der Mann hat unzählige begangen. Er hat den Bruch mit Spanien verursacht. Durch Lug und Trug, dafür werde ich Beweise finden. Ich warte auf das Ergebnis verschiedener ... Untersuchungen. Wenn ich es habe, werde ich Eure Hilfe benötigen.«

Tommaso wollte abwinken, aber Pallantieri ließ es nicht zu. »Ein paar Tage Eurer Zeit. Ihr seid vertrauenswürdig. Das ist mein Sekretär auch. Aber Ihr wisst, wie die Gesetze zupacken können. Und ...« Er machte eine kurze Pause. »... Ihr seid erfahren genug, um zu begreifen, dass Carafa, sollte er diesen Sturm überleben, Euch bei nächster Gelegenheit zertreten wird. Ihr habt Euch nicht beliebt gemacht, Benzoni. Wir sitzen im Netz derselben Spinne.«

»Es wird regnen«, sagte Tommaso. Sie standen zu dritt vor der Kanzlei. Die Tür war abgeschlossen, die Geschäfte des Tages erledigt. Der Sbirro, der die Gefangenen bewachen musste, hatte seinen Platz oben im Turm bezogen, wo er mit bemerkenswert schöner Stimme vom Samtband seiner Liebsten sang.

Lorenzo reckte den Geierhals und überprüfte geflissentlich die Behauptung seines Giudice, wobei sein steifer Kragen, der bis zum Spitzbart seines Kinns reichte, über dem Adamsapfel spannte. »Regen, jawohl Giudice.«

»Wo kann man hier in Trastevere gut essen?«

»Giudice?« Lorenzo starrte weiterhin zu den schwarzen Wolken, die über dem Tiber drohten und suchte seiner Verwirrung Herr zu werden. »Bei Signora Martia, der Witwe des Buchbinders, der letzten Winter von der Flussschlange gebissen wurde. Sie hat eine Osteria gegenüber dem Ponte Santa Maria gepachtet. Fisch. Vor allem Fisch.«

»Fisch ist Mist«, schnauzte Ugo. »Wer anständig essen will, geht ins *Segno della Sirena*. Die liefern ihr Essen in die ganze Umgebung. Sogar an Margarita Cleopatra.«

»An Cleopatra …«, meinte Lorenzo bedeutungsvoll.

»Und? Dass sie eine Hure ist, heißt nicht, dass sie kein gutes Essen vom Gassenfraß unterscheiden kann.« Ugo zog die Kapuze seines Talars über den Kopf und stopfte schlecht gelaunt die Hände in die Ärmel.

»Wir gehen zur Witwe«, entschied Tommaso.

»Tun wir das?« Ugo schnaubte beleidigt, schloss sich ihnen aber trotzdem an. Wahrscheinlich aus Neugierde, denn es war lange nicht vorgekommen, dass sie gemeinsam gegessen hatten. Genau genommen, dachte Tommaso, haben wir das noch nie getan.

Die Witwe Martia entpuppte sich als magere Person mit einem Blinzeltick am linken Auge. Als Lorenzo seine Begleitung vorstellte, verlor sie die Fassung und floh in die Küche, von wo sie ihnen blauroten Wein schickte.

»Weiber«, knurrte Ugo, als der Zinnbecher vor ihm stand.

»Bitte?« Tommaso hob den Kopf.

»Weiber! Faustina hat ein Kind in Pflege genommen. Es ist mir nicht recht. Es kackt in die Windeln wie ein Elefant. Du steckst ein Apfelstück rein, und es drückt den Monte Cavo raus. Das ganze Haus stinkt.«

»Der Herr liebte die Kinder«, bemerkte Lorenzo boshaft.

»Dem haben sie auch keine Stinkhaufen...« Ugo wurde sich der Häresie bewusst, verschluckte den Rest und starrte dumpf in seinen Wein.

»Mir ist eine Idee gekommen. Wegen Putto«, sagte Tommaso.

»Natürlich!«, schnaubte Ugo.

»Sicher natürlich.«

Der Regen setzte mit einem Wolkenbruch ein. Ein Donnerschlag, dann begann es zu gießen, als hätte jemand die himmlischen Meere angestochen, und plötzlich zuckten Blitze über die Hänge des Gianicolo wie sonst nur im Herbst. Die Witwe stürzte aus der Küche, schloss die Fensterläden und entzündete stinkende, kleine Tranlampen.

»Carafa hat dem Jungen nichts getan. Du brauchst also nicht *jeden* Römer zu überprüfen. Nicht Carafa, und lass mich und dich aus und Lorenzo, der den verluderten Bengel gesetzestreu im Schinderacker versenkt hat. Dann bleibt ja kaum noch jemand.«

Die Wirtin beugte sich über die Schulter des Notaio, um auch das letzte Fenster zu schließen, aber Ugo wehrte sie ab. Missmutig starrte er in das Unwetter, sah zu, wie sich auf der Fensterbank eine Pfütze bildete, und lange Zeit sagte niemand ein Wort.

Das Essen, das die Witwe brachte, war gut. Sauer gesottener Fisch und dazu eingelegte Feigen.

»Du gibst nicht auf, ehe du den Mörder hast«, stellte Ugo müde fest, nachdem er den letzten Klecks Sauce mit einem Brotstück von seinem Teller gewischt hatte. »Was also? La Luparella? Noch einmal eine Belohnung, diesmal für das Herbeischaffen des Weibes?«

»Sie hat Rom verlassen«, erklärte Lorenzo. »In Richtung Neapel. Ich war so frei, mich zu erkundigen.«

Tommaso nickte. »Ich dachte an deinen Cousin.«

Zwei Paar Augen blickten ihn verständnislos an.

»Manfredi. Jeder weiß, dass er wütend auf mich ist. Er wird doch keinen Hehl daraus gemacht haben.«

Lorenzo errötete über seinem goldenen Wams.

»Sicher hat er herumerzählt, wie schlecht er behandelt wurde, und dass die Großen Krieg führen und immer die Kleinen dafür zahlen müssen.«

»Salute! Er ist ein schlauer Junge«, erklärte Ugo verdrossen und kleckerte, als er zum dritten Mal seinen Becher leerte.

Lorenzo schüttelte den Kopf. »Manfredi ist ruhiger geworden. Unser Großvater hat ihm ins Gewissen geredet. Er wagt nicht mehr, den Mund aufzumachen.«

»Aber im Verborgenen gärt es weiter. Und wenn nun zum Beispiel der Bargello, der sowieso kein anständiger Mensch ist, weil er sich auf die falsche Seite stellt, mit ihm einen Streit anfinge …«

»Ich streite nicht.«

»Und ganz Rom redet über Sicario …«

Ugo rülpste. »Du hast den Verstand verloren«, sagte er, plötzlich sehr ruhig geworden.

»Es wäre einleuchtend.«

»Was?« Lorenzo starrte verwirrt von einem zum anderen.

»Sag deinem Cousin, er kann seine Stelle wieder bekommen. Sag ihm, du wirst mit ihm Streit anfangen. Sag ihm, er soll so zornig werden, dass sich niemand wundert, wenn er sich umhört, wie viel Sicario für den Mord an einem Giudice verlangt.«

XXXVIII

Onkel Achille brachte kleine, grüne Marzipanfrösche mit. Das war ein Ritual seit Kindertagen. Im Gegensatz zu Onkel Ottavio, der ständig Pläne über Mitgift, Aussteuer und gut betuchte Heiratskandidaten im Kopf getragen hatte, drückte Onkel Achilles Zuneigung sich in süßen Fröschen aus.

Vittoria küsste ihn zärtlich auf die Wange. Sein Haar war zurückgegangen, die fleischige Nase von Altersflecken übersät. Er sah nervös und müde aus.

»Sie sind klebrig. Leg sie auf den Tisch«, sagte Achille und gab Castro, der devot hinter ihm stehen geblieben war, den dicken, roten Mantel. Der Onkel war sterblich. Vittoria wusste selbst nicht, woher ihr plötzlich dieser Gedanke kam, aber er machte sie zutiefst traurig. Erst ihre Eltern, dann der zerstreute Mann, mit dem Tante Olimpia verheiratet gewesen war und der Blechrosen gesammelt hatte, Bernadino Botta, Onkel Ottavio – die Generation starb, und die Vorstellung, irgendwann mit Elena die Letzte ihrer Familie zu sein, drückte sie nieder.

»Komm, Mädchen, sorg dafür, dass dein Onkel etwas zu trinken bekommt. Rom ist ein Ameisenhaufen. Alles krabbelt und schleppt und rackert sich ab. Das erschöpft mich. Ich ertrinke in ihrem Schweiß und ersticke an ihren Klagen. Heute hatte ich einen Streit über die Schenkel einer Frau zu entscheiden. Schweinshaxe ... ist das eine Beleidigung? Ich habe eine Stunde meiner knapp bemessenen Zeit damit vertun müssen, zu entscheiden, ob es eine Beleidigung ist, die Schenkel einer Frau mit den Haxen einer Sau zu vergleichen. Sie haben mir so ein Ding auf den Tisch geknallt. Einer von den Farnese und die galante Dame des Kardinal del Monte, die eine wahre Hexe ist.«

»Armes Onkelchen«, sagte Vittoria und küsste ihn auf die Stirn.

»Du hättest in Arricia bleiben sollen, Vittoria. Meine schönsten Stunden … Aber wenn man jung ist …« Er ließ sich auf dem breitesten Sessel nieder, schnaufte und begutachtete die Veränderungen, die sie im kleinen Salon vorgenommen hatte. »Du hast ein gutes Gefühl für Farben. Exquisit. Erinnert mich an Parmigianino, Francesco Salviati, die Farben. Blau, Grün und Orange … die Palette der edlen Gesinnung, weiß der Teufel. Es gefällt mir. Dein Giudice sollte seinem Schöpfer danken, dass du ihn von seinem grauenhaften Geschmack erlöst hast. Wo steckt er denn?«

»Er arbeitet«, antwortete Vittoria leichthin und tat, als wäre das trotz der späten Zeit nicht ungewöhnlich.

»Und du?«

»Oh, ich helfe Elena bei ihrem Garten. Es wird schön, Onkel. Wir laden dich ein, wenn alles bepflanzt ist.«

»Ich wusste, dass Olimpia wieder zur Vernunft kommt. Diese verrückte Gans … Verzeihung, die Schweinshaxen stecken mir in den Knochen. Deine Tante hat ein Talent, mich bis zur Weißglut … Was macht Elena, die Kleine?«

»Sie ist wieder ganz sie selbst.«

»Bis Niccolò das nächste Mal auftaucht«, prophezeite Achille düster.

Es klopfte, und Castro brachte ein Tablett mit rosenrotem Wein. Achille trank, aber viel zu hastig, fand Vittoria und hatte einen Moment die beängstigende Vision von einem Onkel – ihrem letzten Onkel –, der sich zu Tode soff und den man morgens vor den Schenken auflesen musste. Aber so war Achille Gaddi nicht. Er hatte den Genuss kultiviert. Er würde in allem Maß halten.

»Wie lange seid ihr aus Arricia zurück?«

»Seit fünf Tagen.«

»Und wann kann ich hoffen, Großonkel zu werden?«
Achille lachte, wurde aber gleich wieder ernst. »Wenn du
eine Mutter hättest, würde ich es nicht ansprechen, Kind, das
kannst du mir glauben. Aber Olimpia hat das Hirn einer Ei-
dechse, und Ottavio, der brave Knochen, hat sich leider davongemacht, und so scheine ich der Einzige zu sein ... Ist er
zärtlich zu dir?«

»Tommaso?« Nachdenken. Erst nachdenken. Was durfte
man sagen, ohne eine Flut von Fragen auszulösen? Nichts,
dachte Vittoria hoffnungslos. »Tommaso ist zuvorkommend.«

Der Onkel starrte sie an und schüttelte den Kopf.

»Er ist zuvorkommend, aber wir müssen noch etwas vertraut werden.«

»Hat er über Niccolò gesprochen?«

Jetzt war es Vittoria, die starrte.

»Ich habe Augen im Kopf. Dieser verfluchte Kerl ist um
dich rumgeschlichen wie Lancelot um Guinevere. Und – was
soll ich sagen. Er ist hübsch ... galant ... kann sich schlagfer-
tig ausdrücken ...«

»Er benimmt sich gemein gegenüber Elena.«

»Selbst der heilige Hieronymus könnte mit Elena die Geduld verlieren. *Das* jedenfalls kann ich dem Jungen nicht
verdenken. Leider hat Tante Olimpia nichts davon wissen
wollen, in ihrem Haus Gesellschaften zu geben, damit ihr
Mädchen Menschen kennen lernt, um zwischen Gold und
Flitter zu unterscheiden. Also mache ich euch auch keinen
Vorwurf ...«

»Onkel!«

»Ich will nur wissen, ist diesem Benzoni in der ersten
Nacht ... nun, hatte er Grund, sich darüber aufzuregen ...«

»Worüber?«

»Ach, zur Hölle!« Achille knallte sein Glas auf das Tischchen, beugte sich vor, so weit sein fetter Bauch es zuließ, und
starrte trübsinnig zu Boden. »Wenn dein Mann dir Vorwürfe

macht – dann sag es mir. Du brauchst nicht durchs Fegefeuer zu gehen wegen einer Dummheit, von der ich denke, dass deine Tante dich davor hätte behüten müssen. Du kannst woanders leben. Egal, was Benzoni sagt. Du hast eine Familie, und ich bin nicht ohne Einfluss. Ich halte nichts von lebenslanger ...«

Es klopfte, und Castros eilige Schritte wurden im Treppenhaus hörbar.

»Von lebenslanger Buße«, brachte Achille den Satz zu Ende. Er schwitzte und hatte einen hochroten Kopf, aus dem die Nase wie ein weißer Felsvorsprung ragte.

Tommasos Stimme wurde laut. Der Giudice fragte etwas, vermutlich nach dem Besitzer der Kutsche vor dem Haus. Castro antwortete.

»Wir sind eine Familie. Für mich hat das Bedeutung. Ich lasse dich nicht im Stich«, flüsterte Achille. »Ich trete Niccolò in den Hintern, dass er bis nach Catania fliegt – aber dich lasse ich nicht im Stich.«

Man konnte sich ihm anvertrauen. Die Versuchung war heftig. Vittoria klapperte vor Aufregung mit den Zähnen. »Niccolò ...«

»Und auch diesen Benzoni trete ich in den Hintern, falls es sein muss.«

Zu spät. Der Genannte kam bereits die Treppe herauf. Vittoria hörte seine leise, beherrschte Stimme, mit der er Castro Anweisungen gab. Er trat ins Zimmer, und einen Moment lang hoffte sie töricht, ihn lächeln zu sehen. Aber er nickte nur Achille kurz zu.

»Kommt, Tommaso.« Der Onkel deutete auf den Sessel, aus dem Vittoria sich gerade erhoben hatte. Seine Stimme hatte sich geändert, war ölig geworden, und Vittoria sah mit Unbehagen, dass Tommaso sich daran störte. »Ich gratuliere. Im Bienenstöckchen summt's. Halleluja aus allen Waben. Strata hatte keine Freunde, nur Speichellecker. Und Speichel gibt's in Rom im Überfluss. Ich muss gestehen, ich hatte Euch unterschätzt.«

Er plauderte und tat, als sähe er nicht, dass Tommaso sich

wie eine Schnecke in die Schale verkroch. Vittoria holte ein weiteres Glas aus der Kredenz.

»Nein, ich habe zu tun«, wehrte ihr Mann ab. »Geht es Euch gut, Achille?«

»Die kapriziöse Weiblichkeit.« Der Onkel lachte. »Elena malt Bilder in Öl. Niccolò als Gott des Meeres in wehenden Schleiern, aber an der rechten Stelle hart wie eine Kokosnuss. Tut mir Leid, Vittoria, vor einer Dame redet man nicht so. Aber wenn du täglich Olimpias *ich ertrag's nicht mehr, ich ertrag's nicht mehr* hören müsstest ... Manchmal könnte ich den beiden an die Gurgel ...« Er trank, um sich selbst am Weitersprechen zu hindern. Dann zwinkerte er. »Nichts Ernstes. Familie eben. Ihr habt Glück, Junge, Ihr habt die Herzdame gezogen. Trinken wir darauf.«

Tommasos Schweigen war eisig. »Wie gesagt, ich habe zu tun.« Die Tür knallte, als er hinausging.

Gaddi räusperte sich und wischte sich verlegen über den Mundwinkel, aus dem ein Tropfen des mit Spucke vermischten roten Weins lief. »Ich hab's nicht besser gemacht, was?«

»Es wird schon werden«, sagte Vittoria trübe.

XXXIX

Der Maestro di Casa des Schlosses von Gallese war ein unglücklich aussehender Mann mit krummen, runden Schultern und einer unglaublichen Körperbehaarung. Das Haar wuchs aus dem Kragen übergangslos in den Backenbart, und auf seinen Handrücken und -gelenken kräuselte es sich schwarz.

»Jawohl, Giudice. Ich kenne das Siegel. Ich bin aber nicht sicher ... Der Herzog ...«

»... befindet sich in Rom, das weiß ich.« Tommaso kam nicht allein. Pallantieri hatte ihm zwei Dutzend Soldaten beigegeben, denen Widerstand weder fremd noch unangenehm war, sie grinsten anzüglich.

»Ist der Herzog ...«

Nein, der Herzog von Paliano war nicht informiert über diese Attacke auf die persönlichen Papiere seines Bruders, des Kardinal Carafa. »Ich bin hier auf Anweisung des Heiligen Vaters und des Governatore und des Römischen Anklägers. Zeigt mir die Zimmer, die Kardinal Carlo Carafa während seines Aufenthalts hier bewohnt.«

Der Maestro di Casa zögerte. Sein Herr war ein jähzorniger, gewalttätiger Mann. Er sah den Hauptmann der Soldaten an, einen bulligen Recken, unter dessen Stirnhaut sich etwas wölbte, als wäre der Schädelknochen gebrochen gewesen und schief wieder zusammengewachsen. Der Soldat trommelte mit den Fingerspitzen gegen den

Griff des Schwertes – und der Hüter des Hauses beugte sich.

Tommaso betrat die Eingangshalle und fühlte sich sofort vom Prunk des Hauses bedrückt. Wenn es stimmte, was Pallantieri gesagt hatte, lebte der Herzog auf Pump, und er schien reichlich zu pumpen. Das Auge wurde geblendet vom Gold der Wandverzierungen, der Leuchter und Schalen und Tischchen, in denen sich die Mittagssonne spiegelte. Pallantieris Leute rückten unwillkürlich zusammen.

»Welche Räume bewohnte der Kardinal?«

Der neue Ankläger hatte Tommaso zugesichert, dass der Herzog, dass die ganze Familie Carafa sich innerhalb der nächsten Woche nicht aus Rom fortbewegen würde. Sieben Tage Zeit sollten reichen, um Carlos Papiere durchzusehen, die er vorsorglich aus seiner Wohnung im Belvedere entfernt hatte und die nach Pallantieris Informationen nach Gallese in Sicherheit gebracht worden waren.

Der Hauptmann murmelte einen Befehl, worauf sich einer der Soldaten ostentativ an die Seite des Maestro di Casa begab, er selbst begann mit dem Rest seiner Männer das Schloss zu durchsuchen. Alles geschah schnell und rücksichtslos. Pallantieri konnte sich keinen Misserfolg leisten.

»Bitte, hier.« Der Maestro di Casa öffnete die Tür zu einer abgeschlossenen Wohnung im linken Flügel des Schlosses, die aus einem Schlafgemach mit Prunkbett, einem großzügigen Salon und mehreren kleineren Zimmern bestand, eines davon ein Arbeitszimmer. Tommaso öffnete verschiedene Truhen und Schränke und wusste, dass eine Menge Arbeit auf ihn zukam. Ohne viel Begeisterung machte er sich ans Werk.

»Hier ist es geschehen?«, fragte er einen Tag später. Er kannte inzwischen den Namen des behaarten Maestro. Taddeo hatte bereits die Stellung des Majordomus im Haus der Madonna Ersilis del Monte innegehabt und war zutiefst unglücklich.

»Ja, Giudice. Sie sah mich an, mit ihren Augen, deren Sanftheit die Heiligen beschämte, die Hand auf dem Leib, in dem das Kind des Herzogs sich bereits regte, und war so bleich wie der Tod. Sie flehte um Erbarmen, aber als sie sah, dass Herzen aus Stein sie umgaben, fasste sie sich. Sie starb wie eine Märtyrerin.«

Taddeo hatte das Zimmer der ermordeten Herzogin mit einem Schlüssel aus seinem riesigen, klirrenden Bund öffnen müssen, und es roch darin, als hätte man es seit Monaten, seit dem Tod der Herzogin, nicht mehr betreten. Dichter Staub lag auf dem Tisch, auf den ein Strahl des Sonnenlichts fiel, der sich durch die Vorhänge gestohlen hatte.

»Sie war ein Engel, Giudice.«

»Was Giovanni Carafa aber wohl anders …«

»Es hat ihn fast umgebracht. Signor Giovanni hat ein raues Herz, und es ist der Sitz einer rauen Seele. Aber er hat sie doch geliebt. Seit ihrem Tod ist er nicht mehr er selbst geworden.«

Und der Maestro di Casa wohl auch nicht. Redselig wie ein Schiffbrüchiger, der nach Jahren der Einsamkeit zum ersten Mal wieder unter Menschen kommt, sprach er unablässig von seiner ermordeten Herrin. Violante d'Alise war geistvoll gewesen, schön wie die Madonna Albertinellis und ebenso tugendhaft. Sie hatte den Haushalt mit Umsicht geführt und zärtlich für ihre Kinder gesorgt.

»… so zärtlich, dass man merkte, sie hätte sich das Herz herausreißen lassen für ihr Wohl. Die Kinder waren es, um die sie in ihrer letzten Stunde …« Er tupfte sich die Augen. »Signore, ich glaube, dass einige Dokumente nicht hier, sondern in einem verborgenen Fach in der Bibliothek aufbewahrt wurden.«

Tommaso ruckte mit dem Kopf und sah von dem Schrank auf, vor dessen unterster Tür er gerade kniete. Blanker Hass blitzte ihm unter den buschigen Augenbrauen entgegen. »Sie war gütig, und sie war unschuldig, Giudice.«

Er führte Tommaso in die Bibliothek, entnahm einem persischen Schränkchen einige Bücher und öffnete eine Klappe, die ein schmales Fach in der Rückwand des Möbels freigab. Er zog eine schwarze Kladde heraus, die er dem Giudice mit einem schmalen Lächeln reichte.

Tommaso setzte sich ans Fenster. Es brauchte nicht viel Zeit, um die Papiere zu studieren. Als er aufsah, wurde ihm klar, dass auch Taddeo sich mit dem Inhalt befasst haben musste.

»Der Giftanschlag auf den Papst, Signore.«

Tommaso nickte.

»Erfunden. Der Kaiser hatte damit nichts zu tun. Carafa hat das Gerücht ersonnen, um den Heiligen Vater gegen Spanien aufzubringen.«

»Es scheint so zu sein.«

»Es scheint nicht nur.« Taddeo nahm ihm die Briefe und Geldanweisungen aus den Händen und blätterte kurzsichtig darin herum. »Hier…« Er suchte. »Seht, das ist eine Abschrift, nein, ein Entwurf jenes Briefes, der gefunden wurde und den Verdacht erweckte, dass der Kaiser…«

Tommaso nahm ihm die Papiere wieder ab. »Ich muss darüber nachdenken.«

»Es ist eindeutig.«

»Ein kluger Anwalt – und der Kardinal wird sich die Besten nehmen – würde einige Fragen aufwerfen. Zum Beispiel, wieso der Maestro di Casa des Schlosses Gallese wusste, wo sich die hoch geheimen Papiere befanden. Und warum er sie so bereitwillig auslieferte.«

Unter dem krausen, schwarzen Bartwuchs färbte sich Taddeos Gesicht dunkel. »Aber nicht ich, sondern Ihr…«

»Ich habe die Papiere gefunden, weil Ihr sie mir gezeigt habt.«

»Das braucht doch niemand zu wissen.« Plötzlich zuckte Taddeo mit den runden Schultern und lief hinaus.

Tommaso begann zu lesen und grübelte, bis es dunkel wurde.

Zwei Tage vermied es der Maestro di Casa, dem Giudice zu begegnen. Am dritten Abend trat er zu ihm auf die Terrasse, wo Tommaso mit müden Augen saß. Der Kardinal hatte eine umfangreiche Korrespondenz geführt. Vieles von delikatem Inhalt hatte er selbst geschrieben, und seine Schrift war klein und schlecht zu lesen.

»Der Kardinal hat seinem Bruder nicht getraut«, sagte Taddeo ohne Einleitung. Er legte den Finger auf den Mund und hüstelte, denn ein Diener brachte Brot und Käse, worum Tommaso gebeten hatte. »Giovanni hat Carlo gehasst, schon immer, aber als der Heilige Vater seine Wohnung im Belvedere an Carlo gegeben hat, als sie Rivalen wurden ...« Taddeo nickte düster. »Violantes Tod sitzt wie ein Stachel in Giovannis Fleisch, der ihm unerträgliche Schmerzen bereitet. Er würde seinen Bruder eigenhändig umbringen – wenn er nicht so sehr um seinen eigenen Hals fürchtete.«

»Ihr beobachtet viel.«

»Ein Maestro di Casa gleicht einem Möbelstück, vor dem man keine Geheimnisse zu haben braucht. Verschwiegenheit ist seine vornehmste Eigenschaft«, sagte der Mann förmlich.

»Außer in diesem Fall.«

»Ihr habt sie nicht sterben sehen. Der Herzog von d'Alise, ihr eigener Bruder, hat sie erdrosselt. Ebenfalls auf Carlos Hetze hin. Seine Hände zitterten, und zeitweise verließ ihn die Kraft. Er schluchzte und stammelte von der Familienehre. Es war ein grauenvolles Sterben.«

»Eine Frau sollte ihren Mann nicht betrügen.«

»Das hat sie nicht getan.«

Sie schwiegen, während eine Amsel ihr Lied von einem der zart ergrünenden Bäume im Garten sang. »Da Ihr Eure Ohren überall habt, Taddeo – habt Ihr von Carlos Mord an seinem Diener gehört? Es soll dabei um den Diebstahl eines Messers gegangen sein. Allerdings in Rom.«

»Nein.«

»Der Kardinal hat den Mann verprügelt, so dass dieser später im Ospedale gestorben ist.«

»Doch. Il Pesce – das ist der Koch des Kardinals, wir nennen ihn so –, il Pesce hat davon erzählt. Niemals, sagt er, hätte der Mann gestohlen. Er war ein Zitteraal, er starb vor Furcht, sooft der Kardinal nach ihm rief. Er hätte es nie gewagt, ein Besitztum des Kardinals auch nur zu berühren. Und dürfte ein Mann wegen eines Messers totgeprügelt werden?«

Tommaso schüttelte den Kopf.

»Der Kardinal hat sich ein zweites Messer machen lassen, das aussah wie das erste. Ich war dabei, als Maestro Testa, sein Waffenschmied, es ihm brachte. Ich hielt den Leuchter, und Carlos Diener knöpfte die Albe, denn es war unmittelbar vor der Messe. Mariä Reinigung, Signore, und in der Kapelle brannten schon die schwarzen Kerzen. Aber der Kardinal konnte sich von dem blitzenden Stahl nicht losreißen. Er liebkoste sein Messer und küsste es, als wäre es das Kreuz des Herrn, während man in der Kapelle auf ihn wartete. So weit sein frommes ...« Taddeo fuhr sich mit der Hand über den Mund, der wie ein kleines rotes Loch in seinem schwarzen Bart saß.

Tommaso schwieg irritiert. Er überlegte, was ihn an Taddeos Worten störte. Er hatte etwas gesagt ...

»Ihr hättet die Qual der Herzogin sehen sollen. In ihren Augen, die braun und sanft waren wie die eines Fohlens, platzten die Äderchen, bis sie rot von Blut schimmerten.«

»Vielleicht wird ihn das den Hals kosten.«

Taddeo schüttelte mutlos den Kopf. »Man hat sie bereits vergessen. Aber, Signore ...«

Fragend blickte Tommaso ihn an.

»Ist es nicht seltsam, wenn ein Kirchenmann sich mit einem Heiden trifft?«

»Mit einem ...«

»Muselman. Er trug keinen Turban, aber ich habe ihn sich auf die Erde werfen sehen und ihn fremdländische Worte murmeln hören. Nicht die heilige Sprache der Bibel, sondern ein verdächtiges Kauderwelsch. Er bewohnte zwei Tage ein Kämmerchen hinter den Räumen des Kardinals, das früher als Waschraum diente. Niemand durfte ihn zu Gesicht bekommen, und ich selbst sah ihn nur, weil mich die Worte misstrauisch machten, die ich hörte, als ich die Laken im Zimmer des Kardinals prüfte. Ich habe die Tür einen Spalt weit geöffnet.«

Tommaso hob die Achseln. Er war beunruhigt, aber nicht über die Sache mit dem Muselman. Taddeo hatte etwas gesagt, was sein Richterherz alarmierte. Ein Widerspruch? Eine Lüge? »Ohne schriftliche Beweise oder einen Zeugen, der mehr als einen murmelnden Gast gesehen hat, ist dieser Besuch wie nicht geschehen«, sagte er und ärgerte sich, dass sein Gehirn die Information, die Quelle seiner Irritation, nicht preisgeben wollte.

»Der Kardinal hat zwei Kisten fortschleppen lassen, kurz nach Pauls Tod. Er ist aus Civita Lavinia, wohin man ihn verbannt hatte, direkt hierher gekommen und hat die Kisten in eine Kutsche verladen lassen, mit der er nach Neapel fuhr. Ich weiß, dass Neapel sein Ziel war. Der Kutscher hat es mir gesagt, als ich wegen des Proviants nachfragte. Er ist Neapolitaner. Seine Familie hat dort umfangreiche Besitzungen.«

Tommaso gab es auf. »Wie sahen die Kisten aus?«

»Schweres Eichenholz. Schwarze Beschläge aus Eisen. Eine hatte ein neues Schloss und Griffe in Form von Hundeköpfen.«

Gut, dann muss ich nach Neapel, dachte Tommaso, als er wenig später zu Bett ging. Er fragte sich, ob Manfredi mit seiner Suche nach Sicario Erfolg gehabt haben mochte. Und er dachte an Vittoria. Wenn er seine eigene Frau mit einem fremden Mann im Bett erwischte … Sein Magen schmerzte, als er sich Vittorias zarten, nackten Körper in den Armen des verdammenswerten Niccolò vorstellte. Sie war mit ihm verheiratet, er hatte ein Recht auf sie. Und doch, gab er zu, hatte er auch wieder kein Recht auf sie. Eine Venus in den Fängen eines mittelmäßigen römischen Beamten mit hässlicher Nase.

Zu schön, dachte er und starrte verzweifelt die Wand an. Er würde sich auf Neapel konzentrieren. Jede Tätigkeit war willkommen, die ihn hinderte, sich mit Vittorias Verirrungen abzugeben.

Am nächsten Morgen rief er den Hauptmann zu sich und ließ ihm mitteilen, dass sie aufbrechen würden. Er sandte einen Boten zu Pallantieri und bat ihn, die Familie Carafa weiter in Rom festzuhalten und außerdem die entsprechenden Erlaubnisschreiben zu senden. Gerade als er abreisen wollte, preschte ein Reiter den Hügel hinauf. Er brachte einen Brief von Vittoria.

Tommaso ärgerte sich, als er merkte, wie ungeschickt er das Siegel erbrach. Er überflog die Zeilen. Sein Blick blieb an den letzten Sätzen hängen.

»… muss ich mitteilen, dass Cousine Elenas Ehemann leider zu Tode gekommen ist. Wie man uns mitteilte, hatte er das Haus eines Freundes verlassen, um jemanden zu besuchen, und wenig später wurde seine grausam zugerichtete Leiche am Ufer eines Bachs vor den Toren Sienas gefunden. Es scheint, dass er einem Raubmord zum Opfer fiel. Ich werde die nächsten Tage bei Elena verbringen und einen Weg suchen, ihr das Unglück zu offenbaren, ohne sie allzu sehr aufzuregen.«

»Giudice?«, fragte der Offizier, der bereits zu Pferde saß.

Tommaso starrte auf das Papier. Dann sagte er: »Ihr werdet allein nach Neapel aufbrechen. Durchsucht die Räume. Sucht nach zwei Eichenkisten. Und beschlagnahmt alles, was auf Papier oder Pergament geschrieben steht.«

XXXX

Sicario hörte den Mann kommen. Zwei Tage zuvor hatte ein Sturm über dem Eingang der Kapelle einen weiteren Teil des Dachs abgedeckt, und das Gebälk war auf den Boden gestürzt. Der Mann musste sich bücken und über Hindernisse steigen, er konnte nicht verhindern, dass er Lärm machte. Als er in den rückwärtigen Teil der Kapelle gelangte, die trotz der Unwetterschäden noch immer im Dunkeln lag, blieb er stehen. Er sah sich um. Ein ungeschlachter Schädel auf einem plumpen Körper, ein Hohn für die geschmeidigen Katzen, die vor ihm flohen.

»Ist wer hier?«

Sicario beobachtete, wie sich der Mann mit der Zunge über die Lippen fuhr und sich zur Apsis des zerstörten Gotteshauses vortastete. Eine Fledermaus segelte haarscharf über seinen Kopf. Der Mann zuckte, als hätte man ihn geschlagen. Er hatte den Menschen, dessentwegen er gekommen war, immer noch nicht entdeckt.

Es war seltsam. Sie hatten noch kein Wort miteinander gesprochen, und doch wusste Sicario bereits, dass der Mann hochfahrend, eingebildet und dumm war. Mit schäbigen, kleinen Gedanken, die er lautstark äußern würde, um ihnen die Bedeutung zu verleihen, die sie nicht hatten. Der andere dagegen wusste – nichts.

Wie Sicario es vorausgesehen hatte, fuhr er entsetzt zusammen, als vor seinen blinden Augen plötzlich Sicarios

Körper Gestalt annahm. Ein Dämon. Ja, wahrscheinlich würde er Sicario einen Dämon nennen, wenn er in die Stadt zurückkehrte.

»Ah!« Ein dümmliches Lachen, das die Aufregung verbergen sollte. Der Mann räusperte sich, blickte rasch über die Schulter und setzte sich. »War nicht einfach, dich zu finden, Freund.«

Er wartete, und Sicario spürte, wie sein Hund, der in den Trümmern des hölzernen Chorgestühls kauerte und an einem Affenbein kaute, wild wurde, weil er Angstschweiß zu riechen begann. Der Mann merkte nichts davon.

»Der Giudice della Ripa«, flüsterte er heiser. »Das ist dein Auftrag. Ich zahle gut.«

»Bist du allein?«

Ein Zögern, ein Kichern. »Natürlich.« Stille. Wieder das verstohlene Räuspern. Er hatte gelogen. Sicario begann aus den Augenwinkeln die Fenster zu mustern. Vielleicht zitterte der Hund doch nicht wegen des Mannes. Ein Glück, dass er ihn mitgenommen hatte, dieses eine Mal.

»Ich bin allein«, flüsterte der Mann. »Aber so war es nicht geplant. Eigentlich sollte dies hier eine Falle sein.«

Sicario schwieg – die alte, die unfehlbare Waffe. Er sah, wie der Mann unter dem Mantel, den er gegen die frühmorgendliche Kälte trug, die Hände ballte und seine Furcht niederkämpfte.

»Der Giudice hat mich aus dem Dienst gejagt. Weil ich eine Zeichnung ... wie auch immer. Jetzt hat er mich zurückgeholt. Ich sollte dich treffen – und dich dann ausliefern. Sie wollten draußen stehen, wenn ich mit dir rede. Aber ich habe meine Ehre. Ich bin kein Spitzel.« Der Mann holte Luft. »Ich hasse den Giudice. Er hat mein Leben zerstört.«

»Und deshalb soll er sterben.«

»Ja, und ich will, dass er dabei leidet. Sieh her. Ich zahle dir zwanzig Scudi. Das ist eine Menge Geld«, erklärte er dümmlich. Ein Beutel plumpste mit einem dumpfen Klack zwischen sie. »Er ist in Gallese, aber sobald er nach Rom zurückkehrt, muss es erledigt werden.« Die Tatsache, Geld gegeben zu haben, machte den Mann mutiger. »Lass ihn langsam sterben. Und sag ihm, dass es wegen mir ist. Wegen Manfredi. Ich bin keiner, der eine Beleidigung vergisst. Und ich will, dass er daran denkt, wenn er stirbt. Klar?«

Oh ja, Sicario verstand sehr gut.

»Und jetzt muss ich los.« Wie ein Dienstbote wartete der Mann auf Sicarios Erlaubnis, sich zu entfernen, es war ihm peinlich, als er es bemerkte. Linkisch stand er auf. »Also …« Er hob die Hand.

Sicario blieb sitzen und wartete, während er auf die Schritte horchte, die sich entfernten. Er dachte nach. Es gab drei Möglichkeiten. Die eine war, dass der Mann ihn angelogen hatte und dort draußen doch die Ripasbirri warteten, aber das glaubte er nicht. Die nächste …

Sicario hatte keine Eile. Er rief sich das Gesicht des Giudice ins Gedächtnis, des Mannes, der die Jagd auf ihn eröffnet hatte. Es schmeichelte und gefiel ihm, dass der Giudice seinem wunderbaren Talent Aufmerksamkeit schenkte. Wenn der plumpe Idiot getan hätte, was er sollte, wenn die Kapelle jetzt von Sbirri umzingelt wäre …

Sicario wiegte den Kopf.

Das Spiel wurde packender.

Die nächste Möglichkeit war, dass sein Kunde die Wahrheit gesagt hatte. Dann würde er den Auftrag ausführen und fertig. Die dritte Möglichkeit …

Lautlos wie der Staub, der im Sonnenlicht vor den Fenstern schwebte, erhob sich Sicario und glitt über den Boden. Er benutzte einen geheimen Ausgang hinten in der Sakristei, den er selbst angelegt hatte.

Der Spitzel stand sprungbereit hinter dem breiten Bogenrest, der vom Eingangsportal übrig geblieben war. Er kehrte Sicario den Rücken zu. Sicario sah seine erhobene Faust, die den Griff eines gewaltigen Messers umklammerte, und er musste ein Lachen unterdrücken.

Lautlos, mit nackten Füßen, die das taufeuchte Gras zerteilten, ohne ein Rascheln zu erzeugen, schlich er sich an den Ahnungslosen heran. Er streifte im Gehen den Handschuh über. Ein Gefühl tiefsten Behagens packte ihn, als er den Mann mit einem Ruck an die Brust zerrte und ihm das Messer auf den Adamsapfel setzte.

»Der Beutel«, sagte er leise. »Ich weiß, wie sich das Geräusch von Münzen anhört, die auf Fliesen fallen. Du hättest Geld in den Beutel tun sollen.«

Die Furcht des erstarrten Jämmerlings in seinen Armen ging auf ihn über und erfüllte ihn mit köstlichsten Wonnen, die ihn erbeben ließen. Der Mann urinierte vor Angst, er benetzte Sicarios Fuß und löste damit einen neuen erregten Schauer aus. Sicario zog sacht die Klinge über seine Kehle. Er dachte an den Giudice. Es reichte nicht, den Boten einfach zu töten. Er wollte ein Fanal setzen. Ein Feuerwerk entzünden, das dem Giudice zeigte, wie ausgefallen und vollendet die Erfindungsgabe seines Gegenspielers war.

Sicario pfiff nach dem Hund.

XXXXI

Tommaso erreichte Civita Castellana gegen Mittag, es war ein trüber, verregneter Sonntag, an dem die Leute geduckt unter ihren Mänteln aus der Kirche in die nahen Häuser oder Schenken liefen.

Niccolò Contera hauste in einem heruntergekommenen Wohnturm ganz in der Nähe der Festung Rocca. Der Turm – sicher schon mehrere Jahrhunderte alt und von martialischer Hässlichkeit – war nach hinten durch ein eingeschossiges Wohngebäude mit wenigen scheibenlosen Fensteröffnungen ergänzt worden. Die Ziegel auf dem Turmdach hingen krumm in den Sparren, Krähen flogen im oberen Geschoss ein und aus, und die Stufen der Eingangstür waren so abgetreten, dass das Regenwasser in Kaskaden hinunterfloss. Der Zustand des Gebäudes erklärte, warum Niccolò sich mit einer Frau wie Elena belastet hatte.

Diese an sich belanglose Tatsache, dass Niccolò nämlich arm war, nagte zusätzlich an Tommasos Selbstbewusstsein. Aber, gestand er sich ein, es hätte nichts geändert, wenn er vermögend gewesen wäre. Vittoria ließ sich nicht mit Geld ködern. Auf Tommasos Tisch im Studiolo waren weder Schneider- noch Gürtlerrechnungen aufgetaucht, kein Goldschmied hatte Forderungen gestellt, kein Salbenhersteller abgerechnet. Vittoria musste Niccolò um anderer Vorzüge willen lieben, und welcher Art sie waren ... Zumindest glichen sie nicht den seinen, die in Vittorias Augen offenbar nichts taugten. Aber sie mussten überwältigend sein, da sie seine Frau zu einer derart dreisten Lüge verleiteten. Niccolò tot!

Niedergeschlagen und erbittert zugleich näherte Tommaso sich der Treppe. Er war im Begriff, sich lächerlich zu machen. Strata wäre beim ersten Verdacht, dass man ihm Hörner aufsetzte, losgestürmt und hätte die Tür eingetreten und nach dem verfluchten Hurenbock gebrüllt, der seine Frau geschändet hatte – das war in Ordnung. Aber eine Eifersucht, die zögerte und ständig in Melancholie umzuschlagen drohte, machte sich selbst zum Gespött.

Tommaso pochte. Als er das Trappeln von Schritten auf einer Treppe hörte, wurde ihm noch deutlicher bewusst, wie wenig er als tobender Ehemann zu bieten hatte.

Ich bringe ihn um, dachte er und fühlte gleichzeitig, wie Justitia, die würdevolle Richterin über seine Wünsche, lächelte. Giudice Benzoni brachte niemanden um. Sein Herz war wie ein Abakus, der das Gute vom Bösen subtrahierte und aus der Differenz die Anzahl der Schläge für den Delinquenten errechnete. Er war stark genug, Urteile zu unterzeichnen, aber nicht, sie zu vollstrecken.

Ich bringe ihn um, dachte Tommaso.

Die Tür öffnete sich. Der Mann, der sich zeigte, war fett, mit einem schwammigen Gesicht, in dem das Kinn verschwand und schlaffe rote Lippen glänzten. Ein Krümel saß in seinem Mundwinkel, nach dem er mit der rosigen Zunge angelte, während er Tommaso anstarrte. Nicht der Herr – ein Diener.

»Sag Signor Contera, Giudice Benzoni ist hier.«

»Was, bitte, äh?« Der Krümel fiel auf die Schulter des ausgeblichenen roten Wamses. Die Dienerschaft des Signore entsprach seiner Behausung.

Tommaso schob den Mann beiseite und betrat einen quadratischen Raum, in dessen Ecke sich eine Wendeltreppe befand. Neben der Treppe konnte er durch einen Türspalt in den Anbau des Wohnturms blicken. Auf einem Tischchen mit einer Steinplatte stand eine Vase. Im Herbst, dachte er, müssen Blumen darin gestanden haben. Salbei, Nelken, Blüten in den Farben, die Vittoria liebte.

»Ist er oben?«

»Signore …« Der Diener kämpfte mit seiner Hochachtung vor der schwarzen Gelehrtentracht. »Wartet. Ihr … Ihr könnt dort nicht einfach hinaufgehen.«

Tommaso nahm mehrere Stufen auf einmal. Im ersten Stock des Turms lag eine Art Empfangszimmer. Die Möbel waren durch Wurmfraß gesprenkelt und durch die Feuchtigkeit, die durch die glaslosen Fenster zog, aufgequollen und angeschimmelt. In den Ecken des hohen Raums hingen Spinnweben, Staubflusen wehten sacht im Luftzug. Auf dem Sims des schmalen Fensters stand ein benutztes Glas. Zwei Kakerlaken waren darin verhungert, und Scharen ihrer Artgenossen huschten über die Wände.

Im zweiten Geschoss entdeckte er das Schlafzimmer.

»Signore! Signore, bitte Signore …« Eine Frau mit der Stimme eines Hänflings näherte sich über die Treppe.

Das Schlafzimmer war ein sauberer Raum. Die Laken und Federdecken sahen frisch aus und waren ordentlich aufgeschlagen. Auch hier standen in der Wandnische Blumenvasen, eine davon blau mit aufgesetzten mattweißen Einhörnern. Identisch mit der Vase, die die Kredenz im kleinen Saal seines Hauses in Rom schmückte. Identisch bis auf das letzte Einhorn. Tommaso nahm sie und warf sie gegen die Wand.

»Signore!«, schrie die Frau bestürzt. Der Mann, der sich hinter ihrer schmalen Gestalt zu verstecken suchte, zog den Kopf ein.

»Wir müssen Euch um eine Erklärung bitten, Signore«, sagte die Frau. Sie war einmal hübsch gewesen, doch jetzt spannte sich die vertrocknete Haut dünn über den Wangenknochen und ließ erahnen, wie sie auf dem Totenbett aussehen würde.

»Wo ist Niccolò Contera?«

»Fort, Signore!« Misstrauisch wich die Frau zurück, als er sich bewegte.

Das Bett war von zwei Personen benutzt worden. Es gab

zwei Kopfkissen, beide aus Seide, zwei mit Seide überzogene Federdecken. Seidene Laken, Bommel aus Seide über seidenen Vorhängen. Ein Bett, ausgerechnet ein Bett, war der einzige Luxus in diesem verhassten Turm. Justitia hatte aufgehört zu lächeln und griff zur Feder.

Tommaso stieg ins nächste Geschoss. Er riss Schränke auf, er warf einen Tisch um, der ihm im Weg stand. Ein Steckenpferd mit einem weiß bemalten Holzkopf fiel zu Boden. In einem blinden Wandspiegel sah er sein Gesicht, weiß unter dem schwarzen Haar. Die vertrocknete Frau war ihm gefolgt.

»Wie oft war Vittoria Benzoni hier?«

»Nie«, flüsterte sie.

Holz krachte und splitterte, als Tommaso das Steckenpferd zertrat.

»Nicht oft, Signore. Bitte. Sicherlich kann die Dame sich erklären. Was wollt Ihr …«

Es gab noch ein letztes Stockwerk. Ein muffiger, fensterloser Raum voller Gerümpel, in dem Falter aufflatterten, als Tommaso die Tür aufstieß. Den Boden bedeckte eine Staubschicht, die seit Jahren kein Fuß mehr berührt hatte. Tommaso knallte die Tür ins Schloss zurück.

Die Frau war geflohen, der fette Mann ebenso. Als er wieder ins Schlafzimmer kam, ließ er sich auf das verhasste Bett fallen. Justitia blickte mit hochgezogenen Brauen über den Rand der Anklageschrift. Was wollte er Vittoria vorwerfen? Sie hatte ihm gesagt, dass sie mit Elena in Niccolòs Haus gewesen war. Zu beweisen, dass sie hier gewohnt hatte, hieß nichts zu beweisen. Plötzlich erschöpft kehrte er ins Erdgeschoss zurück.

Er fand das Dienerpaar vor der Tür, unschlüssig, ob sie davonlaufen oder das Haus ihres Herrn verteidigen sollten.

»Wann ist Signora Benzoni das letzte Mal hier gewesen?«

»Das ist … lange her«, flüsterte die Frau, wobei sie die Tür im Auge behielt.

»Zu lange. Wir können uns nicht besinnen«, ergänzte der Diener.

»*Ich* kann mich besinnen. Es war in der Woche vor Aschermittwoch.«

Beide starrten ihn an.

»In der Woche vor Aschermittwoch!«, brüllte Tommaso, und ein dreibeiniger Schemel polterte zu Boden, als die Frau sich zu dem Diener rettete. »Genau wie Niccolò Contera. Die beiden haben sich hier in dem Bett gewälzt.«

»Nein, Signore.« Plötzlich liefen Tränen über das knochige Gesicht der Frau. »Signore Niccolò war seit Monaten nicht hier. Er ist verreist. Nach Barcelona, einer Stadt in Spanien.«

»Er hat uns von dort geschrieben«, sprang ihr der Dicke bei.

»Er hat dort Freunde. Er bleibt den ganzen Sommer.«

»Wann hat er geschrieben?«

»Jüngst. Gestern.« Mit schreckgeweiteten Augen sahen die beiden zu, wie Tommaso das Speisezimmer betrat.

Der Tisch war gedeckt. Weißes, frisches Brot, Pastetchen, mit Bratfisch gefüllt, Wein, eine fetttriefende Blutwurst. Ein Herrenessen. Tommaso hörte die Haustür ins Schloss fallen. Er widerstand dem Drang, auch diesen Tisch umzuwerfen, und machte sich mit grimmiger Gründlichkeit daran, die letzten Räume von Niccolòs Behausung zu durchsuchen.

Der Mann war fort. Zweifellos entwischt, als er die Stimme und den Namen des Giudice gehört hatte. Und wahrscheinlich, dachte Tommaso, ist das ein Glück, denn das Gesetz, penibel in seinen Bemühungen, den menschlichen Gefühlen Rechnung zu tragen, gestattete einem gehörnten Ehemann nur Gewalt, wenn er den Nebenbuhler mit seiner Frau im Bett erwischte. Er setzte sich an den Tisch und starrte auf die Blutwurst, von deren Anblick ihm übel wurde.

Warum hatte Vittoria ihn angelogen? Es lag auf der Hand – weil sie Niccolò beschützen wollte. Und warum wollte sie ihn beschützen? Weil er ihr Liebhaber war. Justitia nickte ernst. Vielleicht wollte sie auch ihre eigene Ehe schützen, die zur Schmierenkomödie verkommen war. Der Mensch brauchte Kleidung, Essen und ein Dach über dem Kopf.

Und das Urteil?, fragte Justitia.

Tommaso stützte das Gesicht in die Hände.

Römische Kaiser und eine Herkulesstatue über dem Eingangsportal, eine alte Marmorsäule im Durchgang zum Hof, Cupido in galanter Pose im Garten des Innenhofes unter Blumenranken ... Die Carafa borgten wie alle in der Antike, um die Pracht ihrer Existenz zu demonstrieren.

Tommaso verbrachte drei Tage in ihrem Palazzo in Neapel und arbeitete sich durch die Papiere, die Pallantieris Leute zusammengetragen hatten. Am Ende konnte er nach Rom melden, dass der angebliche Versuch des Kaisers, den Papst zu vergiften, nichts als eine Finte Carafas gewesen war, um den Krieg mit Spanien auszulösen. Außerdem existierten einige Briefe, die bewiesen, dass Carlo Carafa mit den Türken Beziehungen unterhalten hatte. Und – was noch pikanter war – er hatte mit dem Lutheraner Albrecht Alcibiades von Brandenburg korrespondiert. Hübsch, dachte Tommaso, während er die Briefe studierte und sortierte. Ein Fall von Häresie. Damit würde auch der Kardinalshut Carafa nicht mehr schützen.

Er war todmüde, als er schließlich die wichtigsten Dokumente in wasserdichte Ledertaschen packte und in den beiden Kisten nach Rom sandte.

Carafa würde hingerichtet werden, und Sutors Schwager und der bedauernswerte Diener wären gerächt. Er blickte den Männern nach, die, bis an die Zähne bewaffnet, den Wagen mit der kostbaren Fracht eskortierten, und wusste selbst nicht, warum er keinen Triumph empfand.

XXXXII

Er brauchte zwei Tage für die Rückreise, da er langsam ritt, und kehrte am Nachmittag über die Porta S. Paolo in die Stadt zurück. Er war das Reisen nicht mehr gewohnt. Sein Gesäß schmerzte, und die Innenseiten seiner Oberschenkel waren wund gescheuert.

Es war ein sonniger Tag, Frühling, die schönste Zeit in Rom. Die Bäume im zarten Laub heller Blätter, junges Gras in den Gärten, die Türen der Läden standen offen. Tommaso brachte sein Pferd zur Mietstation und aß in einer Osteria zähes, mit einer billigen Weinsauce getränktes Rindfleisch. Ziellos schlenderte er anschließend über die Piazza Trinitatis, auf der die Bauern ihre schrumpligen Äpfel und in Fässern gesäuertes Kraut anboten. Er hätte sich gern gewaschen und sehnte sich nach seinem Bett, aber der Gedanke, Vittoria gegenüberzutreten, widerte ihn an.

In der Straße hinter der Piazza gab es zwei Badehäuser, doch die halb nackten Mädchen, die aus den Fenstern winkten und so taten, als würde er ihnen gefallen, und das Wissen, nach dem Bad wieder in die schmutzigen Kleider steigen zu müssen, vergällten ihm den Wunsch nach einem Bad. Schließlich, als es schon dämmerte, lenkte er seine Schritte zur Ripa.

Er war überrascht, die Tür offen stehen zu sehen.

In der Kanzlei traf er seine Männer, die beiden, die einander nicht ausstehen konnten, in stummer, trübseliger

Eintracht. Ugo hing über der Lehne seines Stuhls, der Bargello stand auf der anderen Seite des Tischs und stützte sich mit beiden Händen auf eine Lanze. Sie schienen miteinander gesprochen zu haben, aber als er eintrat, verstummten sie.

»Ah! Du bist wieder hier«, knurrte Ugo unter gesenkten Wimpern. »Na wunderbar. Etwas spät vielleicht, etwas sehr spät für den armen Simpel, der die Welt als Spielstube sah, aber ...«

Tommaso ging an ihm vorbei in sein Zimmer. Er holte sich einen Stuhl, rückte ihn dem Notaio gegenüber und setzte sich. »Was ist los?«

»Ich hoffe, Ihr hattet eine angenehme Reise«, murmelte Lorenzo.

»Jedenfalls bist du jetzt wieder da.«

»Das bin ich.«

Lorenzo wollte etwas sagen, aber der Notaio hob die Hand. »Und da er hier ist, soll er es sich auch ansehen. Ich finde, das hat er verdient. Er hätte es auch *hören* sollen. Nach meiner Ansicht. Nicht ich oder du. *Er.*« Seine Lautstärke hatte sich mit jedem Wort gesteigert. Nun sprang er wütend von seinem Stuhl hoch. »Komm, Giudice Benzoni.« Er riss die Tür auf und machte eine ironische Verbeugung.

Sie bildeten ein seltsames Dreigestirn, das durch die Gassen von Trastevere stürmte, ohne ein Wort zu sprechen. Der Weg war nicht weit. Nach wenigen hundert Schritt endete er vor dem Tor des Ospizio dei Genovesi, des Hospitals, das Meliaduce Cicala für die erkrankten Seeleute an der Ripa gestiftet hatte.

»Halt den Mund!«, fauchte Ugo, während er mit der Schulter das schwere Portal aufstieß, obwohl der Bargello überhaupt kein Wort gesagt hatte. Ugo kannte sich im Hospital aus. Die Hälfte der Verletzten, die er sich ansehen und deren Zustand er protokollieren musste, lag in den Betten des Hafenkrankenhauses. Den Kopf gesenkt wie ein Stier lief er voran durch die Gänge, die nach Fäkalien und dem

Schmutz vieler Jahre stanken. Aus den Krankensälen drang das Stöhnen der Leidenden.

»Hier!« Ein weiterer Durchgang, und sie traten ins Freie. Schon ein wenig atemlos überquerte Ugo den Innenhof mit seinem Brunnen und öffnete die Tür der Hospizkapelle, einem kleinen weiß getünchten Raum mit einem Altar, vor dem ein billiger Sarg stand.

»Es ist ein böser Anblick«, sagte Lorenzo.

»Es war ein böser Tod!« Ugo hob den Deckel an. Vor Empörung glitt ihm das Brett aus den Händen, und eine Kante splitterte, als es auf den Steinboden krachte. »Manfredi.«

Der junge Sbirro hatte den entspannten Gesichtsausdruck der Toten. Dass er gelitten haben musste, bevor er starb, sah man den Zügen, die plötzlich kindlich wirkten, nicht an. Tommaso starrte auf die zerrissene Kehle, aus der eine der barmherzigen Schwestern das Blut gewaschen hatte.

»Oh nein, das ist es nicht.« Ugo kämpfte plötzlich mit den Tränen. Wütend fuhr er den Bargello an: »Hör auf, Grimassen zu ziehen. Er soll es sich ansehen.« Er riss das Leichentuch vom Körper des Toten. »Der Köter, verstehst du?«

Nein, Tommaso verstand nichts. Er starrte auf die fingerlosen Handstümpfe, die diesmal nicht sorgsam übereinander gelegt worden waren, nicht einmal von den frommen Schwestern. Sie lagen schlaff rechts und links vom Körper. Ugo raffte eine Kerze vom Altar und hielt sie über den Sarg.

»Abgebissen, Tommaso.« Wieder hörte man die Tränen in seiner Stimme. »Ich hab an seinem Bett gesessen, als er starb. Ich war für ihn Mutter und Beichtvater und vielleicht das Ohr des Allmächtigen, das sein armseliges Betteln nicht erhören mochte. Sicario hat den Köter die Arbeit tun lassen. Finger und die Zehen, einen nach dem anderen abgenagt wie Hühnerknochen. Und nicht so gierig, Hundchen. Und erzähl dem Giudice davon, Junge. Grüß ihn von Sicario. Die Glo-

cken von Santa Sabina haben dreimal geschlagen, *dreimal*
hat er sie schlagen hören, bevor der Satan seiner Bestie endlich befahl von ihm abzu...«

Tommaso ging zur Tür.

»Sieh es dir an ... Du sollst nicht weglaufen!«

Die Nacht war plötzlich gekommen. Lau lag die Luft über
den Blumenbeeten. Der Himmel war sternenklar und vom
Vollmond mit mildem Licht übergossen.

»Du machst es dir zu einfach.« Ugo stürmte ihm nach.
»Der Junge hat sich umgebracht, weil er es nicht mehr
ertragen konnte. Sobald ihm die Augen zufielen, hat er
von der Bestie geträumt. Er hat sich eins von diesen
schartigen Messern in die Kehle gerammt, mit denen sie
hier die Leute rasieren. Hörst du zu, Tommaso? Er hat
dafür seine Handstummel benutzen müssen, und weil er
sich selbst umgebracht hat, hat der Teufel sogar seine
Seele ...«

»Er hat das Unglück selbst heraufbeschworen«, fiel Lorenzo dem Notaio laut und streng ins Wort. Mit funkelnden
Augen starrten sie einander an. »Manfredi wollte Sicario allein schnappen und ihn uns präsentieren. Aber das konnte
niemand ahnen. Und deshalb ist es ungerecht ...«

Ugo stürmte in die Kapelle zurück, sie hörten den Deckel
wieder auf den Sarg knallen. »Jawohl, es war seine eigene
Schuld. Sag es, Tommaso. Sag, dass er sich nur an deine Anweisungen hätte halten müssen.« Er kam zurück und
drängte sich zwischen sie. »Sag, dass es immer gefährlich ist,
einen wie Sicario zu jagen. Sag, dass der Junge es hätte wissen müssen. Verflucht, *sag* das!«

An den Spitalsfenstern auf der anderen Seite des Hofes erschienen neugierige Gesichter. Als Ugo mit der Faust drohte,
verschwanden sie schleunigst.

»Damit ich dir nämlich erwidern kann, dass man einem
halbwüchsigen Idioten keinen solchen Auftrag geben darf.
Und dass es überhaupt nicht unsere Aufgabe ist, Sicario zu
jagen. Weil wir nämlich nicht zum Governatore gehören. Ich
hab vergessen, dir seine Knie zu zeigen, auf denen er durch

das Disabitato gerutscht ist, mit dem Brei an den Beinen, den er sich in die Hose geschissen hatte, und mit der Angst im Nacken, dass der Hund plötzlich wiederkommen …« Er fuhr sich mit dem Ärmel über das Gesicht, und auf einmal schien er in sich zusammenzufallen.

»Wir gehen nach Hause«, sagte Tommaso.

Ugo gab keinen Laut mehr von sich, während sie das Hospital verließen. Als sie sich trennten, grüßte er nur müde.

Tommaso wartete, bis die beiden Männer in eine Gasse abgebogen und aus seinem Blickfeld verschwunden waren, dann machte er sich auf den Weg zurück zur Ripa.

Oben im Turm leuchtete die Lampe des wachhabenden Sbirro. Da Tommaso keine Aufmerksamkeit erregen wollte, suchte er den Schlüssel zur Asservatenkammer im Dunkeln. Aber er musste klopfen und rufen, damit der Sbirro ihm den Turm aufschloss. Es war ein neuer Mann, die Leute des Bargello wechselten oft, aber er schien den Giudice schon gesehen haben, denn er ließ ihn ohne weitere Fragen eintreten.

Tommaso lieh sich seine Lampe und suchte aus den Truhen der muffigen Kammer unter der Erde ein armlanges Messer mit einem Griff aus genietetem Holz. Es war unhandlich, doch jedes kleinere, das er in der Hand wog, erschien ihm zu harmlos. Pedantisch legte er das Papier, das das Aktenzeichen des entsprechenden Falls trug, auf den Truhendeckel und kehrte über die Treppe ins Freie zurück. Der Sbirro schnauzte die Gefangenen an, die sich über die Störung ihrer Nachtruhe empörten, dann schloss er hinter ihm zu.

Tommaso stieg die Hafentreppe hinab zum Tiber, der in dem außergewöhnlich hellen Mondlicht dieser Nacht glitzerte, als trüge er Kostbarkeiten in sich. Er hielt das Messer so ungeschickt im Arm wie ein Vater sein erstes Neugeborenes. Der Hafen lag schnell hinter ihm, bald kam das Ufer mit dem Schilf, den Brombeerbüschen und Sandbänken, das jetzt, wo es wieder wärmer wurde, zum beliebten

Aufenthaltsort jeder Art Gesindel wurde. Schattenhafte Gestalten durchstreiften die Nacht, und etliche schienen ihm nahe zu kommen, aber niemand traute sich an den Mann heran, der das riesige Messer wie ein Prozessionskreuz vor sich hertrug.

Als Tommaso die Kapellenruine erreichte, war es beinahe Mitternacht. Der Mond, sein treuer Begleiter, schenkte auch hier genügend Licht, und er sah, als er sich bückte, die Stelle neben der Eingangstür, in der das Gras niedergetrampelt und die Halme von Blut verkrustet waren.

Das Messer in der Faust begann Tommaso die Ruine zu durchsuchen. Er fühlte keine Angst. Nur Wut, die sich anders als bei seinem Notaio nicht nach außen versprühte, sondern sich in seinem Magen zu einem finsteren Klumpen zu konzentrieren schien. Wenn er doch nur hier wäre, der Sicario.

Tommaso hörte es rascheln, er sah geschmeidige Körper an den Wänden entlanghuschen, die er anfangs für Ratten hielt, bis er merkte, dass es sich um Katzen handelte. Aber von diesen Tieren abgesehen war die Kapelle leer und ebenso die Sakristei. Erschöpft stand er schließlich am Durchgang zwischen den beiden Räumen. Er fühlte, wie seine Knie zu zittern begannen, und ließ sich auf der Türschwelle nieder. An den Wänden der Sakristei hatten Lelios Jungen mit den geschändeten Händen gelehnt, und er hörte sie wispern und weinen – ein grausiges Konzert, in dem Sicario den Takt angab. Die Faust, mit der Tommaso das Messer hielt, schmerzte vor Verkrampfung. Er dachte an Manfredi und hörte seine Zähne knirschen.

»Komm, komm doch«, murmelte er, als sänge er den Kontrapunkt zum Lied der Toten. Aber waren das wirklich seine eigenen Worte? Oder tanzte auch er bereits nach Sicarios Weise, so, wie die Marionetten auf der Piazza Navona nach den Händen ihrer Meister tanzten? Hatte Sicario vorausgesehen, dass er kommen würde? War Manfredi ein Köder gewesen? Nein. Er war hier, weil er beschlossen hatte, Sicario zu töten. Er wollte ihm in das leere Gesicht schreien, das niemand unter den Augen des Giudice della Ripa ungestraft mordete.

Tommaso wurde nicht einen Augenblick müde in dieser Nacht. Er lauschte in die Dunkelheit und wartete auf das Geräusch schleichender Füße. Seine Hände umklammerten das Messer. Sein Geist war hellwach. Zumindest bildete er sich das ein, bis ihm plötzlich das Messer entglitt und mit einem leisen Klirren auf die Fliesenscherben fiel, die überall den Boden bedeckten.

Er fuhr auf, griff hastig nach der Waffe und horchte. Nichts, kein Laut mehr, nicht einmal die Katzenpfoten. Durch ein Loch im Dach fiel dämmriges Morgenlicht. Die Nacht war also vorbei, aber das bedeutete nichts. Sicario war ein Geschöpf der Dunkelheit, vielleicht zog es ihn nach vollbrachter Arbeit in seinen Bau zurück. Tommaso begann zu schwitzen. Dass er geschlafen hatte, erschien ihm plötzlich nicht mehr als Schwäche seiner selbst, sondern vielmehr als es ein Teil von Sicarios Plan.

Er sah ihn vor sich, und mit einem Mal glaubte er Gesichtszüge zu erkennen. Die blassen Augen klärten sich, und Tommaso schauderte vor der dahinter brennenden Leidenschaft. Und dann erkannte er plötzlich ein Gesicht im Gesicht. Er zuckte zusammen und blinzelte. Und merkte, wie seine Mundwinkel sich ungläubig verzogen. Die schwarzen Kerzen. Carafa, der die Messe zu Mariä Reinigung lesen sollte. Gedanken wie Blitze … Zu Mariä Reinigung. Das Messer …

Ein Geräusch brachte Tommaso ruckhaft in die Gegenwart zurück.

Ihm kroch ein Klumpen in den Hals. Mühsam rappelte er sich auf. Seine Glieder waren steif geworden, Beine und Arme durchfroren und wie taub. Er zitterte und merkte, wie ihn plötzlich sein Mut verließ, oder was immer ihn in dieser Nacht beseelt hatte. Während er horchte, begriff er, dass er nicht von allein aufgewacht war, sondern durch einen Laut, der ihn bis in die Träume alarmiert hatte.

Langsam hob er den Kopf und starrte zum Dach, als könne

Sicario einem Dämon gleich durch die Ziegel brechen. Als er einen Schritt machte, fiel ihm zum ersten Mal auf, dass seine Stiefel – die Reitstiefel, die er immer noch trug – beim Gehen quietschten. Er zog sie aus und schlich zum Altar. Einen Sicario scheucht man mit einem Trupp bewaffneter Sbirri auf, würde Lorenzo sagen, nicht mit einem lächerlichen Messer, das aussieht wie ein verstümmeltes Schwert. Tommaso duckte sich und versuchte, die Winkel der Kapelle auszuspähen.

»Giudice?« Ein tonloses Wispern kam von der Tür.

Tommaso horchte, während sich auf seinem Rücken eine Gänsehaut kräuselte.

»Giudice? Ich bin es, Giudice. Lorenzo.«

Die Erleichterung zwang ihn fast in die Knie. »Hölle und Verdammnis ...«

»Es tut mir Leid. Aber mir war nicht wohl dabei, ich meine, ich dachte mir, als ich merkte, wie wütend Ihr seid ...« Der Bargello kam durch die Kapelle, nahm seine rote Kappe ab und grinste verlegen. Er trug ebenfalls eine Waffe, ein Schwert, das ihm bis zur Achsel reichte. »Ihr solltet nicht allein hier sein, Giudice. Manche kämpfen mit dem Schwert und andere mit dem Geist, aber es ist schwer, beides zu können.« Er kam noch ein Stück näher – und fuhr erschrocken zusammen, als Tommasos Hand mit dem Messer plötzlich vorschoss. Verständnislos blickte er auf die Klinge, die auf seinen Bauch zeigte.

»Hätte ich dich töten können?«

»Mich ... oh! Hättet Ihr denn zugestoßen, Giudice? Ich meine, ohne zu zögern oder eine Frage zu stellen?«

»Das hätte ich.«

»Bei jemandem wie Sicario muss man das auch«, erklärte Lorenzo mit Nachdruck. »Sonst ...« Er fuhr sich mit der Hand über die Kehle und machte ein schnalzendes Geräusch.

»Ich weiß, wer ihn ausgesandt hat.«

»Bitte was, Giudice?«

»Nein, ich ... ich weiß es nicht, ich dachte ...« Tommaso versuchte, sich zu erinnern. Aber sein Halbtraum war ihm entglitten. Carafa hatte mit dem Mord an Putto nichts zu tun. Alles Dreck, genau wie die ganze Nacht. Er stieß mit dem Fuß gegen den Altar. Eine geborstene Holztafel mit einer Maestà lag zwischen den Fliesen. Die Engel, die Maria umschwebten, sahen aus wie Melonen mit Flügeln. »Verschwinden wir.«

Draußen stieg die Sonne in einen flammenden Himmel. Sie blieben vor der Tür stehen, und Tommaso starrte auf die Stelle, an der Manfredi misshandelt worden war. Durch das blutverklebte Gras krabbelten kleine Käfer. »Nein«, sagte er, »wir suchen noch einmal alles durch. Ich glaube nicht, dass Sicario zurückkommt. Er hat die Jungen hier getötet, und er hat Manfredi hier getroffen, aber er wohnt woanders.«

Sein Verstand begann sich im selben Maß zu klären, in dem sich die Wut verlor. Gemeinsam mit dem Bargello drehte er jede Fliesenscherbe in der Kirche um. Sie fanden Katzenverstecke, Mäuse und Rattenskelette, Perlen eines zerrissenen Rosenkranzes, ein verschimmeltes Stück Stoff, alles eben, was sich in einer Ruine erwarten ließ. Und dann, als sie sich den Resten der gemauerten Mönchsbänke zuwandten, einen Fuß.

»Sein Hund muss einen Affen gerissen haben«, sagte Lorenzo, als er Tommaso das kleine, behaarte, schon verwesende Körperteil mit der lederartigen Sohle brachte. »Den größten Teil hat er gefressen. Da hinten liegen nur noch ein paar Reste und das hier. Ich glaube, dass es ein Affenfuß ist. Hilft uns das, Giudice?«

»Vielleicht«, sagte Tommaso. Er musste nachdenken, aber sein Gehirn erzeugte plötzlich nur noch paffende Wolken wie ein schlecht ziehender Kamin. Er merkte, dass er dringend Ruhe brauchte. »Kann ich ein paar Stunden bei dir schlafen?«, fragte er.

Zehn Stunden später, es begann schon wieder zu dämmern, saß er auf einer Kistenbank mit gelben Troddelkissen, vor sich auf einem Tisch eine grobe Karte der Stadt Rom. Er hörte Lorenzos Schwägerin, die in der oberen Wohnung wohnte und mit ihrem Mann stritt. Lorenzos Hund, ein kaninchenähnlicher weißer Mischling mit langen braunen Ohren, kläffte aufgeregt dazwischen. Der Bargello lebte in einem Wohnhaus mit mehreren Mietparteien, das an einer der zahllosen alten römischen Kirchen klebte. Essensgerüche durchzogen die Räume, als würde ohne Unterlass gekocht.

Wie lebte ein bezahlter Mörder, der einen bösartigen Hund hielt? Hatte Sicario eine Familie, die die Bestie beaufsichtigte? Nein, entschied Tommaso. Er hätte geschworen, dass der Mann mit den milchigen Augen und den chamäleonhaften Verwandlungskünsten die Nähe anderer Menschen mied. Kettete er das Vieh also an, wenn er unterwegs war? Sperrte er es ein? Hatten sich womöglich Nachbarn über einen bissigen oder ständig bellenden Hund beschwert?

Die Römer, zumindest die Männer, zeigten einander nicht gern an. Sie klärten Streitereien Auge in Auge, und wenn es sein musste, mit einer Waffe in der Hand. Sie hätten das Vieh erschlagen. Aber Frauen, deren Kinder gebissen wurden… Zwei Sicarii, dachte Tommaso. Auch der Hund ist einer.

Er zeichnete die großen römischen Paläste in die Karte ein. Affen waren ein Luxusgut, das sich nur Reiche leisten konnten. Er durfte sich allerdings nicht auf die Kardinäle und den Adel beschränken – in Rom gab es Kurtisanen, die so vermögend wie Bankiers waren und die ihre Kunden sicher gern mit exotischem Spielzeug unterhielten. Allerdings kannte er nur wenige Namen und noch weniger Häuser. Entmutigt kaute er auf seinem Knöchel.

Er hörte die Schwägerin kreischen und sah sie in Gedanken durch die Wohnung flattern. Sie war sehr dünn und groß und sah Lorenzo ähnlich, obwohl sie nicht mit ihm verwandt war. Sie hatte ihm versichert, dass Manfredi ein großspuriger Taugenichts gewesen war, dessen Ende man schon hatte kommen sehen. »Der arme Junge, trotzdem. Fangt Ihr den

Satan, Giudice? Lasst ihn vierteilen. Ich gehe hin und singe ein Halleluja, wenn er sein Leben aushaucht, und ich hoffe, es wird ein qualvoller Tod.«

Draußen begann das Konzert der Kirchenglocken. Bald musste Lorenzo heimkommen. Hoffentlich mit Neuigkeiten. Tommaso bediente sich an dem zuckrigen Wein des Bargello und überlegte, ob Niccolò Vittoria wohl schon von seinem Besuch unterrichtet hatte. Sei vorsichtig, mein Kleines, dein Mann macht den Hahnrei. Besuche eine Freundin, gib vor, einkaufen zu müssen, aber richte es ein, dass ich dich bald sehen kann. Schätzchen, Liebchen …

Verdammter Dreck!

Tommaso spuckte den Wein aus dem Fenster und wanderte durch das Zimmer.

»Ugo war überall, beim Governatore, beim Senatore, beim Vicario del Papa, bei der Curia di Borgo, sogar an der Curia Savelli, wo sie tags wie nachts schlafen und erst mal ihre Protokolle suchen mussten«, sagte Lorenzo, nachdem er seine Mütze an einen Nagel neben der Tür gehängt hatte. »Wenn Ihr erlaubt, Giudice – er ist bekümmert und bedauert die unbedachten Worte, die ihm herausgerutscht …«

»Und hat sich etwas ergeben?«

Der Bargello runzelte die Stirn, als über ihnen erneut eine Schimpfkanonade laut wurde. Sein Hund bellte wie verrückt. »Im Borgo. Es wurde tatsächlich der Diebstahl eines Affen angezeigt. Eines Pärchens. In den Orti Farnesiani – das sind diese Gärten, die auf dem Palatin oberhalb der Ziegenweiden …«

»Ich weiß«, sagte Tommaso.

»Kardinal Farnese hatte dort einen Pavillon errichten lassen, zum Schutz gegen die Sonne, wenn er mit seinen Gesellschaften …«

»Und?«

»Einer der Affen war bissig geworden. Der Kardinal mochte ihn nicht mehr um sich haben und gab deshalb Anweisung, die beiden Tiere im Pavillon zu halten, bis er eine Lösung …«

»Und von dort wurden sie gestohlen?«

»Die Frau, die aufwischt und lüftet, fand die Überreste des Männchens. Das Weibchen ist verschwunden.«

»Wieso wurde das zur Anzeige gebracht?«

»Weil Gartentor und Pavillon mit Hilfe eines Meißels aufgebrochen wurden. Und Meißel benutzen ja nur Menschen«, meinte der Bargello erklären zu müssen. »Offenbar hatten sich die Affen auf ein Hirschgeweih geflüchtet, und von dort, sagt der Giudice di Borgo …«

»Sie haben den Giudice wegen der Affen behelligt?«

»Nun ja, sie gehörten einem Kardinal. Und der Giudice meinte, dass nur eine Raubkatze die Affen dort hätte erwischen können. Aber in der Blutlache fand man Hundespuren und Stiefelabdrücke, und der Kardinal war aufs Äußerste emp…«

»Ich verstehe.« Tommaso kehrte zum Tisch zurück und blickte auf die Karte. »Sant'Anastasia …«

»Verzeihung, Giudice, wenn Ihr erlaubt, hole ich den Hund runter. Er spürt es, wenn ich da bin.«

Da Tommaso nicht antwortete, schlich der Bargello aus dem Zimmer. Wahrscheinlich sehnte er sich danach, seine schlichte Wohnung wieder für sich allein zu haben.

Sant'Anastasia lag zu Füßen des Palatin. Und ganz in der Nähe gab es einige Grotten im Berg, die häufig als Versteck für Diebesgut benutzt wurden. Einmal hatte man auch einen Toten gefunden, die Leiche eines ermordeten Protonotars. Die Höhlen des Palatin boten Verstecke ohne Ende. Nichts bewies, dass Sicarios Hund die Affen gerissen hatte. Nichts bewies, dass er in der Nähe der Farnesischen Gärten wohnte, wenn er tatsächlich der Dieb war.

Dennoch …

Was verlor man, wenn man die Mönche von Sant'Anastasia fragte, ob sie etwas über einen Mann mit einem bissigen Köter wussten?

»Gewiss, mein Sohn, ein Kürbis«, sagte der alte Laien-
bruder, der ein Witzbold zu sein schien. »Augen, Nase,
Mund – alles nur aufgemalt. Wenn man seinen Kopf ab-
schlüge, weil er, was der Herr verhüten möge, ein schlechter Mensch ist, könnte man ihn in ein Kürbisfeld setzen,
und niemandem fiele es auf. Orazio, habe ich das nicht immer gesagt? Ein Kopf wie ein Kürbis?«, fragte er seinen
Mitbruder, der stumm die Wege entlangschritt, mit einem
Gesichtsausdruck, als hätte er die Welt schon weit hinter
sich gelassen.

Er bekam keine Antwort und plauderte weiter: »Ich mag
Hunde, aber das Vieh, das dem Kürbis gehörte ...« Er
senkte die Stimme, sein Finger schoss in die Luft. »...ist ein
Dämon. Sein Herr hat gemalte Kreise im Gesicht, dem
Hund leuchten die Flammen des Fegefeuers hinter den Au-
gen. Ihr versteht?«

Tommaso nickte und trat einen Schritt zurück, um sich vor
dem stinkenden Atem zu retten. »Hat der Mann sich biswei-
len verkleidet?«

»Oh nein. Immer das graue Gewand. Ich habe ihm einmal
eine ordentliche, warme Cappa angeboten, die ein Pilger
nicht mehr benötigte, da ihn der Darmfluss dahinraffte.
Beste Wolle, fröhliche rote Farben. Aber der Mann ...«

»Er *hat* sich verkleidet«, sagte sein Mitbruder, ohne stehen
zu bleiben. Die komplizierten Figuren, die er ablief, erschlos-
sen sich nur ihm, aber sie schienen ihm den Weg aufzuzwin-
gen. Zackig bog er nach links ab.

»Als was hat er sich verkleidet?«

Keine Antwort. Der Redefluss des Mannes war versiegt.

»Er hat sich *nicht* verkleidet. Immer in Grau, wie ein Fran-
ziskaner. Aber er hatte Besuch«, wisperte der Alte. »Merk-
würdige Gestalten. *Die* müsstet Ihr fragen, wenn Ihr etwas
über ihn wissen wollt.«

»Was waren das für Leute?«

»Ich weiß nicht. Ein Mönch, ein Tagelöhner, ein Student,
ein Kaufmann ...«

»Wo wohnt er?«

Die knochigen Schultern reckten sich mit dem Arm. »Seht Ihr die verkrüppelte Pinie? Und die Büsche dahinter? Dort klettert er hinauf und verschwindet zwischen den Mauern. Man meint …« Er grinste und lachte. »… einen Kürbis bergauf rollen zu sehen. Nur nehmt Euch vor seinem Hund in Acht.«

XXXXIII

Sie trafen sich im unterirdisch gelegenen Baderaum einer verfallenen Villa – eine Tatsache, die Sicario wehmütig stimmte. Er hatte die Kapelle mit den Katzen geliebt, vielleicht wegen der Atmosphäre von Frömmigkeit, die sie immer noch ausstrahlte. Aber er traute dem Giudice zu, sie überwachen zu lassen. Der Mann hatte sich angesehen, was seinem Spitzel geschehen war, und nun würde er bis aufs Messer kämpfen – hoffte Sicario.

Er rümpfte die empfindliche Nase. Vom Boden des Baderaums stieg der Geruch von Schafskot auf. Bei Unwettern nutzten Hirten ihn als Unterschlupf für ihre Herden, und überall trat man auf die schwarzen Kugelhäufchen. Auch seinem Kunden war sichtlich unwohl. Er versuchte, Sicarios Gesichtszüge auszumachen, aber das war ein törichter Einfall, und als es ihm bewusst wurde, wandte er den Kopf rasch wieder ab. Gefährlich, das Gesicht eines Sicario zu kennen, völlig richtig.

»Zweihundert Scudi. Es ist dein letzter Auftrag.« Seine Stimme klang wie eine schlecht geölte Ankerkette, die über das Rad rollt.

»Der Giudice ist vierhundert wert.«

Ohne zu handeln, gab der Mann nach. Er griff in seinen Geldgürtel. Die Münzen rollten in seine Hand. Wie töricht von ihm, solche Summen vor den Augen eines Mannes zu zeigen, der für Geld tötete. Nein, dachte Sicario. Ich töte nicht für Geld. Und vielleicht war der Mann doch klüger, als es schien, und wusste das.

»Es gibt jemanden, der Puttos Mörder kennt«, sagte Sicario. Er freute sich diebisch, den Mann erbleichen zu sehen. Die Münzen fielen durch die weißen Finger und kullerten auf den Boden. Der Mann suchte sie hastig zusammmen, wobei Schafsdreck unter seine Fingernägel geriet.

»Wer?«

Sicario wiegte den Kopf.

»Ich meine, welcher Putto? Was soll das?« Er garte wie ein Kochfisch im heißen Wasser. Die Angst, die ihn befiel, bescherte auch diesem Mann keine Glücksgefühle. Er begann zu schwitzen und zu stottern. »Vierhundertfünfzig für den ... diesen Kerl und den Giudice zusammen. Aber ich will wissen, wer es ist.«

»Ein Leopard.«

Der Mann wusste, um wen es ging. Er senkte den Kopf und gab sich Mühe, möglichst unberührt zu wirken, was jämmerlich misslang. Das Entsetzen sprengte seine Augen. Einen Moment war Sicario versucht, ihn zu fragen, warum er seine Angst nicht genoss, aber er unterließ es.

»Ich kenne den Kerl. Eine Missgeburt. Du meinst einen Mann, dessen Haut gescheckt, dessen Haare weiß und dessen Augen rosa sind. Gut. Töte ihn. Es kommt nicht darauf an.«

»Nicht fünfzig, noch einmal hundert«, sagte Sicario und sah zu, wie die Münzen zwischen sie fielen. Er brauchte kein Licht, um zu überprüfen, ob er betrogen wurde. Das würde der Mann nicht wagen.

»Den Fleckigen sofort. Noch heute Nacht«, verlangte er.

Sicario nickte. Und wurde nachdenklich in der Bewegung. Nein, er würde den Fleckigen nicht töten. Ihm kam plötzlich eine Eingebung, eine Königsidee. Er wartete, dass sein Kunde endlich verschwand, damit er sie zu Ende spinnen konnte. Er würde den Giudice beschenken.

»Da ist ein Hund.« Der Mann war aufgestanden und zum Kellerausgang gegangen. Seine Stimme bebte. Ganz Rom sprach von Sicarios Bestie. »Ruf ihn, damit er verschwindet.«

Sicario ignorierte ihn und wartete, bis der Mann es nicht mehr aushielt und den Baderaum verließ. Er strömte Angstschweiß aus wie ein Tintenfisch die Tinte. Den Hund machte das wahnsinnig. Aber ohne Befehl würde er nicht angreifen.

»Komm«, sagte Sicario leise zu dem Tier, als der Mann endlich fort war. Sie hatten es nicht weit. Der Hund zitterte. Er war nicht hungrig, aber die Blutgier hatte ihn gepackt. Sicario trat ihn in die Seite.

Still gingen sie dem Morgen entgegen. An dem ovalen Feld vor dem Palatin blieben sie plötzlich stehen. Vor ihnen breiteten sich Büsche und wilde Brombeersträucher aus, der letzte Sichtschutz vor der Straße, die Sicario überqueren musste, um zu seiner Grotte zu gelangen. Der Hund hatte zu jaulen begonnen. Sicario sah, wie seine weißen Hinterläufe zitterten und der Geifer ihm aus den Lefzen tropfte.

Menschen.

Menschen, nun ja. Die Straße war nicht sehr belebt, die meisten Menschen, die sie benutzten, kamen nur bis zu Sant'Anastasia. Diese Seite des Palatin wurde gemieden. Es gingen Gerüchte von schwarzen Messen um, die zur Zeit des verkommenen Borgiapapstes in den Resten der Heidentempel oben auf dem Hügel abgehalten worden sein sollten. Sicario zögerte.

Er befahl dem Hund zu warten und kroch unter dem Schutz der Büsche vorwärts. Nervosität hatte ihn erfasst. Keine Angst, nicht dieses köstliche Gefühl, das so lebendig machte. Ein dumpfes Bohren, eine Irritation. Er spürte, wie der Hund ihn mit den Augen verfolgte. Als er sich kurz umdrehte, sah er den kaum noch zu bändigenden Blutdurst.

Die Straße war wie leer gefegt, ebenso die Hänge des Palatin, soweit er sie einsehen konnte. Sicario rang mit sich. Hatte jemand das Unkraut niedergetreten, dort, wo es zu seiner Grotte hinaufging? War sein Versteck entdeckt worden? Sicher hatte der Giudice gelernt. Er würde seine Fallen nicht mehr von aufgeblasenen Hohlköpfen stellen lassen.

Sicario nickte dem Hund zu.

Mit einem Laut fast wie ein menschlicher Juchzer jagte das Tier los, die Straße hinab und dann den Hügel hinauf. Oben angekommen hielt er inne. Nicht als wolle er sich umsehen, sondern als hätte ihn eine Faust gegen die Brust getroffen. Dann begann er sich plötzlich zu drehen und einen langen, jaulenden Laut auszustoßen.

Sicario duckte sich. Er zog die Mundwinkel zurück, bis er selbst an einen fletschenden Hund erinnerte. Behutsam zog er sich aus den Büschen zurück.

XXXXIV

Der war es?«, fragte Ugo ungläubig. Er starrte auf das zottelige, schwarzweiße Tier, das mitten auf dem Platz vor der Ripakanzlei lag. Der weiße Bauch war von einem Karabinerschuss aufgerissen worden und über und über mit Blut besudelt. »Er … sieht aus wie ein Schwein mit langen Beinen.«

»Er hat die Waffen eines Mörders«, sagte Lorenzo, bückte sich und schob die Lefzen des toten Hundes auseinander. Ugo wandte sich ab, aber dann betrachtete er doch die Zähne, die im Ober- und Unterkiefer staken wie Speerspitzen auf einer Mauer.

»Sorg dafür, dass er beseitigt wird«, sagte Tommaso und löste die Gruppe der Sbirri, die um den Hund standen, auf, indem er in die Kanzlei ging. Er war müde, wütend und enttäuscht. »Welche Verfahren stehen aus?«, fragte er Ugo, ohne sich in dessen Zimmer aufzuhalten. Er ließ sich in seinen Stuhl fallen.

Ugo kam ihm nach. »Ich *musste* schießen.«

Vielleicht. Der Hund hatte sich zum Sprung bereit gemacht. Er wollte töten. Die Arkebusen trafen unzuverlässig. Den Sbirri zitterten die Hände mit den Lanzen. Verdammter Köter.

»Wenn es irgend*ein* Hund gewesen wäre. Aber so was … Mir kam's vor, als wäre der Böse selbst … Lach nicht. Wie er jetzt auf dem Platz liegt, natürlich …« Ugo setzte sich auf die Schreibtischkante und blickte ihn flehend an.

»Lass uns arbeiten.«

»Du bist wütend.«

»Nein«, sagte Tommaso.

»Doch, du bist wütend, und du hast Recht.« Er holte die Kladde mit den Anzeigen.

Nachmittags erschien ein Bote des Heiligen Offiziums, ein Mönch in mittlerem Alter, dem die Selbstzufriedenheit ins Gesicht geschrieben stand. Er übergab seine Nachricht, erläuterte dabei, dass es sich um den Hund handele, und während er wartete, blickte er sich mit wohligem Schauder um, als erwarte er, Sicarios Bestie aus einer Ecke springen zu sehen.

»Wer hat das Schreiben aufgesetzt?«

»Bitte? Oh, Fra Felice selbst. Ich hoffe, Ihr konntet alles lesen? Seine Hände ...«

»Sag ihm, es gibt nichts zu überstellen. Der Köter ist tot.«

»Fra Felice würde den Kadaver gern selbst untersuchen. Ich glaube, ich gebe kein Geheimnis preis, wenn ich sage, dass sich der Inquisition Dinge offenbaren, die einem unberührten Geist ...«

»Der Köter ist tot, und es war ein ganz normales bissiges Vieh.«

»Fra Felice ...« Jetzt wurde der Mönch hochmütig. »... hat sich mit den Untaten jenes Ungeheuers beschäftigt, das sich Sicario nennt. Dank seiner Kontemplation und dank der zahllosen Untersuchungen, die er an den maledizierten Geschöpfen geübt hat, die dem Bösen Gehör schenkten, ist er zu dem Schluss gekommen, dass es sich bei dem Mörder nicht um ein natürliches, menschliches Wesen handeln ...«

»Fra Felice hat ihn nicht einmal gesehen.«

»... sondern um eine Infernalität handelt, welche das ihr eigene geringe Quäntchen Materie ...«

»Sicario ist ein Mistkerl, der es genießt zu töten.« Tommaso begann sich zu ärgern und sah auch keinen Grund, das zu verbergen.

»... welche das geringe Quäntchen Materie, mit dem sie ausgestattet ist ...«

»Ihr stört mich bei der Arbeit. Ich suche einen Mörder und habe keine Zeit …«

»Ihr Narr! Ihr blinder Narr! Sicario ist besessen! Es handelt sich um einen Fall, dem Ihr in keiner Weise gewachsen …«

»Raus!« Tommaso sprang auf. Er packte seinen Stuhl und warf ihn quer über den Schreibtisch gegen die Wand, wo er in Stücken niederging.

Der Mönch flüchtete zur Tür, wo er gegen Ugo prallte, der mit erschrockener Miene auftauchte.

»Sag Fra Felice, er soll die Finger von meinem Gericht lassen. Er soll aufhören, mir in die Quere zu kommen!«

»Das werde ich, ganz sicher«, brüllte der Mönch zurück und rannte mit wehenden Kleidern hinaus.

Ugo hob die zerbrochenen Teile des Stuhls auf und legte sie vor Tommaso auf den Tisch. »Ich habe dir gesagt, dass du wütend bist.«

»Wir haben Sicario aus seiner Behausung gejagt, wir haben ihn von dem Ort vertrieben, an dem er seine Aufträge annahm. Wie sollen wir ihn wiederfinden?«

»Das fliehende Wild packen die Hunde.«

»Ach nein.« Tommaso fühlte sich schlaffer als mitten im Sommer. »Was glaubst du, hat er Recht? Ist Sicario vielleicht ein Dämon?«

»Sein Hund war nichts als ein stinkender Köter mit zu viel Fett am Bauch. Lorenzo hat ihn dem Schweinehirten überlassen, der sein Viehzeug im Schuppen an der Mauer hält. Der hat ihn zerlegt und den größten Teil schon verfüttert, ohne dass etwas passiert ist. Tommaso?«

»Ja?«

»Du wirst es nicht gern hören. Besonders heute nicht und besonders nicht von mir, nachdem ich Sicario verscheucht habe. Aber ich kann dir nicht mehr in die Augen sehen und fühle mich wie ein Lump. Der Junge ist bei uns.«

»Was?«, fragte Tommaso verständnislos.

»Dieses kleine Kerlchen, das Kind von der Cousine deiner Frau, die es mit dem Kopf …«

»Giovanni.«

»Faustina nennt ihn Gianni. Sie ist wie verrückt nach ihm.«

»Er ist bei dir?«

Ugo hob die Schultern. Sein gutmütiges Gesicht war tieftraurig. »Ein niedlicher Kleiner. Und was kann er schon dazu? Das ist Faustinas Meinung: Was kann so ein kleines Häuflein Unschuld für den Streit der Großen?«

»Nichts.«

»Preciso.« Ugo scharrte mit dem Fuß auf den verblichenen Bodendielen. »Fluch ruhig herum, wenn's dich erleichtert. Der Tag ist sowieso verdorben.«

»Ich glaube, dass Vittoria mich betrügt.«

»Bloß weil sie den Kleinen ...«

»Mit dem Mann dieser Elena.«

»Tommaso, also ...« Ugo seufzte abgrundtief. »Faustina würde sie nicht mögen, wenn sie so eine wäre. Und sie hält viel von ihr. Sie singt ihr Loblieb.«

»*Manus manum lavat*. Sie hat von ihr den Jungen bekommen.«

»Das stimmt. Tja.« Er schwieg. Sie waren beide erschöpft. »Hast du etwas dagegen, wenn er bei uns bleibt?«

»Ich hätte sie niemals heiraten dürfen, Ugo. Keine Frau, die so schön ist. Das war mein Fehler.«

Es wurde dunkel, und Lorenzo wartete vor der Kanzlei auf den Giudice. Man sah ihm an, dass er sich nicht wohl fühlte. Andere in seiner Lage hätten es vielleicht genossen, ihren Vorgesetzten bei sich beherbergen zu dürfen, und damit geprahlt, Lorenzo schien nur darauf zu warten, dass endlich seine geliebte Ordnung zurückkehrte. Er schritt noch gerader und einsamer als sonst zwischen Turm und Hafentreppe auf und ab. Tommaso, der das beeindruckende Schwert an seiner Hüfte baumeln sah, fragte sich, warum ein Mann wie er nicht statt des Kaninchens einen Höllenhund wie den von Sicario hielt. Und wie er das Gekläffe ertrug.

Er ging auf ihn zu. »Ich schlafe zu Hause.«

»Wie Ihr meint, Giudice.« Der Bargello räusperte sich. »Darf ich etwas fragen? Denkt Ihr, dass der Mann wieder aufkreuzt?«

»Sicario? Kennst du eine Katze, die die Maus laufen lassen würde, nachdem sie mit ihr gespielt hat?«

»Ich weiß nicht viel über Katzen. Ich dachte, sie fressen Mäuse nur.«

»Wenn sie satt sind, spielen sie. Aber dann fressen sie sie doch. Und darauf hoffe ich. Dass Sicario wie eine von seinen verdammten Katzen ist.«

Tommaso setzte sich in den kleinen Salon. Castro hatte ihm einen Teller mit aufgewärmtem Fleisch gebracht. Das Essen war besser geworden, seit Vittoria in seinem Haus lebte. Vielleicht hatte sie den Koch entlassen. Oder er gab sich mehr Mühe, weil ihm auf die Finger gesehen wurde. Trotzdem aß er ohne Appetit und nur, um den Hunger loszuwerden, der sich allmählich in nagenden Magenschmerzen äußerte. Vittoria war ausgegangen, Castro hatte ihm das ungefragt mitgeteilt, im schmierigen Tonfall eines Menschen, der sich auf Kosten anderer beliebt machen will.

Eines der Fenster stand offen, und Tommaso hörte einen Nachtvogel singen. Er fragte sich, wo Sicario schlafen würde, nachdem sein Heim entdeckt worden war. In den Ruinen im Disabitato? Vermisste er den Hund? Dachte er darüber nach, wie er seinen Tod rächen könnte? Bedeutete ihm dieser Tod überhaupt etwas?

Tommaso schob den halb vollen Teller zurück und ging in sein Studiolo hinauf. Das Bett war frisch bezogen, wie fast immer, seit Vittoria darüber wachte. Er zog sich aus und kroch zwischen die kalten Laken, aber er konnte sich nicht entspannen. Sein Haus lag am Tiber, der Garten war zum Ufer hin offen. Wer wollte, konnte dort mit einem Boot anlegen. Wusste Sicario, wo der Giudice lebte, der seinen Hund töten ließ? Die Scheiben des Fensters waren in dieser Nacht schwarz und verhüllten alles.

Tommaso widerstand dem Drang, aufzustehen und sich

345

nach einer Waffe umzusehen. Er nahm an, dass Lorenzo einen Sbirro vor seinem Haus Wache stehen ließ. Sicario würde ihn nicht hier aufsuchen. Wahrscheinlich würde er ihn überhaupt nicht suchen.

Irgendwann dämmerte Tommaso ein. Aber er war sofort wieder wach, als er unten im Haus ein Geräusch hörte. Stimmen. Die eines fremden Mannes, dann die von Castro, der ihm antwortete, dann das meckernde Lachen einer Frau, der Kammerfrau Vittorias, und dann Ruhe. Schließlich Schritte, die die Treppe hochkamen.

»Vittoria?«

Die Schritte hielten inne und wandten sich dem Zimmer zu, dass zum Studiolo führte. Von Erregung gepackt, setzte Tommaso sich auf. Er griff nach der Seidendecke und legte sie um seine nackte Hüfte.

»Ich dachte, Ihr schlaft schon.« Sie steckte den Kopf durch den Türspalt, und ihr Lächeln, das vom flackernden Licht ihrer Lampe verzaubert wurde, brachte sein pochendes Herz zum Stillstand. Sie hatte beim Treppensteigen die Haare gelöst, und ihre Locken umflossen ihr Gesicht und gaben ihr das Aussehen eines braunen Fauns. Kein Wunder, dass Carafas Bruder seine Violante nicht selbst umbringen konnte.

»Habt Ihr daran gedacht zu essen?«

»Kommt«, sagte er heiser. »Kommt herein und setzt Euch.«

Sie nahm gehorsam Platz, und zwar auf dem Stuhl, der am weitesten von seinem Bett entfernt stand. Weil sie bei Niccolò gewesen war? Weil sie es nicht ertrug, von jemandem berührt zu werden, dessen Nase dem Hauer eines Rhinozeros glich? Sie wartete, dass er etwas sagte.

»Was habt Ihr getan?«

»Bitte?«

»Irgendwie werdet Ihr den Tag zugebracht haben.«

»Oh, ja, ich … nichts. Vieles. Elenas Garten muss fertig werden. Das ist eine Menge Arbeit. Ich ruiniere mir die Hände.« Sie streckte ihre schönen, langen Finger aus und einen Moment lang schwiegen sie. Die Lampe stand auf dem

Boden. Er konnte den Zustand ihrer Hände so wenig beurteilen wie den ihres Gemüts.

»Lange wird es nicht mehr dauern. Ich hatte gehofft, schon heute alles zu schaffen.«

»Wie geht es Eurer Cousine?«

»Besser. Ich sage ja, manchmal überkommen Elena trübe Stimmungen, aber wenn man es nicht beachtet, ist sie schnell wieder darüber hinweg.«

»Keine Sorgen mehr mit dem kleinen …«

»Oh, Gianni geht es prächtig. Elena ist eine zärtliche Mutter. Sie hat ihn in dem neuen Garten spielen lassen.«

»Und Niccolòs Tod?«

»Den … haben wir ihr noch verschwiegen. Wir werden es ihr langsam beibringen müssen, sonst ist sie gleich wieder verstört. Und gerade jetzt, wo sie sich so lieb um ihren Sohn kümmert …«

Ugo hätte ihr erklären können, dass die meisten Sünder sich durch Schwatzhaftigkeit verrieten. Vittoria log und lächelte, und ihm brach darüber das Herz.

»Ich mache mir Sorgen«, sagte sie. »Ich habe von dem Mann, der den Garten bepflanzt, erfahren, dass ihr einen Sicario jagt. Ich wusste nicht, dass Ihr mit solchen Menschen zu tun habt.«

»Er ist mir entkommen. Wahrscheinlich hat er Rom bereits verlassen. Leute wie Sicario finden überall ihr Auskommen.«

»Das sagte der Mann auch, aber ich habe mir trotzdem Sorgen gemacht.« Sie stand plötzlich auf, kniete neben ihm nieder, nahm seine Hand und drückte sie gegen die weiße Stirn. »Ich bitte Euch, Acht zu geben. Es … wäre mir schrecklich, wenn Euch etwas zustieße. Bitte glaubt mir das.«

Er zog seine Hand zurück. »Braucht Ihr Geld?«

»Signore?«

»Ob Ihr Geld braucht. Alle Frauen brauchen Geld. Ihr müsst Kleider kaufen. Schmuck … weiß der Himmel.«

Er hatte die Genugtuung, ihre Lippen zittern zu sehen, als sie aufstand. »Ihr seid ein wunderlicher Mann, Tommaso

347

Benzoni. Erlaubt, dass ich das sage. Wenn ich etwas kaufe, lege ich Euch die Rechnungen auf den Tisch. Und im Übrigen ...«

»Wollt Ihr mit mir schlafen?«

»Und im Übrigen weiß ich nicht, warum Ihr nach mir ruft, wenn Ihr ...«

»Wollt Ihr?«

»... wenn Ihr zu müde seid, um Euch gesittet ...«

»Wollt Ihr?«

Sie holte Luft. »Ich brauche tausend Scudi, um mir diamantene Sticknadeln schleifen zu lassen. Und ansonsten wünsche ich Euch eine gute Nacht.«

Die Tür knallte ins Schloss, als sie hinausging. Fast wie ein gutes, alte Ehepaar, dachte Tommaso, während er die Decken von sich warf und aufstand. Nur fehlen die warmen Stunden.

Die Rechnungen lagen auf einem Tisch im Zimmer vor dem Studiolo, auf den Vittoria Tinte und Tintenhörnchen aus Elfenbein gestellt hatte, um ihn zu seinem Schreibtisch umzufunktionieren. Tommaso setzte sich davor und begann die wenigen Blätter durchzusehen. Er hatte kaum gehofft, etwas zu finden, und er fand auch nichts bis auf die üblichen Haushaltsbestellungen.

Die Eifersucht, die verblödete Schwester der Liebe, hatte ihm die Hände vor die Augen gelegt. Von sich selbst angewidert, lehnte er sich zurück. Und nahm dann doch noch einmal eine Rechnung auf.

Vittoria hatte Wein gekauft. Zweihundertachtundneunzig Scudi. Die Sorten waren nicht aufgeführt, aber selbst wenn sie nur vom Besten genommen hatte, reichte die Summe, um den Weinkeller, von dessen Lage im Haus Tommaso nur eine vage Vorstellung hatte, bis unter die Decke zu füllen. Warum so viel Wein in einem Haushalt, den auch der Wohlmeinendste nicht als gesellig bezeichnen konnte?

Tommaso streifte seinen Talar über, bevor er sich aufmachte, in die Tiefen seines Hauses vorzudringen. Sein Licht war eine Funzel, deren Schein kaum bis zu seinen Füßen reichte, und er stieß sich mehrere Male Knie und Schienbein, bis er durch die Küche den Weg hinab in die fensterlosen Vorratsräume gefunden hatte.

Sein Weinkeller war mit Körben voll gestellt, in denen getrocknetes Obst und Getreide lagerte. Er erschrak, als eine Katze plötzlich um seine Beine strich, und einen Moment dachte er an Sicario. Dann stieß er auf die Fässer und vergaß den Mörder. Es waren etliche, aber selbst die vordersten wiesen eine Staubschicht von vielen Wochen auf. Er fuhr mit der Hand über den Rand der Fässer und beschmutzte seinen Talar, an dem er sie immer wieder sauber wischte. Es war also kein neuer Wein angekommen, und es lag kein Grund vor, welchen zu bestellen. Also? Faktum?

Faktum war, dass mit der Rechnung etwas nicht stimmte. Faktum war, dass Vittoria Benzoni Geld für Dinge ausgab, von denen er nichts wissen sollte. Und dass ihr dieses Geheimnis so wichtig war, dass sie enorme Anstrengungen unternahm, um ihn hinters Licht zu führen. Weil …

Er krächzte ein Schimpfwort, und die Katze floh hinter die Obstkörbe. Er hätte nicht heiraten dürfen. Er verfluchte Ottavio Gaddi, den er mehr als jeden Mann respektiert und geliebt hatte. Er verfluchte Vittoria. Er verfluchte sich selbst. Noch vor einem Jahr war er ein glücklicher Mann gewesen.

XXXXV

Der folgende Tag war ein Sonntag. Tommaso besuchte die Messe in Santa Maria, hörte zerstreut die Liturgie und schweifte mit seinen Gedanken vollends ab, als er die Muttergottes mit ihrem Sohn betrachtete, die den goldenen Grund der Apsishalbkuppel schmückte. Seine eigene Mutter war an einer Krankheit, die ihre Drüsen schwellen ließ, gestorben, als er ein kleiner Junge gewesen war. Er erinnerte sich kaum an sie. Aber die Sehnsucht nach weichen, zärtlichen Armen erweckte eine zweifellos gotteslästerliche Eifersucht auf den Erlöser in ihm. Um sich abzulenken, zählte er die Lämmer, die zu Füßen des heiligen Paares über einen Fries wanderten.

Die Tribunale waren geschaffen worden, um die Schafe der Heiligen Kirche in ihren weltlichen Angelegenheiten zu schützen. Doch wie es schien, versagten sie ebenso wie die Kirche selbst. Der lästerliche deutsche Mönch sandte seine Thesen in die Welt, und Sicario schlich wie ein Wolf durch die römischen Gassen. Aber weder Luther noch Sicario sind die Ursache des Bösen, dachte Tommaso, während Glöckchen klingelten und der Priester in schlechtem Latein mit hartem spanischem Akzent seine Worte setzte. Luther hätte mit seinen aufrührerischen Thesen keinen Erfolg gehabt, wenn der Kirchenstaat nicht zum Hurenhaus verkommen wäre, und Sicario lebte vom Geld ebenjener Römer, die sich vor ihm fürchteten, die ihn aber riefen, wenn sie ihn brauchten.

Tommaso war froh, als er der von betäubenden Kräutern schweren Luft endlich entrinnen konnte, und ging hinüber zu der Osteria, in der er mit Lorenzo und Ugo gegessen hatte. Er trank etwas, ließ sich Fleisch bringen und brütete vor sich hin. Schließlich entschloss er sich, in die Via dei Portoghesi zu gehen.

Der Weinhändler, bei dem Vittoria angeblich bestellt hatte, lebte in einem der alten Häuser, die nach dem Willen der Bezirksvorsteher schon längst hätten abgerissen werden sollen. Das Schindeldach war mit Stroh ausgebessert, die Mauer wies noch Einschüsse vom Sacco auf. Hier lebte kein Mann, der teure Ware verkaufte. Unschlüssig blieb Tommaso vor dem Eingang stehen. Der Torbogen war irgendwann einmal zugemauert worden, um den Rahmen für eine billige, rechteckige Tür zu schaffen, aber der Maurer hatte schlecht gearbeitet, und der Mörtel bröckelte aus den Fugen.

Tommaso schlug den Türring in die Delle der Tür, doch niemand öffnete.

»Signor Bartoletti besucht seine Mutter«, brüllte ein halb nackter Junge, der mit ein paar Freunden Pallamaglio spielte, wobei er eine Latte als Schläger benutzte.

»Wann kommt er zurück?«

»Heute Abend.« Der Junge lief heran und hielt Tommaso mit einem entwaffnenden Grinsen die offene Hand hin. Tommaso gab ihm einen gutmütigen Klaps hinter die Ohren. Er beschloss, in die Weingärten unten am Fluss zu gehen und die Sonnenstrahlen auszunutzen. Bis zum Abend war es nicht mehr lang.

Nach seinem Spaziergang kehrte er in die Straße zurück. Seine Stimmung hatte sich etwas gebessert, aber das verging, als er sich im Zwielicht wieder dem heruntergekommenen Haus näherte. Die Jungen waren verschwunden, und auch sonst gab es kaum noch Passanten auf der Straße. Aus den Fenstern drangen Kochgerüche, Fluchen, Lachen, die täglichen Geräusche der Menschen, die hier auf engem Raum zusammenlebten. Eine der Huren, denen man in Rom auf Schritt und Tritt begegnete, hockte niedergeschlagen auf einer Treppe und zupfte an ihrem zerschlissenen Kleid. Tommaso hatte das Gefühl, dass sie ihn beobachtete, aber als er genauer hinsah, war sie mit einem Loch in ihrem Saum beschäftigt, durch das sie unglücklich den Finger steckte.

Er pochte erneut, und diesmal hatte er Glück. Hinter der Tür wurden schlurfende Schritte laut.

»Was?«, schnauzte ihn ein Mann mit einer entzündeten Nase und aufgequollenem Gesicht an. Er roch, als hätte man ihn in Wein eingelegt. Tommaso wich etwas zurück und versuchte, durch den Mund zu atmen, um dem Gestank nach Wein und altem Schweiß zu entgehen. »Ich brauche eine Auskunft.«

Der Mann grunzte etwas und wollte die Tür zuschlagen, war aber zu betrunken, um zu verhindern, dass Tommaso sich ins Haus drängelte. Sie standen in einer dunklen Halle, die auch das Verkaufslager zu sein schien, denn an den Wänden stapelten sich Fässer.

»He ... was soll'n das?« Der Mann stolperte und tastete nach einem Pfeiler, während er die Augen zusammenkniff.

»Signora Benzoni hat hier eingekauft. Aber die Ware wurde nicht geliefert. Ihr habt etwas zu erklären.« Tommaso versuchte, sich Vittoria in dem verdreckten Verkaufslager vorzustellen. Sie hätte niemals bei diesem Ferkel eingekauft. Und richtig schüttelte der Mann den Kopf.

»Signora ... kenn ich nich. Kenn ich nich. Ich kann doch nich jeden ...« Er blinzelte und presste die Faust gegen einen schmerzenden Punkt zwischen den Augen. »Lucia! Komm mal. Das macht *sie*. Mit dem Geld. Wie kommt Ihr überhaupt dazu, hier lauter Fragen ...«

Eine Frau räkelte sich hinter einem Vorhang hervor. Sie trug die Haare in einer kunstvollen Frisur und war so sauber wie der Mann schmutzig. Man hätte meinen können, sie hätte sich verirrt. Aber sie legte Signor Bartoletti, den Arm um die Schulter – sie war sicher einen halben Kopf größer als er – und fragte Tommaso leise und überaus nüchtern: »Worum geht es?«

»Um den Wein, den Signora Benzoni hier gekauft hat.«

»Er soll gehen«, murrte der Mann. »Verfluchter Jude. Macht am Sonntag Geschä… Er is'n Jude, Lucia. Ich mach keine Geschäfte am …«

»Geh nach hinten.« Die Frau zog ihn zärtlich am Ohr. »Er ist kein Jude. Ich erledige das.« Sie küsste ihn ohne ein Zeichen des Ekels auf den verfilzten Scheitel und wartete, bis er sich schimpfend verzogen hatte.

»Es geht also um Signora Benzoni? Und *Ihr* seid?« Ihr Lächeln bewies, dass sie wusste, wen sie vor sich hatte, oder dass sie es zumindest erriet.

»Es gibt zwei Möglichkeiten, Signora. Die eine: Ich rufe die Sbirri, lasse Euch in die Larga bringen und verhöre Euch zu gegebener Zeit, was in etwa einer Woche sein wird. Die andere ist, dass Ihr ein wenig zuvorkommender meine Fragen hier beantwortet.« Er hatte die Worte herausgezischt. Die Frau, die merkte, wie wütend er war, wurde vorsichtiger. Er sah sie an den äußerst weißen Zähnen nagen.

»Die Signora wünschte keinen Wein, sondern Geld – was ungewöhnlich ist, denn wir sind keine Bank. Aber da ich Mitleid mit der Dame hatte, die sonst sicher zu einem Wucherer gegangen wäre, habe ich ihr das Geld gegeben und die Rechnung geschrieben. Sagt mir, durch welches Gesetz Mitleid bestraft werden soll.«

»Was hat sie für Euer Mitleid gezahlt?«

Die Frau hob die hübschen Schultern. »Ich weiß nicht mehr. Vielleicht gar nichts, vielleicht ein paar Münzen.«

»Wie oft ist das vorgekommen?«

»Signore …« Sie zuckte, als sie seinen aufkochenden Ärger sah und sagte eilig: »Drei – oder vier Male. Es geht mich nichts an. Ich habe mir nichts vorzuwerfen.«

Tommaso hatte keine Fragen mehr. Er wandte sich zur Tür.

»Bekomme ich die Rechnung bezahlt? Sonst müsste *ich* mich an die Gerichte wenden.« Wieder blitzten die weißen Zähne, diesmal herausfordernd. Im Hinterzimmer fiel etwas

Metallenes zu Boden. Der Betrunkene rief lallend um Hilfe. Die Frau wartete auf Antwort.

»Das werdet Ihr mit Signora Benzoni ausmachen müssen.«

Die Straße empfing ihn mit reiner, sauberer Luft. Tommaso ging ein paar Schritte, aber besser atmen konnte er trotzdem nicht. Die Schlinge zog sich zusammen. Von einer der Banken würde er die Auskunft bekommen, dass Geld in Höhe der Weinrechnung nach Civita Castellana abgegangen war. Welche Bank hatte Vittoria gleich aufgesucht? Richtig. Die Dinge passten zueinander wie Mosaiksteinchen. Langsam ging er die Gasse hinunter.

»Signor Giudice?«

Er hatte gerade das Ende der kleinen Straße erreicht, die auf einen Marktplatz mündete. Schleppend drehte er sich um. Er musste nachdenken, woher er die Frau kannte, die ihn schüchtern anlächelte. Sie kicherte, hob die Schultern und sagte verlegen: »Ich hab Euch ins Haus gehen sehen. Ich beobachte Euch schon 'ne ganze Weile. Ein Freund von mir, der will Euch sprechen.« Ihr Lächeln war berufsmäßig kokett, aber sie fühlte sich nicht wohl in der Haut, das merkte er. »Ich soll Euch ausrichten, es ist wegen Putto. Und wegen La Luparella. Ich weiß auch nicht.«

»Wer ist dein Freund?« Glockengeläut setzte ein. Erst schwach, von einer weiter entfernten Kirche, aber bald würde Rom wieder im Gesang der Glocken baden.

»Er ändert immer seinen Namen, weil er Angst hat, aber die meisten nennen ihn den Leopard. Wegen seiner ...«

»Wegen seiner fleckigen Haut.«

»Dafür kann er nichts«, meinte die Frau für den Jungen in die Bresche springen zu müssen. Seltsam, dass der Gefleckte wieder bei einer ältlichen Hure gelandet war. Und seltsam, dass sie ihn wieder beschützte. Ihr Gesicht war mit einer so dicken Schicht Schminke bedeckt, dass sie in den Augenwinkeln Risse aufwies, und ihre Lippen glänzten, als würden sie bluten. Da sie ihr Haar wie viele Huren unter dem ehrbaren Schleier der Ehefrauen versteckt hatte, konnte man nicht viel davon erkennen, aber die Strähnen in der Stirn schienen auf billige Art gebleicht zu sein. Die Augenbrauen hatte sie ausgezupft, was ihr Gesicht noch künstlicher wirken ließ.

»Wer bist du?«

»Ich wohne im *Cavaliere Bianco*, Herr. Das gehört meinem Vater, und ich helfe beim Ausschenken.«

Und bei allem, was sonst noch anfällt, dachte Tommaso verdrossen. Er hatte keine Lust mehr, sich mit Putto zu befassen oder mit den Personen, in deren Dunstkreis er gelebt hatte. Aber noch weniger Lust hatte er, nach Hause zu gehen.

»Wo steckt dein Leopard?«

»Ich hab versprochen, das niemand zu sagen, weil … er hat Angst.« Sie beugte sich vor, als flüstere sie ihm ein Geheimnis zu.

»Wovor?«

»Weil er doch über Putto Bescheid weiß. Na ja …« Sie kicherte nervös. »Es heißt doch …«

»Er hat Angst vor Sicario?«

Schreckensweite Augen starrten ihn an, als könne allein die Erwähnung des Mörders zu seinem Auftauchen führen.

»Wenn du mir nicht sagst, wo er ist …«

»Ich führe Euch, Herr. Er sagt, solang *er* lebt …« Wieder der angstvolle, starre Blick. »Er traut sich keinen Schritt mehr vor die Tür. Er ist wie tot bei lebendigem Leib. So ist es doch, Herr, wenn einen einer wie Sicario jagt.«

Die Glocken hatten sich zu ihrem Chor zusammengefunden und sangen das Komplet. Es war fast dunkel, die meisten Fensterläden waren zugeklappt, und die Gasse versank für die Nacht in Einsamkeit. Vittoria würde dafür gesorgt haben, dass in dem kleinen Salon ein Essen serviert wurde, wenn er heimkam, aber sie selbst würde wahrscheinlich wieder bei Elena sitzen – oder das zumindest vorgeben.

»Dann bring mich also hin.«

Sie überquerten den Corso und liefen durch dunkle Gassen, die nicht gepflastert und vom Regen der vorangegangenen Tage aufgeweicht waren. Tommaso merkte, wie seine Schuhe feucht wurden. Der Saum seines Talars sog sich mit

355

Straßendreck voll. Er gab es auf, den Pfützen ausweichen zu wollen. Die meisten bemerkte er sowieso erst, wenn er hineintrat.

Sie kamen an einen der unzähligen kleinen Plätze, die wie Inseln im viel zu dicht bebauten Rom lagen. Es war ein armes Viertel. Die Bewohner sparten Tran und Kerzen, und es drang kaum noch Licht durch die Ritzen der Fensterläden.

»Hat er sich im Disabitato versteckt?«

Die Frau schwieg auf seine Frage, aber sie änderte die Richtung. Sie schlüpfte in einen Seitenweg, der wiederum in einen Platz mündete. Gegenüber erhob sich ein massiges Gebäude mit Säulen und einem breiten Torbogen, einer der alten Tempel, die jetzt für profane Zwecke genutzt wurden. Man hatte Mauern eingerissen und andere dazugebaut und wieder dazugebaut, so dass von der ursprünglichen Schönheit kaum noch etwas zu erkennen war. Hinter der höchsten Mauer wuchs ein Turm mit einem hohen Arkadengeschoss empor, der ihm bekannt vorkam.

»Die Tor de' Conti.«

Er sah die Frau nicken. Sie winkte ihm. Er glaubte zu sehen, wie sie verlegen den Kopf neigte, als sei der lange Weg ihre Schuld. Sie trat zwischen die Säulen. Überall lag Bauschutt, und Tommaso dachte, wie Recht Ugo hatte – der Governatore sollte die Ruinen abreißen und saubere, neue Wohnungen errichten. Sie hausten in ihrer eigenen Vergangenheit wie in den Gräbern ihrer Vorväter. Der Geruch von altem, feuchtem Getreide kroch ihm in die Nase. Er hustete. Irgendwo musste ein Kornlager sein.

»Herr?« Die Frau winkte ihn in einen Vorraum, durch dessen zerstörte Decke die Sterne blinkten. »Hier unten gibt es einen Keller, den kaum einer kennt. Da hat er sich versteckt.«

Tommaso trat neben sie und sah zu, wie sie sich vorbeugte und eine Falltür im Boden anhob, aus der ihnen mattes Licht entgegenschimmerte.

»Es geht eine Treppe runter«, flüsterte die Frau. »Aber Vorsicht, sie ist steil und ohne Geländer.«

Tommaso hob den Saum seines Talars an, um nicht zu stolpern.

»Ich bin's, Junge«, raunte die Frau ins Loch. Und zu Tommaso: »Er hatte große Angst, dass Ihr nicht kommen würdet. Ich konnte ihn kaum beruhigen.«

Tommaso tastete mit dem Fuß vor und fand die erste Stufe. Die Frau war ihm jetzt so nah, dass sich ihre Schultern fast berührten. Aus den Augenwinkeln sah er, wie sie ihren Rock anhob. Immer noch lächelnd zog sie etwas Pralles, Sackartiges darunter hervor. Ihre Beine waren muskulös, und – das konnte er im schwachen Licht erkennen – schwarz von Haaren.

Als Tommaso seine Dummheit begriff, war es bereits zu spät. Er konnte gerade noch den Arm heben, dann ging der Sack auf ihn nieder.

Schmerz. Alles war Schmerz und Gestank. Er rang nach Luft, aber jeder Atemzug, der in seine Lungen drang, brachte einen betäubenden Mief von Kot und Fäulnis mit sich. Es war, als läge er inmitten eines Abtritts. Als Tommaso mit den Händen tastete, spürte er angeekelt etwas Schmieriges unter den Fingern. Er keuchte, und es dauerte eine Ewigkeit, bis ihm bewusst wurde, dass er sich in Gefahr befand.

Der Schmutz unter seiner Hand spielte keine Rolle. Sicario hatte ihn gefasst. Er war ihm nachgeklettert und stand in seinem bunten Weiberrock direkt neben ihm.

Tommaso schloss die Augen und hätte sie am liebsten niemals mehr geöffnet. Dumm. Leichtsinnig. Erbärmlich.

Dann traf ihn ein Tritt, und seine Empfindlichkeit wurde bedeutungslos. Der Mörder sah auf ihn hinab. »Na?« Das Wort hallte. Sie befanden sich nicht in einem Keller, sondern in einem riesigen, gewölbten Tunnel aus Bruchsteinen, durch den sich ein stinkender Fluss zog, der Styx, und Charon wartete auf die Goldmünze.

»Du lebst!«

Tommaso biss die Zähne zusammen. Als er sich aufsetzte, schoss ein grässlicher Schmerz in seinen Arm, und er musste an sich halten, um nicht zu schreien. Schwer atmend blickte er sich um. Sie saßen neben der stinkenden Brühe auf einer Plattform, von der eine Treppe nach oben führte. Das Ende der Treppe verschwand in der Dunkelheit, die Falltür war also vermutlich zugeschlagen.

Auf halber Höhe der Treppe stak eine Fackel. Sicario war damit beschäftigt, weitere Fackeln an ihr zu entzünden, die er an die Mauer lehnte oder in rostige Eisenhalter steckte. Ihm war der Schleier vom Kopf gerutscht, und Tommaso sah, dass sein Haar lang und dunkel war. Nur die Strähnen auf der Stirn glänzten hell, wahrscheinlich hatte er sie mit einer Paste gefärbt. Er nickte ihm zu, während er eine vierte und fünfte Fackel in Brand setzte. Ratten flüchteten ins Wasser, und große, gallertartige Spinnen mit langen Beinen huschten über die Steine, als sie vom Lichtschein getroffen wurden.

In einer Ecke lag ein Haufen Kleider. Der Mörder trat dagegen, und dem Haufen entfuhr ein Jaulen.

»Ich habe es dir versprochen«, bemerkte Sicario. Er wandte sich wieder Tommaso zu. Die Schminke auf seinem Gesicht war zerlaufen, wahrscheinlich von der Feuchtigkeit, denn im gesamten Tunnel hingen übel riechende Wasserdünste wie Nebelschwaden. Tommaso versuchte, die Züge des Mörders zu erkennen. Unwillkürlich bewegte er sich dabei, und wieder schnitt es ihm durch seinen Arm, als würde eine Säge die Muskeln durchtrennen.

»Du hast Schmerzen«, stellte der Mörder fest. Er ging in die Hocke und betrachtete Tommaso. »Es war nicht schwer, dich fortzulocken.« Das klang nach Enttäuschung. Unter der verwüsteten Schminkschicht ließ sich Sicarios Gesicht erahnen. Die Wangen hingen ein wenig schlaff, die Lippen waren puppenhaft steif, die Augen übergroß. »Ich hatte mehr von dir erwartet.« Er hob die Hand und strich damit über Tommasos Wange.

Fra Agostino … die Jungen … Manfredi … Tommaso versuchte, nicht daran zu denken, was diese Hand getan hatte. »Wie …« Er räusperte sich. »… ist dein Name? Dein wirklicher?«

Der Mörder starrte ihn an, ohne zu antworten. Schließlich erhob er sich und ging zu dem Kleiderhaufen hinüber. Er trat so lange dagegen, bis sich ein Kopf mit weißen Haaren aus den Lumpen schälte. Grinsend wandte er sich um. »Siehst du? Ich hab ihn dir versprochen, und da ist er. Er hat Angst.«

Das stimmte. Das junge Gesicht mit der fleckigen Haut verzog sich zu einer erbarmungswürdigen Fratze, als Sicario sich herabbeugte. Dem Leoparden, der so gar nichts von der Kraft eines Raubtiers hatte, entrang sich ein Laut, der Tommaso bis ins Mark erschütterte. Angst und Scham mischten sich darin. Vor allem Angst.

»Lass ihn in Ruhe.«

»Aber nein. Er ist mein Geschenk für dich, verstehst du nicht? Ich habe ihn geholt, damit er deine Neugierde stillt. Ich hab ihn *für dich* geholt.«

Tommaso merkte, dass seine Finger, mit denen er den Arm hielt, nass waren. Er blutete also. Aber das war nicht das Schlimmste. Der Knochen stand seltsam ab. Er fühlte etwas Spitzes gegen die Haut drücken. Der Sandsack musste ihm den Oberarm gebrochen haben. Eine Ratte flitzte gegen Sicarios Bein, als er zurückkehrte. Sie fiepte erschreckt und schoss in das schwarze Wasser zurück.

»Es ist die Cloaca Maxima«, sagte Sicario. »Sie ist so alt wie die Stadt. Es ist kein würdiges Grab, aber ich werde dich auch nicht hier lassen. Ich möchte, dass sie dich finden, damit jeder weiß, wer die Jagd gewonnen hat. Warst du an der Universitas?«

»Was?« Tommaso zuckte zusammen, als er in den ausdruckslosen Augen plötzlich Wut schillern sah.

»Du hörst nicht zu.«

»Doch, ich … Ja, ich war an der Universitas.«

»An welcher?«

»Padua.«

»Ich habe bei den Mönchen von San Gregorio gelernt. Aber das waren nur Schwachköpfe, die nachplapperten, was andere erzählten. Die wichtigen Fragen, *mich*, haben sie nie verstanden. Bist du klüger?«

Der Leopard begann zu winseln. Es schien aus ihm herauszuquellen wie Wasser aus einer geplatzten Blase. Sicario brüllte etwas, aber es gelang dem Jungen nur, sein Gewimmer ein wenig zu dämpfen. Der unheimliche Mann fletschte die Zähne. Doch er blieb bei Tommaso stehen und wiederholte seine Frage. »Bist du klüger?« In seinen Augen stand eine seltsame Gier.

Antworte, befahl sich Tommaso, aber was? Ihm war schlecht vor Schmerz, und sein Gehirn schien voll vom Dreck der Kloake zu sein. Ja... nein... was wollte der Kerl... »Du hast den Jungen geholt, damit er mir etwas über Putto sagt.«

Die bösartige Mörderhand klatschte in sein Gesicht, dass sein Kopf zur Seite flog. »Du *musst* klug sein, denn du hast meine Wohnung gefunden.« Sicario bebte vor Ungeduld und Wut.

»Ja.«

»Gut. Das wollte ich nur wissen. Warum sagst du nicht, was *ich wissen will*? Es war eine *ganz einfache* Frage.« Er rang um Beherrschung. Plötzlich versank er in sich selbst. Er schloss die Augen, er atmete tief, seine Hände entkrampften sich, er wurde wieder ruhig. »Es lässt dir keine Ruhe, ja? Mit Putto. Das ist *deine Frage*.«

Tommaso nickte.

»Es bringt dir keinen Nutzen zu wissen, wer Putto tötete. Niemand wird dich dafür belohnen. Es ist nur deine Neugier. Verstehst du? Und das macht uns zu Brüdern.«

Tommaso nickte wieder und überlegte, ob Sicario gegen seinen Arm treten würde, wenn er ihn reizte. Davor hatte er höllische Angst.

»Hast du Angst?« Es war, als hätte Sicario in seinen Gedanken gelesen.

»Manchmal.«

»Jetzt?«

»Ja.«

»Wie der Leopard. Seine Angst kann man daran erkennen, dass er sich nass macht. Das ist ein Zeichen.«

»Das ist ein Zeichen für Angst«, wiederholte Tommaso wie ein Idiot.

»Dieser kleine Junge, der Freund von Putto – er ist an seiner Angst gestorben. Wusstest du das?«

»Er ist an einem Schnitt durch die Kehle gestorben.«

»Nein, er war schon vorher tot. Von seiner Angst.« Die Wimpern des Mörders flatterten. Er mochte es nicht, wenn man ihm widersprach. Vorsicht, Vorsicht. »Die Angst des Leoparden ist gewöhnlich. Sie lässt ihn winseln, aber er kann nicht mehr vernünftig reden. Sieh her ...«

»Lass ihn in Ruhe.«

»Nein, du musst es ...«

»Lass ihn, verdammt!«, brüllte Tommaso plötzlich. »Rühr ihn nicht an!«

Sicario hörte nicht. Der Junge begann zu weinen, als er ihn kommen sah, und stieß dabei gleichzeitig Laute aus – ein verzweifelter Versuch, Worte zu bilden, der bewies, dass er zugehört hatte. Tommaso fühlte, wie sich sein eigener Körper verkrampfte. Seine Lippen zitterten. Sicario hatte sich über den Jungen gebeugt, und irgendetwas Grässliches geschah.

Er brachte es fertig, auf die Füße zu kommen und stolperte vorwärts. Der Junge würgte, als bekäme er keine Luft mehr. »Du sollst ihn nicht anrühren, du gottverdammtes, verrücktes ...« Wie von Sinnen begann Tommaso auf den Mann im Weiberrock einzutreten. Das chamäleonhafte Gesicht war vor Wut entstellt, als es sich ihm zuwandte.

Der Schlag, mit der Handkante auf den gebrochenen Arm, war, wie Tommaso befürchtet hatte. Nein, schlimmer. Der Schmerz stach zu und breitete sich wie eine Explosion in seinem ganzen Körper aus. Tommaso sackte zu Boden und versuchte nur noch, sich zu schützen.

»Ich bin nicht von Gott verdammt. Ich bin nicht verrückt, aber vor allen Dingen bin ich nicht von Gott ...« Sicario brüllte so lange, bis sein Opfer endlich antwortete.

»Nein.« Bei diesem Wort wurde es schlagartig still.

Der Mörder hockte auf den Fersen. Die Schminke war ihm

über die Augenbrauen und in die Mundwinkel gelaufen. Er schwitzte. Über den Saum seines Rocks huschte eine der blassen Spinnen. »Ich weiß nicht, was Angst bedeutet. Das ist alles«, sagte er.

»Ja.«

»Einige Leute erschreckt das. Die Mönche mochten mich deshalb nicht, obwohl ich nichts dazu kann.« Er beugte sich vor, aber er hatte nicht mehr die Absicht zu schlagen. »Ich hatte Angst, als ich den ersten Menschen tötete. Es war ein Novize, genau wie ich. Er hatte eine schöne Stimme, und alle liebten ihn. Ich habe ihn mit kochendem Wasser übergossen. Aus Versehen. Er hat geschrien, und deshalb habe ich ihn erschlagen. Und plötzlich war das Badehaus voller Mönche. Da hatte ich Angst.«

»Ich ... verstehe.«

»Sie hielten mich für den Gottseibeiuns und hatten Knüppel aufgerafft. Deshalb. Ich wusste, dass sie mich totschlagen wollten. Und ich wusste, dass ich Angst hatte. Aber die Angst – war mir nicht unangenehm.«

»Sie war dir ... nicht unangenehm.«

»Sie machte mich lebendig. Heiter. Kraftvoll. Glücklich. Begreifst du? Ich bin anders.« Er forschte in Tommasos Gesicht. Plötzlich brüllte er über die Schulter: »Junge! Sag ihm, wer Putto umgebracht hat.«

Der Leopard schluchzte und würgte.

»Das ist nämlich mein Geschenk für dich. Wir sind beide sonderbar. Wir wollen beide etwas wissen, was uns keinen Nutzen bringt. Deshalb sind wir Brüder und helfen einander wie Brüder. Ich helfe dir, damit du endlich weißt, wer Putto getötet hat. – Junge!« Er stand auf, ging ein paar Schritte und trat dem Leoparden erneut gegen den Kopf.

»Lass ihn. Er weiß nichts. Ich habe selbst schon mit ihm gesprochen.«

»Er weiß, denn diesmal hat Sicario ihn gefragt.« Hochmütig trat der Mörder ein weiteres Mal zu.

Tommaso stemmte sich an den glitschigen Quaderblöcken hoch. Es fiel ihm schwer, die Füße voreinander zu setzen, die

Anstrengung erforderte seine ganze Kraft, und er bemerkte das Wohlwollen Sicarios. Vor dem Jungen blieb er stehen.

»Du weißt, wer Putto umgebracht hat?«

Der Junge nickte mit weißen Lippen.

»La Luparella hat es dir erzählt?«

Er schüttelte den Kopf.

»Jemand anderes?«

Wieder ein Kopfschütteln.

»Dann musst du dabei gewesen sein, als Putto starb.«

»Ja.« Er hatte gesprochen. Sein erstes Wort. Tommaso blickte über ihn hinweg auf das Wasser, das Blasen schlug. Es waren die Blasen, die glänzten, der Schmutz, der sich auf der Wasseroberfläche absetzte. Roms kostbarer Abwasserkanal, das Juwel der Ingenieurskunst, würde die Bühne für seinen Tod abgeben. Er sah, wie der spitze Kopf einer Ratte die Brühe zerteilte, und ihm wurde flau vor Ekel.

»Wer hat ihn umgebracht? Du musst weiterfragen«, drängte Sicario.

»Wer hat Putto umgebracht?«

Tommaso wich dem flehenden Blick des Leoparden aus. Sein weißes Haar war blutverkrustet und – schlimmer – seine Hände gefesselt. Ein Gefesselter und ein Verletzter, der den Arm nicht gebrauchen konnte. Was sollten sie ausrichten? Sie würden sterben.

»Niccolò Contera.«

Sie würden also sterben. Der Gedanke leierte durch Tommasos Kopf – und stockte. »Wer?«

»Signor Niccolò. Niccolò. Niccolò ...«, brachte der Junge wie ein Papagei hervor. Er lächelte verkrampft. Und plötzlich brach es aus ihm heraus. »Er und ein anderer. Den andern kannte ich nicht. Aber Signor Niccolò kam jeden Abend in die *Sirena*. Seine verrückte Frau. Sie war verrückt und hässlich. Er hasste sie.«

»Erklär ihm, warum«, verlangte Sicario und sah Beifall heischend auf den Richter.

Aber Tommaso schüttelte den Kopf. »Nicht Niccolò Contera.« Sicario spielte ein böses Spiel, das er nicht begriff. Niccolò war Vittorias ... er hatte sich an Vittoria herangemacht. Dafür hasste er ihn. Aber Niccolò hatte nichts mit Putto zu tun. Wieso brachte Sicario diese Dinge durcheinander? Woher wusste er überhaupt ... Er konnte nicht wissen ...

Die Augen des Leoparden wurden weit, als der Mörder die Stirn runzelte. Er überschlug sich vor Beflissenheit. »Aber doch, Signore. Sie war eifersüchtig, die Frau von Signor Niccolò. Er hat darüber geflucht. Sie hat ihm das Gesicht zerkratzt. Und Putto ...«

»Elena Contera hat ihrem Mann das Gesicht zerkratzt?«

Er nickte eifrig. »Putto scherzte darüber. Über die Eifersucht. Aber er wäre nicht zu der Signora gegangen. Niemals. Signor Niccolò war ein guter Kunde. Er wollte ihn nur necken. Sie mochten es, wenn Putto ...«

»Du warst damals noch gar nicht in Rom, Junge. Du kannst das alles nicht wissen.«

»Sie prügelten ihn für seine Dreistigkeit, aber dann liebkosten sie ihn wieder und lachten. So mochten sie es. Prügel und Liebe und Prügel. Tonio war schüchtern. Das wollten sie auch. Aber Putto ... Sie spielten ...«

»Hör auf.«

»Nein, er soll weitererzählen«, verlangte Sicario. »Du wolltest das wissen.«

»Signor Niccolò hat ihn gewürgt. Wir dachten, er scherzt. Wir dachten, er hört auf, wenn Putto ...«

»Du bist erst in den letzten Wochen nach Rom gekommen. La Luparella hat gesagt ...«

»Du bist Richter und merkst nicht, wenn eine Hure und ihr Bock dich anlügen.« Sicario verlor die Beherrschung. »In Padua, ja? Giudice! Und genauso dämlich ... Lass ihn endlich ausreden!«, brüllte er.

»Ich rede. Sicher, Signore, ich rede ... Signor Niccolò. Er hörte nicht ... nicht auf.« Der Leopard stotterte. »Er drückte zu, bis er tot war. Er hat darüber gelacht, aber sein Freund kriegte es mit der Angst. Der war angesehen. Und der Skandal ...«

»Und dann habt ihr ihn in den Turm ...«

Sicario verlor die Geduld. »Der Leopard ist davongelaufen. Erst Tonio, dann der Leopard. Genug. Mehr weiß er nicht. Ich hab ihn ausgehorcht.« Er wischte die Angelegenheit mit der Hand fort und schien erleichtert, dass das holprige Verhör vorüber war. »Niccolò Contera ist der Name, den du haben wolltest. Und nun erkläre es mir.«

»Was?« Tommaso versuchte, langsamer zu atmen und schneller zu denken. Er wusste inzwischen, wie gefährlich die Stimmung des Mörders umschlug. Weg mit Niccolò Contera.

»Du warst in Padua, Giudice. Und du hast meine Wohnung gefunden. Und den Ort, an dem ich mich mit den Kunden treffe. Also bist du klug. Du *musst* es erklären können.«

»Die Angst, ja.«

Zum ersten Mal bemerkte Tommaso, dass der Mörder Handschuhe trug. Nein, dass er sich welche übergezogen hatte, und es war auch nur ein einzelner Handschuh an der rechten Hand. Der Zeigefinger schimmerte rot.

»Du weißt es *nicht*«, fauchte Sicario. Er zog die Lippen auseinander. Seine Zähne wurden sichtbar, und er hatte plötzlich Ähnlichkeit mit seinem Hund. »Aber ... es *schadet nicht*. Warum auch? Ich muss es so wenig wissen, wie du Puttos Mörder kennen musst. Nur *hätte* ich es gern gewusst. Gott hat mich *nicht* verdammt. Und ich bin auch *nicht* verrückt. Ich weiß nur nicht, wie sich Angst anfühlt. Aber ... du kannst es nicht erklären. Und *das* gefällt mir nicht. Du betrügst mich. Unter Brüdern.«

Der Leopard versteckte sein Gesicht unter den gefesselten Händen.

»Gut, gut. Du stirbst sowieso. Ich werde dafür bezahlt, Giudice, und Sicario tut seine Pflicht. Aber ich muss dir sagen ...«

Nicht warten, hatte Lorenzo gewarnt. Sicario stand vor dem Wasser. Zu weit von der Kante? Zu weit, aber ... Nicht denken, nicht abschätzen, nicht warten.

Tommaso warf sich nach vorn. Er stolperte über die Knie

des Leoparden und über seinen eigenen Talar. Ihm fehlte jede
Kraft. Es war nur die Furcht, die ihn antrieb, diese verdammte Angst, über die er hätte erzählen können bis zum
Jüngsten Gericht, aber sie gab ihm keine Stärke. Er stürzte
gegen Sicarios Oberschenkel und brachte ihn damit aus dem
Gleichgewicht. Ein härterer Mann, Strata, hätte dem
Schmerz getrotzt und Sicario ins Wasser gedrängt. Tommaso
konnte es nicht. Er verlor sich in seinem Schmerz und hielt
den Arm, während alles um ihn herum verschwamm. Sicarios Gesicht – wutverzerrt – hob und senkte sich vor seinen
Augen wie eine Laterne. Der Verrückte begann auf seinen
Arm einzudreschen. Schlag, Schlag ... Die Knochen knirschten.

Undeutlich sah Tommaso das Gesicht des Leoparden neben dem Sicarios auftauchen.

Noch ein Schlag ...

Tommaso schrie. Nein, das war nicht er selbst. Der Leopard heulte sich die Kehle aus dem Leib. Sicario hatte sich
auf ihn geworfen und tat etwas mit ihm. Das Gesicht des
Mörders war zur Fratze geworden. Mehr denn je ähnelte er
seinem Hund, und vielleicht war dies nach all den Verklei-
dungen sein wahres Gesicht.

Der Leopard quietschte in höchster Not. Tommaso raffte
sich auf, aber seine Bewegungen waren so langsam, als be-
fände er sich in einem jener Albträume, in denen ein Schritt
eine Ewigkeit dauert.

Sicario ließ von dem Jungen ab, der plötzlich still lag. Er
riss eine Fackel an sich und tänzelte mit bösartigem Vergnügen auf Tommaso zu. Dann verlor er das Gleichgewicht. Eine
der weißen, gallertartigen Spinnen war verschreckt über die
Steine gehuscht. Für Tommaso sah es so aus, als wäre es die
Spinne, auf der Sicario ausglitt. Wahrscheinlich war es nur
der glitschige Boden, aber er stürzte und fiel auf den Hinterkopf.

Die Fackel erlosch. Doch sie war immer noch eine Waffe.
Tommaso packte sie. Er konnte nur den linken Arm benutzen, den aber schwang er mit aller Kraft. Seine Angst – soll

ich es dir erklären, Sicario, dieses Wunder? –, seine Angst verlieh ihm plötzlich goliathartige Kräfte. Er schlug in das Hundegesicht, ohne aufhören zu können. Sicario wehrte sich nicht, vielleicht war er bewusstlos oder bereits tot. Aber Tommaso hielt nicht inne, bis die Fackel zerbrach.

XXXXVI

Aber gewiss hole ich einen Arzt. Was redet Ihr ... Setzt Euch. Setzt Euch hin«, sagte Vittoria, lief wie der Wind durch das Haus, erteilte Anweisungen und schaffte irgendwie ein Bett herbei, während Tommaso auf der Treppe hockte, seinen Arm umklammerte und sich bemühte, die neugierigen Augen der Diener zu übersehen. Er war erstaunt, wie viele Leute in seinem Haus lebten.

»Hier, stellt es hier auf ... die Decken ... Ist Castro noch nicht wieder da? Kommt, stützt Euch auf mich, Tommaso. Aus dem Weg ... Es wird Euch besser gehen, wenn Ihr liegt ... Seht, dort ist das Bett.«

Tommaso fehlte die Kraft zu protestieren. Er ließ sich zwischen die Laken sinken und fühlte sich noch verwundbarer.

»Wasser, Teresa! Ich hatte um Wasser und Tücher ... Oh ja, danke. Bring meine Schere ... im kleinen Schrank ... Tommaso, es sieht schrecklich aus. Seid Ihr noch an anderer Stelle verletzt? Euer Auge ... Nein, ich muss das sehen. Gut, es ist nicht schlimm. Nur bitte ich Euch, widersprecht nicht ständig. Ihr versteht nichts davon.«

»Raus«, krächzte Tommaso.

»Jawohl! Alle bis auf Iola«, bestimmte Vittoria. »Du gehst mir zur Hand, Mädchen.« Sie krempelte die Ärmel ihres Hausgewandes über die Ellbogen und begann mit einer zierlichen, äußerst scharfen Schere, den Ärmel seines Talars und sein Unterzeug aufzuschneiden. Ihre Augen röteten sich, als sie den misshandelten Arm sah. »Ich muss das reinigen, Signore. Entschuldigt. Ich weiß, das alles tut Euch weh.«

»Ich klage nicht.« Tommaso schwitzte und hasste es, dass sie seine behaarte, magere Brust sah.

»Gut. Denn es war töricht von Euch, allein in die Dunkelheit zu gehen, nachdem dieser Sicario auf Euch aufmerksam geworden war. Nein, keine Sorge, ich berühre es nicht. Nur ein wenig … «

»Der Arzt kann das besser.«

»Er ist aber nicht da.«

Niccolò hatte Putto ermordet. Niccolò hatte folglich auch die anderen Morde befohlen, auch diesen Letzten, der misslungen war. Und seine Geliebte? Die Frau, die dreist gelogen hatte, was den Tod von Niccolò betraf, und die jetzt mit Tränen in den Augen versuchte, ihm möglichst wenig Schmerzen zuzufügen, während sie Wasser über die Wunde goss und mit spitzen Fingernägeln Holzsplitter heraussammelte?

Oder waren diese Tränen Ausdrucks ihres Bedauerns, dass das Komplott schief gegangen war? Bangte sie um Niccolò? Um sich selbst? Sie hielt die Schere in der Hand und starrte auf die Stelle, an der Stoff, Blut und Haut verklebten.

»Man muss die Wunde aufweichen. Noch einmal sauberes Wasser. Aber heiß. Und Tücher, die nicht fusseln. Zerschneide ein Leinenlaken aus der Treppenkammer und bring mir … «

»Es war Niccolò, der Putto umgebracht hat.«

Vittoria legte die Schere beiseite und schob ein Tuch, das sie zu einer Rolle mit einer Mulde in der Mitte gedreht hatte, unter seinen Arm. »So wird es besser sein.«

»Und Niccolò war es, der Sicario beauftragt hat, Fra Agostino und die Jungen … «

»Ihr habt Fieber, Signore. Ihr wisst nicht … «

»In der Cloaca Maxima liegt die Leiche eines jungen Mannes, sein letztes Opfer.«

»Tommaso Benzoni. Bitte hört auf zu reden. Castro wird einen Arzt bringen.«

»Habt Ihr davon gewusst? Von dem, was heute Nacht geschehen sollte?«

Sie ging zur Tür, rief dem Mädchen, sich zu beeilen, und kehrte zurück. »Ihr müsst Euch in diesen Kleidern entsetzlich fühlen, aber wir sollten sie erst entfernen, wenn der Arm gerichtet ist.«

»Niccolò wird für das, was er getan hat, hängen.«

»Wenn Ihr meint.«

Der Türring klopfte. Castro musste geflogen sein. Ein Mann im Gewand eines Chirurgen trat ein. Viel zu gut aussehend, um geschickt zu sein, dachte Tommaso beunruhigt. Vor allem zu jung. Keine Erfahrung. Ihm wurde erneut übel, diesmal vor Angst. Sein Arm musste etliche Male gebrochen sein.

Der Dottore stammte aus Böhmen, und Castro stellte ihn mit Eifer vor. Aus der Fremde, aber dennoch berühmt. Er hatte in den Lazaretten des Herzogs von Alba gedient. Arme gerichtet, Beine gerichtet, Kugeln und abgebrochene Speerspitzen entfernt, Wunden ausgebrannt ... »Soll ich etwas holen, Dottore?«

Der böhmische Arzt riss beherzt die Reste des Talars auseinander und begutachtete die Wunde. Aufgeräumt berichtete er, dass er sich aus den Speerspitzen, die er im Feld herausgeschnitten hatte, einen Weinkrug hatte gießen lassen. Hübsche Arbeit, aber nicht Mars, sondern Cupido auf der Schütte, scherzte er und packte seine Tasche aus.

Vittoria schlug seinen Rat, sich zu entfernen, in den Wind und ging erst, als Tommaso angedroht hatte, den Böhmen andernfalls nicht an seinen Arm zu lassen. Als sie fort war, begann der Mann mit der Arbeit.

»Es wird heilen. Und das ist das Wichtigste«, sagte Vittoria.

Die Nacht war vorüber, zum Glück, und der größte Teil des Tages auch. Tommasos Arm steckte von der Hand bis zur Achsel in Schienen und sauberen Verbänden.

»Fischsuppe. Ihr müsst essen, Benzoni. Ihr braucht Kraft, wenn Ihr wieder gesund …«

»Niccolò ist ein Mörder.«

»Das wiederholt Ihr wie den Rosenkranz. Aber es stimmt nicht. Er ist ein widerwärtiger Mann, der Dinge getan hat, für die der Tod am Strick noch zu barmherzig wäre. Aber er ist kein Mörder.«

»Niccolò …«

»… ist tot.«

»So wie es uns die traurige Kunde aus Siena berichtete? Ich war in Civita Castellana. Er ist äußerst lebendig, Madonna.«

Er sah zu, wie Vittoria die Suppe auf dem Tischchen abstellte, das sie neben sein Bett hatte tragen lassen. Ihr Haar duftete nach Frühlingsblumen, und sein Verlangen, sie zu berühren, beschämte und verdross ihn.

»Niccolò *ist* tot, und was auch immer Ihr gesehen habt oder zu sehen glaubtet, es war ein Irrtum.«

»Wozu braucht ein Toter Geld?«

Ihre Augen änderten die Farbe und wurden wachsam.

»Und weshalb serviert sein Dienerpaar ihm Blutwurst und Pasteten? Und schlägt ihm das Bett auf? Die Wahrheit nimmt in Eurem Mund wundersame Gestalt an.«

»Ihr wart tatsächlich in Civita Castellana.«

»Ja, und … plagt bitte Eure Phantasie nicht weiter. Ist er Euer Liebhaber?« Er hasste es, wie sie ihn anstarrte. »Das ist keine schwere Frage. Ist er Euer Lieb… Verflucht! Habt Ihr mit ihm rumgehurt?«, brüllte er plötzlich außer sich.

»Verflucht, beleidigt mich nicht!«, schrie sie blass zurück.

»Habt Ihr mit ihm abgemacht, mich umzubringen? Nicht dafür, aber für den Mord an Fra Agostino und den Jungen wird er hängen. Darauf gebe ich Euch mein Wort!«

Sie stand auf und lief hinaus, das Knallen der Tür ließ einen kleinen Porzellanhund von einem Sims fallen und auf dem Steinboden zerschellen. Die Scherben schlitterten über den Marmor.

Aber sie kehrte schnell zurück. »Esst Ihr die Suppe noch?

Gut, Signore. Mir fehlte auch die Geduld, darauf zu warten. Steht auf und zieht die Kleider an.«

Der Raum stank nach Essig, und der saure Geruch schwängerte auch die Luft auf der steilen Stiege, die in den tieferen Keller hinabführte. Die Lampe, die Vittoria trug, malte Schleifen auf die unverputzten Wände.

»Wohin?«, fragte Tommaso heiser. Seine Schenkel zitterten. In seinem Arm fuhrwerkten Teufel. Er blieb zwischen den Gurkentöpfen, den Öl- und Getreidefässern und den Schinken an den Haken stehen und weigerte sich, die engen Stufen weiterzusteigen.

»Ihr müsst schon kommen.« Vittoria weinte nicht mehr. Ihr Gesicht war leer. Sie hatte ihn in einer elendig rumpelnden Kutsche zu Elenas Haus gebracht, und während aus den oberen Räumen Olimpias dünne Stimme zu einem Spinett sang, hatte sie ihn in die Kellerräume geführt und die ganze Zeit kein einziges Wort gesprochen.

Tommaso schluckte trocken. Sie wollte also in einen Keller unter dem Keller, in eine Gruft, wie es ihm schien. Ein Mann mit Verstand hätte nach Olimpias Diener gerufen, oder besser noch nach der Inquisition, die vielleicht gewusst hätte, welch unseliger Geist die Schritte seiner Frau führte.

Er musste sich seitlich drehen, um hinabsteigen zu können, ohne mit dem Arm an die Wand zu stoßen. Vittorias Lampe ließ Schimmelflecken aufglänzen, und gelegentlich fiel ihr Licht auf seltsame altertümliche Zeichnungen. Viele Häuser, besonders im Abitato, besaßen Keller, die in der Kaiserzeit einmal prächtige Wohnungen gewesen sein mussten. Ja, sie lebten tatsächlich auf den Gräbern ihrer Vorväter, und jetzt schienen sie in eines der finstersten hinabzusteigen.

Die Treppe machte einen Knick.

»Wartet.« Ihm wurde schwindlig. Die Luft war stickig und feucht wie in der Kloake. Er lehnte sich an die schmierige Wand. Vittoria hatte das Stiegenende erreicht und setzte ihre

Lampe auf dem Boden ab, unter dessen Staub man die Muster eines uralten, verschlungenen Mosaiks erkennen konnte. Aber sie waren immer noch nicht angekommen. Sie zückte ein weiteres Mal den Schlüsselbund und schob den Riegel einer Brettertür zurück.

»Ich kann nicht mehr.«

»Nur noch wenige Stufen.«

»Und dann?« Er folgte ihr weiter, seiner seltsamen Frau, die niemals ihre Anmut verlor und selbst in dieser Verkommenheit noch vor Schönheit strahlte. Er musste sich bücken, um durch die Brettertür zu kommen. Diesmal bissen ihm die Essigschwaden in die Augen, so intensiv waren sie.

Eine niedrige Kammer, keine Mosaike mehr am Boden, sondern mürber Lehm. Wahrscheinlich der Keller zum oberen Keller, als dieser noch eine Wohnung gewesen war. Staub, Feuchtigkeit und Schichten von Schimmel an den Wänden. In der Mitte des Raums lag ein zusammengerollter, verschlissener, roter Seidenteppich voller Flecken, aus dem der penetrante Essiggeruch aufstieg. Aus den Fransen des Teppichs lugte der Absatz eines schwarzen Stiefels hervor.

Vittoria war auf der Treppe stehen geblieben. Sie kaute auf ihrem Nagel und überließ es ihm, sich umzusehen.

»Wer …?« Idiotische Frage. Tommaso nahm die letzten Stufen. Ihm war so weich in den Knien, dass er sich zu Boden gleiten ließ.

Es stimmte also. Niccolò war tot.

»Warum Essig?«

»Damit er nicht stinkt«, sagte Vittoria und nagte weiter am Daumen.

»Und wieso …« Tommaso drehte den Kopf fort, sah aber gleich wieder hin. Seltsamerweise gab es keine Rattenspuren in diesem Raum. Seine Toten, die Toten der Ripa, waren fast immer von Ratten angefressen, selbst wenn sie nur wenige Stunden gelegen hatten. »Wieso ist er tot?«

Vittoria blieb stumm. Er seufzte und streckte ihr die Hand entgegen, war allerdings überrascht, als sie tatsächlich kam.

Sie kauerte sich neben ihn auf den Boden und rutschte zu ihm heran.

»Wieso ist er tot?«

»Weil er eine Nymphe auf den Kopf bekam.«

»Eine ...«

»Aus Marmor.«

Er nickte. »Und wie ... ist das geschehen?«

»Niccolò kam nach Hause. Er ... er hatte sich betrunken.« Fahrig hob und senkte sie den Daumen. »Er war außer sich. Er hat Elena angebrüllt. Er war ...« Sie begann zu weinen. »... entsetzlich wütend. Elena hatte sich für ihn zurechtgemacht, und er hat ihr den Ohrring herausgerissen. Und ihr gesagt, wie hässlich ...«

»Wie hässlich er sie findet«, vollendete Tommaso den Satz. »Und dann hat sie ihm die Nymphe um die Ohren geschlagen?«

Vittoria gab einen erstickten Laut von sich.

»Es war also Elena, die ihn getötet hat?« Ob sie nickte oder den Kopf schüttelte, war nicht zu unterscheiden. Er seufzte. Der Teppich und der Stiefelabsatz hatten ebenfalls Schimmel angesetzt. Man konnte also schließen ... Wie lange mochte es her sein, dass Niccolò umgekommen war?

»Weiß Olimpia davon?«

»Nein.«

»Und wann ist das alles geschehen?«

Sie weinte immer noch, gab sich aber Mühe nachzudenken. »Neujahr. Nicht vor drei Monaten, das Jahr davor.«

»In dieser Nacht wurde Putto erwürgt.«

»Niccolò hat sich auch an Kinder ... Er hat Kindern ... Er hat zu Elena gesagt, dass ...« Was auch immer der Schweinehund über seine widernatürlichen Gelüste geäußert haben mochte, sie brachte es nicht über die Lippen, sondern schluchzte nur noch heftiger.

»Ist Elena bewusst, dass er tot ist?«

»Sie hat's vergessen. Ich habe ihr Briefe geschrieben, Liebesbriefe von Niccolò, um sie und Olimpia ... Sie haben es alle geglaubt. Aber manchmal ... Der kleine Gianni sieht ihm … er sieht Niccolò so ähnlich. Und dann fürchte ich, dass sie anfängt, sich an die Nacht zu erinnern. Sie liebt ihn, aber trotzdem …«

Er brummte etwas.

Niccolò hatte Putto getötet, davon konnte man ausgehen, das hatte der Leopard gesehen und bezeugt, und es gab keinen Grund, ihm nicht zu glauben. Dann kam der Mann nach Hause. Er war wütend, außer Rand und Band, vielleicht sein erster Toter. Seine Frau begrüßt ihn. Er schreit ihr seinen Widerwillen entgegen und schlägt sie. Und jemand – Elena oder Vittoria – schlägt zurück. Niccolò ist tot. Er muss verschwinden. Also kommt er in den Keller. Die verstörte Elena muss ebenfalls für eine Weile fort. Nach Civita Castellana, ins Haus ihres Gatten, bis sie wieder Verstand annimmt. So einleuchtend. So vernünftig. So verrückt. Meine Frau ist verrückt, dachte Tommaso.

»Wer von euch beiden hat ihn erschlagen?«

Sie hörte zu weinen auf, als hätte sie den Finger auf innere Quellen gelegt, und blickte ihm zum ersten Mal gerade in die Augen. »Ob ich es war, oder sie, eine von uns wird vor ein Gericht gezerrt werden. Und dann? Was wird geschehen, wenn der Ankläger Elena verhört und darauf bohrt, dass sie sich erinnert? Wenn er ihr Vorwürfe macht? Ihr womöglich nicht glaubt, dass sie von Sinnen war. Sie kann sehr vernünftig wirken. Aber selbst wenn man ihren Geisteszustand erkennt … wie soll sie so ein Verfahren ertragen, ohne den Rest ihres Verstandes zu verlieren? Ich habe sie lieb, Benzoni. Und wenn jemand Niccolò erschlagen haben muss, dann werde ich das sein. Ihr begreift?«

»Ich begreife, dass Ihr nicht mehr Verstand besitzt als Eure Cousine.«

»Das muss kein Fehler sein, Signore.« Sie beugte sich über die Lampe und strich mit dem weißen Finger den Ruß vom Rand.

»Aber wieso habt Ihr Geld nach Civita Castellana …«

»Ich musste Niccolòs Diener …«

»… bestechen.«

»Was?«

»Ihr musstet sie bestechen.«

Vittoria nickte.

»Weil sie von Niccolòs Tod wissen?«

»Nein. Ich habe keine Ahnung, was sie wissen. Aber Elena machte Bemerkungen, und sie wunderten sich, und plötzlich wollte der schreckliche, dicke Mann Geld, *damit alles so schön weiterläuft*. Ich habe nicht nachgefragt, ich war viel zu erschrocken. Inzwischen glaube ich, er dachte ... nun, *Ihr* dachtet ja auch ... Jeder schien es plötzlich zu denken, auch Tante Olimpia.«

»Also habt Ihr ihm ein paar Münzen in die Hand gedrückt.«

»Und dann fing er an, Briefe hierher zu schicken.«

»Und Ihr habt ihm über die Bank weiteres Geld gesandt.«

»Es kam mir richtig vor. Ich habe ihnen auch Briefe in Niccolòs Namen geschickt, damit sie um Himmels willen nicht auf den Gedanken kommen ... Es war ja so schon schlimm genug. Aber Elena fasste sich wieder, und ich schöpfte Hoffnung. Und dann, bei der Hochzeit ...«

Tommaso verbiss sich die Schmerzen und legte den Arm um seine Frau, die in Erinnerung an den wichtigsten Tag in seinem Leben ihr Gesicht mit den Händen bedeckte. Brat in der Hölle, Niccolò Contera!, dachte er selbstsüchtig.

»Ich habe jeden Moment erwartet, sie schreit es heraus. Und Niccolò lag im Keller ...«

»Und deshalb habt Ihr Elena wieder nach Civita Castellana gebracht.«

»Und dann kam ich zurück, und Ihr stelltet Fragen. Und wart so misstrauisch. Und wütend. Und hart. Benzoni, Ihr habt mir Angst ge... Was ist?«

»Mein Arm.«

»Oh.« Sie rückte von der Wand ab und starrte ihn an, während er sich vorbeugte und seiner Schmerzen Herr zu werden suchte. Plötzlich kam sie mit ihrem Mund an sein Ohr. »Ihr müsst mir helfen, Benzoni. Ich muss Niccolò in den Garten schaffen.«

Entgeistert hob er den Kopf.

»In den Trog. Solange er hier unten liegt und jederzeit gefunden werden kann, gibt es keine Ruhe. Deshalb habe ich den Trog bauen lassen. Ich habe alles vorbereitet. Er bekommt ein wunderschönes Grab unter Bäumen und Blumen. Ich … ich habe schon selbst versucht, ihn zu bewegen, aber er war …«

»Zu schwer.«

»Zu eklig. Er läuft aus.« Flehend blickte sie ihn an. »Bitte. Sobald Olimpia und die anderen zu Bett sind. Dann habe ich die ganze Nacht Zeit zu schaufeln und die Bäumchen neu zu setzen, und alles wird gut.«

Meine Frau ist verrückt, dachte er. Ihre Augen leuchteten. Sie war kein Mensch. Sie war ein Faun. Ein flatterndes Fabelwesen, das ihn narrte und das sich mit Gelächter in Luft auflösen würde, sobald er ihr zu Gefallen war. Fra Felice hätte sich die Hände gerieben.

»Ihr wollt nicht, Signore.«

»Ich denke nach. Da Niccolò in derselben Nacht wie Putto starb – wer gab Sicario den Auftrag zu seinen Morden?«

»Das weiß ich nicht«, sagte sie und stand erleichtert auf. Sicario war ihr gleichgültig.

Niccolò lief nicht aus. Es war Essig, den der Teppich absonderte. Als Tommaso ihn anhob, fiel der Tote in sich zusammen. Ein Bündel Knochen und ein Paar Stiefel in einem festen Seidenstoff. Es war gar nicht so schwer, ihn die Treppe hinaufzuschaffen.

377

XXXXVII

Tommaso! Was soll das? Denkst du, die Lumpen im Hafen sterben vor Sehnsucht, wenn du ein paar Tage länger zu Hause bleibst? Na, ich sag dir, Faustina, wenn ich auf den Gedanken käme ... Warte, ich rück dir den Stuhl.« Ugo, der Tommaso in den Richterraum gefolgt war, sprang behände um seinen Tisch und half ihm, sich zu setzen, ohne den vorwurfsvollen Blick zu verbergen. »Ich wäre heute Abend vorbeigekommen und hätte dir alles Wichtige gesagt. Sie haben Sicario gefunden. Hübsch, hübsch. Die Ratten hatten ihr Fest. Nur sein Gesicht ...« Ugo hüstelte, plötzlich verlegen, und sah einen Moment zur Seite. »Sie haben's trotz des vielen Blutes nicht angerührt, und wenn du meine Meinung dazu wissen willst: Hexerei. Der war nicht einfach nur ein Sicario. Da steckte mehr ...«

»Und der Leopard?«

Ugo zuckte die Achseln. »Ich hoffe, sie werden ihn in heiliger Erde begraben. Armer Bengel. Ich habe für ihn in San Francesco eine Messe lesen lassen. Du findest die Rechnung in den Ausgaben. Geht's einigermaßen?«

Tommaso blickte auf die Schlinge, die seinen Arm hielt, und nickte.

»Sie haben Sicarios Leiche an der Porta San Sebastiano ausgestellt, mit zwei Mandatari daneben, die jede volle Stunde seine Sünden und sein Ende bekunden. Als Warnung für das Gesindel, das ihm nacheifert.«

»Ich brauch das nicht zu sehen.« Tommaso griff nach dem Stapel Papiere, den Ugo an der Ecke seines Schreibtischs zurechtgelegt hatte. Er ließ die Hand gleich wieder sinken, da Lorenzo in der Tür erschien.

»Es freut mich, Giudice, wenn ich das sagen darf, Euch wohlbehalten zu finden.« Sein eckiges Gesicht strahlte, sein Kinnbart zuckte, und Tommaso war gegen seinen Willen gerührt.

»Übrigens«, sagte Ugo, »wir haben den Kerl gekriegt, der die Kantspanten dieser Galeere angebohrt hat, der *Angelo*, letzte Woche. Es war ein Nichtsnutz aus Cerveteri. Wollte sich einen Spaß machen, sagt er. Haha. Guter Spaß. Sein Cousin hat einen Auftrag haben wollen, der an die *Angelo* gegangen ist. Der Spaß kommt noch, hab ich zu ihm gesagt. Gauner! Und dazu so blöde eingefädelt ... Was ist denn?«

Lorenzo hatte mehrmals versucht, ihn durch ein Räuspern zu unterbrechen. »Was ich auch noch sagen wollte: Ich hatte Ernesto gebeten, auf Euch Acht zu geben, Giudice, aber er hatte Euch verloren, als Ihr in dem Haus dieses Weinhändlers wart, weil er einen Schluck trinken wollte. Das tut ihm sehr Leid. Er hat mich gebeten, Euch das auszurichten. Nur ... nur denke ich ...« Ein Ruck schien durch seinen Körper zu gehen, und sein Gesicht lief rot an, was einen prächtigen Kontrast zum schwarzen Bart gab. »Ich denke, Ihr solltet nicht allein in der Stadt herumlaufen, Giudice, nicht in so einer Lage«, platzte er heraus.

»Ich kann mich nicht selbst einsperren.«

»Aber du könntest deinen Leuten Bescheid geben, wenn du etwas vorhast«, schlug Ugo mit sanfter Stimme vor.

Damit Männer, die wissen, wie man sich wehrt, ihren Ammendienst ausüben können. Tommaso war verdrossen und ärgerte sich zugleich über seine Empfindlichkeit. Er hatte keine Lust, sich in Fecht- und Faustkampfschulen abzuplagen. Er brauchte also Schutz. »Na, jedenfalls war dein Rat gut.«

»Verzeihung?«, fragte Lorenzo.

»Als es darum ging, unten in der Kloake, er oder ich, da

habe ich an deine Worte gedacht. Nicht warten. Zuschlagen.«

»Gut gemacht, Giudice.« Der Bargello strahlte wieder.

»Und um zum öden Einerlei zurückzukommen – dieser Kahn ... hörst du zu, Tommaso? Die *Angelo* liegt mit der Nase auf Grund. Der Eigentümer säuft sich im *Del Moro* den Verstand aus dem Kopf und sagt nicht ja und nicht nein. Du musst entscheiden, was geschehen soll. Heben oder ...?«

Keiner fragte, ob Sicario preisgegeben hatte, wer sein Auftraggeber gewesen war. Keiner fragte nach Puttos Mörder. Das konnten sie nicht vergessen haben. Sie hatten Wochen damit zugebracht, ihm nachzuspüren. Ugo und Lorenzo sprachen über die *Angelo* und ergingen sich in aller Ausführlichkeit über die Festnahme des Saboteurs und über die Faustschläge, die er dabei ausgeteilt hatte. Es lag auf der Hand, was sie damit sagen wollten: Sicario ist tot. Schluss. Vorbei.

Aber es war keineswegs vorbei. Carlo Carafa hatte vor der Messe zu Mariä Reinigung seinen neuen Dolch erhalten. Und endlich – viel zu spät – begann Tommaso zu begreifen, was das bedeutete.

Es war eine kleine Kirche. Rechts und links von Häusern flankiert bildete sie das Ende einer Sackgasse wie der Pfropf in einer Flasche. Ihre Fassade erstrahlte in hellem Weiß. Die vier schmalen Fenster neben der Tür waren liebevoll mit Glasmosaiken ausgekleidet. Über dem Eingangsportal thronte eine Frauengestalt oder ein Engel in wehendem Gewand. Tommaso wusste, dass sie den Buchhändlern gehörte, mehr nicht. Nicht einmal den Namen.

Im Inneren des Gotteshauses war es dämmrig, und die einzige Besucherin, ein junges Mädchen, flüchtete, als sie ihn hereinkommen sah. Nachdem Tommaso sich bekreuzigt hatte, ging er in die winzige Seitenkapelle, deretwegen er gekommen war. Dort stand in einer Nische auf einem schlichten Steinsockel der heilige Ivo, der Schutzpatron der Richter und Anwälte. Tommaso kniete umständlich nieder und sah zum mageren Asketengesicht des Heiligen hinauf. Ivo hielt sich kerzengerade, und die dürren Schultern stachen durch das steinerne Gewand. Ein aufrichtiger und kluger Mann. Allerdings wirkte die Schriftrolle, die er unter dem Arm trug, so, als würde sie jeden Moment herabrutschen, was der Statue etwas Linkisches gab, und vielleicht war das der Grund, warum Tommaso sie so liebte.

Er sammelte sich und trug stumm vor, welcher Verdacht ihn bedrückte. Er brauchte lange dazu, und während er sich die Indizien und Beweise in Erinnerung rief, schien sich immer klarer herauszuschälen, warum und von wem die Morde begangen worden waren.

»Ich sehe nicht, wo ich geirrt haben könnte«, sagte er halblaut, als er schloss. »Alles passt zueinander. Aber was nun?« Er wusste selbst nicht, worauf er wartete. Auf ein Zeichen, eine Stimme? Einen klärenden Gedanken? Nichts kam. Sankt Ivo blickte geistesabwesend an ihm vorbei. Kein Fingerzeig für den verwirrten Amtsgenossen. Zu kompliziert das alles. Oder so einfach, dachte Tommaso, dass er die Frage unverschämt findet.

Schwerfällig stand er auf.

Ivo thronte in einer Seitenwand. Das Hauptgemälde zeigte die heilige Barbara, wie sie von ihrem heidnischen Vater geköpft wurde. Etwas kleiner auf demselben Bild war dargestellt, wie den Vater die göttliche Strafe in Form eines Blitzes traf. Eine verblichene lateinische Inschrift erläuterte dem Betrachter die Moral: *Ein Nichts sind alle, die ein Götterbild formen. Man fällt eine Zeder, wählt eine Eiche. Den einen Teil des Holzes wirft man ins Feuer und röstet Fleisch in der Glut und sättigt sich an dem Braten. Aus dem Rest aber macht man sich ein Götterbild, vor dem man niederkniet und sagt: Rette mich, du bist doch mein Gott. Wer Asche hütet, den hat sein Herz verführt und betrogen ...*

Wer Asche hütet.

Ugo hätte kräftig genickt. Siebzehn Menschen hatten für den Gott der Gerechtigkeit ihr Leben lassen müssen. Nein, sie waren geopfert worden. Tommaso quälte sich, indem er die Worte laut aussprach. Er *selbst* hatte sie diesem Gott geopfert, dem er vor allen anderen diente. Und nun waren sie tot und besaßen ihrerseits Ansprüche auf die Gerechtigkeit. Das war die eine Seite der Waage. Auf der anderen Seite standen die beiden Lebenden, die schuldig und doch nicht schuldig waren, aber mit einiger Wahrscheinlichkeit verurteilt werden würden. Wie kannst du sagen, die Sache sei einfach, Ivo?

Der Heilige schwieg. Er hatte den Armen gedient.

Und der Gott der Gerechtigkeit erwies sich in der Stunde der Not als machtlos. Er grinste Tommaso aus der Glut entgegen, in der er in Flammen aufgegangen war. Wer Asche hütet ...

Tommasos Herz wurde noch schwerer. Er verließ die Kirche und wandte sich zum Tiber hinab, als könne das Herumirren in der Stadt ihn vor der Entscheidung bewahren. Sein Kopf begann zu schmerzen. Blind lief er durch die Straßen. Es fing an zu regnen, ein kurzer Schauer, der gleich wieder vorüber war und ihn kaum durchnässte. Irgendwann erreichte er die Tiberinsel und erklomm die Brücke. Aber als er merkte, dass seine Schritte sich in Richtung seines Hauses bewegten, machte er wieder kehrt.

Wer Asche hütet ...

Schließlich schlug er den Weg zur Via Giulia ein, in der Achille Gaddi sein Haus besaß. Keine Villa, schon gar kein Palazzo, etwas Kleines mit einem Garten, in dessen Bäumen weiße Blüten an Schneeflocken erinnerten. Stilvoll. Anmutig. Marmorsäulen, ein Arkadengang, Bogenfenster, die die Fassade durchbrachen.

Der Diener, der öffnete, war ein alter Mann mit einem heiteren Gesicht und langsamen, schlurfenden Bewegungen. Er führte Tommaso in einen Raum mit bodentiefen Fenstern, hinter denen Palmen wuchsen, und bat ihn, dort zu warten.

»Giudice Gaddi lässt bitten«, sagte er wenig später, als er zurückkehrte, und begleitete den Gast in ein Zimmer, in dem es würzig nach brennendem Holz roch.

Gaddi saß in einem Ungetüm von Sessel, der eigens für

seine Maße angefertigt worden zu sein schien, und genoss die Wärme eines Kamins. Eine hübsche Frau, deren Kleid der Toga der Justitia ähnelte, stand neben ihm und stellte Gläser auf ein Tablett. Mit einem Lächeln auf den glänzenden Lippen verließ sie den Raum.

»Eine Kurtisane. Nicht die Imperia, aber ein liebes Ding mit klugen Gedanken und einer ganz reizenden Stimme. Ich überlege, für sie eine Harfe zu kaufen. Madonna Colonna ...« Gaddi wies auf den freien Stuhl an seinem Tisch. »Madonna Colonna hat ein ausgezeichnetes Instrument, von dem sie sich trennen möchte, und sie hat mir angeboten ... Aber so setzt Euch doch, Tommaso. Ich weiß nicht, warum ich von Harfen rede. Ich fürchte, ich bin ganz wirr im Kopf von diesem unglaublichen Mordanschlag. Vittoria sagt, Euer Arm wird wieder heilen? Offene Wunden sind tückisch, doch ich will Euch nicht beunruhigen. Dieser Arzt – wie hieß er gleich – soll ja die besten Prognosen gestellt haben. Und wenn Ihr Euch jetzt nicht setzt, werde ich mich noch aus dem Sessel winden müssen. Ah, danke. Ihr trinkt doch mit mir?«

Der Luogotenente des Governatore griff zu der Karaffe, die zu seinem Leben zu gehören schien. Er war angetrunken, aber nur leicht. Die Hand, mit der er die Gläser füllte, vergoss keinen Tropfen. »Ihr habt schon wieder Sorgen?«

»Carlo Carafa, ja.«

»Ich dachte, das sei vorbei. Hat er sich nicht, was diesen Putto betrifft, reingewaschen? Und davon abgesehen ... Ich weiß nicht, wie viel Ihr in den vergangenen Tagen aufgenommen habt, aber Girolamo de Federicis hat das Amt des Governatore zurückbekommen. Und Pallantieri ist wieder offiziell Ankläger. Die beiden sitzen zusammen und spinnen an dem Netz, in dem Carafa sich fangen soll. Carlo feiert, blind wie eine Fledermaus für seinen eigenen Untergang, Feste in seinem Palazzo, aber er ist vernichtet. Die beiden ordnen nur noch diese Papiere, an deren Beschaffung – nun, keine falsche Bescheidenheit – Ihr angeblich so großen Anteil hattet. Vergesst Carafa.«

»Ich kann nicht.«

Gaddi führte sein Glas an die fülligen Lippen. »Sprecht Euch aus.«

»Ich kann nicht, weil mir dieses Messer nicht aus dem Kopf will.«

»Ah. Und ich dachte ... aber sicher, Ihr hattet doch erzählt, dass das Messer von einem Arzt ... wie hieß er gleich?«

»Dottore Sutor.«

»Richtig. Eine Täuschung des guten Dottore, der hoffte, durch Euch Carafa schaden zu können. Verwirrt mich nicht, indem Ihr sagt, nun sei es doch ganz anders gewesen.«

»Putto wurde erwürgt, nicht erstochen, das ist richtig.«

Gaddi stemmte sich aus seinem Sessel hoch. Er ging zu dem Kamin, nahm eine Stange und stocherte in der Glut. »Und dennoch ...«

»Worüber ich nicht hinwegkomme, ist das zweite Messer, das Carafa sich nach dem Muster des ersten bestellte.«

»Muss ich das begreifen?«

»Zwei Messer, Achille. Eines, das Carafa vor zwei Jahren von dem bedauernswerten Kürschner gestohlen wurde, dem Schwager des Dottore Sutor. Das war Anfang Dezember. Wenig später, in der Neujahrsnacht, wurde Putto ermordet.«

»Erwürgt, was ja nicht verwundert, denn das Messer war schließlich gestohlen. Oder sollte am Ende der Dottore ...?«

»Im Januar wurde Carafa vom Heiligen Vater nach Civita Lavinia verbannt. Er hatte keine Gelegenheit, sich um einen Ersatz für sein geliebtes Messer zu kümmern. Er lebte dort in strenger Klausur und armseligsten Verhältnissen. Er hat in der Bekanntschaft betteln müssen. Dann, im August, nach dem Tod des Papstes, kehrte er nach Rom zurück. Das Konklave, Ihr erinnert Euch, Achille. Er war plötzlich wieder ein einflussreicher Mann. Und dort habt Ihr ihn wiedergesehen. Er prahlte vor dem Theatinermönch Scotti mit seinem Messer. So hattet Ihr mir das erzählt. Wie plump von ihm, Scotti war beleidigt.«

»Gewiss. Aber was kümmert das einen Carafa.«

»Das Konklave endete im Dezember.«

»Endlich. Dem Herrn sei Dank.« Gaddi griff nach dem

Krug, führte die Geste aber nicht zu Ende. Stattdessen tastete er nach der Lehne seines Sessels, ohne Tommaso dabei aus den Augen zu lassen.

»Zwei Monate später, im Februar, zum Fest von Mariä Reinigung, sollte Carafa in Gallese die Messe lesen. Er kam zu spät in die Kirche, was den Maestro di Casa, der ein frommer Mann ist, empörte. Carafa kam zu spät, weil sein Waffenschmied ihm ein Messer geliefert hatte, und von diesem Messer konnte er seine Hände nicht lassen. Es war eine Kopie des Messers, das nach dem Mord an dem Kürschner verschwunden war. Begreift Ihr?«

»Nein.«

»Carlo Carafa lässt seine Waffen von Signore Testa aus der Via Savello schmieden, dem Michelangelo der Waffenkunst, und ausschließlich bei ihm. Ich habe mich erkundigt. Die Ochsenzunge mit dem Hirsch wurde nur zweimal hergestellt. Einmal im Juni achtundfünfzig und dann im Januar dieses Jahres, nach einer Zeichnung, die Testa glücklicherweise vom Original aufbewahrt hatte. Er hat sie mir gezeigt. Während des Konklaves besaß Carlo Carafa also gar kein Messer – was er mir übrigens sehr erbost bereits mitteilte.«

Gaddi goss Wein nach, trank und füllte das Glas erneut. »Wie seltsam. Dann muss ich mich in der Zeit vertan haben. Denn irgendwann habe ich es bei ihm gesehen.«

»Ihr habt es niemals gesehen. Achille ...« Tommaso beugte sich vor. »Wir sind beide Richter. Wir wissen, wie man einer Aussage Glaubwürdigkeit verleiht. Die Details. *Ich habe das Messer gesehen, als Carafa es Scotti zeigte. Wie furchtbar, wie peinlich. Selbstverständlich erinnere ich mich an so etwas. Dieses Messer gehört Carafa. Ohne jeden Zweifel.* Je mehr Details, desto glaubhafter wird eine Aussage.«

»Und?«

»Ihr habt gelogen. Völlig überflüssigerweise, denn der Hirsch identifizierte die Waffe ja bereits als Eigentum des Kardinals. Dennoch habt Ihr die Geschichte mit Scotti erfunden. Ich habe mich gefragt, warum Ihr so versessen darauf wart, mich davon zu überzeugen, dass der Kardinal den

Jungen tötete, und warum Ihr mich gleichzeitig davon abhalten wolltet, ihn zu verfolgen.«

»Und?«

»Es gibt für mich nur eine Antwort. Ihr wart in Puttos Tod verwickelt. Es hat Euch zu Tode erschreckt, als Ihr hörtet, dass ich mich für den Mord interessiere. Aber dann taucht unbegreiflicherweise dieses Messer auf, mit dem der Junge angeblich erstochen wurde. Welch eine Gelegenheit. Ihr erkanntet den springenden Hirsch, das Zeichen Carafas und fasstet die Gelegenheit beim Schopf. Ihr wolltet, dass ich den mächtigen Carafa für den Mord verantwortlich mache, weil Ihr hofftet, mich dadurch von weiteren Erkundungen abzuhalten.«

Gaddi schüttete den Wein hinunter. Kein Genießer mehr. Tommaso nahm die Karaffe, bevor er sie erneut greifen konnte, und stellte sie neben sich auf den Boden.

»Ihr redet Unsinn. Warum hätte ich ...«

»... mich um den Tod eines Hurenjungen kümmern sollen? Papst Paul war ein strenger Mann. Als Putto starb, hatte er gerade von Carafas Eskapaden erfahren und tobte und schwor, sein geliebtes Rom zu reinigen. Was, habt Ihr Euch gefragt, geschieht, wenn ihm zu Ohren kommt, dass auch Achille Gaddi sich mit Huren vergnügt? Schlimmer. Mit männlichen Huren. Mit Kindern. Der Tote musste verschwinden. Aber das war ja nicht weiter schwer. Ihr habt Puttos Leiche in den Turm bringen lassen.«

»Ich habe mit seinem Tod nichts zu tun.«

»Nein, ich weiß. Niccolò hat ihn umgebracht.«

Gaddi ruckte mit dem Kopf nach vorn, was ihm das Aussehen einer aufgestörten Schildkröte gab. »Ja. Ja! Er war betrunken. Der Junge wollte ihn erpressen, und Niccolò hat die Fassung verloren. Er war ein Idiot, er hätte es mir überlassen sollen, aber ... Tommaso, wovon reden wir? Niccolò gehört zur Familie. Natürlich wollte ich ihn schützen. Schön, ich habe versucht, Euch in die Irre zu führen. Aber ich konnte ja nicht ahnen, wozu der Bastard fähig ist, wenn man ihn in die Enge treibt. Das mit dem Pater und den anderen – das habe ich doch nicht gewollt.«

Angewidert blickte Tommaso in das feiste Gesicht. »Er war zu nichts mehr fähig, Achille. Niccolò ist seit über einem Jahr tot.«

Gaddis Kinnlade sank herab. Verwirrt versuchte er zu begreifen. Seine Fassungslosigkeit bewies, dass er nichts von dem Tod des angeheirateten Neffen wusste. Er musste Vittorias Geschichten geglaubt haben.

»Niccolò Contera ist tot?«

»Und so gibt es nur noch einen Mann, dem daran liegen konnte, dass die Umstände von Puttos Tod im Dunkeln blieben.«

Der Kriminalrichter sackte in seinen Sessel zurück. Er sann nach. Die Zeit verrann, während die Frau im Nebenraum auf einem Spinett zu spielen begann.

»Niccolò ist seit über einem Jahr tot?«

Tommaso nickte. Er wusste, was in Gaddis schlauem Kopf vor sich ging, und auch, wie dieses Gespräch enden würde; er war schon jetzt niedergeschlagen.

»Aber sein Tod wurde verheimlicht. Mehr noch, jemand schreibt in seinem Namen Briefe an die Familie.« Der dicke Mann freute sich nicht, den wunden Punkt herausgefunden zu haben. Doch wie ein gehetzter Hirsch vor einem Abgrund suchte er nach Fluchtmöglichkeiten. »Olimpia hätte sich so eine Komödie nicht ausgedacht. Warum ist Niccolò tot? Und was hat Vittoria damit zu tun?« Gaddi leckte einen Speicheltropfen von der Lippe. »Hat sie ihn umgebracht? Wenn ja, dann nur aus der Not heraus, da bin ich gewiss. Das liebe Kind …« Schweißtropfen perlten plötzlich auf der Glatze. Sie krochen auf krummen Pfaden über die rosige Haut, während sich die Gedanken in Gaddis Kopf überschlugen.

»Der Governatore könnte es natürlich anders sehen. Wenn Vittoria Niccolò getötet hat, um sich oder Elena zu verteidigen oder der Himmel mag wissen, weshalb – warum hat sie nicht alles sofort gestanden? Warum hat sie diese Geschichten erfunden? Und jeden belogen und betrogen. Das deutet doch auf ein schlechtes Gewissen. Schlimmer: auf

Kaltblütigkeit. So würde der Governatore denken. Frauen genießen in dieser Stadt einen schlechten Ruf.« Gaddi trommelte mit den Fingern auf dem hellen Holz der Sessellehne. »Ihr denkt, ich bin ein Schwein. Ihr denkt, ich könnte Euch mit Vittoria erpressen. So etwas würde ich niemals tun.«

»Ich weiß.«

»Dann lasst alles auf sich beruhen.«

»Und die Gerechtigkeit?«, fragte Tommaso mit dem schalen Geschmack der Heuchelei im Mund. Wer Asche hütet. Wieder wusste er die Antwort, noch ehe sie kam.

»Ihr könnt sowieso nichts beweisen, Sicario ist tot.«

»Ja. Ich könnte nur dem Governatore mein Herz ausschütten und ihm Eure Verbrechen aufdecken. In aller Vertraulichkeit, nachdem ich ihm erläutert habe, wie ich an die für Carafa so schädlichen Dokumente gekommen bin.«

»Zur Hölle, was wollt Ihr?«, fragte Gaddi sehr ruhig.

»Ich will, dass Ihr Euer Amt aufgebt. Ich will, dass Ihr aus dem Governatorepalast verschwindet. Ich will ...« Tommaso zögerte, bevor er weitersprach. »... dass Ihr nie wieder über irgendeinen Menschen richtet.«

»Ihr seid ein Narr.«

»Welche Gründe Ihr dem Governatore angebt, ist mir gleich, aber ich erwarte ...«

»Es widert mich an, darf ich sag...«

»... dass es noch diese Woche geschieht.«

Tommaso stand auf. Gaddi würde gehorchen, die Furcht stand ihm ins Gesicht geschrieben. Der Dreck war also in die Ecke gekehrt worden – aber die Hände blieben schmutzig. Als er die Tür hinter sich zuzog, hörte er, wie die Kurtisane mit einem klirrenden Lachen in den Raum zurückkehrte.

Er schickte Castro, den Bottich unter der Stiege mit Wasser zu füllen. Kein heißes, das würde die halbe Nacht lang dauern, schönes, klares Brunnenwasser. Dann ließ er sich von ihm aus den Kleidern helfen. Der Arm schmerzte, es war kein Vergnügen, ihn im Bottich hochzuhalten, und Tommaso fühlte sich auch nicht wesentlich sauberer, als sein Diener ihm endlich in ein Nachthemd half. Er schwitzte mehr als zuvor.

Langsam stieg er die Treppe hinauf. Als er die Tür zur Schlafkammer öffnete, war es, als sähe er seine knochigen Knie, die aus dem Nachthemd lugten, mit fremden Augen. Warum begrüßte ihn Vittoria nicht?

Weil sie schlief.

Sie hatte ein Nachtlicht auf der Truhe brennen lassen, was gefährlich war, das musste er ihr sagen.

Leise trat er ans Bett. Sie lag da wie ein Engel. Ihre Haare fielen über den Mund. Sie schlief nackt, was ihn erstaunte, und die Decke war unter ihre Brust gerutscht. Er küsste sanft ihre Wange, ohne sie zu wecken.

Es war schwierig, mit nur einer Hand das mönchhafte Nachthemd loszuwerden und dann mit dem gebrochenen Arm das Bett zu erklimmen und eine Position zu finden, in der es sich aushalten ließ. Sie schlief links von ihm, auf der Seite seines gesunden Arms, und schmiegte sich schlafend an ihn. Wie konnte man neben dieser warmen, seidigen Haut liegen, ohne verrückt zu werden?

Tommaso lauschte dem Atem seiner Frau und dachte an Fra Agostino, der ein heiligerer Mann gewesen war und zweifellos jetzt die Belohnungen seines entsagungsvollen Lebens genoss. Er versuchte, sich den Glanz der himmlischen Freuden vorzustellen – und wusste, dass er seinen Platz in dem hässlichen Prunkbett für keine von ihnen hätte tauschen mögen. Lange lag er still da, bemüht, sich nicht zu bewegen, um Vittoria nicht zu wecken.

Wieder tauchte Fra Agostinos Gesicht vor seinen Augen auf, aber es verschwand. Seine Gedanken wanderten zu Tonio und Manfredi und dem Leoparden, der ihm in einer Aufwallung von verzweifeltem Mut das Leben gerettet hatte. Ihrer aller Tod würde ungesühnt bleiben. Er wusste, dass er schuldig war, ohne dafür sühnen zu können, und es tat ihm weh wie ein körperlicher Schmerz.

Vittoria bewegte sich. Nein, es war keine Bewegung, eher eine Anspannung des bis dahin schlaffen Körpers. Sie schien mit ihrer Haut und allen Sinnen dem Fremden in ihrem Bett nachzuspüren. Erregung packte ihn und gleichzeitig wieder die lächerliche Angst, für sie abstoßend zu sein.

»Ich habe lange auf Euch gewartet, Signore«, murmelte sie.

Tommaso musste lächeln. »Das stimmt nicht. Ihr habt geschlafen.«

»Kein Wunder, ich habe schwer im Garten gearbeitet.« Vittoria drehte sich um. Sie schmiegte sich mit einem Seufzen an ihn und legte den Arm auf seine Brust. Ihre Atemzüge waren gleichmäßig und ruhig. Die weiße Hand ruhte auf seinem zotteligen Haarwuchs.

Wahrscheinlich hatte sie stundenlang über Niccolò Conteras Leiche Bäumchen gepflanzt und die Erde geharkt und gegossen. Er zweifelte nicht, dass sie alles harmonisch angeordnet hatte, dem Auge zur Freude. Er wusste, dass sie darauf geachtet hatte. Ich bin mit einer Verrückten verheiratet, dachte Tommaso.

Ihr Atem blies in sein Haar, als sie das Gesicht hob. »Wo seid Ihr gewesen?«

Diesmal lächelte er, um sie abzulenken. »Seid Ihr glücklich?«

Sie seufzte erneut, und ihre Brust hob und senkte sich, während sie im Halbschlaf über seine Worte nachdachte. »Ich kann nicht glücklich sein, wenn ich weiß, dass Ihr Euch quält.«

»Das tue ich nicht.«

»Ach, Benzoni.« Als sie weitersprach, wurde ihre Stimme matt, als sänke sie schon wieder in Schlummer. »Alles ist gut geworden. Elena weiß, dass Niccolò nicht mehr lebt, und es ist, als wäre sie von einem Dämon befreit. Die Diener in Civita Castellana haben ebenfalls Nachricht von seinem Tod und drängen nicht mehr. Und Niccolò hat seine Ruhe gefunden. Haltet Ihr es eigentlich für...« Sie hob die seidigen Wimpern. »...für unfreundlich, dass ich Zitronenbäumchen über seine Knochen pflanzte? Die Jahre waren sauer, und ich meine, er hat es verdient.« Sie gähnte. »Euer Arm heilt. Der

Mensch, der Euch verfolgt hat, ist tot. Alles ist gut, und dennoch quält Ihr Euch. Ihr habt ein ... kompliziertes Gemüt.«

»Vermutlich«, sagte er und verrenkte sich den Hals, um das Licht auszublasen.

Er hatte sich schuldig gemacht. Aber er fand es unmöglich, in diesem Moment nicht glücklich zu sein.

Mein Dank gilt Dirk Meynecke, ohne den dieses Buch vermutlich nie geschrieben worden wäre, und Susanne Then, die wieder einmal mit Gefühl und Sachverstand die Fußangeln und Fallstricke aufgespürt hat.

WORTERKLÄRUNGEN

a foglietta – bei Spielen a foglietta musste der Verlierer dem Sieger jeweils ein Glas Wein spendieren. Diese Spiele waren verboten, da sie oft in Schlägereien endeten.

Badessa – Äbtissin

Baiocchi – römische Münzen

Banchiere – Bankier

Bargello – Leiter der Polizeitruppe eines Gerichts

Camerino – kleiner Raum

Campo de' Fiori – römischer Marktplatz, der auch für Hinrichtungen benutzt wurde.

Cappa – Umhang

Corpus controversiae – Streitgegenstand

Cuor mio – mein Herz

Curia di Borgo – Gericht, das für den Borgo, den Stadtteil um den Vatikan, zuständig war.

Curia Savelli – unbedeutendes Gericht, erblich in der Familie Savelli, das im Bereich der öffentlichen Ordnung zuständig war, aber kaum Kompetenzen besaß.

Diabolico spiritu ductus – von einem teuflischen Geist geführt. Nichts sagende Formel, die bei Aufnahme einer Anzeige oft als Ersatz für das Motiv oder die Tatumstände herhalten musste.

Familiari – Bedienstete, die zur »Familie« eines reichen Mannes gehörten.

Fiscus oder Fisco – Bezeichnung für den Procuratore fiscale,

einen vom Papst eingesetzten Mann mit staatsanwalt-
licher Funktion. Er nahm selbst oder durch Bevollmäch-
tigte an der Entscheidungsfindung der meisten anderen römischen Gerichte in Kriminalangelegenheiten teil. Nur
das Gericht des Senatore besaß einen eigenen Fiscus.

Giudice – Richter

Giulio – Münze

Governatore di Roma – Jurist im Bischofsrang, hatte als Exe-
kutivbeamter für die innere Ordnung Roms zu sorgen und
leitete das Tribunale del Governatore di Roma, das wichtigste römische Gericht.

Heiliges Offizium – Name der Inquisitionsbehörde

Investigazioni – Register, in dem Strafanzeigen und andere
Verfahrenseröffnungen gesammelt wurden.

Larga – Trakt des Gefängnisses, in dem Untersuchungshäft-
linge untergebracht waren.

Luogotenente – Statthalter, in diesem Fall: Stellvertreter

Madonna, Monna – Anrede für eine hoch gestellte Frau

Maestro delle strade – Magistrat, für die Betreuung der öffentlichen Straßen zuständig

Maestro di casa – Haushofmeister

Mala fide – in böser Absicht

Mandatari – Gerichtsboten

Mandatum (ad capiendum) – Haftbefehl

Notaio della carità – Gerichtsnotar. Seine Tätigkeit umfasste
fast die gesamte Vorbereitung eines Kriminalfalls, bevor er
in die Hände des Richters kam. Er ist am ehesten dem heu-
tigen Kommissar vergleichbar.

Ospedale – Hospital

Pallamaglio – Ballspiel mit Schlägern. Die Schläger wurden
in den römischen Kriminalakten oft als gefährliche Waffen
aufgeführt.

Processi – Aussagen der Belastungszeugen

Putto – wörtlich: kleiner Knabe

Quattrino – römische Münze von geringem Wert

Ripa Grande – römischer Haupthafen im Süden Roms

Ripetta – kleiner römischer Stadthafen im Norden Roms

Sacco di Roma – Eroberung und Plünderung Roms durch kaiserliche Söldnertruppen im Jahr 1527.

Sbirro – Polizist. Die Sbirri besaßen einen schlechten Ruf in Rom, sie galten als korrupt und gewalttätig und waren allgemein verhasst.

Scudo – wertvollste der römischen Münzen

Secreta – Einzelzellen im Gefängnis

Sentenze originali – Urteile im Original

Senatore di Roma – leitete die Curia Capitolina, das älteste Kriminalgericht Roms, das der Kommune Rom unterstand.

Sfregio – Verstümmlung durch einen Schnitt ins Gesicht, die eine untreue Geliebte bloßstellen sollte.

Sicario – Berufsmörder

Strumento di prova – Beweismittel

Studiolo – Studierzimmer

Testimoni – Aussagen der Entlastungszeugen

Tor di Nona – eines der beiden römischen Gefängnisse, die zum Gericht des Governatore gehörten.

Trastevere – Stadtteil Roms, Gebiet am Hafen

Tribunale criminale – Kriminalgericht

Tribunale del Governatore – größtes und mächtigstes römisches Gericht, dessen Einflussbereich die römische Innenstadt und Trastevere sowie ein Gebiet von vierzig Meilen um Rom herum umfasste, ausgenommen des Borgo. Es konnte sämtliche Strafen gegen Personen jeden Standes und jeder Herkunft verhängen, bis auf Juden, Geistliche, Konvertiten und Bewohner einiger Immunitätsbezirke.

Tribunale della Ripa – Sondergericht, das für die Sicherheit in den beiden römischen Stadthäfen Ripa und Ripetta zuständig war. Der Giudice della Ripa hatte Kompetenzen im Bereich der Handelsgerichtsbarkeit und musste Handgreiflichkeiten zwischen Kaufleuten und Schiffern und blasphemische Äußerungen ahnden. Ab 1561 erhielt er die vollen Rechte eines Kriminalrichters erster Instanz einschließlich des Rechts, die Todesstrafe zu verhängen.

Ufficio – Amtszimmer

Vicario del Papa – zuständiger Richter für alle Vergehen gegen die guten Sitten, wie Blasphemie, Verstoß gegen das sonntägliche Arbeitsverbot, Wucher durch Nichtjuden etc.